EXÍLIO

J.W ROCHESTER
ARANDI GOMES TEIXEIRA

O EXÍLIO

CorreioFraterno

© 2001 Arandi Gomes Teixeira

Editora Espírita Correio Fraterno
Av. Humberto de Alencar Castelo Branco, 2955
CEP 09851-000 – São Bernardo do Campo – SP
Telefone: 11 4109-2939
correiofraterno@correiofraterno.com.br
www.correiofraterno.com.br

Vinculada ao  www.laremmanuel.org.br

2ª edição, revista – 1ª reimpressão – Outubro de 2017
Do 3.001º ao 7.000º exemplar

A reprodução parcial ou total desta obra, por qualquer meio,
somente será permitida com a autorização por escrito da editora.
(Lei nº 9.610 de 19.02.1998)

Impresso no Brasil
Presita en Brazilo – Printed in Brazil

COORDENAÇÃO EDITORIAL
Cristian Fernandes

PREPARAÇÃO DE TEXTO
Eliana Haddad e Izabel Vitusso

CAPA E PROJETO GRÁFICO DE MIOLO
André Stenico

CATALOGAÇÃO ELABORADA NA EDITORA

Rochester, J. W. (espírito)
  O exílio / J. W. Rochester (espírito); psicografia de Arandi
Gomes Teixeira. – 2ª ed., rev., 1ª reimp. – São Bernardo do Campo, SP :
Correio Fraterno, 2017.
  496 p.

  ISBN 978-85-98563-97-8

1. Romance mediúnico. 2. Idade Média. 3. Ciganos. 4. Saltimbancos.
5. Literatura brasileira. I. Teixeira, Arandi Gomes. II. Título.

CDD 133.93

"O segredo da existência humana reside não só em viver, mas também em saber para que se vive."

FIÓDOR DOSTOIÉVSKI

SUMÁRIO

Memórias e reflexões.. 11

O Grand Circo Monteverdi 23
Deodato.. 27
Avant-première 29
O senhor do burgo 35
Mustaf'Zarik... 47
Mod 55
O guerreiro etíope 61
Padre Leopoldo e são Martinho 67
Seriguella.. 73
Cosette 85
Jennifer.. 109
Os elementais... 147
Os ciganos 173
Thalmar.. 177
Menthor 277
Vox popoli, vox dei... 401

Homenagem aos saltimbancos (Epílogo) 483

MEMÓRIAS E REFLEXÕES

Iluminando nossos passos no exercício do amor maior, aprenderemos cada vez mais a fazer a vontade do Pai. Seu amor há muito nos acompanha e suas bênçãos jorram incessantes sobre nós.

Seu filho, Jesus, governador deste planeta que ora nos abriga, acompanha-nos os diversos empreendimentos, na doce expectativa de nossa redenção.

Seu incomparável amor vela por nós.

De muito longe viemos. Há muito, percorremos estas trilhas terrenas.

Vindos do Criador para uma evolução constante, principiamos na ignorância, simples de coração, numa ingenuidade natural.

Avançando, paulatinamente, impulsionados pelo instinto, alcançamos a idade da razão, na conquista do livre-arbítrio, sagrado e intransferível, que passamos a exercitar.

Palmilhando lugares inusitados, vivenciamos situações *sui generis*, nas diferentes molduras que as sagradas oportunidades nos ofereciam, nos posicionando de acordo com as nossas escolhas, diante das circunstâncias que se nos apresentavam e, quase sempre, explodíamos nas paixões nascentes que irrompiam das nossas almas, como as lavas de um vulcão, saídas das entranhas da Terra.

Todavia, submetidos à poderosa vontade do nosso Criador e às Suas

Leis Imutáveis, porque perfeitas, fomos aos poucos compreendendo as causas e os efeitos das nossas existências, e muito principalmente os seus veros e sagrados objetivos.

Nos albores da razão, lutamos selvagemente:

Por alimento, na disputa dramática dos sítios onde queríamos permanecer, ou pela satisfação dos nossos desejos primitivos.

Estes comportamentos nos exigiram milênios na apuração da sensibilidade, exercitando sentimentos, rumo ao porvir de perfeição que é o destino de cada Espírito.

Nas reencarnações sucessivas, gemendo de dor ou grunhindo de prazer, fomos modificando paulatinamente os nossos corpos físicos, aprimorando-os, enquanto ensaiávamos os primeiros passos rumo a um maior discernimento.

A morte sempre foi das experiências mais dolorosas, em todas as épocas. Ela nos surpreendia e revoltava, porque na perda daqueles que julgávamos possuir, nossos corações se confrangiam.

Como entender? Aquele que antes se movimentava e era conosco, por alguma razão silenciava, tornando-se imóvel, rígido...

Nestes momentos de dor, olhávamos para o alto sem entendimento. No espaço infinito, coalhado de nuvens por vezes brancas, por vezes escuras, uma grande luz nos cegava com os seus raios, enquanto brilhando intensamente, indiferente e impositiva, parecia dizer-nos: "Não me desafiem!"

Todavia, enviava-nos também calor, tornando-se natural para as nossas vidas a sua presença.

Das árvores colhíamos folhas odorosas, gratas ao paladar, e também os seus frutos. Destes, alguns nos agradavam, outros não. Muitos alimentavam e outros levavam àquela trágica inércia que já conhecíamos e que nos causavam pavor. Desta forma, aprendemos a escolhê-los.

Pulando e gritando estridentemente, expressávamos as nossas sensações e, cansados do esforço, dormíamos em esgares que já se ensaiavam em sorrisos.

Nos alimentávamos das carnes dos animais que abatíamos e com as suas peles e couros nos cobríamos, aquecendo-nos.

Frequentemente, daquele infinito que era, afinal, o nosso teto distante, caía água em abundância que nos molhava e escorria pelo chão, tudo encharcando. Aprendemos a armazenar o precioso líquido. Neste afã, quase todos se uniam e trabalhavam juntos.

Festejávamos estas ocasiões, gritando e batendo mãos e pés, ruidosos, jogando água uns nos outros, numa patente alegria.

Estas ações geravam entre nós um mútuo entendimento, numa forma primitiva de socialização.

Em alguns lugares, serpenteando e coleando sobre o chão, a água representava caminhos e ali existia sempre. Nestes sítios passamos a permanecer mais tempo.

Selecionando pedras e as amontoando, na intenção de espaços e formas, construímos moradias que já se diferenciavam das árvores e das cavernas de antes. Com mais segurança e mais conforto, começamos a nos agregar.

Milhares de anos se passaram, enquanto os nossos cérebros também se desenvolviam, permitindo-nos ações planejadas e mais livres.

Exercendo o direito do mais forte, determinamos quem habitaria conosco e, por estes, lutamos ferozmente, porque faziam parte das nossas existências e interesses, na defesa daquilo que tínhamos adquirido. Havia, então, constantes derramamentos de sangue, porque os demais eram nossos inimigos e ameaça constante.

Daquele infinito que nos olhava, indiferente, caíam repetidas vezes o fogo e a morte, no ribombar dos trovões e nos raios das tempestades que nos apavoravam.

Nestes momentos de medo diante do inacessível e incompreensível, no instinto de sobrevivência, suspeitamos da existência de um Grande Poder. Passamos, então, a temê-lo, amedrontados e submissos, e mais que isso, desconfiados e inseguros.

A morte e os seus mistérios já eram para nós realidades obscuras que pareciam estimular, de forma mágica, o nosso subconsciente. Deste emergiam conhecimentos infusos, esquecidos transitoriamente, pela necessidade de um trágico recomeço.

Criamos rituais de adoração, na tentativa de amenizar os males que nos alcançavam. Incensando o Grande Poder, ofertávamos o de mais valioso para nós: pedras, flores, frutos, objetos e animais.

Aqueles que tinham a incumbência da entrega simbólica, em meio a gestos e palavras articuladas com ênfase, eram escolhidos e autorizados para tal.

Estes criaram para si mesmos uma aura de poder e de mistério, ganhando notoriedade e a subserviência dos diversos grupos.

Crescendo, uniram-se, formando grupos fechados para traduzir as vontades do Grande Poder ou para formular os pedidos.

Com o passar do tempo, aproveitando-se da importância que todos, de modo geral, atribuíram prerrogativa de conselheiros e juízes nos graves cometimentos das tribos.

Distanciando-se do vulgo, cada vez mais, eles viviam mergulhados em mistérios alimentados pelos líderes.

Quando esses 'intercessores' incomodavam, os exterminávamos.

Assim, surgiu a ideia de oferecer ao poder desconhecido, que estava acima das nossas possibilidades de dominação e entendimento, vidas humanas, entregando-lhe o sopro que anima. Por certo, isto o agradaria mais, enquanto servia aos desejos de muitos, fazendo desaparecer os que incomodavam.

Elegíamos, cerimoniosamente, as vítimas e esse poder de decisão nos embriagava.

Os sacrifícios eram levados a efeito em local previamente escolhido. Neste afã, nos empenhávamos, 'zelosos' da responsabilidade vaidosa do lugar que se tornava 'sagrado', assim mantido numa aura de idolatria e pavor.

Geralmente, as vítimas eram sacrificadas num lugar exótico ou sobre pedras de formas bizarras, no alto de quedas d'água, no topo de montanhas, em grutas sombrias, ao pé de uma árvore frondosa ou em lugares desertos.

Uma das formas mais usuais de execução era atirar a vítima do alto de uma grande elevação num grande abismo. Ao baque surdo do corpo, irrompiam-se os nossos gritos de vitória.

Havia o cuidado de decorar o cenário tétrico, onde a multidão era obrigada a comparecer. Isto funcionava como forma de intimidação.

Nestes tenebrosos espetáculos, ouviam-se exclamações de horror, berros vitoriosos ou gritos histéricos, num rumor assustador.

Ingerindo diversos sucos de vegetais e frutos, descobrimos alguns que nos proporcionavam leveza e certa insensibilidade, alheando-nos das dores físicas e das tristezas.

Aprimorando estas beberagens, delas fizemos uso reiteradas vezes em nossas urgentes necessidades de balsamizar os nossos sofrimentos.

Para impedir as contrariedades que as 'vítimas eleitas' nos causavam nas suas tentativas para sobreviverem, forçávamos que bebessem o líquido miraculoso em doses fortes, tornando-os indefesos.

Cegos e selvagens, fomos planejando e executando enorme variedade de rituais mórbidos que submetiam o vulgo pelo pavor que causavam.

Mas, pobres de nós, o que fazíamos? Instalávamos as nossas antigas imperfeições na demonstração da nossa ambição, vaidade e orgulho desmedidos.

Por força das circunstâncias, descobrimos que éramos diferentes da maioria: bem aquinhoados fisicamente, mais inteligentes e mais capazes.

À primeira necessidade ou diante dos perigos, tínhamos recursos maiores, tomando atitudes rápidas e adequadas, como se a isso já estivéssemos acostumados...

E de fato era assim!

Vínhamos de muito longe e albergávamos no cérebro e no coração experiências que aqui ainda estavam por se fazer.

Que grande descoberta! Isto nos fortaleceu ainda mais, aumentando em muito a nossa natural ousadia. Todavia, na intimidade do nosso ser, instintivamente, quanto sofríamos pela vergonha do exílio, na dolorosa saudade desses mundos mais adiantados e das afeições que lá deixamos, talvez para sempre...

Empedernidos, orgulhosos, vaidosos, ambiciosos e egoístas, recriamos todos os males, aos quais estávamos habituados.

Os 'Filhos da Terra' não possuíam defesas contra a nossa patente intelectualidade. Assim, submetíamos aqueles que aguardavam muito justamente orientação e proteção no desenvolvimento das suas ideias ainda rudimentares.

A Providência Divina, porém, nos impulsiona ao progresso. E, através das vidas sucessivas, fomos exercitando situações diferentes: de líderes tiranos a escravos; quantas vezes prisioneiros e flagelados. Por nossa vez, tínhamos de baixar a cabeça. Arrogantes, era-nos impossível a submissão. Quase sempre, pagávamos com a vida o preço da rebeldia, diante das mesmas leis estabelecidas por nós em existências anteriores.

Cumprimos reiteradas vezes a Lei de Talião. Vidas difíceis e muito sofridas!

Trocávamos ora os mantos de púrpura por andrajos de mendicante, os palácios pelos tetos das estrelas, os manjares por restos de comida, as joias pelos trapos que mal cobriam os nossos corpos. A proteção e a defesa pela constante insegurança, de quem nada tem e nada espera... Os tronos de ouro e os leitos confortáveis pelas calçadas nuas e geladas, as luxuosas moradias pelas furnas escuras, a acomodação e o conforto pelo desespero na defesa da própria vida... As reverências por agressões desrespeitosas.

Mudávamos de cor de pele, cabelos dos mais variados, formas físicas díspares, idiomas outros, crenças múltiplas...

Reiteradas vezes, numa solidão insuportável de quem não mereceu sequer um ente querido, sofremos as penas do Amenti...

Mas, quando de novo no poder, recomeçávamos a destruir na imposição das nossas necessidades ilusórias, diante daquilo que desejávamos, provando que éramos ainda os mesmos...

Apesar de tudo, como sempre evoluímos, gerávamos para nós mesmos provas e expiações que nos arrancavam lágrimas de dor e de arrependimento.

Algo nos dizia que após o fim da vida cairia o inevitável esquecimento. E, no anseio de nos eternizar, criamos as diversas artes.

Ainda hoje, quantos miram-se a si mesmos, fazendo críticas acerbas ou dispensando-se louvores injustos!

Monumentos pomposos guardam ainda os registros da passagem pela Terra dos tiranos de todos os tempos.

Não nos importavam absolutamente aqueles que sucumbissem sob o látego da nossa tirania.

Nada era suficientemente glorioso para retratar e eternizar a nossa história, registrando-nos o poder.

Oh, Deus, quantos equívocos!

O chicote estalava nas costas dos escravos, a fim de que eles se superassem no exercício do trabalho que lhes exigíamos.

Todavia, que tolos éramos! Pouco tempo depois, às vezes sob o reinado da mesma dinastia, à qual tínhamos dado início, sofríamos os mesmos flagelos, vivenciando a dolorosa sintonia da Lei de Ação e de Reação!

Rilhávamos os dentes de dor e de ódio, sob o jugo daqueles que apenas seguiam fielmente as leis estabelecidas.

Regressando ao plano espiritual, éramos novamente instruídos para futuras e redentoras jornadas. Isto, após sofrermos o assédio selvagem daqueles que nos tinham precedido no túmulo por nossa culpa.

O tempo que isso durava? Difícil precisar!

Quando, exaustos de nos debater, clamávamos por auxílio. Éramos atendidos com outra oportunidade de reencarnação, em meio a promessas de corrigenda.

Mas, qual! Não nos emendávamos!

Insatisfeitos com os espaços conquistados, saíamos armados até os dentes para arrebatar alhures as terras e os bens alheios, trazendo sempre saques e muitos escravos após a destruição criminosa.

Desta forma, geramos as guerras que perduram até os dias de hoje.

Avançando aqui e ali, subvertemos a ordem, cada vez mais sedentos de poder.

* * *

DIVISANDO TRISTEMENTE ESTES passados, ficamos perplexos conosco.

Felizmente, acima das nossas frágeis vontades, de moldura em moldura, fomos enfim nos inclinando à razão e ao bom senso.

Hoje, com outra proposta de vida, nos revoltamos contra aqueles que ainda agem no mal e, em meio a julgamentos precipitados, pedimos a pena capital para os criminosos, imaginando com isso nos livrarmos deles definitivamente.

Ledo engano! Sem o corpo de carne, eles mais facilmente nos perseguirão com o seu ódio, atuando com facilidade no campo das nossas múltiplas imperfeições morais e criando-nos tormentos sem conta.

O bem e o mal prosseguem além da vida física. Há que se reeducar os homens!

Mais que nunca é preciso trabalhar, investindo-se corajosamente na regeneração desta humanidade.

Neste contexto terrestre, mesclado de justiça e de injustiça, virtudes e vícios, amor e desamor, honestidade e corrupção, quando vemos seres humanos desorientados porque agredidos e desrespeitados nos seus mais lídimos direitos, indagamos:

— O que esperar de criaturas que jamais contaram com o amor e o respeito do mundo e dos seus semelhantes?

Precisamos tomar do arado e preparar a terra para um novo e luminoso plantio de sementes sadias e produtivas, enquanto resgatam-se, caridosamente, aqueles que se desviaram do verdadeiro caminho.

Este, um sagrado dever; esta, a nossa tarefa.

Em vez de condenar, é preciso pesquisar com cuidado e isenção de ânimo a história daqueles que cometeram erros clamorosos.

Descobriremos, sem dúvida, como pano de fundo, um contexto altamente desestabilizador...

* * *

USANDO A FORÇA e os conhecimentos intuitivos que trazíamos dos nossos orbes de origem, desenvolvemos as invenções de todos os tempos. A princípio inventamos aquilo de que necessitávamos.

Mas... oh, Deus! Inventamos também instrumentos de destruição e de torturas!

Sequiosos de poder e ávidos de glórias, ao longo dos milênios, extinguimos populações inteiras.

No nosso rastro, a fumaça da destruição, a dor.

Por nossa vez, éramos também surpreendidos pelo ataque feroz de outras tribos guerreiras no exercício das suas vinganças e ainda hoje este contexto deplorável sobrevive na Terra.

De forma dantesca fomos exercitando a nossa inclinação bélica, esquecidos que o vergonhoso exílio nos requisitava um comportamento diferente, na necessidade urgente de transformação íntima.

A bem da verdade, alguns desde o início fizeram bom uso das oportunidades recebidas e regressaram ditosos aos seus mundos de origem.

Enquanto aqui viveram, nós, que os odiávamos, criamos para eles todas as formas de suplícios, mas eles desdenharam nossa pequenez, gloriosos e iluminados.

Pereciam nas nossas mãos cruéis abençoando-nos e perdoando-nos, por vezes entre cânticos.

Hoje, pedimos-lhes humildemente perdão.

Todavia, naquele tempo era assim que vivíamos. Julgando-nos deuses terrenos, submetemos e sacrificamos também aqueles que julgávamos inferiores, considerados por nós a escória do mundo.

Afinal, pensávamos que o mundo nos pertencia, porque quase tudo era fruto dos nossos cérebros brilhantes.

Apesar da nossa obstinação no mal, com o passar do tempo, transitamos por civilizações mais organizadas.

Algumas promulgaram leis que são conhecidas e cumpridas até hoje. Das atitudes cruéis passamos às reflexões, agindo e caminhando mais tranquilos, mais equilibrados.

Lamentável notar que ainda hoje existem seres humanos que parecem saídos das cavernas, desprovidos de sentimentos, a externarem as espessas trevas das suas almas.

Para estes, o "pranto e o ranger de dentes", tais quais nós vivenciamos dentro da Lei.

Na acústica das nossas almas, soam ainda as vozes dos missionários de Deus a admoestar-nos a cada nova desencarnação:

– Oh, anjos em potencial, caídos no inferno pela necessidade do recomeço! Por que não vos submeteis à grande força criadora?

Seres ainda fracos e rebeldes, adúlteros e perversos, julgais tomar nas vossas mãos as rédeas deste mundo que vos recebeu para a vossa redenção? Por que desprezais tantas oportunidades?

O Senhor de todos nós vigia e espera!

Atentai para os vossos gloriosos destinos e não volteis as costas para a misericórdia divina!

Filhos, despertai para o bem, despertai para o amor!

Aproveitai as diversas oportunidades para vos redimirdes!

Um futuro de paz e de progresso vos acena!

Exercitando as vossas antigas imperfeições, retardais um progresso que será fatal! Amontoais brasas sobre as próprias cabeças!...

Inúteis, naqueles tempos, tais conselhos... Éramos cegos e surdos da alma...

Remontando às nossas lembranças mais antigas, já possuíamos alimento, moradia, fogo, armas, rituais, companheiros, parentes e despojos que aumentavam a nossa riqueza, fruto de saques.

Fomos descobrindo ao longo dos séculos os vícios que nos denunciavam as múltiplas imperfeições.

Que conceitos possuíamos da vida? Os mais rudes possíveis!

Albergados em corpos animalescos, intuitivamente humilhados pela vergonha do exílio, exteriorizávamos a imperfeição espiritual que nos servira de passaporte.

Passamos a moldar imagens, ídolos, semelhantes ou não a nós, e fazíamos petições descabidas e constantes.

Conscientes de que depois da morte algo mais sutil sobrevivia, criamos os rituais e as técnicas de reverência *post-mortem,* mas estes louvores tumulares eram privilégio de poucos, somente dos poderosos.

As diversas castas foram sendo estabelecidas e mantidas, para gozo e satisfação dos poderes dominantes, numa natural egolatria.

As superstições foram intencionalmente produzidas para as mentes tardias.

Quantas vezes nos assaltavam a vergonha e o medo! Mas, expulsando a voz da consciência, prosseguimos no mesmo diapasão, criando para nós mesmos dores e flagelos incontáveis para o longe dos tempos...

Conscientes daquilo que éramos e do que deveríamos ser, quase sempre numa dolorosa dicotomia, algumas vezes externávamos melhores disposições, que em verdade eram reflexos condicionados, exercitados em vidas muito sofridas, que tolhiam sobremaneira nosso infeliz jeito de ser.

Isto se dava, geralmente, no aconchego de corações mais elevados que nos amavam e investiam na proposta corajosa de nos auxiliar com vistas ao nosso progresso.

De alma limpa confessamos que nestas ocasiões, nas quais os céus nos premiaram com afetos abnegados, amenizamos em muito o nosso caráter.

Hoje, mais conscientes, recordamos as palavras: "Só o amor cobre a multidão de pecados"...

Neste *mea culpa,* nossas lágrimas inundam-nos a alma, gratos ao Criador.

Aquilo que fomos nos nossos orbes de origem seguiu-nos até aqui, denunciando-nos o atraso espiritual.

Submetidos à lei de causa e efeito, nos defrontamos quase sempre com os nossos desafetos, mas... graças aos céus, com muitos afetos também que nos acompanharam neste exílio!

Abençoados amores! Bálsamo das nossas almas! Faróis que nos levarão a porto seguro!

* * *

Um dia, caros leitores, bastante melhorado, em nome da ansiada paz e numa urgente vontade de progredir, grafei páginas e mais páginas de histórias, calcadas em vidas aparentemente esquecidas ou imaginárias.

As revelações e os alertas das nossas antigas mazelas convidavam-me a um esforço cada vez maior, rumo à evolução, e aquilo que começou como trabalho árduo e corretivo transformou-se em exercício agradável para minh'alma.

Estas obras, filhas da razão e do amor, materializam-se sempre através da cumplicidade harmoniosa e sempre bem-vinda daquela que ao longo dos milênios faz parte da minha existência, sendo-me instrumento amoroso e dedicado.

De todos os afetos, este é dos maiores e o mais importante.

Que Deus a guarde e nos mantenha unidos nesta abençoada proposta de redenção.

À nossa volta, um grupo considerável de Espíritos contam conosco na mesma proposta de redenção.

Quando alguns estão 'prontos' e libertam-se, outros intensificam o esforço, agregados à massa de exilados, respondendo por seus méritos e deméritos, envolvidos nas suas provas e expiações.

Nesta caminhada solene e por vezes dramática, exercitamos a dor e o amor, num aprendizado espontâneo e intransferível, com a vigilância vestida de esperança e a coragem banhada em muita fé.

Sim, somos os exilados! Aqueles que em prantos receberam aqui novas oportunidades!

Isto inclui grande parte desta humanidade.

Deus, em sua infinita misericórdia, jamais abandona os seus filhos; ampara-os, incansavelmente, com a sua solicitude.

O caminho tem sido longo e já foi mais sofrido.

A esperança visita nossa alma: a cada raio vivificante de sol, a cada lufada de vento, a cada pingo de chuva, a cada novo ser que chega à Terra permitindo-nos a convivência...

No piscar das estrelas que nos enche de saudades de outro mundo mais feliz... Na vida que retorna em nós mesmos a cada nova oportunidade.

Da programação extensa que trouxemos cumprimos boa parte.

Que Deus nos conceda, agora e sempre, os recursos para a concretização dos nossos anseios espirituais.

Através deste preâmbulo, estamos iniciando mais um romance, no qual os personagens movimentam-se de acordo com os seus níveis de evolução espiritual, nas suas veras intenções, com respeito a tudo que os cerca.

Sem sermos vistos ou sequer pressentidos, vamos surpreendê-los atuando, passo a passo, nessa caminhada redentora e fatalmente nos depararemos conosco mais uma vez.

Que o Senhor nos abençoe e proteja nesta peregrinação milenar!

Seguindo os passos e os exemplos do Divino Cordeiro, palmilharemos caminhos seguros, rumo à angelitude que nos acena.

Por enquanto, nos contentaremos com a consciência do dever bem cumprido nos diversos departamentos da vida.

Rogamos as bênçãos dos céus na execução dos desígnios do Senhor, porque "o mais nos será concedido por acréscimo de misericórdia", como disse Jesus.

Shallon!

J. W. Rochester

O GRAND CIRCO MONTEVERDI

O Grand Circo Monteverdi chegou a Flandres há algumas semanas e foi rapidamente montado.

Saltimbancos em diferentes caracterizações saíram pela cidade, aos magotes, convidando e proclamando a alegria ambulante que chegava para festejar a vida, fazer sorrir e surpreender com novidades trazidas de países distantes e de lugares exóticos...

– Serão exibidas criaturas diferentes de todas as que foram vistas até hoje! – apregoam. – São figuras dignas de apreciação! Terão os corações saltados pelo impacto, pela surpresa e pelo medo! Um espetáculo inesquecível!...

Com frases de efeito, matracas e sinos, em meio a gestos mirabolantes, os arautos pintavam um quadro de beleza e de horror imperdíveis.

As crianças acorreram, agitadas, acompanhando o cortejo, misturando-se ao mini-espetáculo, prenúncio da grandiosa apresentação.

Bolas coloridas e confeitos foram distribuídos aos pequenos mais afoitos que se apressaram em pedi-los.

As dificuldades do dia a dia ficarão para trás em função daquilo que virá, colorindo a vida de cada um, como se assim cada qual pudesse, num passe de mágica, esquecer as próprias responsabilidades.

Ao mesmo tempo, a multidão se congraçava, submetendo-se aos encantos da alegria esfuziante daqueles que passavam bulhentos, acenando-lhes com a ilusão...

O circo já fora anunciado. Agora, já saberão onde buscar o mundo do faz-de-conta.

No território escolhido, foram criados espaços diversos para moradias, camarins, lugares para higiene corporal, cenários, móveis, os figurinos característicos das múltiplas personagens que serão representadas, as jaulas para os animais e muito mais.

Havia um grande investimento material, físico, emocional, intelectual e financeiro naquele mundo de fantasias.

A iluminação também fora preparada e providenciadas as rações para os animais. A alimentação, quase sempre escassa, será conseguida junto aos moradores da cidade, numa fácil barganha, pela fascinação que os artistas exercem. Sempre fora assim. São endeusados e, não raro, confundidos com os personagens que representam.

Amores de todos os quilates terão início, geralmente na tentativa humana de colorir a própria vida, materializando fantasias. Por estes e outros motivos, quando o circo sair da cidade, ela nunca mais será a mesma!

* * *

Os espetáculos, que têm a intenção apenas de divertir, deveriam educar aqueles que durante a diversão assimilam imperceptivelmente tudo o que os olhos veem e os ouvidos ouvem. Todavia, naquele tempo, com raras exceções, tendiam para o grotesco e para o vulgar. O importante era fazer rir e manter a atenção do espectador, não importando os meios e muito menos as consequências.

* * *

Estamos no início da chamada Era Moderna.

Há pouco deixamos a Idade Média, mas ela ainda não nos deixou!

Inúmeros fatos geram cadeias ligando-nos quase sempre ao nosso sombrio passado.

Idade Média se assemelha a dizer Idade Negra do mundo! Herança trágica para essa humanidade devedora, no seu constante "amontoar de brasas sobre as próprias cabeças"... Tempo que deixou cicatrizes nos corpos e nas almas... Épocas vêm e vão e os homens pouco se modificam. Andam juntos, mas caminham separados. Fazem parte da inquestionável necessidade de evolução neste mundo ainda de provas e de expiações.

Espíritos que somos, guardamos todos os fatos marcantes das nossas vidas, no exercício do livre-arbítrio, tanto o bem que fizemos como nossas atuações equivocadas perante a lei natural, modificando a nós e o que está à nossa volta, numa responsabilidade que se avoluma cada vez mais, de acordo com a nossa evolução.

DEODATO

De etapa em etapa, ele vai desenhando no papel, com carvão, o objetivo desejado em traços assustadores.

Sublinha com ênfase deformidades físicas, trabalhadas na intencional atrofia de corpos humanos, para a 'elaboração' execrável de monstros. Estes desenhos cruéis causariam pavor nos corações mais insensíveis!

Com um sorriso de escárnio, maquiavélico, Deodato emite sons guturais, cavernosos, na tentativa de se expressar, mesmo que sozinho, sem, contudo, conseguir, por não possuir língua, que lhe fora arrancada pelos carrascos, numa prisão em que esteve meses a fio.

Revoltado, ao sair de lá, jurou vingar-se. E o faz!

Todavia, não podendo alcançar aqueles que o mutilaram, e dando vazão à sua crueldade, ceva-se na mórbida satisfação de concorrer para a existência de trágicas 'aberrações humanas'...

Em sua brutalidade, ele estende a sua atuação, como conexão nefasta entre aqueles que 'produzem' e aqueles que exibem.

São assim vistos em espetáculos deprimentes que arrancam dos espectadores gritos estridentes de susto, pavor, asco. Em alguns, muito raros, exclamações de piedade.

AVANT-PREMIÈRE

O CIRCO REGURGITA de gente. Nas expressões, a ansiedade pela iminente apresentação. A música inunda o ar alegrando os corações e fazendo-os esquecer, mesmo que por momentos, as dificuldades rotineiras.

Ouvem-se a alguma distância, com arrepios, os rugidos das feras, que por vezes sobrepujam os outros sons.

O alarido prenuncia a realização dos desejos na concretização do espetáculo, naquilo que já é esperado e nas surpresas prometidas.

Empolgado, olhos brilhantes, gestos espalhafatosos, com voz forte e entremeada de altos e baixos, de *stacattos* e de altissonâncias, o arauto anuncia:

– Respeitável público! Hoje, neste circo, assistirão a um espetáculo inédito! A variedade de atrações irá prender a todos nos seus lugares. As poucas moedas investidas lhes darão um retorno inesperado, emocionante!

Antes, uma breve explicação, a respeito de algo que nos toca de perto os corações!

Oh!... Não fôssemos nós, artistas, com a nossa sensibilidade extremamente apurada!... – o arauto leva a mão ao peito, respira profundamente e faz ar de dificuldade em prosseguir. Olha para o alto, suspira, controla-se e de olhar piedoso inicia a prometida explicação:

– Em nossas viagens por continentes pouco conhecidos, nos deparamos com pessoas e costumes muito exóticos. E, dentre estes, descobrimos criaturas profundamente diferentes em suas constituições físicas. Penalizados e compreensivos, oferecemos a elas abrigo, trabalho digno, alimento e paz. Aqueles que as tinham sob a suas guardas demonstraram grande alívio e gratidão por vê-los protegidos.

De viagem em viagem, outras se somaram e hoje elas agradecem por estar em nosso circo.

Não se impressionem! Tudo faz parte de um grande espetáculo. Desfrutem desta noite inesquecível. Da beleza e de seus contrastes, da alegria e das surpresas que a noite reserva para todos.

Agradecemos desde já a presença de todos!

Assim, o arauto – com uma varinha na mão e vestindo calça listrada, camisa vermelha, casaco preto com bolas coloridas, cartola de cetim com pequena pluma branca na frente, luvas e sapatos bizarros –, cercado pelo corpo de artistas do Grand Circo Monteverdi. Dentre eles, o elegante e empertigado proprietário, senhor Pietro Monteverdi, abriu a noite de espetáculo, inclinando-se todos, fazendo reverência ao público e despedindo-se. Finalizando, em meio a piruetas e gestos estudados, o arauto desaparece por detrás das cortinas.

Os artistas e funcionários, o proprietário e alguns palhaços, de mãos dadas, aproximam-se, inclinando-se diante do público, que os aplaude ao vê-los saírem.

Na plateia, alguns gritam elogios e palavras de ordem, incitando o início do espetáculo. Outros assobiam jocosos.

Logo após o silêncio, na expectativa daquilo que virá. Atentos e inquietos, ansiosos, eles se remexem nos seus lugares.

De súbito, os rugidos das feras enjauladas ecoam fortemente, provocando pavor. Onde elas estarão? Nos olhares de cumplicidade e medo, o receio do desconhecido...

Os pais apertam os filhos de encontro ao peito.

Os pequeninos retêm a respiração, ficam inquietos. Alguns tentam fugir dos colos dos adultos, sendo impedidos de fazê-lo. Reagindo, eles se defendem chorando estridentemente e são duramente admoestados pelos adultos, principalmente por aqueles que não trouxeram crianças e que não querem ser incomodados. Assim, estas crianças são obrigadas a permanecer ali, mesmo contra as suas vontades.

Archotes acesos, espalhados em pontos estratégicos, criam sombras fantasmagóricas. O repicar de tambores, tocados por seis belos jovens vestidos a caráter, na imitação cruel de uma bateria de vanguarda guerreira, dão a impressão de que uma estranha batalha terá início.

Enquanto os sons do repique alcançam os ouvidos atentos e expectantes, alguns archotes vão sendo apagados.

O cheiro da fumaça inunda o ambiente, ardendo nos olhos e nas gargantas.

Um bufão, com roupas estranhas e coloridas, com sininhos em profusão a soarem quando se mexe, surge repentinamente por detrás da rústica cortina e em saltos mirabolantes alcança o centro do picadeiro. Um anão de face envelhecida, debochada e pintada em tons fortes de maquiagem rosa, impressiona.

Faz algumas piruetas, requisitando os aplausos que não se fazem esperar.

Fazendo uso de um megafone, ele anuncia a primeira atração da noite:

– Respeitável público! Apresentaremos, como *ouverture* deste fantástico espetáculo, a favorita do grão-vizir de Bagdá – a belíssima Dalila!

O público aplaude e ele prossegue:

– Ela, enamorada deste que vos fala, fugiu com o nosso circo e hoje dança para vós! Admirem os volteios do seu corpo escultural, digno do trabalho de um toreuta grego. Sejam bem-vindos à magia das *Mil e uma noites*!

Em pinotes o anão desaparece atrás do palco.

Uma música saída de instrumentos orientais faz-se ouvir, primeiramente de forma suave, para depois tornar-se enérgica e altissonante.

Três negros luzidios, nus da cintura para cima, calções bufantes, turbantes na cabeça, entram carregando sobre uma tábua lisa e pintada, estranha beldade vestida de odalisca.

Ela se movimenta, tal qual uma cobra, coleando sobre a prancha, ora levantando-se, ora deitando-se, desafiadora e sensual. Nos seus pulsos e tornozelos, exibe pulseiras douradas enfeitadas de minúsculos sinos que acompanham sonoros os seus movimentos.

Depois de caminharem em várias direções, saudando o público que os aplaude delirante, eles a colocam sobre o chão e desaparecem por detrás das cortinas.

Voluptuosamente, ela dança com suavidade em movimentos lânguidos. Aos poucos, aumenta o ritmo, passando a dançar freneticamente.

Os aplausos explodem, somando-se a gritos elogiosos e tolices debochadas.

Indiferente a tudo, ela prossegue o seu ritual na dança sobre o palco, finalizando depois de algum tempo exânime. Sua difícil respiração demonstra que está viva. Os murmúrios na plateia são inevitáveis.

Aqueles que a trouxeram retornam. Com gestos estudados erguem-na, colocando-a novamente sobre a prancha e antes de saírem requisitam aplausos.

Entregue ao seu delíquio, Dalila parece não ouvir as palmas delirantes e os gritos de 'bravo'!

Ato contínuo, o bufão claudicante, esquisito e irreverente, reaparece e entre ditos grotescos e saltos exige mais aplausos para a dançarina.

Na verdade, o tempo e o ritmo foram além das forças físicas da bailarina.

Apresentaram-se em seguida: engolidores de fogo, declamadores, atiradores de facas, palhaços, domadores, malabaristas, trapezistas, mágicos, etc.

A cada nova atração, diferentes músicas e luzes, que são aumentadas ou diminuídas nas lanternas com velas de alcatrão e nos archotes que ladeiam os espaços.

Repentinamente, trombetas são ouvidas em pontos diferentes, ecoando de forma estranha.

O repique dos tambores e uma flauta triste são tocados simultaneamente, parecendo anunciar algo aterrador.

As luzes são diminuídas. Na penumbra, surge um gigante musculoso, vestido em roupas orientais brancas, cinturão largo dourado e turbante branco, no qual refulge uma gema. Nos tornozelos e nos pulsos, grossas argolas douradas. Alguns colares de metal brilhante pendem-lhe do pescoço taurino.

Pés descalços, ele caminha lentamente.

Nas suas mãos, a ponta de uma corda grossa, que ele puxa devagar de dentro da cortina fechada.

Contendo a respiração, o público parece hipnotizado.

Aos poucos, intencionalmente o gigante puxa mais a corda. Mais e mais. Devagar, ele vai recolhendo e enrolando num dos braços, a parte já exposta... O que haverá na outra ponta?

O público compreende que aquele é o espetáculo ansiosamente esperado.

O gigante se detém, volta-se para o público e sorri enigmático.

Em gestos silenciosos, quer saber se prossegue ou não.

Os espectadores aprovam-lhe a ação e gritam:

– Mais depressa, mais depressa!...

Numa cumplicidade mórbida com o público, ele puxa mais a corda e... oh!...

Há um murmúrio generalizado e exclamações abafadas.

Presos à corda, claudicantes, expondo suas atrofias, vão surgindo criaturas intencionalmente degeneradas nas suas formas físicas, na feitura selvagem de monstros.

No auditório, rostos assombrados, perplexos, horrorizados...

A corda fatídica, contida nas mãos do gigante de branco, perambula, arrastando-se pelo palco.

Focos de luzes são jogados sobre os esgares dos pobres seres, nas suas faces bestiais.

A uma expressão mais pavorosa ou diante de um grito lancinante, faz-se um surdo clamor...

O condutor treinado para isso impulsiona-os na direção do público, ameaçando soltar alguns dos mais agressivos.

Há um alarido geral e as crianças voltam a chorar estridentes.

Acontece, então, a ansiada interação: público e atração, consumando o tétrico espetáculo.

Alguns lugares já estão vazios. Outros exibem pessoas amontoadas, buscando se proteger.

E os reais objetivos no espetáculo foram amplamente alcançados...

De súbito, uma criatura mais afoita investe contra o feitor e ali mesmo, sob o olhar da multidão, é duramente chicoteada, estorcendo-se de dor.

Ouve-se uma aclamação geral, mas... difícil saber se é de aprovação ou de censura!...

Depois de um certo tempo, o condutor e as suas criaturas saem da mesma forma que chegaram. Os infelizes seres obedecem, cambaleantes feito ébrios.

Eles se arrastam com dificuldade, rumo ao interior, enquanto balbuciam algo parecido com lamento, choro...

Instala-se um silêncio preocupante.

Extáticas, as pessoas aguardam. Haverá algo mais?

As luzes vão sendo apagadas. É o indício de que a função daquela noite fora encerrada.

O lugar, cada vez mais escuro e ainda sob as últimas impressões do cruel desfile, torna-se assustador.

Aos poucos, cabisbaixas, olhando à volta e comentando à meia-voz alguns detalhes mais fortes, temerosas de toparem com alguma criatura daquelas ou com alguma fera solta, as pessoas se vão em direção dos seus lares...

No dia seguinte, certamente, o 'grandioso' espetáculo estará sendo largamente comentado, aumentando a primeira propaganda, desta vez com testemunhas oculares e o sucesso almejado estará garantido...

O SENHOR DO BURGO

Vamos esquecer, por momentos, o 'grande' espetáculo e conhecer alguns habitantes desta cidade.

Apresento-lhes um senhor corducho, vestido na última moda, glutão e de modos nada educados. Neste momento, em seu gabinete de trabalho, ele despacha com os seus empregados. Ainda mastiga algo e sua boca demonstra vestígios de gordura. Limpando os dedos num pedaço de papel, ele fala com voz poderosa e autoritária:

– Façam o mais depressa possível todas as cobranças. Não deem tréguas a nenhum devedor, do maior ao menor! Quero meu dinheiro nos meus bolsos e nos meus cofres. Ameacem, levem policiais, gritem, façam o diabo! Os meios não me interessam e sim os fins. E, caso voltem de mãos vazias, vão se ver comigo!

Ele se levanta, punhos fechados, ameaçador. Aqueles que o ouvem engolem seco, sentindo-se sufocar. E prossegue:

– Ponho-os todos na rua! Criados de quarto são mais eficientes que os senhores! Tenho muitos outros querendo trabalhar para mim. Caso sejam despedidos – informa, com um fino sorriso de mofa – terão de pagar tudo que me devem. E olhem que não é pouco! Não se esqueçam que lhes serão cobradas taxas referentes aos prejuízos que eu venha a sofrer pela incompetência dos senhores! Por que o espanto? Duvidam daquilo que digo? Ah, entendo. Inábeis como são, não leram o contrato que assinaram, não é? Pois bem. Ainda é tempo. Façam isso! A cláusula citada está lá tim tim por tim tim.

A um gesto de reação de um deles, ele responde incisivo:

– Sem chances de contestação!

Nas expressões de todos, o estupor.

Ele, enfim, decide completar, declarando:

– Estão todos atolados até o pescoço! Que digo? Até os últimos cabelos! Pensem bem nisto e agora saiam daqui!

Arrogante, ele faz um aceno de mão despachando-os e desaba ruidoso na cadeira, diante da secretária de ébano ricamente talhada.

Aos poucos, saíram todos, silenciosos e cabisbaixos.

Não ousariam argumentar com o senhor Loredano Pavan de Belmont, que vive como uma fera, disputando despojos numa fome de poder insaciável.

Enquanto se dirigem para a saída, sentem o duro olhar do patrão sobre as suas costas.

Fechada a porta, Loredano cospe de lado e vocifera:

– Corja! Não valem as migalhas que comem! Inúteis! Gostam do meu dinheiro, fazem dívidas e não querem pagá-las! Meu rico dinheirinho voltará para as minhas mãos, ora se voltará, e com lucros! Cada niquelzinho acrescido de muitos outros!

Confortável em seu luxuoso gabinete, Loredano arquiteta planos seguros para aumentar cada vez mais o seu poderoso pecúlio.

Se porventura algum prejuízo o alcança, torna-se possesso, movimenta-se rapidamente e recupera com lucros – honestos ou não – a quantia momentaneamente perdida. Para isso ele move céus e terra. Não o incomoda, absolutamente, a quantos tenha de pisar ou destruir. A sorte dos outros lhe é totalmente indiferente.

Caro leitor, permita-me a 'autópsia' da alma deste nosso personagem me faz pensar nas mais variadas formas de progresso intelectual e espiritual e na diversidade dos caminhos que nos levam a ele, nas múltiplas vidas bem aproveitadas, ou não, que perfazem as nossas jornadas neste ou noutros mundos.

Enfim, analiso em mim mesmo os resultados e as consequências de tantas oportunidades recebidas.

Garanto-lhes que tenho uma intenção premeditada.

Vejamos:

Eu, espírito, em constante evolução, dentro das leis que nos regem, venho palmilhando os caminhos deste mundo há muito tempo.

Consciente de mim mesmo, com a alma em frangalhos por tantos enganos em complicadas situações reencarnatórias, com muitos deméritos e pouquíssimos méritos, ansioso por ser melhor, enfim decidi modificar-me desde o cerne, mesmo que para isso tivesse de sofrer as penas do Amenti.

Meus protetores sabem que nunca temi as dificuldades do caminho e jamais me acovardei diante dos prováveis sofrimentos, que se desdobrariam como tapetes macios ou feitos de espinhos, nas existências terrenas.

Temos todos marcado a ferro e a fogo, em nossa alma milenar, a consciência daquilo que somos e do que já deveríamos ser.

Se negamos ou camuflamos a nossa própria situação, o fazemos em nome de nossas imperfeições que parecem entronizadas dentro de nós, reinando absolutas, porque preferimos quase sempre servir a Mamon.

Quando da minha proposta em escrever para me penitenciar do passado culposo que ainda me envergonha, respirei agradecido aos céus pelo consentimento divino e pelos auxílios que me chegaram através de entidades elevadas e misericordiosas.

Declaro com alegria sempre renovada que as melhores vidas que vivi demonstram a possibilidade incontestável da redenção, alicerçada na centelha divina, que vez por outra se impõe poderosa, estimulando-nos ao exercício de virtudes muitas vezes esquecidas. Afinal, fomos criados à imagem e semelhança de Deus!

Por vezes, é surpreendente e misterioso que a uma encarnação bem vivida suceda outra notadamente desestruturada, com o esquecimento dos verdadeiros valores espirituais.

Todavia, é compreensível que numa grande necessidade de evolução, o ser traga ou encontre ao nascer afetos e recursos maiores a ele confiados.

Assim fortalecido e escudado por aqueles que o amam até à abnegação, ele aproveita melhor o tempo, numa escalada mais rápida, rumo à sua melhora espiritual.

Cercado de amores e de amigos, apesar de envolvido em desafios e sofrimentos por vezes extremamente dolorosos, o ser consegue numa vida exemplar ressarcir dívidas há muito acumuladas, apesar de muitas outras existirem em suspensão, como a espada de Dámocles...

Perdoem-me estas digressões, mas elas respondem às variadas indagações, a respeito dos altos e baixos na evolução deste autor que vos fala, agradecido sempre.

Loredano, passos ritmados, na empáfia que o caracteriza, sai do gabinete e dirige-se à cozinha luxuosa e bem montada, na qual surpreendemos o conforto e a praticidade de então.

Ele olha ao redor, analisando tudo, silencioso.

O ambiente está impecavelmente limpo e brilhante.

Serve-se de água fresca, que bebe estalando a língua.

Pega uma fruta, revira-a na mão e avidamente a devora.

– Leocádia! – grita a plenos pulmões.

Tímida, arfando, surge à porta uma simpática mulher de estatura mediana, cabelos grisalhos, prematuramente envelhecida. Todavia seus traços fisionômicos denunciam ainda vestígios de rara beleza.

Amável, ela indaga, um tanto temerosa:

– Chamou-me, senhor?

– A quem mais eu chamaria aqui na cozinha, sua velha imprestável?

Amassando o avental com ambas as mãos, nervosa, ela aguarda.

– O que está esperando? – ele indaga, mãos cruzadas ao peito, de pé diante dela, medindo-a de alto a baixo.

– Que me diga por que me chamou, senhor – ela responde quase num sopro.

Movimentando-se em determinada direção, ele indaga autoritário:

– Ora, não está vendo este chão todo sujo? Preciso mostrar-lhe? Vejo que está se descuidando das suas funções!

Enquanto fala, ele tamborila, ritmado, com os dedos sobre a mesa, demonstrando impaciência.

– Mas... senhor... deixei tudo limpo há poucos minutos...

– Me contradiz, velha?

– Não, senhor, absolutamente, vou limpar tudo de novo! – forçando a vista já um tanto deficiente, ela distingue no chão brilhante gotas d'água e cascas de frutas.

Sai e retorna rápido, com os apetrechos de limpeza.

Refaz o trabalho, sendo observada de perto pelo patrão, que respira ruidoso e inquieto.

Ao terminar, ouve:

– Agora, vá ao meu gabinete. Perto da minha secretária, o chão está imundo! Para trabalhar preciso desviar-me de tanta sujeira! É, definitivamente você está se descuidando das suas obrigações, Leocádia! Qualquer dia destes me livro de você!

Entristecida, ela obedece, carregando consigo o que necessita para a referida limpeza. Tem consciência de que deixou tudo muito limpo.

Uma vez ali, ela limpa tudo, reorganizando, zelosa.

Em seguida, volta ao que fazia antes, na lavagem das roupas.

De volta ao seu gabinete, Loredano olha ao redor e sorri satisfeito. Ele é o único herdeiro de uma família abastada da região. Multiplicou consideravelmente o patrimônio que herdou, alcançando um patamar financeiro incalculável e bastante invejável.

Arrogante por natureza, tornou-se pior por força das circunstâncias. Vive no píncaro das situações privilegiadas do lugar. Aqueles que privam da sua companhia fazem vistas grossas aos seus desmandos, satisfeitos com as migalhas que caem da sua mesa.

Como consequência, Loredano vive cercado de amigos, mas também de inimigos – ostensivos ou não – muito perigosos.

Por isso mantém homens vigiando a casa, enquanto outros seguem--lhe os passos constantemente.

Já escapou de alguns atentados. Quando apanha os culpados, joga--os nas galés, depois de castigá-los 'exemplarmente', como diz. Nestas ocasiões, apregoa o que fez, avisando a quantos possam ter as mesmas intenções.

Os seus pares são donos de poderosas heráldicas, ricos comerciantes e até mesmo reis. Entre eles, Loredano transita com facilidade, enfatuado tal qual um pavão.

Sem limites e sem escrúpulos, ele amplia,cada vez mais,o seu 'lugar ao sol'.

* * *

O FUNESTO DESENHISTA escorrega dos telhados, cuidadoso, e pisa terra firme num lugar distante e ermo, após ter observado por uma claraboia e durante longos minutos alguém que não apenas espicaça a sua curiosidade, mas lhe desperta uma grande fascinação.

Com estranho olhar, movimentos labiais distorcidos na inútil tentativa de balbuciar algo, ele percorre ruas desertas, escuras e esburacadas, iluminadas sinistramente pela argêntea luz da lua cheia.

Os seus passos ecoam na solidão da noite.

Ao passar por uma escuderia, entra, contorna-lhe o flanco caminhando apressadamente e sai furtivamente pelos fundos que dá acesso a outra rua.

Como um espectro ambulante, sem prumo e sem direção, ele às vezes parece embriagado, tal o seu desequilíbrio físico. Desce os degraus sujos e quebrados de uma travessa e finalmente desemboca perto dos carroções do circo.

Nisso levou mais de meia hora.

Passa grunhindo pelas jaulas das feras que, incomodadas pelos ruídos, despertam e sentem sua presença.

Sorrateiro e ágil, ele adentra sua barraca de cor indefinida, desarrumada, suja e escura. Sobre uma mesa rústica, numa caixa de papelão, os papéis acomodam os gráficos grotescos. Tateando, ele se agacha sobre uma esteira,apanha ao lado um trapo à guisa de coberta e deitando se cobre.

Emitindo estranhos sons guturais, agita-se de um lado para o outro, procurando a melhor posição para dormir.

Em poucos instantes está ressonando ruidoso.

Pietro, o proprietário do circo, investigando a inquietação das feras, concluiu que a razão fora a chegada de Deodato.

De onde ele viera àquela hora?...

Conhece-lhe os estranhos hábitos, todavia aceita-o na troupe.

Ele é útil naquilo que faz e tê-lo por perto é mais cômodo e mais barato.

Por comida, dormida e pouco dinheiro, ele favorece o circo 'contratando' as criaturas com deformações que atraem numeroso público. Dizem que ele tem cúmplices na cidade e que em algum lugar distante e misterioso faz as encomendas das infortunadas criaturas. Acrescentam ainda que ele é um criminoso cruel, impiedoso e temido no seu meio.

Pietro tem consciência de que Deodato é apenas o elo de uma grande cadeia neste comércio nefasto.

Um arrepio percorre-lhe a espinha ao ouvir um estranho gemido, sem saber se veio de perto ou do cemitério da cidade não muito distante dali.

Persignando-se, retorna à sua barraca tão bem montada e confortável quanto a tenda de um sultão.

Num espaço próximo, com o mesmo conforto, dorme placidamente belíssima menina de quase treze anos, entre sedas, rendas e ricas bonecas, tão parecidas quanto ela em delicadeza e finura.

É Rosalva, sua única filha, a luz dos seus olhos.

Para ela, tudo! Iria buscar-lhe as estrelas, se ela pedisse!

Adolescente, é a herança do seu grande amor que fugiu com um trapezista jovem e sedutor.

Enquanto viveram juntos, Deus premiou-os com esta boneca dourada, que hoje é a razão do seu viver.

Rosalva não se recorda da mãe. A bela Giselda partiu quando ela mal balbuciava as primeiras palavras.

O pai lhe diz que a mãe morreu numa epidemia de peste. A bem da verdade, esta filha é merecedora de tanta devoção por ser a doçura em pessoa.

À sua proximidade, até as feras parecem acalmar-se.

No circo, todos a amam e se esforçam por perfilhá-la junto ao pai, que não é nem de longe estimado.

Aqueles que conhecem a verdadeira história de Giselda confirmam a mentira piedosa do pai, permitindo à Rosalva continuar cultuando a memória de sua mãe.

Giselda, porém, nunca foi amada e nem admirada como pessoa, sendo extremamente vaidosa, egoísta e ambiciosa. Explorava o marido, sem remorsos e sem limites, causando por isso muitos problemas financeiros, além daqueles rotineiros, resultantes da insensibilidade e injustiça de Pietro.

Todavia, ninguém pode negar: ela era esplendorosa!

Lindíssima, no trapézio fazia bela figura, arrancando suspiros de muitos homens, o que a envaidecia.

Várias vezes, Pietro a surpreendera na tentativa de traí-lo. Ele sofria, brigavam violentamente e o tempo ia passando.

Pietro não tinha paz. Vivia inquieto e inseguro, à espera de que algum outro mais afoito a levasse dele, o que de fato aconteceu.

Certo dia, um novo trapezista foi contratado, pois o anterior havia ficado inutilizado depois de uma queda. Muito jovem, aprumado, inteligente e sedutor, em poucos dias ele conquistou o coração da volúvel Giselda.

Eram vistos sempre juntos no trabalho, a passeio ou a arrulhar como pombinhos pelas praças da cidade.

Pietro, ofendido e morto de ciúmes, pediu-lhes satisfações.

Os dois homens engalfinharam-se diante de todos, numa briga que aterrorizou funcionários, artistas e serviçais.

Finalmente, conseguiram separá-los, mas ouviram Pietro ameaçar os dois de morte.

Numa noite, Giselda e o trapezista desapareceram no mundo como agulhas num palheiro. Ela levou seu coração, sua alegria e a esperança de ser feliz como homem amante e apaixonado.

Na véspera da fuga ele a surrara, atirando-lhe ao rosto a infidelidade comprovada.

Com um fio de sangue a escorrer da boca bonita, ela jurou que o deixaria.

Como o casal nunca mais foi visto, ficou a suspeita de que Pietro tivesse cumprido a ameaça. Afinal, ninguém os vira fugindo, nem fazendo planos ou arrumações neste sentido...

O circo conhece o gênio violento de Pietro.

Enfim, com o tempo, tudo caiu no esquecimento.

Ele jamais superou a perda de Giselda e dedicou-se plenamente à filha que ama com verdadeira loucura, numa insana compensação.

Pranteou o seu amor, escondido, e disfarçou a grande dor que passou a carregar no peito porque a amava, apesar de tudo.

A partir de então, proibiu que se pronunciasse o nome dela.

Rosalva cresceu formosa e boa e hoje é a razão de viver de seu pai.

Pietro é aconselhado muitas vezes a interná-la num bom colégio, mas resiste à ideia. Como sobreviver sem a presença do seu anjo?

Lamenta os atropelos nos quais ela vive por causa da vida itinerante do circo e a recompensa de todas as formas.

Por sua vez, Rosalva é grata, compreendendo os esforços do pai para protegê-la e fazê-la feliz. Abomina a ideia de separar-se dele, dos seus mimos e das suas intermináveis concessões.

Na troupe, algumas pessoas são letradas o suficiente para instruir a menina, e ela assimila admiravelmente uma gama considerável de conhecimentos, geralmente inacessíveis aos jovens da sua idade.

Pietro adquire os livros mais raros e interessantes que existem, investindo nisto grandes somas, para satisfazê-la na sua sede de saber.

Neste momento, envolvido em tristes recordações, olhando-a carinhosamente, conclui que jamais se apartará dela, jamais! Seria o mesmo que deixar de respirar.

Nestes pensamentos, ele se recolhe para dormir, imaginando reter nas mãos o destino de Rosalva...

Aos poucos, o circo aquieta-se totalmente.

Na manhã seguinte, como sempre, ser-lhes-á exigido redobrado esforço, independentemente da posição que possam ocupar. Sempre há muito por fazer...

Rosalva herdou a beleza e o tipo físico da mãe, mulher alta e de formas generosas.

Apesar da pouca idade é muito amadurecida. Talvez por viver mais com adultos e principalmente com o pai, que a tratando com extremado carinho respeita e incentiva-lhe a inteligência e a notável perspicácia.

Bem vestida, de maneiras desenvoltas e educadas, ela passa por mais velha do que é. Nascida no circo, em meio à variedade de caracteres da troupe, ela criou o seu próprio modelo. Neste instante, vamos surpreendê-la em seus aposentos, em meio a papéis, livros e gravuras.

Deixando o que fazia, suspira sonhadora e relembra, sorrindo docemente, um fato que a encantou, prendendo-a como um visgo misterioso quando da montagem do circo:

"Por detrás de uma cortina, semiescondida, viu, fascinada, um belo fidalgo que, atraído pelo movimento da instalação do circo no terreno previamente escolhido, aproximou-se e em determinado momento integrou-se aos trabalhos, solícito e despachado.

Na chegada do carroção, aquele que comporta grande quantidade de material circense, ele percebeu a inquietação perigosa dos cavalos, assustados com um pequeno animal que lhes atravessara o caminho.

Indômito, ele os conteve, segurando-lhes as rédeas com um vigor inusitado, enquanto gritava a plenos pulmões:

– Eia! Eia! Parem!... – dominando-os de maneira admirável.

Rosalva, entusiasmada, teve ímpetos de gritar:

– Bravo, bravo!!!

Mas permaneceu escondida e silenciosa, observando fascinada a figura daquele homem que aparentemente nada tinha a ver com tais atividades.

Pietro, surpreendido com tanta coragem e presteza, elogiou-o agradecido, apertando-lhe a mão com bonomia.

O herói elegante e altivo usava calças justas de veludo marrom, camisa branca de seda, ampla e rematada com rendas, cinturão largo de fivela dourada, botas de cano longo até os joelhos, de couro áspero na mesma cor das calças, e um grande chapéu rematado com plumas, que ao cair durante a refrega deixou à mostra uma cabeleira bem tratada de um castanho escuro brilhante e levemente ondulado.

Seus gestos eram nobres; suas mãos finas, de dedos longos e enfeitados de anéis valiosos. Do pescoço pendia-lhe uma corrente de ouro com medalha artesanal, na qual podia-se divisar a sua heráldica cunhada. E o brilho dos olhos? Era de espantar! Todas as constelações do empíreo certamente não cintilariam mais!... Acresce anotar que tinham também a cor dos céus num dia claro de sol!

Admirando-o, em êxtase, Rosalva sentia-se incapaz de desviar os olhos dele, ou ignorar-lhe a presença.

Decidida, fitou-o firmemente e tão intensamente que fê-lo voltar-se, atraído pelo seu poder e vontade.

Divisando-a na janela, ele a admirou, entre surpreso e encantado. Sorrindo, curvou-se numa elegante reverência. No seu olhar sedutor e num sorriso fino e delicado, a admiração por sua beleza e o pronto interesse.

Depois, ela desceu da carroça, o que fez com elegância estudada, devagar, sentindo-se observada.

Ele precipitou-se e suavemente lhe segurou a delicada mãozinha, sustentando-a gentilmente até vê-la pisar o chão, agradecida, encantada e... plenamente conquistada!

Pietro, com as feições alteradas, requisitou-lhe os préstimos para algo que ela nem se lembra, afastando-os.

Alguns minutos depois, montando seu cavalo, ele desapareceu rapidamente, depois de lhe acenar jovialmente, despedindo-se.

No seu olhar, Rosalva surpreendeu belas promessas...

Ter-se-á enganado? Nunca mais o viu!...

Qual o seu nome? De onde veio e para onde foi? Como saber?"...

Rosalva deseja revê-lo, de todo o coração.

Pietro chega carinhoso e lhe indaga:

– Filha querida, em que pensa?

– Em nada de especial, meu pai. Estou admirando e analisando estes livros.

– Não quero que a minha bonequinha se canse, sim? – ele diz, enquanto a beija e insiste desconfiado:

– Você está bem, filha?

– E por que não estaria?

– Se soubesse não lhe perguntaria, querida! Farei qualquer coisa para vê-la feliz. Amo muito esta filha linda e inteligente!

– Obrigada! O senhor, meu pai, também é muito querido do meu coração e desejo vê-lo igualmente feliz! Quanto à inteligência e à beleza, se as tenho, devo-as ao senhor e a minha bela mãe!

Pietro ensombra as feições. Rosalva se arrepende de haver citado a mãe:

– Perdoe-me, papai, às vezes não me contenho... Gostaria de tê-la conhecido...

– Tudo bem, filha. Eu entendo a sua necessidade da presença maternal!

Eu também cultuo ainda a sua memória. Apraz-me saber que faz o mesmo, apesar de não se recordar dela...

Preciso fortalecer-me neste sentido, Rosalva... Eu já deveria ter superado esta grande dor...

– Isto acontecerá, meu pai, quando o senhor amar de novo.

– Eu?!... Não serei capaz! Enfim, quem sabe, não é?

Bem, tenho muito a fazer. Não se canse tanto! Você vai à fonte com sede exagerada, filha. Cuidado para não se afogar! Poupe-se um pouco e se distraia mais, sim?

– Farei isso, papai, não se preocupe! – ela atira-lhe um beijo, enquanto ele sai sorridente e feliz com a filha que o faz sentir-se orgulhoso em todos os sentidos.

Enquanto Pietro se distancia, Rosalva imagina como ele se sentiria se soubesse que ela deseja ardentemente rever aquele belíssimo rapaz que vira apenas uma vez...

MUSTAF'ZARIK

NA MANSÃO DE Loredano, trabalha arduamente uma exótica criatura de pouco mais de treze anos.

Muito alto e esquelético, seus olhos possuem cor indefinida, que vão do negro ao cinza-metálico. Seu olhar magnético parece atravessar a alma daqueles que estão sob a sua observação. Seus cabelos são lisos e negros, a pele cor de mate. Suas mãos são grandes, de dedos afilados. As pernas longas são magérrimas como as de uma gazela; seu rosto é pálido, a tez acobreada.

É natural da Índia e se chama Mustaf'Zarik. Loredano o trouxe de uma das suas viagens. Era ainda muito pequeno e chegou envolvido nos trajes típicos da sua origem. Na ocasião, Loredano exibiu-o como um troféu curioso até cansar-se.

Em verdade, este rapaz é uma estranha criatura: silencioso, parece ter o dom de ler pensamentos. Avaro nas palavras, só enuncia verdades, algumas desconcertantes que lhe têm valido sonoras bofetadas e demais sofrimentos corporais.

Come pouco e de forma peculiar. Aquilo que lhe agrada ao paladar nada tem a ver com o comum. Rejeita os alimentos considerados normais e, se insistem, forçando a ingeri-los, adoece gravemente.

Apesar da aparência pacífica, é indomável. Nem fortes golpes fazem-no dobrar-se a quem quer que seja, se não for a sua vontade.

Nos estábulos, onde faz grande parte dos seus serviços, conversa longamente com os animais. Muitas vezes dorme entre eles ou sob as estrelas, com as quais tece igualmente extensos monólogos...

Loredano odeia e teme Zarik porque, como num estranho sortilégio, a cada maldade perpetrada contra ele, recebe em contrapartida prejuízos, sustos e até mesmo doenças misteriosas que o jogam ao leito por dias.

Normalmente afasta-se dele, porque mesmo sabendo dos riscos que corre não se contém em maltratá-lo.

Para completar, sem saber como nem por que, suspeita que, se o menino morrer, também morrerá; como se os dois estivessem ligados por laços a uma fatalidade inexorável.

Zarik possui estranhos poderes, como por exemplo: prever fatos que se concretizam e a faculdade de curar pessoas ou animais através de rezas ou de infusões.

Numa estranha dicotomia, Loredano protege-o, apesar de maltratá-lo sempre que tem oportunidade. Teme que por alguma razão ele venha a perecer, mas a simples presença do exótico adolescente o exaspera. Parece-lhe estar sempre desnudo diante dos seus olhos brilhantes como aço.

Amiúde, se vê nos seus sonhos como um marajá poderoso e Zarik como seu servo, a quem maltrata cruelmente.

Em seguida, misturam-se outras cenas que lhe parecem mais antigas, nas quais ele é o servo de Zarik e como tal é surrado por este, que o espezinha duramente. Em meio aos seus servos, ele vive uma vida de dores e desgraças constantes, sofrendo os horrores de um verdadeiro inferno.

Nestas ocasiões, envolvido por sensações dolorosas, ele desperta como agora, encharcado de suor, cheio de ódio por Zarik...

Sente ímpetos de levantar-se, de ir até ele e destruí-lo de uma vez.

Uma indagação supersticiosa lhe acorre:

"Será que ele morreria... ou não?... Quem sabe é uma dessas entidades védicas, materializada, do seu povo tão estranho?

Por que eu trouxe esta maldita criatura comigo? Ah, se eu pudesse voltar atrás!...

Tomei-o dos braços da sua mãe. Ainda lhe recordo a beleza e a dignidade. Seu sari colorido, seus cabelos negros e brilhantes trançados com óleos perfumados...

Eu estava alucinado de paixão por ela! Jamais uma mulher tocou-me de tal forma e com tal intensidade o coração!... Bela Samara! Por que me rejeitou? Me confessou que amava o marido e que lhe era fiel...

Este encontrava-se em viagem, numa peregrinação religiosa. Recordo ainda o seu olhar desesperado a implorar-me que não lhe tomasse o filho pequeno.

Que diria ao pai quando ele regressasse? – indagou-me suplicante.

Arrebatei-lhe, mesmo assim, violento, o menino.

Na ocasião, ficou-me gravado para sempre o duro olhar da criança sobre mim. De piedade, de ameaças, ou de condenação? Nunca consegui saber!

Ah, se eu tivesse pensado melhor! Jamais o teria trazido comigo.

Todavia nunca recuei diante daquilo que desejo. Se não me dão, eu tomo. Diante da minha vontade, não existem obstáculos!

Samara morreria antes de me pertencer... Era inútil tentar.

Tirar-lhe o filho foi a maneira de castigá-la.

País esquisito aquele!... Povo exótico, de estranhos costumes!...

Tolo que fui... Preparei uma armadilha e caí nela.

Como livrar-me de Zarik? Não quero continuar pensando...

Aos diabos com tudo isso!..."

Relaxando, ele volta a dormir entre sedas e rendas, confortável, mas inseguro e frágil como uma criança pequenina, atormentado com fatos que não entende e contra os quais não possui defesas...

* * *

EM TODA A cidade, nas mentes dos que assistiram ao espetáculo circense, materializam-se as mais variadas formas, reproduzindo imagens plasmadas de acordo com a capacidade de cada um de assimilar o que viram. Imagens, dentro dos limites intelectuais e espirituais de cada um e dos contextos das suas vidas, que passam a influenciar seus hábitos e costumes.

A vida no circo é triste, porque depende da boa vontade dos seus proprietários e da afluência de público.

Quase sempre, a ganância e a insensibilidade daqueles que controlam os recursos adquiridos jogam um grande número de artistas e serviçais numa extrema penúria. Usando de mentiras e de artifícios, exploram e garroteiam aqueles que se esfalfam nos ensaios, nos diversos labores, e se exibem nos espetáculos, geralmente acumulando funções e personagens, além de assumirem outras atividades fora do circo em benefício do empreendimento, fazendo o papel de intermediários entre este e a comunidade.

As migalhas que recebem criam-lhes problemas insolúveis pela incapacidade de sobreviverem dignamente, apesar de trabalharem tanto.

Não raras vezes, sem outra saída, trabalham pelo escasso alimento que lhes é oferecido à guisa de pagamento.

Quase todos, sem condições e sem entusiasmo, fazem tudo o que podem para se apresentarem atraentes, saudáveis e 'felizes' (!)...

Como um grande monstro, o circo devora quase tudo, levando-os a viver de forma confusa e desregrada, com pouco conforto e nenhuma segurança.

* * *

Muito cedo, Zarik desperta.

Olhando ao redor, respira a plenos pulmões, espreguiça-se retesando os músculos e levanta-se.

Senta-se num estreito tapete franjado, dobra as pernas na postura de yogui, junta as palmas das mãos, olha para o alto e emite uma sonora saudação, sustentando-a por longos minutos.

Mantendo os olhos fechados, interiorizado, ele permanece impassível.

Vez por outra, pode-se-lhe notar os lábios a se moverem, como se dialogasse com alguém.

Quando encerra a meditação, o seu rosto está iluminado. Nos lábios, um sorriso sereno.

Para este ritual, ele usa um turbante de branco refulgente.

Ao terminar as suas orações, guarda-o de novo, junto ao tapete, num velho baú.

Minutos depois, prepara uma bebida com o leite que tirou de uma das cabras, acrescentando-lhe o sumo de algumas ervas colhidas na hora. O líquido torna-se espumoso e esverdeado. Em seguida sorve-o com satisfação. Limpa a boca, senta-se num tosco banco de madeira e aguarda.

Em instantes, Leocádia chega trazendo-lhe um pão achatado e escuro. Entrega-lhe sorrindo e beija-o na testa, enquanto sugere:

– Coma, meu filho, está quentinho! Acabei de fazê-lo do jeito que você gosta. Já tomou o seu leite?

– Agora mesmo, Leocádia. Este pão é delicioso!

– É natural que goste. É uma receita indiana, filho.

– Você é tão boa, Leocádia! Parece minha mãe!...

Absorto, enquanto mastiga o pão, ele olha ao longe.

Num suspiro que lhe parece ter saído do mais profundo da alma, exclama:

– Sinto tantas saudades dela...

– Saudades, meu querido? Se quando aqui chegou era quase um bebê! Não pode lembrar-se!

– Posso, Leocádia... recordo os seus vestidos coloridos e esvoaçantes... Os seus cabelos negros, lustrosos... Sinto ainda o perfume deles, Leocádia! Tenho gravada na retina a expressão do seu rosto e das suas lágrimas no seu desespero, agarrando-me fortemente para que ele não me arrebatasse! Ah, senhor Loredano, por quê?... Para quê?...

– Meu querido Zarik, isto não é possível!

– Sim, é possível. E digo-lhe mais: Nos meus sonhos ela aparece e nós conversamos. Muitas vezes, beijando-me amorosa, pede-me que o perdoe.

– E você deve perdoá-lo, filho! Nosso patrão é digno de piedade. É um infeliz que ainda não aprendeu a amar, nem ao seu próximo e nem a Deus!

– Sei que tem razão. Mas, Leocádia, cada vez que eu o perdoo, ele repete tudo! Está sempre a perseguir-me com o seu ódio e a sua maldade! Até quando conseguirei perdoá-lo?

– A longa experiência me diz que deverá fazê-lo quantas vezes for preciso, filho!

Leocádia silencia. As recordações inusitadas de Zarik levou-a a pensar nas suas.

Retorna à sua aldeia, revendo-se pequenina, alegre, fagueira e irrequieta.

Seus pais são extremamente amorosos. Sua vida é saudável e pura. Cresceu em meio à natureza, correndo entre as árvores frondosas e os animais silvestres, entre as flores e as borboletas...

Quantas vezes surpreendeu deslumbrada a saída delas dos seus casulos! Belíssimas, coloridas, trêmulas a princípio, para depois voarem, batendo as asas e ganhando os céus.

Quase sempre vivia descalça.

Suas vestes leves e coloridas tinham o perfume do sabão de ervas, lavadas na beira do rio por sua tia e colocadas para secar sobre as pedras quentes do sol ardente. Tudo ao seu redor estava impregnado de odores bons e diferenciáveis.

Ainda carrega na acústica de sua alma a música campestre, tocada na flauta pelo pastor para aglutinar e acalmar as ovelhas. Quase consegue ouvir os seus balidos, como se estivessem tentando falar: Que lindas eram! Com os seus corpos cobertos de lã crespa, quentinha... Olhinhos inocentes, comendo aqui e ali...Quando se distanciavam, o cão lebreu latia, cercando-as, obrigando-as a retornarem ao rebanho...

Quantas vezes Leocádia as teve nos seus braços a acarinhá-las e a conversar com elas... Deus, quanta saudade!...

Num dia trágico para ela, um estranho surpreendeu-a sozinha e atirando-a sobre o seu cavalo, levou-a consigo. Arrepiando-se, ela recorda o quanto se debateu, inutilmente. A partir de então, trabalhou sem cessar na casa dele.

Aquele que a arrebatou da sua terra e dos seus era pai de Loredano, homem cruel e desalmado...

– Leocádia, você está bem? – interrompe Zarik preocupado, enquanto termina de comer o pão bem devagar, com prazer – Você ficou triste?

Regressando das suas memórias, ela suspira profundamente e acaricia os cabelos negros e escorridos do rapaz, enquanto esclarece:

– Não se preocupe, meu filho, eu estou bem, mas... já estive melhor, bem melhor.

– E quando foi isso, Leocádia? Pode me contar?

– Não, meu filho, agora não. Já estou atrasada com os meus serviços e, como sabe, o nosso patrão é por demais impaciente.

– É verdade que ele lhe batia, Leocádia?

– Não, filho, essa gente fala demais!

Todavia, ela leva as mãos às costas e acaricia, levemente, algumas cicatrizes. Suspira de novo e o beija, enquanto afetuosa e conselheira lhe diz:

– Vá cumprir as suas obrigações. Não o desafie, querido. Ele se exaspera com você, facilmente!

– Eu sei, Leocádia, mas não tenho medo, ele sabe.

– Não seja imprudente, meu pequeno. Aqui impera a lei do mais forte. Vá cuidar dos animais que pressinto os passos do patrão e estamos ambos roubando um tempo que deveria ser melhor aproveitado.

Assim dizendo, ela vê Zarik levantar-se e sair vagarosamente em direção ao estábulo, enquanto assoma à porta a figura volumosa de Loredano, com vincos na testa e pequeno chicote na mão, que bate nervosamente na própria perna, enquanto vocifera:

– Corja de inúteis! O dia já vai alto e o que fazem? Esquecem-se de que aqui estão para trabalhar e não para se divertir?

– Perdoe-nos, senhor Loredano. Eu e Zarik livramos de uns arames as patas de um pobre cabrito que já se reuniu alegre ao seu rebanho. Agora, o rapaz alimentou-se e já retornou ao trabalho – ela mente, enquanto intimamente pede perdão a Deus.

– Hum... Deixe de conversas e sirva-me o desjejum, mulher!

Rapidamente, ela complementa a bandeja farta de bons alimentos e a leva até o salão de refeições, onde ele, carrancudo, aguarda, batendo os pés no chão e pigarreando.

Em seguida, ela retorna para a cozinha.

Glutão e mal-educado, ele investe nos alimentos, deixando-os por vezes cair sobre a toalha de branco impecável.

Dir-se-ia uma criança que ainda não aprendeu a ter bons modos à mesa.

Da sua boca escorre leite, enquanto farelos de pão e de bolo grudam-se desagradavelmente ao redor dos seus lábios.

Vez por outra, bate as botas luzidias no chão sem motivo aparente.

Resmungando por qualquer coisa, mastiga muito e ruidosamente de uma só vez. Às vezes geme de prazer, pelo sabor de algum petisco mais gostoso.

Ao levantar-se, de chofre, derruba um copo e pedaços de pão.

Clama, revoltado:

– Oh, Leocádia, venha aqui! Não sabe mais arrumar uma mesa?

Habituada, ela já chega com o material de limpeza nas mãos e delicadamente limpa e reorganiza tudo.

Mais pesado que antes, Loredano dirige-se ao seu gabinete.

Neste extenso burgo, propriedade máxima dele, os habitantes perambulam tristes, pálidos, sofridos e sem esperanças. Em meio a rudes trabalhos, eles vivem sem estímulo e sem perspectivas.

A mansão do patrão parece sugar o ar e todos os outros recursos indispensáveis a uma sobrevivência saudável.

Não têm como queixar-se do que quer que seja, o que lhes é vedado.

Para Loredano, este contexto e estas criaturas existem como pano de fundo, sem nenhuma importância, apenas para satisfazer as suas necessidades e as suas ambições.

MOD

Nos confins destas terras, tão longe que o próprio dono jamais esteve, numa casa acanhada, adentremos porque as suas portas sempre estiveram abertas como agora.

Surpreendemos um frade no seu hábito marrom, cordões à cintura e cruz pendurada ao pescoço.

Ele vela à cabeceira de uma mulher de cabelos nevados e pele enrugada, magérrima e extremamente pálida.

Ela pede água e, após ingeri-la, aquieta-se, respirando com dificuldade.

— Deseja algo mais, Mod?
— Não, obrigada, meu bom amigo, Deus o abençoe!
— Mod, como pôde ficar assim, tão enfraquecida?
— Há algum tempo não consigo me alimentar, frei Justino...
— Por que não me chamou antes? Talvez eu pudesse reverter esse quadro!
— Não, não poderia, meu frei. Minh'alma já vislumbra o além e nada mais a interessa.
— Filha, este comportamento a compromete diante de Deus!
— Não faço de propósito, creia-me. Meu físico não tem mais condições de prosseguir... Como sabe, nunca me faltou coragem para viver. Mas a matéria está esgotada e o sopro que vivifica já é quase nenhum... Deixe-

-me aproveitar as últimas energias para confessar-me ao seu coração de ministro de Deus... O tempo urge... Tenho coisas a contar, segredos que guardei comigo a vida inteira...

Balançando afirmativamente a cabeça, ele coloca os paramentos, lamentando aquela vida que se apaga.

Beija o breviário, ajoelha-se no chão batido e úmido e prepara-se em meio a orações.

Levanta-se e ordena-lhe que fale, enquanto de olhos semicerrados ouve-a, atento e contrito.

Após alguns minutos que lhe pareceram séculos pela intensidade das declarações de Mod e que o fizeram estremecer, surpreso e apiedado, ele observa que aos poucos ela silencia, incapaz de prosseguir falando.

Procede o ritual dos moribundos, abençoando-a pela existência exemplar.

Enquanto ela estertora, ele a sustenta com palavras de conforto, amparando-lhe a alma boa, nos seus últimos instantes na Terra.

Enfim, apiedado, ele observa que ela se aquietou, libertando-se...

Clama pelos vizinhos que já estão ao redor da casa, mantendo-se à distância por respeito ao ritual religioso.

Unidos e consternados, organizam-se para os naturais procedimentos.

Mod fora mulher belíssima, refinada, culta e inteligente.

Quando chegou àquela aldeia, trazia uma grande dor no coração.

A ninguém declarou de onde vinha ou por que estava ali, mas sempre pareceu uma ave exilada, sem esperanças de retorno aos sítios amados.

Esforçou-se para organizar sua vida e trabalhou até o limite das suas forças.

Morou sempre sozinha, todavia era solidária e prestativa com todos aqueles que se lhe acercavam.

Tornou-se muito querida e admirada.

Seu féretro, singelo, como de costume, tem um grande acompanhamento e uma profusão de flores, misturando-se às lágrimas abundantes dos aldeões desconsolados.

Modesta, conhecida abreviadamente por Mod, viveu de forma pacífica e abnegada.

Participava sempre de todos os fatos importantes do lugar, de todos os sofrimentos e alegrias, sendo companheira, mãe, irmã de todos.

Sua alma luminosa encontrou ali, entre a dor e a miséria, a oportunidade para exercitar suas virtudes. Para eles, ela era Mod, simplesmente Mod, a querida Mod, e nada mais.

* * *

NAQUELA NOITE, LOREDANO despertou altas horas, olhos esgazeados, vomitando tudo que comera, entre acessos de cólicas violentas. Em meio a pesadelos, despertara cheio de dor.

Leocádia chamou o médico, que o fez devolver tudo que havia ingerido, para aliviar a indigestão que se instalara. O maior prazer deste homem é empanturrar-se.

O esculápio avisa-o de que ele ainda morrerá de tanto comer. Morte nada elegante para quem se considera (e de fato acaba sendo) um dos homens mais importantes da cidade.

Resmungando, reagindo mal aos remédios e às diversas providências, ele destrata o médico, que lhe suporta as agressões porque lhe cobra, sem problemas de consciência, altos honorários, sendo o único médico da cidade a atender Loredano.

Após os tratamentos mais urgentes, orientando-o quanto às suas prescrições, o médico se vai.

Mal-humorado, Loredano reclama esbaforido de dores de cabeça. Baldos todos os esforços para acalmá-lo, Leocádia vale-se dos conhecimentos de Zarik. Desperta-o, requisitando-lhe uma infusão calmante para o patrão, no que é prontamente atendida.

Loredano ingere o chá, contrariado, e em poucos minutos está dormindo placidamente.

Dizem que Zarik poderia, se quisesse, matar sem deixar vestígios com as ervas que cultiva e conhece tão bem.

Todavia este rapaz veio ao mundo para fazer o bem, para louvar ao Criador e promover a vida e a saúde.

Leocádia recorda-se do dia em que ele chegou pequenino, vestido em roupas orientais, forte e bonito. Balbuciava algumas palavras na língua do seu povo e esforçava-se para ser entendido.

Crescendo, foi demonstrando um caráter bem peculiar. Os comporta-

mentos considerados normais eram-lhe estranhos, os seus destacavam-
-se particularmente.

Ela respeita-lhe o jeito de ser e se adaptou às suas excentricidades.

Por sua vez, ele a ama tal qual a uma mãe e não mede esforços para
alegrar o coração dessa mulher, maltratada pela vida e principalmente
pelo patrão.

Zarik é sua sustentação afetiva. Ela é a segurança e o carinho providencial para ele neste mundo hostil para o qual o trouxeram contra a
vontade de sua saudosa mãe e a dele próprio.

No entendimento de Zarik, é o seu *maktub*.

* * *

SAÍDOS DAQUELE LÚGUBRE cemitério, no qual sepultaram entre lágrimas
e lamentações a querida Mod, os moradores do vilarejo retornam para
os seus lares com saudades prematuras daquela que soube conquistar os
corações mais insensíveis.

No decorrer daquele dia, pareceu-lhes revê-la a sorrir-lhes por entre as flores perfumadas com as quais fora enterrada. Sim, muitas flores. Todos levaram dos seus jardins. Fora o último preito de gratidão
àquela que, enquanto viveu, doou-se inteiramente a todos. Sua lembrança viverá para sempre neste recanto de lutas árduas e banhadas
de sofrimento.

Quando os primeiros raios de sol surgem, os aldeões partem para o
campo trabalhar. Vão arar a terra, a fim de que ela corresponda às expectativas do seu proprietário. As colheitas devem ser cada vez mais
satisfatórias, aumentando os lucros indefinidamente.

À beira do rio, aguadeiros fazem o trabalho da rega. Baldes e baldes
são levados às costas, à maneira chinesa, aos lugares mais distantes.

Esta gente simples, nascida ali, aprende a reverenciar a natureza naquilo que ela tem de mais belo e grave, na perfeição das suas leis que
regem tudo, segundo a vontade de Deus, recompondo-se diante dos
seus passados de extremado orgulho, egoísmo e ambição. Haverão de
retornar à fonte de água pura para dessedentar-se, voltar ao real objetivo da existência, que é o progresso espiritual. Caminhamos todos entre
altos e baixos, melhoras e complicações. A jornada é longa e por vezes

dolorosa, diante do justo acerto com as leis divinas, que nos oferecem oportunidades de sanar os nossos desenganos.

A boa Mod desapareceu da visão material. Impossível para nós avaliar agora a sua posição espiritual.

Mas ela escolheu a 'porta estreita' e com coragem atravessou-lhe os portais de luz.

Nós, porém, recalcitrantes e obstinados, ainda estamos nos enredando nas nossas mesquinharias...

O GUERREIRO ETÍOPE

Vendo Zarik estendido sobre o leito, pele escura, corpo forte e alongado, feições bonitas e plácidas, mãos grandes de dedos afilados, braços compridos, pés enormes, dir-se-ia sem dúvida tratar-se de um poderoso guerreiro etíope a descansar depois de uma difícil batalha.

Todavia com enorme diferença: a serenidade espiritual, porque a ânsia por conquistas quase sempre é estribada em outros valores. Zarik dorme de fato, embalado pelo cansaço físico, mas com a paz da consciência.

Adormecido, Zarik viaja, liberto, fortalecendo-se no convívio espiritual dos seus afins para os embates da vida presente.

Sua fisionomia transfigurada permite-nos adivinhar as delícias espirituais que frui. Seu musculoso corpo ali está, mas e sua alma por onde andará?...

Amanhece. Os animais em suas onomatopeias cobram-lhe o atendimento às suas necessidades. Retesando fortemente o corpo magro, ele respira fundo, devagar. Senta-se no leito e fica por alguns momentos tentando reter na memória as lembranças dos sonhos. Sorri levemente, satisfeito, e finalmente levanta-se.

Depois da habitual meditação e da refeição matinal, assume as estafantes tarefas, que o tornam cada vez mais vigoroso.

Os seus encargos estender-se-ão noite adentro, quando suarento e faminto buscará um banho reconfortante e um frugal alimento antes do sono reparador.

Rolando como seixo no fundo de um rio, seguindo o curso das águas enquanto se transforma, lapidando-se espiritualmente sob os raios do sol, forte e determinado, vive Zarik...

Apesar da vida sofrida, não se queixa. Agradece ao Criador a oportunidade de trabalho na disciplina rotineira que o mantém ocupado e a constante abnegação de Leocádia, essa mãe que o céu lhe concedeu na compensação pela ausência da legítima que ficou tão longe e que agora só vê em sonhos. Mãe Samara... Mãe Leocádia... Sim, ele é um privilegiado! Não fosse a perseguição do patrão...

Mas Zarik sabe que faz parte de sua existência. Ensina-lhe, a duras penas, a ser cada vez mais tolerante. Este lhe será também mais um fator de gratidão...

Sinceramente arrependido, recorda o desejo de envenenar Loredano.

"Que o Senhor lhe perdoe os desmandos e a mim, a intenção criminosa, rejeitada sempre, graças a Deus! Mas ele maltrata Leocádia. Isto é muito difícil de suportar!

As minhas dores eu aguento, sejam elas físicas ou morais, mas ver Leocádia sofrendo, oh, céus, é um tormento! Preciso de muito controle emocional para não o destruir de vez!

Ah, senhor Loredano, o quanto terá de sofrer ainda!"

Nestes cismares, Zarik enfrenta mais um dia de trabalho.

Por vezes, tudo foge ao normal e, em meio aos impropérios de Loredano, debaixo de castigos cruéis, sob suspeitas infundadas, ele sofre a fúria do patrão.

Nestas ocasiões, Loredano surra-o impiedosamente, deixando-o como morto no chão, afligindo demais a pobre Leocádia.

E como sempre acontece depois de agredi-lo, Loredano adoece sem razões aparentes, sofrendo dores atrozes, que resistem a qualquer medicamento.

Sem fugir deste estranho ritual, mais uma vez, Zarik, enquanto cura as próprias marcas de chicote no corpo, socorre-o com as suas infusões. Estranha convivência esta!...

Zarik aproveita a oportunidade para se melhorar espiritualmente. Não sabe em que situação renascerá futuramente.

Concluiu resignado que Deus pretende reconciliá-lo com Loredano, redimindo-lhe a alma desorientada e cruel, enquanto lhe permite igualmente a própria lapidação. Sabe que o ideal é sempre garantir o progresso hoje, nesta dura vida de provas e de expiações...

Como um bichano bem servido e satisfeito, Loredano desperta para mais um dia.

Espreguiça-se, olha à volta e se propõe a levantar. Toca uma sineta dourada e espera.

Os criados apressados acorrem. A isso estão acostumados.

Alguns quartos de hora depois, banhado e vestido com luxo e conforto, ele faz a sua primeira refeição do dia que Leocádia já preparou com os requintes exigidos.

Enquanto se alimenta, recorda um estranho sonho:

Num singelo cemitério, diante de uma sepultura recém-coberta de terra, ele se via entristecido e pesaroso. Daquele túmulo luminoso desprendiam-se suaves perfumes e acima dele uma forma difusa e radiante pairava no ar, endereçando-lhe palavras de perdão e muito afeto. Quais foram estas palavras? Não consegue recordar...

Sua alma opressa sentia-se muito culpada. De quê? Por quê?...

Cabisbaixo e envergonhado, caíra de joelhos...

Uma estranha saudade se instalara em sua alma, amargurando-o, numa melancolia constringente. Lágrimas copiosas molhavam-lhe as roupas ao caírem...

Levando a mão ao peito e, numa exclamação extremamente dolorosa, despertara ao som da própria rogativa:

– Perdoe-me, peço-lhe! De onde estiver, me perdoe!...

Fazendo um grande esforço, Loredano recorda ainda que naquela sepultura havia flores em profusão de todos os matizes e perfumes. Um aglomerado de pessoas vestidas com singeleza, de semblantes simpáticos e tristes, choravam numa despedida difícil... Lamentavam a grande perda. Fora informado que aquela alma voara para Deus, entre louvores e cânticos celestiais...

Completamente desperto, Loredano sente que uma grande culpa, desconhecida e estranha, instalou-se em sua mente. Isto aumenta, em muito, o seu habitual mau-humor.

O dia será bem mais difícil para todos que o cercam, porque pagarão uma cota maior de sofrimento pelo descarrego das suas emoções desequilibradas.

Loredano ainda não aprendera a lidar com suas próprias emoções.

* * *

ALGUNS MESES SE passaram da morte de Mod, quando sua antiga moradia se tornou ponto de reuniões para orar a Deus.

Algumas pessoas juram vê-la, reiteradas vezes, a sorrir entre flores e luzes coloridas.

Estas notícias propagaram-se à boca pequena e a casa tornou-se, em pouco tempo, um lugar de romarias e petitórios, muitos deles 'atendidos' e divulgados, ampliando assim o interesse dos humildes, quase sempre carentes de todo tipo de socorro.

Eles dizem que Mod prossegue amparando-os, agora cercada por 'anjos' que atendem as suas súplicas.

Na fé e na humildade destes corações, a certeza de que a morte não separa aqueles que se amam verdadeiramente.

O túmulo bem conservado está sempre coberto de flores frescas e perfumadas. Aqueles que são beneficiados pelas graças recebidas levam-lhe flores de todas as qualidades, junto a papéis com pedidos e agradecimentos, objetos e peças de roupas.

Os que se incumbem da conservação dá-lhes, após algum tempo, a direção mais adequada.

Mod ensinou muitos a ler e a escrever, tornando tradição na pequena aldeia a instrução.

Se da mesma forma que se vive se morre, prosseguindo-se nas mesmas intenções, terá Mod usado destes recursos para socorrer os corações amigos? Sua saudade e interesse terão criado este amorável intercâmbio? Perguntas que somente Deus pode responder. Ele encontra sempre através da providencial misericórdia de Suas leis as mais variadas formas para socorrer a todos os seus filhos,

Frei Justino, observado de perto pelos seus superiores que se preocupam com estes acontecimentos, teme ser mal compreendido.

Pode parecer que ele, um frade, esteja desobedecendo aos poderes constituídos da Igreja.

Todavia ele vê essas demonstrações de fé e reverência, saídas do coração amoroso do povo, com bons olhos, apesar de temer que eles, por necessidade, estejam fantasiando e criando a realidade que desejam. Seguindo os seus sentimentos, dominando os seus escrúpulos sacerdotais, observa-os e aguarda, zeloso do seu querido rebanho. Tem certeza de que Mod não se importará com os exageros destes humildes aldeões; muito pelo contrário, será grata aos céus, por eles mesmos terem encontrado os recursos salvadores para as suas dificuldades do dia a dia e, quem sabe – pensa ele, a sorrir docemente – Deus não terá permitido à boa Mod prosseguir esta salutar convivência, agora mais fortalecida, livre do peso do corpo de carne e das limitações humanas?

Sim, que sejam felizes dentro das suas possibilidades, fortalecidos na fé em Deus, nosso Pai, e no amor fraterno que continua nos unindo mesmo depois da morte!

Fechando o seu breviário, olhando para o céu azul enfeitado de nuvens muito brancas, ele exclama suspirando e comovido até as lágrimas:

– Mod, de onde estiver, nos abençoe a todos!

Dessa maneira, Frei Justino dá por encerrada a questão, ao menos por enquanto. Em paz, prossegue nos seus afazeres. Depois pensará em como enfrentar as cobranças que os seus maiores lhe farão. Para isso, conta com a misericórdia divina.

* * *

A IMPERIOSA VOZ de Loredano se faz ouvir, ecoando por todos os espaços, assustando, incomodando e desarmonizando aqueles que lhe ouvem as mais variadas imprecações.

Em alta voz, ele clama pelos criados, chamando-os pelos nomes, misturando-os todos de uma só vez.

Atravessara, vaidoso, a sua galeria de arte e aqueles tesouros, que são a luz dos seus olhos, não estavam devidamente polidos.

Possesso e compulsivo, ele ameaça a todos, fazendo os fâmulos correrem daqui para ali, atropelando-se uns aos outros, na ansiedade de obedecerem cegamente antes que as pancadas chovam sobre eles.

Ele, látego nas mãos, estala-o no ar e por vezes acerta os criados os ferindo.

Depois do terrível espetáculo de servidão e medo, constatando que agora todos limpam com esforço redobrado as peças raras que coleciona e pelas quais paga verdadeiras fortunas, afasta-se arrogante, andar ritmado, com estranho sorriso nos lábios.

Ao sair, bate a porta com estrondo, assustando a todos mais uma vez.

Horas depois, os seus servidores retornam aos diversos departamentos de trabalho, na desagradável expectativa da próxima explosão do patrão.

O que faz alguém ser tão insensível?

Por enquanto, concluímos que neste corpo avantajado e gorduroso habita um Espírito atrasado, obstinado no mal.

Loredano resiste a qualquer forma de progresso, desprezando a oportunidade que passa. E o maior prejuízo é seu, porque enquanto as suas vítimas crescem através da dor e das dificuldades, ele se amesquinha e se abastarda.

Criatura infeliz, que desgraçadamente rejeita o amor e a amizade. Poderia amenizar o seu mau-gênio; mas gosta de ser temido.

Lamentável! Poderia, caso desejasse, ser amado!

PADRE LEOPOLDO E SÃO MARTINHO

Caminhando por ruas desertas, apertemos os passos para surpreendermos ainda desperto alguém que vive nas redondezas do burgo e que é muito querido na sua comunidade.

A trêmula luz de uma lamparina atira lampejos no rosto forte e claro, de traços ainda formosos, apesar da idade madura, do bom padre Leopoldo.

Debruçado sobre as Sagradas Escrituras, ele as analisa atento, esmerando-se no preparo do seu sermão dominical da Igreja de São Martinho, da qual é o pároco há muitos anos.

Enquanto a igreja é reformada, ele reside temporariamente nesta humilde pensão, desconfortável e fria. Mesmo ali, os fiéis o procuram para pedir-lhe auxílios, conselhos, ou somente para abrirem os seus corações e, sobretudo, serem compreendidos e amados.

Por essa razão, os seus estudos constantes das verdades de Deus ficam reservados para as altas horas da noite.

Uma ave noturna pia e ele se sobressalta, retornando à sua realidade que não é feita nem de querubins ou de serafins.

O dia começa a clarear quando ele, enfim, acomoda-se num leito duro, quase improvisado, para repousar algumas horas.

Muito cedo irá para a paróquia, onde passará o dia entre orações, trabalhos domésticos, socorro aos necessitados e providências atinentes às obras de recuperação do antigo prédio da igreja.

Já na igreja, em frente à imagem de são Martinho, ele entabula um diálogo, que se transforma em monólogo:

– Bom dia, meu santo! Dormiu bem? O quê, como disse? As pombinhas fizeram muito arruído? Ah, meu querido são Martinho, nós dois sabemos que as avezitas arrulham para agradar ao Senhor, nosso Deus! Quando as obras terminarem, elas retornarão ao pombal. Agora, abençoe o seu discípulo em mais um dia. Com a sua ajuda conseguirei superar qualquer dificuldade! Que Deus nos abençoe o esforço na condução do nosso rebanho e que Ele nos fortaleça na fé!

Assim dizendo, padre Leopoldo persigna-se, enquanto flexiona um dos joelhos diante da imagem. Podia jurar que são Martinho sorriu-lhe amorável e compreensivo como faz todos os dias.

Adianta-se e segue rumo à sacristia, onde se depara com o seu hábito sacerdotal limpo e cuidadosamente arranjado sobre um dos bancos.

Conclui que o seu ajudante do dia começou muito cedo também.

Existe uma escala de trabalho, na qual os pequenos aldeões se revezam nos cuidados com a igreja e com tudo que lhe diz respeito.

Padre Leopoldo, enquanto lhes recebe a providencial cooperação, observa-os, orientando-os de forma competente, como faria um pai amorável e cuidadoso. Esta solicitude se estende às famílias dos meninos, em sua maioria, carentes de toda forma de ajuda e orientação.

Um dos pequenos toca o sino, conclamando os fiéis para a primeira liturgia do dia.

Aos poucos, a igreja se enche de fiéis. Alguns vestidos na última moda, orgulhosos e cheios de empáfia; outros, menos ataviados, mais discretos, sentam-se aqui e ali; e outros, ainda, nos fundos da igreja, vestindo roupas surradas e feias, deserdados do mundo, encostam-se na parede, enquanto olham cheios de esperança para as imagens dos santos, a rogar-lhes auxílio e forças. Estes, principalmente, são a grande preocupação de padre Leopoldo.

Ele mantém na paróquia um horário dedicado a eles, quando lhes oferta um prato de sopa e um pedaço de pão, assim como algumas roupas, doadas pelos moradores mais prósperos e caridosos do povoado.

Famintos de pão e de amor, eles lhe são gratos, amando-o profundamente. Alguns são também doentes do corpo ou da mente, arrastando mazelas difíceis de sanar, pela carência de meios e pela falta de interesse dos poderosos que os ignoram.

Outros infelizes perambulam por falta de trabalho e de estímulo. Sofreram grandes perdas materiais e, sentindo-se derrotados, andam ao léu, sem motivo para viver.

Suas existências parecem arrastar-se num inferno em vida.

Caso pudéssemos conhecer cada história, quantas surpresas teríamos! E de quantas culpas nossa alma viveria, a partir de então...

Na acústica das nossas almas tão antigas, ouviríamos a voz de Jesus a nos recordar os dois mandamentos que se resumem num só: "Amar a Deus sobre todas as coisas e ao próximo como a si mesmo!"

Vendo-os chegar, tímidos, encolhendo-se pelos cantos, padre Leopoldo emite fervorosa prece por eles, que são os mais amados de Jesus. Eles o representam junto a nós. Quando lhes fazemos algum bem, é ao próprio Jesus que fazemos e, quando os esquecemos, é também a Jesus quem esquecemos...

Padre Leopoldo, profundamente apiedado, recorda as palavras do Evangelho de Lucas (10: 25-37)

"Senhor, quando foi que te vimos com fome e não te demos de comer, com sede e não te demos de beber, sem teto ou sem roupa, doente ou preso e não te assistimos?"...

No coro cantam vozes argentinas seguidas pelos fiéis, harmonizando pensamentos e sentimentos.

O ritual prossegue, lentamente. Alguns paroquianos sonolentos bocejam, para escândalo de algumas senhoras zelosas e críticas por natureza.

Terminado o ritual da missa, o público sai na algaravia que precede o dia de domingo, voltado ao lazer e ao descanso, para alguns...

Padre Leopoldo falara sobre a caridade para com o próximo e do amor que se deve a Deus. Recordou os dez mandamentos na obediência devida ao Criador e a necessidade da oração constante para não cair em tentação.Ainda com os sons do coro e das orações misturando-se à entonação vocal do bom sacerdote durante o sermão, todos buscam os seus destinos. No próximo domingo, ao soar dos sinos, comparecerão novamente.

Terminando as suas tarefas, os meninos que auxiliam o padre também seguem para os seus lares. Alguns deles, gratos pelos auxílios recebidos e por afeição ao padre, convidam-no para o almoço. Ele aceita um destes convites.

É sozinho, seus familiares ficaram muito longe, do outro lado do oceano.

Almoçando alegre junto a uma família de um dos seus paroquianos, entabulando agradáveis conversações, padre Leopoldo vê o domingo findar-se, grato aos céus por tudo ter decorrido dentro da normalidade.

Sente-se, é verdade, um tanto cansado, mas os seus paroquianos também não se esfalfam em rudes serviços mal pagos? Alguns deles, pobrezinhos, adoecem pelo repetido esforço, seja nas plantações, no arar a terra e nas colheitas ou em trabalhos braçais, desgastantes e exaustivos.

Mal alimentados e sem estímulo, eles são explorados de todas as formas... Pobre povo injustiçado e desprotegido! Que fazer para mudar essa dura situação?

Que seria deles se lhes faltassem a igreja e o pároco? Como sobreviveriam sem a fé que os fortalece, sem a esperança que os sustenta e sem os diversos auxílios materiais e espirituais que a igreja lhes concede? O bom padre os ama muito e tudo faz para amenizar-lhes as dores e as diversas carências.

* * *

CALÇANDO SUAS BOTAS luzidias, rara obra de artesanato, Loredano recorda mais uma vez o estranho sonho. Quem fora enterrado recentemente naquela sepultura? De que maneira ficara sabendo que era uma alma luminosa, muito acima das misérias humanas? E por que chorou tanto, sentindo-se culpado?

"Ah, que tolice a minha! Me preocupar com sonhos, ora veja!..."

Ele sacode a cabeça para desanuviar os pensamentos, buscando esquecer. Ecoando desagradável o seu vozeirão, clama por determinado serviçal.

O pobre homem trêmulo se faz presente, silencioso. Posta-se diante dele, à espera das ordens que não se fazem esperar:

– Oh, estafermo! Que é feito do material que recebeu? Onde o deixou?

– Guardei-o no celeiro, senhor Loredano, como faz o seu intendente. A partir daí a incumbência será dele.

– O meu intendente está viajando. Você fará a aferição e a distribuição equivalente. Depois venha dar-me contas de tudo. O que está esperando?

– Desculpe, senhor, mas não estou informado quanto ao trabalho que ele faz. Como poderei cumprir as suas obrigações?

– Isto não me interessa. Arranje-se, seu idiota! Quer desafiar-me?

– Não, senhor. Perdoe-me. Vou agora mesmo. Pedirei auxílio a Zarik.

– Não. Faça tudo sozinho. Não quero Zarik metido nisto. Depois venha prestar-me contas de tudo. Vá! Avie-se! Esta sua cara de parvo me incomoda!

Quase a correr, o infeliz, atabalhoado, sai tropeçando em tudo que lhe está à frente.

Loredano observa-o irônico. O seu olhar está carregado de ameaças.

Altas horas da noite, este serviçal ainda se esforça para fazer aquilo que não lhe foi ensinado, para fugir dos castigos habituais e retornar em paz para a sua família, que no momento ignora-lhe as dificuldades.

Não aceitou a ajuda de Zarik, obedecendo ao patrão.

Não terá tempo para dormir. É uma questão de sobrevivência, de fugir de uma provável perseguição por parte de Loredano. Ali, vive-se sob o seu látego.

O suor lhe escorre pelo rosto pálido. Está extremamente nervoso.

Vendo a sua ajuda rejeitada, Zarik deixou-o entregue ao seu trabalho, já que nada pode fazer.

Foi cuidar da própria vida, não antes de dividir a sua refeição vespertina com o pobre homem e dizer-lhe palavras de estímulo.

Compreende que ele recebeu ordens para não aceitar o seu auxílio. A melhor maneira de ajudá-lo será deixá-lo sozinho.

Desta e de outras formas, Loredano sufoca aqueles que lhe estão submetidos. É uma alma arbitrária e tirana.

SERIGUELLA

Debaixo de uma figueira carregada de frutos, Seriguella, sentado no chão, come alguns, deliciando-se.

Olhos perspicazes, feições harmoniosas, gestos tranquilos, ele observa tudo à sua volta, aproveitando a beleza da tarde ensolarada. Sua roupa está surrada e os seus sapatos, rotos. O chapéu de feltro cheio de pequenos buracos denuncia a velhice do material já desbotado. Nada disso, porém, o incomoda; no seu jeito natural de ser, ignora as convenções.

Esparramado no chão, muito à vontade e sem pressa, ele olha sonhador para o azul do céu.

Respira a haustos, aproveitando o oxigênio que lhe entra em plenitude pulmões adentro.

Suspirando, pensa em Zoraida... Sua bela Zoraida!...

Um pássaro mais afoito passa-lhe próximo à cabeça, quase colidindo com ele, fazendo-o exclamar, encantado:

– Oh, criaturinha de Deus, que bom senti-la tão próxima! Por certo, não lhe inspiro temor!

Em verdade, a ave que também saboreava gostosamente os figos, satisfeita, voou para mais longe.

Seriguella chegou da Itália há alguns anos, radicando-se ali, sem saber por que ou para quê.

Itinerante e observador, sobrevive de pequenos expedientes. Enquanto ganha o seu pão, vai ouvindo as histórias do povo: algumas românticas, outras sem nenhum colorido e muitas outras trágicas, plenas de lamentações e de memórias amargas.

Poderia facilmente ser um escritor. E quem sabe não será? É ainda muito jovem!

Vez por outra, ainda fala no seu idioma, mas já assimilou admiravelmente muitos outros, de maior uso na época, e naturalmente o idioma local.

"Em Roma, vive-se como os romanos", e Seriguella não veio ao mundo para contradizer ninguém, veio para observar, amar e aprender.

Ele aprecia, especialmente, a história da Grécia e os seus grandes filósofos. Identifica-se profundamente com eles e imita-lhes os comportamentos. Todavia tem consciência de que não possui as suas qualidades, tampouco a natural ousadia que de modo geral os caracterizava.

Mas, a bem da verdade, nem todos eram tão bons assim!...

Seriguella vive despojado de bens materiais e desdenha as coisas vãs do mundo.

Sua vida segue de forma muito mansa.

Laços de família? Nunca os teve. Não sabe onde nasceu, nem quem foram os seus pais.

Amigos, ele os faz ao longo do caminho, principalmente entre as crianças. Ah, sim, como as ama! Verá nelas a si mesmo?

"Jesus amava muito as crianças! – pensa emocionado – Elas requisitam proteção especial, respeito, orientação e amor!"

Naquilo que depender dele e dentro das suas possibilidades, elas terão tudo isso e muito mais.

É habitual vê-lo no meio da criançada, se divertindo e divertindo-as também.

Farto de comer os deliciosos frutos, ele se levanta e respira fundo, olhando ao redor, refletindo quanto à próxima atitude a tomar.

Atualmente, alberga-se de favor numa casa da vila, na qual executa, cheio de disposição, trabalhos de alvenaria, de marcenaria, de jardinagem, em troca de dormida e de frugal alimentação.

Decide caminhar e passa por diversos grupos de pessoas.

Saudando-as, tira o chapéu e sorri, numa reverência gentil e sincera.

Aos petizes que vai encontrando pelo caminho dá dos figos que guardou no seu albornoz, além de afagá-los docemente, profundamente tocado pelas suas aparências inocentes.

"Ah, se pudesse decidir-lhes os destinos!... Fazê-los felizes! Ah, se esse mundo fosse melhor e lhes permitisse segurança e felicidade! Deus, protegei-os! São tão frágeis, tão indefesos!" – ele roga, profundamente sensibilizado.

Acaricia os animais e entabula um breve monólogo.

Medindo a posição do sol, Seriguella sorri enigmático, como se estivesse a esperar por algo.

Decidido, toma a direção de uma plantação de tomates na redondeza. Vai refletindo quanto aos cuidados que precisa ter com o capataz, homem cruel que traz os trabalhadores 'no cabresto e debaixo de reio', como ele mesmo diz.

Genésio detesta-o e Seriguella sabe muito bem por quê.

Prossegue o seu caminho, admirando as pessoas do lugar nas suas atividades rotineiras: mulheres lavando roupas no rio e crianças a correr-lhes ao redor, ignorantes das dificuldades do mundo.

"Que pena – pensa ele – quando crescerem, vislumbrarão as verdadeiras cores daquilo que de fato as cerca!..."

Carroções, nos seus ruídos, passam carregando os mais variados produtos, enquanto os cocheiros gritam com voz forte e impositiva:

– Eia! Eia!...

Em alguns deles, aqui e ali, Seriguella pega uma carona para descansar um pouco as pernas. A jornada é longa.

Uma vez no veículo, ele entabula agradáveis conversações com o carroceiro, prendendo-lhe a atenção. Ao despedir-se, agradece o favor, na certeza de ter alegrado um pouco aquele coração cansado e por vezes desiludido da vida.

Assim, enquanto troca com eles impressões sobre os mais variados assuntos, transmite-lhes novos conhecimentos, dando algumas pinceladas a mais neste belo e imenso quadro que é o mundo".

Ele vive de bem com a vida, consigo mesmo, com o mundo e com Deus.

Ao longe, divisa a referida plantação. Sorri satisfeito, como criança. Apruma-se, arranja os cabelos, repõe o chapéu, passa a mão ao longo da roupa e tira com um lenço um pouco da poeira, que insiste em se prender no seu casaco.

Suspira, sonhador, e imprime mais velocidade às pernas.

Ali trabalha sua doce e fogosa Zoraida. Quanta beleza numa única criatura!

Cabelos encaracolados e escuros, rosto redondo, no qual reluzem dois grandes olhos azuis, pele brunida de sol, corpo avantajado e sedutor.

Ah!... O que Seriguella não daria pelo amor desta mulher! Ela é a sua inspiração, a sua musa.

"Todavia – pensa, algo consternado –, que tenho eu para lhe oferecer? Nada. Se pudesse, a arrebataria deste trabalho desgastante, fazendo-a minha rainha!"

Ela é exigente e ambiciosa, mas gosta dele; ah, se gosta!

Zoraida elogia, vaidosa, a sua simplicidade natural, o seu saber, a sua desenvoltura em tudo e com todos e também o seu porte airoso, os seus traços bonitos, sua bondade, finura, seus gestos nobres...

Observando bem, Seriguella parece um rei destronado. Os seus modos refinados destoam da sua existência humilde. Um véu encobre o seu passado e a sua origem...

– Ah, se você fosse um rico comerciante!...

Ela lhe dissera entre suspiros, nos seus braços, submetida à paixão.

Genésio persegue-a com propostas amorosas, mas ela resiste. É fiel ao seu amor.

Sem desdenhar o poder que o capataz representa, o grande amor que sente por Seriguella domina-lhe o coração e os sentidos.

Enquanto trabalha, entre um movimento e outro, ela divisa a razão dos seus pensamentos. Sorri para ele, faceira.

Seriguella aproxima-se e, arrebatado, toma-a nos braços. Apaixonado, beija-a ardentemente. Ela finge resistir e se debate debilmente para em seguida entregar-se, dominada pelos próprios sentimentos.

Esta mulher nos seus braços é o céu na Terra. Por ela, ele será capaz de tudo.

Entre os arbustos eles trocam carícias, até que ouvem ruídos e afastam-se, corações descompassados.

Surge Genésio, chicote a zurzir nas mãos rudes, olhos coruscantes, ameaçador:

– O que faz aqui? – indaga com voz troante.

– Eu? Nada!

– Então dê o fora! Saia já daqui! Vamos, chou, chou! – Genésio o expulsa, impositivo, irado.

Tirando o chapéu, Seriguella coça a cabeça suada, demonstra um grande desapontamento e exclama, ofendido:

– Cáspite! Para que tudo isso? Eu estava nas redondezas e vim trazer um recado para Zoraida!

– Pois dê o recado e caia fora! E não me apareça mais aqui, senão...

Sem outro recurso para o momento, Seriguella finge dizer algo importante à Zoraida e depois se afasta devagar, desesperadamente devagar para o capataz, ciumento e ciente de que Zoraida ama este 'trapeiro'. Tem esperanças de casar-se com ela.

Ela, obstinada em rejeitá-lo, desespera-o, deixando-o alucinado e a cada dia mais cativo da sua exuberante beleza.

Enquanto se afasta, Seriguella dirige olhares à Zoraida, que falam mais que mil palavras. Disfarçando, reforça:

– Não esqueça do recado da sua amiga, sim? Ela precisa de você com uma certa urgência! – complementa ele, fazendo-se entender pela amada.

Genésio estala o chicote no ar, intencionalmente, e por pouco não atinge o rosto de Seriguella, que ágil desvia-se e com um ar de reprovação vira-lhe as costas, seguido pelo olhar carregado de ódio de Genésio, mas contrapartida pelos belos e amorosos olhos de Zoraida.

Quando Seriguella desaparece na curva do caminho, Genésio ameaça veladamente a moça que entendendo arrepia-se amedrontada.

Seriguella caminha lentamente, sonhador, ampliando dentro do coração as emoções vividas há pouco.

Empolgado, fala sozinho:

– Se continuo nesta paixão avassaladora por você, Zoraida, serei capaz até de mudar o meu jeito de viver! De me casar e ter filhos! De abrir mão da minha preciosa liberdade, dividindo-a com você e com os nossos futuros pimpolhos! Como seremos felizes!...

Nesta empolgação, ele dança e dá saltos pela estrada, cantarolando belíssima música italiana. Olha para o céu e agradece em voz alta a felicidade que está sentindo.

Mas, apesar do crescente entusiasmo, ele duvida do que diz. Todavia diz assim mesmo. Precisa desabafar, dar vazão a tanta alegria.

Algumas horas depois, as primeiras estrelas começam a anunciar mais uma noite.

Ao chegar 'em casa', Seriguella alimenta-se frugalmente e deita-se num cantinho apertado. Cobre-se de trapos grosseiros para se proteger do frio e adormece, entre sorrisos e planos de ser muito venturoso ao lado da futura mulher e dos seus petizes.

As acomodações são péssimas e pior ainda a qualidade do alimento que recebe. Ele, porém, faz vistas grossas a tudo que o cerca, sonhador, na sua natural e permanente utopia bem vivida, acreditada e assumida.

É uma alma sadia, aberta às coisas boas e às verdades dos céus...

* * *

Sem grandes modificações, segue a vida no burgo. Servos e senhores em constantes atritos, enfrentam-se por vezes, exercendo as suas atribuições. Do lado daqueles que servem, as lágrimas e as carências são uma constante, mas do lado daqueles que ordenam, a fartura e a alacridade são patentes. Enquanto os serviçais são explorados, os senhores usufruem do esforço sacrificial deles sem problemas de consciência. As leis que já se ensaiam protegem os poderosos. Os servos, de um modo geral, são vistos como inferiores, uma classe abjeta, mal-cheirosa, indignos de serem ouvidos e muito menos atendidos nas suas justas e tímidas requisições.

Isto, em se falando dos mais afoitos, porque a maioria sabe que não deve se expor e muito principalmente que não deve fornecer corda para o próprio enforcamento...

Num exercício constante e arbitrário, os poderosos determinam as normas de convivência que lhes permitirão vantagens. Assim, enquanto alguns açambarcam quase tudo, outros morrem à míngua, tristes e desprotegidos.

Este contexto persiste, porque os homens ainda são insensíveis à dor do seu próximo.

O egoísmo devora as chances das criaturas simples e ignorantes, dos fracos e dos pacíficos; mantendo a grande injustiça social que enferruja o carro do legítimo progresso. O povo, ignorando os seus direitos e os seus deveres, desinformado e desprezado, sofrido e sufocado pelo poder temporal, político ou religioso, segue a passos lentos, como párias, sem recursos e sem estímulos.

Há a imposição massificante dos processos financeiros, em detrimento da dignidade do ser humano, colocado no último patamar dos interesses gerais.

Neste contexto, a responsabilidade e o respeito à criatura humana, que deveriam ser sagrados para aqueles que governam, são ainda uma utopia!

* * *

Fugindo por princípios e convicção do contexto de superiores e inferiores, Seriguella montou o seu próprio, sobrevivendo de maneira informal e livre, sem segurança e às vezes sem teto ou mesmo alimento. Mas há muito concluiu acertadamente que aqueles que se submetem para usufruir destas coisas, quase sempre terminam também sem elas. Viver tal qual um saltimbanco, sem função obrigatória e sem contrato, eis o lema de vida de Seriguella, alma sonhadora, feliz e esperançosa.

Habituado a parecer um vagabundo, às vezes o é por força das circunstâncias.

Sabe o quanto vale e o quanto merece; é laborioso como poucos e suave para com as criaturas.

Mas esta filosofia de vida assusta demais a sua bela e desejada Zoraida, que vive indecisa entre ele e Genésio, apesar de trazer o coração seriamente comprometido.

Zoraida é ambiciosa, tem planos de vida e pretende concretizá-los, mesmo que para isso tenha de sufocar os próprios sentimentos.

Genésio preenche os seus requisitos; ele pode oferecer-lhe segurança material.

Assim pensando, ela chega a desejar que apareça um outro pretendente. Este deverá possuir as qualidades do seu amado Seriguella e a segurança financeira que Genésio representa.

Neste momento, diante do espelho no seu ínfimo quarto, ela reflete sobre a sua vida e sobre o seu futuro.

Escovando os belíssimos cabelos que caem como cascata sobre os seus ombros perfeitos, certifica-se de que deve se manter cada vez mais bela e sedutora.

Aos poucos a mocidade lhe escapará como areia entre os dedos. Os anos passam rapidamente. O trabalho que faz é muito desgastante. A cada nova empreitada, sente-se mais cansada, temendo pelas próprias forças. Enquanto tiver energias, irá se recuperando muito bem, mas com o passar do tempo...

Sonha viver numa bonita casinha com Seriguella, cercada de filhos saudáveis e bonitos, parecidinhos com os dois, aconchegada e feliz, realizada no seu amor... Ah, se isto for possível! – ela suspira, romântica...

Analisa satisfeita sua casa bem arranjada e limpa.

Quando Seriguella está ali, diz sentir-se o rei da famosa Babilônia! – isso, ele exclama vaidoso.

E ela, a admirá-lo, apaixonada, sente-se mais e mais presa aos seus encantos, à sua sabedoria e ao seu fascínio viril.

Nos braços dele, sente-se também uma poderosa rainha. Quem sabe da mesma Babilônia, tão decantada por ele? Ora, e por que não?...

Minutos depois, ela recolhe-se ao leito. Antes de dormir, roga aos céus saúde, trabalho, segurança, amor e muita lucidez para decidir a própria vida.

Ainda se ilude, antes de entregar-se definitivamente ao sono:

"Quem sabe, num lance de sorte, Seriguella se transforma num rico comerciante?"...

Ela sabe que não, todavia precisa sonhar...

Assim, adormece entre sorrisos de enlevo e esperança, mas com alguma amargura, pressentindo desilusões futuras.

Seriguella quer ser feliz ao lado de Zoraida, mas preza demais a sua vida itinerante. Pretende, acima de tudo, manter-se livre como um pássaro.

Recordando os dotes físicos e espirituais de Zoraida que o encantam, ele mergulha em graves conflitos:

"Ah, minha bela Zoraida! – pensa. – Que fazer? Como constituir a família que desejo e continuar livre? Problema de difícil solução! Deus, por que fui me apaixonar assim?..."

Deixou Zoraida há poucas horas, quando, entre beijos ardentes e abraços apaixonados, fez-lhe juras de amor, prometendo-lhe pensar a respeito do futuro.

Diante de tanto amor, Zoraida ousou indagar-lhe:

– Meu amado, meu belo e sábio Seriguella, como solidificar nosso amor? Como viveremos, quando esperando filhos eu não mais puder trabalhar nas plantações? Penso muito sobre isso, meu amor!...

Quase!... Por pouco, ela arranca-lhe a promessa definitiva de radicar-se ali, casar-se e ter filhos....

Quando Seriguella imagina-se preso a alguém ou ao que quer que seja, sente calafrios, suas pernas tremem, sua vista escurece.

Neste momento, andando nervoso e inquieto, de cá para lá, por mais que tente, não consegue encontrar uma solução satisfatória.

Finalmente, depois de muitas horas de inquietação e de angústia, decide deixar esta sortida para outra ocasião:

"Afinal temos ainda muito tempo pela frente!..."

Deita-se e, em meio à tentativa de relaxar e dormir, contempla as suas amigas estrelas, que piscam luminosas por entre as frestas da tosca janela mal fechada.

Muito cedo, ao cantar do galo, se erguerá para mais um ainda, e Zoraida, seguindo o curso da sua vida exaustiva, retomará o seu fanal, enquanto sonha com ele e se defende das investidas de Genésio.

O bom padre Leopoldo chegará à sua paróquia e ali como ato primeiro do dia conversará com são Martinho.

Loredano despertará entre as suas muitas necessidades urgentes. Atormentará como de costume a abnegada Leocádia e perseguirá com o seu despeito incompreensível o indiferente Zarik, assim como quantos atravessarem o seu caminho, porque este homem precisa de muito espaço. Ele é um mundo à parte: poderoso, indispensável e independente.

E o sol surpreenderá a todos, querendo e fazendo aquilo que o coração deseja, a mente consente e o mundo permite.

* * *

Pietro segue pelas alas que permeiam o circo nos seus diversos espaços.

Sombrio, ele adentra um enorme veículo que acomoda diversos móveis e uma grande quantidade de objetos. Afasta alguns móveis do caminho e alcança um grande baú. Tira do bolso uma chave e abre-o devagar, como num ritual.

Encostando a rotunda tampa na parede, ele vai tirando de dentro roupas femininas, feitas de tecidos caros e que ainda recendem a agradáveis perfumes.

Pietro que trancara cuidadosamente a porta, abraça as peças beijando-as, enquanto as lágrimas lhe escorrem pelo rosto viril.

Suas mãos amarfanham os vestidos de encontro à própria face, e ele aspira-lhes o perfume, sentindo-lhes a textura e a maciez.

Ele permanece assim por um bom tempo. Depois, com muito zelo, dobra-as, guardando-as com uma delicadeza que seria de espantar aqueles que o conhecem.

Remexendo dentro do baú, ele retira um cilindro de madeira fechado nas extremidades. Abre-o, cuidadosamente e puxa de dentro o seu conteúdo, desenrolando-o. É um retrato, verdadeira obra de arte. Nele, admira embevecido a imagem da sua belíssima Giselda.

Numa temporada na Romênia, um cigano talentoso e fascinado por ela a retratara. Era visível a grande paixão que aquele cigano nutria por ela.

Pietro saíra de lá o mais rápido possível, fugindo ao perigo iminente.

Sua mulher gostava de sentir-se vitoriosa junto aos homens e era difícil saber quais eram de fato as suas intenções. Sempre fora assim.

Pietro tudo suportava, temendo perdê-la. Diante deste risco, tornava-se violento, desesperando-se e também a desesperando.

Encarando o retrato, numa atitude dramática, patética, ele chora mais.

Que poder tinha Giselda para após tantos anos e depois de tantas traições continuar dominando-o? – perguntava-se desiludido, porém saudoso.

Aperta o retrato de encontro ao peito, cuidadoso para não amassá-lo. Giselda fora seu único amor...

Deodato, surpreso, assistia a tudo através de uma janelinha semiaberta. Aproximara-se, ao ouvir soluços, com seus ouvidos de uma acuidade impressionante.

Pietro arruma novamente o baú, abaixa-lhe a tampa e tranca-o.

Alguns minutos depois entra no seu escritório e, em meio a muitos papéis, trabalha cabisbaixo, olhos vermelhos.

Trancou a porta. Não deseja ver ninguém e nem quer ser surpreendido com as feições alteradas como as de uma criança chorona.

É vaidoso da sua força e coragem, assim como da sua inteligência e lucidez.

COSETTE

Ataviada em excesso, mas ainda insatisfeita, mirando-se num belo espelho, ajustando o corpete de veludo negro, alisando a saia de tafetá azul e vistoriando os finos sapatos de cetim preto e rematados por laços de gorgurão, Cosette ensaia sair, mas retorna várias vezes para refazer a *toilette*, numa análise exigente quanto à perfeição do traje.

Finalmente, após idas e vindas e entre suspiros de profunda inquietação, ela pega uma bolsa combinante com os sapatos, põe uma touca de babados pregueados sobre os cabelos brilhantes, amarrando-a debaixo do queixo e altiva ganha a rua que naquela hora regurgita de gente, no seu vai-e-vem, na busca de interesses, seus ou dos seus senhores, aos quais servem por soldo, gratidão ou coação.

Cosette abre a sombrinha para proteger-se do sol que àquela hora queimaria a sua pele alva e delicada; se bem que recoberta de pesada maquiagem colorida.

Os passantes admiram-lhe a elegância e os trejeitos que ela imprime num caminhar ritmado e intencional.

Desta forma ela se expõe, na tentativa de encontrar um marido, imaginando com isso interessar vivamente a algum bom partido da cidade.

Todavia só os almofadinhas ou alguns senhores de meia-idade atrevem-se a abordá-la, dizendo-lhe gracejos ou elogios na esperança de conquistá-la.

Ela percorre ruas de muito movimento, num burburinho de pessoas de todos os tipos. Entra em lojas, solicitando algo de que não precisa. Cosette não tem dinheiro.

Acha elegante fingir um poder que não possui. Escolhe sempre as lojas mais sofisticadas e indaga pelas últimas tendências da moda. Depois de algum tempo, menospreza sutilmente as peças exibidas e se vai, demonstrando insatisfação.

Quem a vir, julgando-a pelos modos e aparência, poderá achar tratar-se de alguém da alta roda. Mas tudo que veste é conseguido com muita economia, esforço e renúncias, até mesmo de gêneros de primeira necessidade.

Mais um senhor de cabelos grisalhos, algo esperançoso, tira o chapéu cumprimentando-a.

Cansada, Cosette sorri encorajando-o a cortejá-la. Todavia está mais uma vez muito decepcionada.

Ele a convida para um lanche num café próximo e ela aceita. Conversarão trivialidades. Ele ficará vaidoso, sendo visto na companhia de uma jovem bonita, fazendo supor aos que passam que é um homem vitorioso e sedutor. Ela, por sua vez, comerá algo sem precisar desembolsar aquilo que para o momento não possui.

Horas depois, ela se livrará da companhia que não lhe agrada, inventando uma circunstância qualquer. Conta sempre com a gentileza masculina diante de uma mulher frágil e bela.

Neste sentido tem tido alguns atropelos; este ou aquele pretendente mais ousado e que não deseja abrir mão dos prováveis prazeres que tem em mente exalta-se na intenção de levá-la consigo, chegando às raias da violência.

Ela tem chamado, por vezes, policiais para conter algum admirador mais afoito.

Cosette sonha em fazer um casamento de conveniência, sem descartar a possibilidade de unir o útil ao agradável, escolhendo alguém que, além de sustentá-la e cobri-la de luxo, seja também belo, inteligente, sensível, sedutor, elegante, refinado, amável etc.

Ao regressar para casa, Cosette concluirá que aquilo que deseja não é tão fácil quanto parece. Mas prosseguirá tentando enquanto puder.

Por enquanto resistirá aos homens muito mais velhos que almejam consorciar-se com uma rapariga na flor da idade. Mais tarde, quem sabe? Só o futuro dirá...

É esta flor, colorida e cheia de sonhos que sem saber é vigiada por Deodato na sua insânia.

Ah, se ela pudesse vê-lo, escondido, como um animal a observar a sua presa, ficaria muito assustada!

Deodato que degenera o corpo-humano nos seus gráficos diabólicos, numa contradição digna de nota, admira e reverencia a beleza. E Cosette é dessas mulheres que ao se enfeitarem ficam feias, porque de rosto lavado, cabelos soltos à luz do sol e vestida simplesmente, nos seus gestos espontâneos, é bela como a aurora que não precisa de artifícios.

Ela aprendeu a colorir-se artificialmente e a vestir-se com exagero nos palcos, em sua vida de artista.

Certo dia, seguindo-a desde o teatro, onde fora assistir ao espetáculo, Deodato viu onde ela morava e, tal qual felino, descobriu uma claraboia no telhado da sua casa. Assim passou a admirá-la, idolatrando-a, sem que ela sequer suspeite. Teme assustá-la, caso possa divisar-lhe o vulto, e cuidadoso esgueira-se nos cantos do telhado, entre as sombras estratégicas das largas pilastras, rentes às chaminés.

Quando não está ocupado, está atrás de Cosette; seja escondido, seja no teatro, no qual é *habitué*, ou a seguí-la pelas ruas.

De olhos abertos sonha com ela, fazendo planos de conquistá-la, mas... como?!... Sente-se um aborto da natureza; é tão feio por fora, quanto o é por dentro...

Seguindo-a, disfarçadamente, ele assiste às suas acanhadas conquistas.

Gostaria de ser um daqueles aos quais ela dá atenção. Tem ciúmes e sente ímpetos de exterminar a todos. Enfim, persegue-a, silencioso, em todo tempo livre.

Apesar das aparências, Cosette é uma boa moça, sozinha e desprotegida.

Não tendo parentes, sustenta-se com os poucos luíses que consegue dançando no teatro, nos intervalos das diversas peças. Ela faz parte de um minúsculo corpo de baile que distrai o público, enquanto o pano se fecha na preparação do ato seguinte.

É mal vista pela profissão que exerce, mas é honesta e simples por natureza. Teve uma boa formação familiar.

Sonhou muito tempo com o seu príncipe encantado, até que se conformou com a impossibilidade de encontrá-lo.

"Talvez estejamos em países diferentes, quem sabe?" – pensa suspirando.

Assim, entre um dia mais melancólico e outro mais cheio de esperanças, ela prossegue, no seu afã de viver tentando ser feliz, criando perspectivas, quase sempre onde elas não existem.

Há alguns anos amou perdidamente um famoso pintor, mas este, depois de explorá-la financeiramente, desapareceu. Descobriu algum tempo depois que ele viajara, com tintas e pincéis para lugar distante e desconhecido, com uma mulher.

Chorou muito, vivia com os olhos vermelhos, o que lhe exigia muita maquiagem para disfarçar. Até que finalmente consolou-se e passou a desprezá-lo com toda força do seu coração jovem e ardente.

Fora traída de forma vil. Admira-se, hoje em dia, de como conseguiu amar um homem tão desprezível. Sabe que possui qualidades para fazer alguém venturoso, mas a vida parece brincar com ela. Deseja constituir família. Conseguirá? A vida parece exigir-lhe apenas sacrifícios, sem conceder-lhe compensações...

Um dia, deixou os seus num humilde recanto da França e viajou em busca da realização dos seus sonhos.

É ambiciosa e determinada. Sua mãe chorou muito, ao saber da sua decisão.

Seu pai lhe disse, revoltado, que nunca mais voltasse, porque ele naquele instante perdia a filha. Avisou-a em altos brados que a esqueceria e pediu-lhe que fizesse o mesmo com relação a ele.

Desesperada, sua mãe tentou demovê-lo de tão grave decisão, inutilmente.

Cosette saiu de casa escorraçada com os gritos do pai nos seus ouvidos. Mal teve tempo de pegar algumas roupas e objetos. Autoritário, ele jamais a aceitará de volta e nem deixará que a mãe e os irmãos o façam. Isto a magoa muito. Sente saudades. Ama-os...

Já teve vontade de regressar muitas vezes, mas foi ficando. Teme a fúria do pai.

Descobriu muito cedo que a vida de uma moça sozinha numa grande cidade é extremamente difícil. Encontrou muitos homens fascinados por suas juventude e beleza, que tentaram corrompê-la, oferecendo-lhe vida farta. Todavia resistiu bravamente, assumindo as dificuldades e prossegue honesta e esperançosa.

* * *

IRRITADO COMO SEMPRE, Loredano dá asas à sua imaginação ambiciosa. Deseja auferir mais lucros num determinado setor financeiro.

Mordiscando algo, confia os seus fartos bigodes, enquanto maquiavélico sorri.

Leocádia terminando de arranjar a mesa, observa-o, compadecida:

"Por que ele é tão ambicioso e tão intransigente? Ausência de fé em Deus? Ignorância das santas alegrias; aquelas simples da vida que nos trazem paz? Infeliz senhor Loredano! Nunca o vi se aperceber das belezas da natureza... Ele só enxerga os seus cofres ou aquilo que lhe possa interessar financeiramente. Pobre coração vazio e carente de amor! Terá algum dia amado? Eu poderia auxiliá-lo a superar o seu passado. Mas, como? Ele não me permite sequer a aproximação..."

Profundamente penalizada, com um guardanapo nas mãos, parada diante dele, ela se esquece do tempo e do lugar.

Incomodado com a sua observação, ele explode:

– O que se passa, velha inútil? Por que me olha deste jeito? Desde quando lhe dei tal confiança? Avie-se com o que faz e saia daqui! Vamos! Fora! – ele faz gestos com a mão, indicando-lhe a porta de saída.

– Perdoe-me, senhor Loredano! Não tive a intenção de irritá-lo ainda mais.

– E quem lhe disse que estou irritado?

– Mais uma vez, peço-lhe perdão. Conheço-o muito bem, praticamente ajudei a criá-lo, sempre lhe estive próxima...

– Se pensa que isto a favorece, engana-se! Deve esquecer o passado, entendeu? Sua presença me incomoda e a sua referência ao meu passado me contraria ainda mais!

Você e Zarik me aborrecem! Suas presenças me azedam a vida e me trazem prejuízos!

– Senhor Loredano, por favor... Cumprimos com muito zelo as nossas obrigações e nunca prejudicamos o senhor ou a sua casa.

– Como sempre, você o defende e protege.

– Assumindo de coração as prerrogativas de mãe adotiva dele. Zarik é jovem e desamparado.

– Desamparado?! Isto depende do ângulo de visão. Ele é um inimigo de respeito. Em silêncio, defende-se como um leão, aquele infeliz! Preciso livrar-me dele e de você também! Começarei por separá-los... Sim, isto será muito bom! Desfaço-me dele, primeiro... Depois, de você...

Os olhos de Loredano brilham sinistros.

– Senhor Loredano! – ela exclama, aterrorizada –, pelos anos de dedicação à sua casa e por todos os anjos dos céus, não faça isso!

– Dedicação? Anjos? De que está falando, mulher? Deixe-se de cantilenas!

Sorrindo, maldoso, ele complementa:

– Preciso planejar muito bem. Já não suporto mais os dois!

Leocádia, desesperada, precipita-se na direção dele, toma-lhe as mãos e segurando-as entre as suas, implora:

– Tenha piedade, senhor Loredano! Estou muito velha para mudanças e Zarik muito jovem! Somos dedicados ao senhor e aos seus interesses; trabalhamos de sol a sol! Cumprimos fielmente os nossos deveres sem muitas despesas e sem queixas! Tenha compaixão!

Nos olhos dela, as lágrimas brilham.

Surpreso pelo inusitado do momento, ele fica sem ação.

É avesso a sentimentos, a afeições e a demonstrações de carinho, que lhe parecem fraqueza e puerilidade; coisas para os pobres, deserdados do mundo ou para os tolos, os românticos.

Isto ele apregoa junto aos seus pares, entre gargalhadas estrondosas, diante de um ou outro chiste mais depreciativo, exarado por aqueles que fazem questão de compactuar com os diversos assuntos, principalmente quando o interlocutor é figura proeminente, como ele.

Ele puxa as mãos violentamente, enquanto empurra Leocádia com força, rejeitando-lhe a reação amorosa.

Incapaz de se equilibrar, ela vai de encontro a um grande armário de carvalho e depois do choque, num baque surdo, ela desaba no chão. Tenta levantar-se, mas não consegue.

Permanece caída, gemendo, até que num longo suspiro se solta frouxamente e fica inerte.

O tempo parece ter parado. Como num sonho, Loredano acompanha tudo hebetado. Reagindo, enfim, ele se levanta e aproxima-se. Teme que ela esteja morta. Chama-a, algo aflito. Confuso, debate-se em meio a sentimentos muito contraditórios:

O que esta mulher representa para ele? Como saber, se nunca deixou o coração falar? Vê-la caída, aparentemente sem vida, o incomoda mais do que esperava...

Sem saber o que fazer, possesso, clama pelos criados:

– Corram aqui, seus inúteis! Quando preciso não tem ninguém por perto! Venham socorrer Leocádia! Chamem o médico! Avisem Zarik! Ele sempre sabe o que fazer! Obedeçam! Rápido!

Zarik acorre, muito nervoso.

Leocádia, caída ao chão, parece morta.

Ele a ergue, carinhoso; ela geme, debilmente. Desesperado, ele quer saber:

– O que houve, Leocádia? Diga-me por Deus!

Ela abre os olhos, depara-se com Zarik e pede água.

Atendida, após sorvê-la, fazendo um grande esforço, ela lhe fala:

– Acalme-se, meu filho, já estou melhor. Tropecei e caí. Os anos pesam nesta carcaça.

Cuidadoso, Zarik a toma nos braços e, ignorando a presença de Loredano, leva-a para os seus humildes aposentos.

Ali, permanece à espera do médico, enquanto beija-lhe as mãos calosas, carinhoso e preocupado.

Na demora do médico, ele debruça-se sobre ela, envolvendo-a amoroso, na intenção de transmitir-lhe forças vitais.

Ao chegar, o dr. Maciel surpreende-os no suave amplexo. Fica a observá-los, pensativo. Há algum tempo analisa o comportamento de Zarik e os seus conhecimentos natos.

Sentindo-lhe o olhar, o rapaz se vira. Levanta-se, faz-lhe uma reverência e deixa-os a sós, respeitoso.

Doutor Maciel faz um apurado exame em Leocádia, diagnosticando-lhe alguns hematomas causados pelo tombo e um enfraquecimento geral.

Faz alguns curativos, prescreve-lhe um tônico restaurador e repouso.

Grata, Leocádia sorri levemente, analisando a impossibilidade de seguir-lhe as prescrições. Conhece Loredano o suficiente para saber que ele será contrário a qualquer ideia de descanso daqueles que o servem.

Entendendo-lhe as íntimas cogitações, dr. Maciel chama Zarik, que espera na salinha ao lado, explicando-lhe o diagnóstico e as receitas, e sai à procura de Loredano.

Informado que ele se encontra no seu gabinete, dirige-se para lá.

Um forte vinco na testa, fala de sua preocupação e indignação.

Recebendo-o, Loredano percebe-lhe a intenção e, desconfortável, apresta-se para ouvi-lo.

"Leocádia terá me acusado?" – pensa.

Diante do seu silêncio, dr. Maciel se pronuncia:

– Senhor Loredano, lamento dizer-lhe que sua criada Leocádia está muito enfraquecida. Talvez por isso ela tenha caído. Ela precisa de repouso, dos medicamentos que receitei e de uma boa alimentação. Os anos já lhe pesam!

– Quanta sandice, doutor! Dentro de poucos dias ela estará muito bem, como sempre – Diz isso remexendo em papéis, demonstrando pressa em se livrar do confronto.

– Sei o que lhe digo. Ela está muito desgastada pelos longos anos de esforços despendidos nesta casa. Quero aproveitar o ensejo para aconselhá-lo: Seja mais humano com os seus serviçais!

– Ora, ora, era o que me faltava! O senhor é meu médico e não meu conselheiro! Limite-se às suas atribuições e nos entenderemos, doutor!

– Se nunca nos entendemos, não seria agora que o faríamos!

Insistirei na intenção que me fez procurá-lo, porque conhecendo-lhe a pouca ou nenhuma sensibilidade, o que lamento deveras, a minha consciência a isso me obriga.

– Está ácido comigo? Decidiu ofender-me e depreciar-me, doutor? Ou já não precisa mais dos seus honorários? Não se esqueça de que lhe pago muito bem!

– Não é o caso, pois continuo precisando deles. Todavia, senhor Loredano, um coração como o meu, que há pouco tempo perdeu a mãezinha querida, abate-se dolorosamente ao ver que esta mulher abnegada vem sendo desconsiderada pelo senhor. Mais cedo ou mais tarde ficará sem ela e duvido que encontre alguém mais dedicado!

– Nunca entendi de dedicação! Sou um homem muito ocupado! Estas sutilezas nunca foram priorizadas em minha vida! Se Leocádia está velha e doente, de que me servirá?

– Sua gratidão me comove, caro senhor! – diz dr. Maciel, indignado e censurando-lhe as últimas palavras.

Sem alterar-se, Loredano toma de alguns papéis que julga importantes e se dispõe a ignorar-lhe a presença, dando por terminada a entrevista. Mas, decidido, o doutor imprime mais força na voz e mais determinação naquilo que pretende:

– Na sua vida árida de sentimentos, ela é a sustentação amorosa e a presença abençoada! Um amor como este redime e sensibiliza os corações mais empedernidos! Poucos sabem amar de tal forma, senhor Loredano, e quando uma afeição como esta nos acompanha, devemos agradecer a Deus e nos esforçarmos para sermos digno dela. Ela lhe deu o seu sangue e todas as suas energias! E que vida tem esta mulher? Que espécie de compensações recebe?

Somente as advindas do próprio coração e da própria alma, que certamente vive próxima a Deus! Felizmente, ela é muito amada por Zarik. Este rapaz sabe valorizar a vida no que ela tem de mais belo e sagrado. Não sabe ser grato, senhor Loredano? Até os animais conseguem sê-lo!

Levantando-se de chofre e fazendo a cadeira rolar ao chão, rosto violáceo, possesso, Loredano adverte-o:

– Cuidado, dr. Maciel! Desta forma está a perder de uma vez por todas qualquer tostão que possa almejar da minha bolsa! Como se atreve a falar-me desta maneira? Ora, ora, vejam que o doutorzinho está ficando ousado a mais não poder! Eu exijo que se retrate, já!

– De forma alguma! Reitero tudo que disse e acrescento que, como médico, culpo-o pelos problemas de saúde de Leocádia e quiçá da queda de hoje.

– Isto é uma acusação ou uma ameaça, doutor?

– Depende do seu ponto de vista. Pode considerar um aviso. O senhor não pode, de fato e de direito, contrariar-me o diagnóstico. Falta-lhe autoridade. E é de âmbito geral que o senhor maltrata duramente aqueles que o servem. Lamento o descaso que isto significa junto às autoridades, mas tempo virá, e eu espero porque creio em Deus, que os direitos inalienáveis da criatura humana, herdados pela sua própria natureza, serão respeitados e cumpridos legalmente. A maior parte dos homens na Terra 'são cegos conduzindo cegos', como disse Jesus!

– Ora, mas é pândego! Nosso caro Esculápio, apesar de ser um homem de ciências, é em contrapartida um visionário, um louco, um sonhador! – exclama Loredano, irônico e debochado.

– Não me importa, absolutamente, o que pense a meu respeito, senhor Loredano. Nós dois passaremos, como tudo mais, e o futuro se instalará de acordo com a Divina Providência, sem indagar-nos o que sentimos ou o que pensamos. Mas, voltando ao assunto que me interessa mais de perto, Leocádia o viu crescer, é quase sua mãe. Isto, no mínimo, deveria fazê-lo pensar melhor ou ao menos amenizar-lhe os sentimentos a seu respeito.

Batendo forte e estrondosamente na mesa, Loredano explode:

– Basta! Como pude ouvi-lo por tanto tempo? Ouça bem, doutor: Não pise em terreno que o senhor desconhece! Não lhe concedo direitos para tal, como jamais o fiz antes! Não fale daquilo que não sabe; eu o proíbo, entendeu?!

– Lamento-o, porque não teve a sensibilidade de notar que Deus lhe pôs no caminho uma mãe amorável, das melhores que alguém pudesse desejar, senhor Loredano. Quantos rogam aos céus esta dádiva! Pena ter perdido esta ótima oportunidade de ser feliz, sendo muito amado, caro senhor!

– Saia daqui! Se não sair logo, eu mesmo o pego pelo pescoço e o atiro na rua! Sem contar que posso acusá-lo de infâmia e atentado à minha pessoa! A partir deste momento, o senhor não é mais o meu médico! – exclama Loredano, descontrolado, agitando-se todo, na sua enorme figura.

– Vou-me embora porque sufoco diante de tanta soberba e ignorância! Quanto a continuar atendendo-o, veremos... O tempo nos dirá. Nenhum outro médico consegue suportá-lo por muito tempo ou conhece como eu os seus achaques, por vezes misteriosos, diga-se de passagem. Nenhum outro terá a minha paciência. Atenda às minhas prescrições quanto à Leocádia e aviso-o de que virei vê-la outras vezes. Passe muito bem! Estarei à sua disposição, quando desejar. – Assim dizendo, ele se vai, indignado.

Loredano repõe a cadeira no lugar, senta-se novamente e golpeia violentamente a mesa, explodindo em sonoros palavrões.

Enquanto isso, nos humildes aposentos de Leocádia, Zarik mima-a o quanto pode. Pressente-lhe a fragilidade física e teme perdê-la.

Como será a sua vida sem ela?... Se algo inevitável lhe suceder, pretende fugir, deixando para trás Loredano e sua tirania.

Adivinhando-lhe os pensamentos, ela aconselha carinhosamente:

— Filho, cuide-se bem e não desafie o nosso patrão! Ele é uma criatura infeliz, que ainda não aprendeu a amar. Tenha piedade e ajude-o a ser melhor.

— Eu, Leocádia? E como poderia?!

— A própria vida lhe mostrará como, da mesma forma que lhes concedeu a oportunidade da aproximação. É preciso que ambos se reconciliem no tempo presente, corrigindo os erros do passado.

— Sim, Leocádia. Sua afirmação corrobora as declarações de Jakobo, lembra?

— Sim, o líder dos pescadores. Nunca me disse por que voltou, filho.

— Porque sonhei com você chorando muito, querida Leocádia.

No meu sonho, você estava ferida, caída ao chão.

Quando cheguei, você tinha estas marcas que carrega nas costas! Você nunca me explicou. O antigo feitor do senhor Loredano parecia detestar você. Quando percebi isto, passei a vigiá-lo e isto o contrariava demais.

Por que ele a perseguia?

— Porque eu defendia você, filho. Por você, eu o enfrentei muitas vezes.

— Obrigado, Leocádia! — os olhos de Zarik enchem-se de lágrimas e ele a beija, agradecido.

Curioso e intrigado, ele quer saber mais uma vez:

— Leocádia, as outras cicatrizes... como aconteceram?

— Esqueça isso, filho. Não vale a pena lembrar. Enfim, parece que você não pode se afastar de Loredano.

— Sofro demais, vivendo aqui. Sinto-me como um peixe que se debate inutilmente contra as ondas de um mar tumultuoso.

— Que bela imagem, meu filho, parabéns! Apesar de tudo, pense que se os seus destinos são interdependentes, Deus há de ter planos para os dois.

— É verdade... Mas tranquilize-se, quero vê-la curada bem depressa. Preciso muito de você. Nunca me deixe, por favor!

Leocádia recorda as ameaças de Loredano. Roga aos céus para que ela e Zarik nunca se separem. Seu coração cansado confrange-se dolorosamente. Nada dirá a Zarik. Ele ficaria muito amargurado.

Afastando estes pensamentos, responde ternamente:

– Enquanto Deus permitir, estarei ao seu lado, meu querido. E, quando eu me for, continuarei protegendo-o de onde estiver. Neste caso, poderei fazê-lo melhor, mais livre, junto a Deus...

Zarik inclina-se sobre ela num abraço afetuoso, envolvendo-a nas energias vigorosas do seu corpo jovem, pleno de vida e força.

Zarik permanece assim por longos minutos, a cabeça sobre o seu coração, até que a ouve ressonar suavemente. Ergue-se e observa que ela se encontra mais refeita e mais corada. Arranja-lhe amorosamente as cobertas.

Fitando-lhe o semblante sereno e os cabelos nevados, grato e reverente, permanece-lhe ao lado, disposto a zelar por ela. Força alguma conseguirá arrancá-lo dali.

Loredano chega. Seus passos levaram-no até lá sem que ele tivesse racionalmente esta intenção. Vendo Zarik ali, desocupado, ensaia um gesto de reprovação, na intenção de recambiá-lo aos trabalhos que lhe cabem.

Prevenido, Zarik fixa nele as suas pupilas poderosas, num estranho olhar que se assemelha ao de um felino.

Repentinamente enfraquecido, Loredano surpreende-se com as palavras que saem da própria boca:

– Como está... Leocádia?...

– Ela está melhor, agora precisa de repouso. Para isto estou aqui e aqui permanecerei. Tomarei conta dela, a despeito de quem quer que seja!

Zarik não pede, ordena. Dos seus olhos, um estranho brilho metálico alcança os de Loredano, submetendo-o.

Sem reagir e sem entender-se, Loredano vira-se e sai, sonambúlico, pelos corredores, na direção dos seus aposentos. Sem vacilar um instante sequer, deita-se no leito confortável e mergulha em sono profundo, letárgico. Assim permanecerá até o dia seguinte, neutralizado.

Apesar da aparente imobilidade, ele tem pesadelos nos quais luta com adversários tão ferozes quanto ele, em batalhas decisivas, de vida ou de morte. E nestas ele perece inúmeras vezes.

Dia seguinte, ele despertará cansado, sem entender como pôde dormir tanto tempo.

Enquanto isso, Leocádia estará repousando protegida por Zarik.

Sob o amor e o influxo de energias renovadoras, Leocádia surpreende a todos, quando alguns dias depois levanta-se restabelecida para enfrentar as empreitadas da casa sob as ordens de Loredano.

Apesar das aparências, Zarik, zeloso, se propõe a vigiá-la. Teme um novo colapso de forças.

Envaidecido, Loredano conclui que acertou quanto ao erro de diagnóstico do dr. Maciel. Este provável erro o deixa inseguro:

"Ora, ora! – pensa. – Se ele não é competente, o que será de mim? Estarei em maus lençóis, caso ponha a minha vida em suas mãos! Enfim, dispensei-o em tempo!"

Na sua cegueira, Loredano ignora que Leocádia não está bem como parece; que corre ainda perigo de vida. A diligente mulher mantém-se aparentemente bem por causa da medicação e da transfusão de energias benéficas, concedidas pela força magnética de Zarik.

Todavia, para manter e ampliar o atual bem-estar, necessita do repouso receitado pelo dr. Maciel, junto a uma boa alimentação.

Sem as desejáveis condições de refazimento, envolvida em forças gastas e deficientes, Leocádia poderá recair na situação anterior, de forma ainda mais perigosa e talvez definitiva.

O amorável e competente doutor sabe disso.

Seguindo as suas prescrições, ela poderá viver alguns anos, razoavelmente bem, caso contrário...

O ângulo de visão do egoísta é sempre acanhado; ele vê, mas não enxerga e compreende ainda menos.

* * *

Rosalva sonha de olhos abertos com o belo rapaz que esteve no circo e olhou-a de maneira insinuante, cativando-a. Deseja muito revê-lo.

Seu pai vive dizendo que ela é nova demais para pensar em casamento. Mas para o momento nem é o caso. O que existe é uma grande curiosidade, junto a um fascínio natural.

Ela recorda sua beleza física, sua coragem e cavalheirismo, suas maneiras nobres e sua notável elegância.

Ele surgira de improviso como um personagem materializado; daqueles que atuam nos palcos do circo, quando da apresentação das diversas peças.

Repentinamente, um deles saltou do tablado para o chão da realidade. Este herói idealizado passou a viver na mente de Rosalva, confundindo realidade e fantasia. Não fosse essa idade por si só tão sonhadora!

Mas, sonhos à parte, este personagem existe.

A saudade e uma enorme vontade de saber mais sobre ele, torna-a silenciosa, distante.

Pietro percebeu-lhe a mudança de comportamento. Julgando-a doente, fica consternado: "Será a falta da mãe, nesta idade tão complicada?"

Decide interpelá-la:

– Filha querida, o que se passa? Parece alheia a tudo. O que está preocupando esta bela cabecinha?

– Nada de mais, pai querido. Meus pensamentos estão voltados para a rotina do circo e para a nossa vida. Naturalmente, às vezes, fico preocupada com o meu futuro; com o nosso futuro. Nada mais que isso. Descanse!

– Espero que esteja sendo sincera. Disto depende a nossa boa relação e a tranquilidade de minh'alma! Você é o único amor que carrego no peito. Não me esconda nada, peço-lhe.

Ele teme que Rosalva esteja interessada em algum dos saltimbancos que ali trabalham, itinerantes e quase sempre irresponsáveis.

Sua filha é muito atraente, apesar da pouca idade. Os olhares dos homens sobre ela o incomodam. Por esta razão já despediu alguns sem maiores explicações.

– Descanse, já lhe disse. Magoa-me surpreendê-lo tão consternado, sem razão. O senhor se preocupa demais comigo e me vigia em excesso, mas não tenho o hábito de agir impensadamente, sabe disso!

– Sim, é verdade, você nunca me causou problemas. É sempre muito sensata.

Aproveitando a ocasião, Rosalva decide falar mais abertamente ao pai:

– Se pensa que estou a namorar alguém, engana-se.

Compreendo a dor que carrega no peito pela ausência irremediável de minha mãe... Sei também que ainda sofre por tudo que ela lhe fez... Lamento a sua infelicidade conjugal.

Pietro esboça um gesto de surpresa e contrariedade, mas Rosalva continua:

– Sim, papai, eu sei de tudo ou de quase tudo! Não sou mais criança e entendo as insinuações de alguns dos nossos artistas... Sei que sofre ao imaginar como será o meu futuro. Apesar da minha veneração por minha mãe, não lhe herdei o modo de ser, o senhor sabe.

– Sim, para tranquilidade do meu coração de pai.

– Aguardarei a chegada do meu príncipe encantado, meu pai! – ela declara, brincando, divertida.

– Espero que seja muito feliz, filha.

– O senhor amou muito a minha mãe, não foi?

Pietro senta-se e confessa, melancólico:

– Amei e ainda amo, Rosalva!... Pena você ter sabido destas coisas pelos outros. Eu mesmo já deveria tê-la esclarecido a respeito. Que ingenuidade a minha pensar que pudesse esconder o passado de você!...

– Coisas da vida, meu pai, e já que estamos trocando confidências, quero aproveitar esta oportunidade para lhe pedir algo...

– E o que é? Sabe que lhe faço todas as vontades! Diga-me, o que deseja?

Rosalva respira fundo e pede:

– Por favor, papai, seja melhor, mais comedido, mais justo.

Pietro estremece. O que a filha está querendo dizer?

– Por que me fala assim, Rosalva? Censura-me os atos, filha?

– Sim, muitas vezes.

– Não a trato bem, filha?! Me esforço tanto para fazê-la feliz!

– Eu sei, papai. O senhor me trata como se eu fosse um alfenim. Sou-lhe extremamente grata por tudo que me concede e fico a imaginar como será se um dia me faltarem sua presença e zelo...

O coração de Pietro se confrange. Este, o ponto máximo dos seus cuidados.

Rosalva também se entristeceu, respira fundo e reinicia a conversa:

– Falo daqueles que lhe estão submetidos!

– Ah! Mas de administração entendo eu, Rosalva. Está pisando num terreno desconhecido.

– Nem tanto, meu pai! Estou frequentemente ao seu lado e surpreendo-o em atos arbitrários. Às vezes é insensível com as necessidades alheias...

Pietro está perplexo. Jamais imaginou que a filha o observasse tão meticulosamente. Sente-se constrangido.

Rosalva decide posicionar-se:

– Não o estou julgando, papai, mas alertando-o quanto à possibilidade de ser atacado, direta ou traiçoeiramente, por algum empregado injustiçado. Já temos esta história na família, lembra? A própria razão deveria aconselhá-lo a ser melhor com todos aqueles que dependem da sua administração. Como sabe, vivemos num meio de pessoas muito diferenciadas. Muitas delas suportam tudo por amor à arte circense, mas outras...

– Deus, Rosalva! Logo de você, minha filha, ouço tantas acusações?

– Não são acusações, meu pai. Os filhos crescem e passam a observar os pais, assim como aqueles que estão à sua volta. Quando somos crianças, nossos pais parecem deuses, heróis; depois descobrimos que eles são simples mortais e que possuem defeitos de caráter. Alguns filhos, revoltados, passam a agir impensadamente, ofendendo-os e causando-lhes tormentos para demonstrar-lhes a enorme decepção e a insegurança, resultantes das suas descobertas.

Pietro está estupefato. Sua palidez demonstra sua emoção.

Ansioso, quer saber:

– É o seu caso, Rosalva? Está desiludida comigo?

– Não, papai, não! Acima de tudo, eu o amo. Jamais lhe causaria o aborrecimento deste momento se não soubesse o quanto é importante para nós dois este entendimento. Meu amor pelo senhor é pleno, incondicional.

Demonstrando o quanto lhe custa dizer o que diz, Rosalva começa a chorar. Lamenta ter chegado a tanto...

Pietro vê as suas lágrimas, mas não se comove; está deveras ofendido.

Respira, controla-se e desabafa:

– Quando eu poderia imaginar que a minha filha trouxesse no próprio coração o tribunal da minha consciência!

Afasta-se, anda ao redor, recompõe-se e observa que Rosalva intensificou o pranto. Preocupa-se. Abraça-a pelos ombros e lhe pede:

– Pare de chorar. Estou perplexo, mas tentarei entendê-la, prometo...
Ela enxuga as lágrimas e prossegue:

– Temo pelo senhor, meu pai; por sua segurança física e por sua alma...
Da mesma forma que se preocupa comigo, eu me preocupo com o senhor... Devia saber...

Profundamente tocado, Pietro roga:

– Perdoe-me...

– Não há o que perdoar, meu pai. Eu seria muito ingrata se não reconhecesse que tenho o melhor pai do mundo. Minha intenção é alertá-lo quanto ao seu temperamento difícil.

Sei que não poderá modificar-se radicalmente, mas peço-lhe que seja mais indulgente, mais justo, mais amigo daqueles que esperam ao menos o necessário para sobreviverem com dignidade. Por que temos tanto, paizinho, se a tantos que nos cercam falta o mínimo para sobreviverem mais saudáveis e mais felizes?

Muito constrangido, Pietro responde, indeciso:

– Vamos ver, vamos ver... Tentarei ser melhor, mais justo...

– Desculpe-me, papai, se usei palavras duras com o senhor. Não fique zangado comigo, por favor!

– Zangar-me com a verdade? Tenho a exata noção daquilo que sou, Rosalva. Mas, há de convir que é difícil para um pai ouvir isso da própria filha! A única justificativa que encontro para os meus atos 'arbitrários', como diz, e para minha indiferença com aqueles que me cercam, é que a vida me castigou demais, tornando-me inflexível, injusto e às vezes insensível. A minha dura existência, Rosalva, ensinou-me a bater antes de apanhar e a tomar quando não me dão. Desconfiado por natureza, muito me custa ser maleável ou bondoso.

Eu jamais poderia supor que você possuía tais ideias a respeito do meu caráter, filha! Que grande lição a vida está me dando! De você, espero amor, admiração e não censuras! Agradeço-lhe os alertas e perdoe-me a decepção que por vezes lhe causo, mesmo sem intenção...

– Mesmo forjado na dor, papai, nada justifica que faça aos outros aquilo que não gostaria para si, para nós dois.

Pietro está surpreso com tal maturidade. Abatido, mas consciente de que ela tem razão, a abraça carinhoso e lhe diz:

– Você é o anjo que me ilumina com o seu amor e agora com as suas admoestações!... Que os céus nos conservem sempre unidos, filha do meu coração. Preciso disso mais que tudo...

Ele silencia e torna-se introspectivo.

Mirando-o com imensa ternura e desfazendo com mãos carinhosas as rugas da sua testa, ela exclama em alto e bom som:

– Eu o amo, senhor Pietro Monteverdi! Do seu amor eu preciso, mais que tudo!

Em seguida tenta sorrir entre as lágrimas que caem. Possui a exata noção de quanto o surpreendeu desagradavelmente. Mas as coisas eclodiram inesperadamente, em meio a tantas falas e muita sinceridade.

Pietro beija-a fortemente no rosto. Afaga-lhe os cabelos e roga-lhe:

– Rosalva, peça a Deus por nós. Suas palavras confirmam os meus presságios...

– Que presságios?

– Não sei ao certo. Estas coisas são muito sutis e misteriosas. Não me sinto bem, ultimamente...

– O senhor deve estar cansado! Brevemente poderei assumir outras funções, outros encargos, permitindo-lhe mais tranquilidade e mais tempo para repousar. Em todo caso, busque um médico. Seria bom ouvir um profissional competente.

– Eu não estou doente. O que sinto me vem da alma, por isso reze por nós.

– Farei isso, prometo.

– Sim, meu anjo, faça. A você Ele ouvirá.

Beijando-a, ele se vai, rumo aos seus afazeres.

A filha lhe dera muitos motivos para pensar...

Alguns dias depois desta conversa, chega ao circo, curiosa e tímida, Cosette. Ela assistiu ao espetáculo da noite anterior e decidiu sondar a possibilidade de trabalhar ali. Precisa aumentar o seu magro pecúlio de dançarina.

Aproxima-se dos carroções, intimidada, temendo deparar-se com algum malfeitor ou uma fera solta.

Olha à sua volta, fascinada pelos ruídos característicos e pelo colorido daquele cenário que diz respeito mais à fantasia do que à realidade. O exótico se faz visível mesmo à luz do dia.

Naquele momento, Deodato, que fazia os seus gráficos, sai um pouco para respirar e depara-se, estarrecido, com a presença do seu maior objeto de desejo.

Ele mal sustém a respiração. Ela terá descoberto que ele a segue de perto e, pior, que a vigia do telhado? Teria vindo para denunciá-lo?

Como num sonho, a vê dirigir-se para ele.

Frente a ele, delicada, ela indaga:

– Por favor, o senhor trabalha aqui? Pode me auxiliar a encontrar o proprietário do circo?

O sangue gela nas veias de Deodato.

Sim, ela procura Pietro para se queixar.

Seu grande segredo virá à tona. Será ridicularizado, quem sabe, despedido.

Em silêncio, pela natural impossibilidade de falar, nem gestos ensaia para fazer-se entendido. Está em pânico...

Diante dela, sente-se um menino fraco e incapaz de qualquer ação.

Ah, se ela soubesse o quanto é admirada! O quanto ele a reverencia! Mas ela é uma bela falena e ele um verme rastejante. Sequer pode falar...

Sente-se um ser abjeto. Mais que nunca chega a odiar-se com todas as suas forças.

Cosette, intrigada, não entende o seu silêncio e sequer imagina o poder que exerce sobre ele.

Repentinamente, surge Pietro.

Vendo-os, interroga entre curioso e aborrecido:

– O que se passa aqui?!... Quem é esta moça que não leu o aviso lá fora? A entrada é proibida a estranhos, senhorita!

Voltando-se para Deodato, Pietro indaga:

– Ela está com você?

– Perdoe-me, senhor, estou sozinha. De fato li o aviso, mesmo assim me aventurei a entrar – ela responde, tímida e amedrontada. – Procuro o proprietário deste circo.

– Pois então diga o que deseja. Sou Pietro Monteverdi, o proprietário, e estou à sua disposição.

– Quero requisitar junto ao senhor uma colocação para mim neste circo. Sou dançarina no Teatro Popular e tenho prática na vida artística.

– Aqui, os artistas são exclusivos, não podem trabalhar noutro lugar e para o momento o lugar de dançarina já está preenchido.

A senhorita conhece a vida de artista, mas não a nossa vida de saltimbancos; ora aqui, ora ali, sem poder agarrar-se a nada, nem a ninguém, a não ser por pouco tempo.

Viajamos frequentemente para países diferentes, às vezes muito distantes e a necessidade de mudança quase sempre surge repentinamente em meio a atropelos inesperados.

Como pode ver, não é viável aquilo que no momento requisita.

– Ainda assim insisto, senhor Monteverdi. Dentro da minha profissão tenho muito a aprender, além de precisar trabalhar cada vez mais para me sustentar.

Este circo me propiciaria melhores recursos na realização dos meus propósitos como artista. Se não posso trabalhar como dançarina, aceitarei qualquer outra função, por mais singela ou desgastante que seja.

– Está fugindo de alguém, senhorita?

A esta pergunta, Deodato estremece.

– Não senhor, fique tranquilo quanto à minha pessoa. Pode informar-se quanto à lisura do meu caráter, no meu atual emprego. O que desejo de fato é aprender os diversos ofícios do circo.

Com o tempo, o senhor poderá avaliar-me o interesse, o esforço e o aprendizado, aproveitando-me de forma mais variada, inclusive na minha profissão atual, da qual gosto muito. O circo mal chegou à cidade e provavelmente não se irá tão cedo...

– Não aposte nisso, senhorita. No circo tudo é incerto e improvisado. Dependeremos sempre do maior ou menor número de pessoas nos espetáculos.

– Ainda assim me arriscarei. Por enquanto o circo está aqui onde moro e terei tempo para testar os meus talentos. Sempre terá valido a pena. Sou sozinha e me sustento com muito esforço. Garanto que me aceitando, não se arrependerá. Concorrerei sempre para o maior sucesso das diversas atividades. Que me diz?

– Parabenizo-a pela força de vontade e determinação, todavia devo avisá-la que a princípio nada receberá, pois estará investindo em si mesma, aprendendo os diversos ofícios, como pretende. A glória tem um preço que deve ser pago. Vá para casa e pense melhor. Se ainda assim quiser trabalhar conosco, volte aqui para sacramentar esta decisão.

Cosette ia argumentar quanto à sua necessidade premente de ganhar mais, porém entendeu que ele conta justamente com isto para descartar-se da sua insistência. Melhor pensar a respeito e retornar noutra ocasião.

Algo desanimada, balança a cabeça afirmativamente, na qual se sacodem os belos cachos dourados que são o encanto de Deodato, que tudo ouviu, extático, em adoração.

Cosette está muito bonita e elegante numa *toilette* impecável.

Ela conhece a importância de uma boa apresentação.

Deodato parece chumbado ao chão. Julga estar sonhando e não quer despertar. Então ela estará por perto? Próxima ao seu desvairado amor?...

Cosette se despede, prometendo retornar no dia seguinte com a resposta definitiva.

Imóvel, Deodato admira-a no seu ritmo elegante e sedutor de caminhar. Ela desaparece nas ruas e ele retorna ao seu cubículo desarrumado e sujo. Na sua expressão, um esgar estranho, indecifrável.

Os seus pensamentos cruzam-se, sem ordem e sem muito entendimento. Como entender o que vivera há poucos instantes?

Cosette, sua bela, sua estrela, a poucos passos dele, dirigindo-lhe a palavra com delicadeza e respeito.

Inacreditável... Quase traiu os próprios sentimentos.

Pietro sequer notou que ele ficara ali, boquiaberto, apalermado a ouvi-la, reverente...

Caso ele tivesse ordenado sua retirada, de algum modo conseguiria ouvi-los, escondido. Enfim, daria um jeito. Era-lhe de vital importância permanecer ali e ouvir a conversa.

Respirou aliviado quando ela demonstrou não o conhecer.

Delicia-se com a recordação de sua linda figura retirando-se, bamboleante, charmosa, sedutora...

"Ah, bela Cosette! Tomara que decida trabalhar no circo. Desta forma, estaremos próximos..."

A Deodado bastará vê-la mais vezes, adorando-a em silêncio. O que mais poderia desejar? Isso já será suficiente para encher-lhe a cabeça de sonhos loucos...

Tem consciência do grande abismo que os separa...

Ali, em meio à desordem das coisas que o cercam, no reduzido espaço que lhe serve de moradia, Deodato sente-se um grande rei, um conquistador. Vê-la todos os dias! Quem sabe relacionar-se com ela? Ah, far-se-á tão servil, tão indispensável, que ela acabará precisando dele como do ar que respira. Será tão presente que ela não mais prescindirá da sua presença.

Deodato dá murros no ar, em sinal de grande vitória. Entre esgares de alegria que parecem de tormentos, ele suspira... suspira... Senta-se no chão, pensativo, sonhador.

Enquanto isso, Cosette chega à sua mansarda, sem ao menos imaginar os arroubos e os sonhos impossíveis daquele desconhecido que ela abordou para pedir informações. Ao recordá-lo, pensa:

"Estranho, aquele homem... Nem respondeu às minhas perguntas! Talvez seja mudo. Fui muito imprudente na minha ansiedade. Não devia tê-lo interpelado. Sua aparência é assustadora! Como pude? Ah, Cosette, seja mais cuidadosa!"

Assim pensando, conclui que a cautela deve ser a tônica para alguém como ela, que já tem sofrido tantos reveses na vida. Caso venha a lhe acontecer algo, não tem com quem contar.

Entre estes e outros pensamentos, ela se apronta para cumprir o seu horário na função de dançarina do Teatro Popular.

Quem sabe um dia será uma grande atração do Circo Monteverdi? Esta esperança será uma mola a mais a impulsionar os rumos da sua vida. Sua existência precisa tomar rumos mais profícuos. O tempo passa depressa e a mocidade também. Alguma doença pode surpreendê-la no meio do caminho.

Amargamente conclui que mais valeria ser velha e endinheirada do que moça e sem vintém.

Está decidida a perseguir a fama e a fortuna até o último suspiro de sua vida, sem descartar a possibilidade de investir num bom casamento. E, sendo prática, quem sabe alcançar as duas coisas: ser bem casada e famosa.

À noite, após o seu trabalho, cansada, regressa para casa. Entra e se prepara para dormir.

No telhado, sem que ela veja ou sequer imagine, Deodato, ansioso e deslumbrado, marca presença.

Seguiu-a, desde o teatro. Agora, esgueirando-se tal qual um réptil, admira-lhe as ações e os movimentos na preparação de mais uma noite de sono.

Ah, bela e sonhadora Cosette! Quantos perigos ignorados e nem de leve suspeitados! Ah, se você tivesse a presciência do futuro!

De retorno ao seu 'lar', Deodato, com amplo sorriso nos lábios, apanha uma folha grande de papelão e um pedaço de carvão. Profundamente concentrado, traça algo que nada tem de feio ou de mórbido. As linhas esboçadas fazem surgir aos poucos um rosto bonito e fresco de mulher, de cabelos soltos.

Quase podemos sentir-lhe o perfume.

Reverente, ele se debruça sobre este novo trabalho, num novo anseio.

JENNIFER

A BELA E elegante Jennifer está saindo do teatro quando cruza com a volumosa e pedante figura de Loredano.

Faz algum tempo ele a persegue, fascinado; tomou-se de amores por ela.

Quanto a ela, as suas investidas a aborrecem sobremaneira. Assim sendo foge-lhe sistematicamente.

Jennifer ama e é amada. Sua vida amorosa está resolvida e a caminho da ansiada concretização.

Loredano sofre com o indisfarçável desdém da moça. Todavia, enfatuado e orgulhoso, aposta todas as suas fichas neste jogo que para ele é decisivo. Seu coração está seriamente comprometido.

Este homem que sempre pareceu infenso ao amor, agora mais maduro sucumbe fulminado diante desta beleza provocante e altiva. Para ele, este sentimento tirano tornou-se nesta fase da sua vida o seu maior desafio.

Usa todos os recursos para conquistá-la, mas em vão. Informa-se sobre os seus passos, em quais festas ou atividades ela comparecerá. Preparado e decidido, comparece junto aos seus pares, exibindo o seu poder.

A bela Jennifer olha-o indiferente e afasta-se com os amigos, fugindo-lhe desabridamente.

Enquanto isso, outras mulheres suspiram por Loredano, admiradas pela sua "aparência bem cuidada" e pelo poder financeiro que ele representa. Elas sonham com uma vida boa, segura e folgada.

Cercam-no, crivando-o de perguntas e incensando-lhe as notáveis qualidades: sua beleza viril, cultura brilhante, elegância incomparável, etc.

Ele, porém, sente-se muito infeliz. Não enxerga outra mulher que não seja aquela que o desdenha abertamente. Atualmente, afasta-se de casa mais que antes e aqueles que o servem respiram um pouco aliviados. Zarik acumula os seus serviços com as obrigações de Leocádia. Assim, poupa-lhe a saúde.

* * *

FREI JUSTINO, ATENDENDO às súplicas dos aldeões, consentiu na construção de uma minúscula capela ao lado da antiga residência de Mod.

Fiscalizando a obra que está sendo levantada com pretensões de possuir um jardim, ele constata, mais uma vez, que aquele lugar recende a paz, amor e fé. Admira a fachada pintada de branco, a porta em forma de arco e as janelinhas azuis.

Reverente, ele agradece ao Pai por aquela comunidade plena de fé e boa vontade, apesar das dores que sofre e das imensas dificuldades que enfrenta.

Enquanto se emociona, ouve uma voz conhecida e sonora:

– Frei Justino, como vai?

Voltando-se, depara-se com a exótica figura de Seriguella.

Em suas andanças, resolvera procurar o frade.

No momento, por curiosidade, falta do que fazer, pelo gosto de conversar com ele e – para que negar? –por alguma precisão.

Sua mente encontra-se ocupada com muitos sofismas e o seu coração debate-se, inseguro e vacilante...

– Olá, Seriguella! Eu estou muito bem. E você, como vai, homem de Deus?

– Se sou homem de Deus, e é o senhor quem diz, por aí já se vê que eu vou muito bem!

Amável, Frei Justino retribui-lhe o respeitoso abraço:

– Como é bom ouvir alguém falar assim, meu filho! Tomara todos fossem como você! Apesar de que eu não posso me queixar. Nossa comunidade é feita de boas almas. Louvado seja o Senhor!

– Para sempre, frei Justino! – responde Seriguella, tirando respeitoso o chapéu velho e furado.

– Meu bom Seriguella, diga-me, como está Zoraida?

– Ela está bem!

– Ótimo! E quando se casam?

– É isso que complica a minha vida.

– Ora, meu filho, por acaso não ama aquela bela mulher?

– Sou louco por ela.

– Então, não consigo entendê-lo!

– Se eu mesmo não me entendo, como frei Justino poderia?

– E então, como ficamos? Quem sabe falando a respeito, poderemos entender este coração bom e apaixonado?

– Obrigado, tentarei ser mais claro. Penso em mudar de vida, trabalhar mais e constituir família. Enfim, quero ser feliz com Zoraida... De verdade.

– E?...

– Aí é que está o meu drama, frei Justino. Não consigo imaginar-me preso a uma mulher, a uma família. Na hora da decisão, entro em pânico. Fico trêmulo, suando frio. E o pior o senhor ainda não sabe.

– Então me conte, Seriguella!

– Genésio, o feitor das plantações onde ela trabalha, persegue-a com propostas. Temo que ele venha a atacá-la. Entende o que quero dizer?

– Sim. Se você demorar a assumir um compromisso definitivo, o outro acabará por tomar uma atitude desesperada, roubando-a de você.

– Exatamente. Eu morreria de dor, se perdesse a minha Zoraida. E seria também o causador da sua infelicidade.

– E o que pretende fazer? Precisa decidir-se para protegê-la e preservar a própria felicidade!

– Sim, eu sei... O senhor poderia me dar conselhos, me ajudar a resolver este dilema, a buscar saídas... Tem algum tempo para mim?

– Terei, amanhã, Seriguella. Podemos adiar esta conversa? Precisamos de tempo e neste momento devo reunir-me aos trabalhadores da obra, fazer as sugestões adequadas para a construção do altar-mor e acompanhar de perto o que fazem. Veja! Aqueles que precisam da minha orientação já me aguardam.

– Está bem, frei Justino, retornarei amanhã. Espero que o senhor possa ajudar-me, lendo em minh' alma aquilo que eu mesmo não consigo ver. Agradeço desde agora.

– Agradeçamos a Deus, meu bom amigo; Ele por certo nos auxiliará.

– Que assim seja! Até a vista, meu frei, sua bênção...

– Deus o abençoe, amigo de Deus e das criaturas!

* * *

Modesta, ao morrer, deixou uma herança inalienável de fé e de amor.

Exemplificou a determinação no bem e a coragem para lutar por dias melhores, acreditando em Deus, acima de tudo.

Na história desta humanidade, heróis duvidosos, geralmente envolvidos em carnificinas, são condecorados e louvados todos os dias por séculos a fio.

Outros heróis anônimos passam pela Terra tais quais cometas, iluminando e realimentando as forças das criaturas. São eles os grandes missionários, os pais abnegados, os irmãos dedicados, os parentes fraternos, os amigos sinceros. Abençoados prepostos de Jesus, que enquanto carregam as suas cruzes, auxiliam os seus irmãos na Terra.

* * *

Noite alta, sob as estrelas, iluminado pela luz da lua, Zarik reflete:

– Como descrever e explicar convenientemente aqueles momentos terríveis e decisivos? Que criatura seria aquela? De onde veio e para onde foi?

Fecha os olhos e recorda, ponto por ponto, aquele dia. Loredano viajara para muito longe e desta vez se demoraria mais...

Cansado de tanto sofrer, decidira fugir sem avisar Leocádia; ela o impediria de fazê-lo, amedrontada. Todavia, qualquer coisa seria bem-vinda, desde que o livrasse de Loredano.

Para onde iria? Não sabia. Sequer tinha planos...

Mais tarde viria buscar sua querida Leocádia e viveriam juntos, trabalharia para ganhar o sustento dos dois, longe da tirania e da crueldade de Loredano.

Decidido, numa madrugada, furtivamente, embrenhou-se nas matas vizinhas.

Correndo célere como um coelho, ou descansando, ele viu o sol se pôr duas vezes.

Dormia em cima das árvores e durante o dia intensificava a fuga.

Comendo os frutos que encontrava e economizando a água que havia levado, prosseguiu até chegar a uma belíssima praia.

Encantado com a beleza natural do lugar e, exausto, entrou na aldeia, uma comunidade de pescadores.

Dentre eles, Jakobo, o líder. Moreno, queimado de sol, olhos negros e brilhantes que despertavam confiança. Altivo, esforçado, forte e intuitivo. Boa alma, respeitado pelos seus companheiros.

Zarik gostou dele prontamente.

Nas noites enluaradas, ele contava histórias fascinantes.

Sentados na praia, ouvindo o marulhar das ondas que como rendas vinham beijar a areia, olhos atentos e ouvidos aguçados, os rudes homens do mar se deliciavam com as suas narrativas.

Quando Zarik chegou à aldeia, cansado, suarento e faminto, Jakobo profetizou, enquanto rabiscava algo na areia, aparentemente distraído:

– Cuidem bem deste menino, mas não se apeguem, pois ele regressará para o lugar de onde veio. Antes, porém, ele viverá junto a nós algo especial!

Em seguida, levantou-se e o abraçou.

Observando-lhe o cansaço físico e espiritual, no esgotamento de todas as suas energias, disse-lhe:

– Seja bem-vindo, caro rapaz! De onde você vem e como se chama? Está fugindo?

– Meu nome é Mustaf'Zarik. Estou fugindo dos maus tratos do meu patrão, o senhor Loredano Pavan de Belmont. Não suporto mais a vida que levo. Preciso mudar o meu destino! – as lágrimas lavavam-lhe o rosto desfigurado pela extrema palidez.

– Disse-o muito bem, 'o seu destino'!...

Mas, de onde vem, energias amorosas o acompanham, posso senti-las!

– São de minha querida Leocádia; ela é como uma mãe para mim... Deve estar aflita, a pobrezinha!... Por favor, deixem-me ficar aqui! Sou forte, posso trabalhar e não lhes causarei problemas, eu prometo! Preciso de uma oportunidade!

– Descanse, pode ficar aqui o tempo que desejar! – declara Demétrio, outro pescador.

– Sim, menino, pode ficar conosco! Simpatizamos com você! – exclamaram uns após outros, alegrando o coração de Zarik e fazendo Jakobo sorrir.

Este, cofiando a barba hirsuta e negra, declara:

– Tranquilize-se! Como pode ver, tem a aprovação de todos!

Mas, aviso-o: não poderá, por enquanto, fugir do seu patrão. Entre vocês existem pendências. Vocês se comprometeram, espiritualmente, em existências passadas... Ele precisa de você ainda...

A intuição de Zarik confirma o que Jakobo diz, mas a exaustão e a urgente necessidade de esperança sobrepujam-lhe até mesmo a razão...

Revoltado, lágrimas a escorrer pelo rosto bronzeado, ele declara:

– Não! Abomino a vida que levo! Nunca mais quero vê-lo!...

Um velhinho, enquanto conserta algumas redes, ouve e sorri complacente. Conhece a vida o suficiente para saber que, com frequência, o que a vida nos oferece nem sempre está de acordo com os nossos desejos.

Compreensivo, aconselha:

– Confiemos em Deus, meu rapaz. O futuro pertence a Ele!

– Ele confia, Daniel, muito mais que nós... Não foi o acaso que o trouxe... Os caminhos de Deus são misteriosos!...

– Não entendo, Jakobo! – exclama Demétrio curioso.

– Aguardemos, Demétrio! Digo-lhes apenas que nós não somos estranhos a este menino. Viajores do tempo, muitas vezes temos nos encontrado. Que Deus seja louvado por mais esta oportunidade!

Todavia, agora, atentemos para as suas necessidades urgentes, pobrezinho! Vejam em que estado se encontra e como treme!

Na verdade, Zarik mal se sustenta nas pernas; está à beira de um colapso, completamente esgotado.

– Levem-no para ser alimentado e façam-no repousar. É do que precisa, por enquanto.

Deborah, mulher do pescador Daniel, solícita e bondosa, acomodou-o docemente numa cama limpa e macia, depois de tê-lo alimentado.

Nos dias seguintes, integrou-se aos afazeres daqueles homens, parecendo ter nascido ali. Nada o surpreendia; as mais variadas atividades lhe agradavam.

Passou a pescar com eles, o que fazia com alegria sempre renovada.

Numa destas ocasiões, tudo providenciado, fizeram-se ao mar, bem cedo, com redes, comida e água.

Dias antes, Jakobo aconselhou-os a se prepararem espiritualmente por meio de vigília e orações. Assim foi feito. Os pescadores conhecem as intuições do seu líder e não desdenham as suas advertências.

Velas desdobradas, mastros fortes e seguros, encordoamentos adequados, eles lutam, ora contra, ora a favor dos ventos.

Alegres e joviais, cantam e conversam, na esperança de uma pesca farta.

Aos poucos alcançam o mar alto em ondas bravias.

Agora, somente o céu, as águas e o infinito são-lhe companheiros.

Esta imensidão de exuberante beleza torna o coração reverente ao Criador. Após algumas tentativas, registram a total ausência de peixes.

Como entender? Aquele mar é viscoso, generoso, sempre!

Que terá havido? Algum predador?

Súbito, tudo aconteceu como num sonho:

– Deus! Misericórdia divina! O que é isto?!...

Cuidado! Recuem! Protejam-se! – gritou uma voz rouca, em pânico.

Um monstro descomunal havia surgido das águas e atacava, furioso.

Seus grandes dentes como facas afiadas brilhavam, molhados de saliva misturada à água do oceano.

Nos olhos esbugalhados de todos, o pavor que praticamente os paralisava.

Reunindo forças, tentavam fugir, enquanto ele caíra de joelhos, olhos pregados no céu...

O mar agitado sacudia violentamente a embarcação, como se ela fosse uma frágil casca de noz.

O tempo parecia estratificado num imenso clichê; segundos decisivos de vida ou de morte.

Repentinamente, o céu escureceu e uma tempestade desabou furiosa.

Um trovão aterrorizante ribombou acima das cabeças, quase atirando-os ao mar.

O monstro, na iminência de devorá-los, estremeceu; revirou os grandes e úmidos olhos, abriu mais a bocarra cheia de punhais afiados, assustou-se e bateu em retirada, rumo ao desconhecido.

De saída, provocou um pequeno maremoto que ameaçou mais uma vez a embarcação.

Esta, após revolver-se sobre si mesma, como um ser feminino nas dores do parto, flutuou leve, em círculos de redemoinhos, nas vagas do oceano. E, como se obedecesse ao comando de mãos poderosas e invisíveis, as águas asserenaram.

Depois de tudo, um silêncio sepulcral. Nenhum dos pescadores caíra ao mar... Como se cada qual fosse um Ulisses atado por invisíveis cordas protetoras ao mastro da embarcação.

Aliviados, eles respiraram fundo. Nos semblantes faltavam-lhes as cores.

Apesar das suas constituições fortes e da coragem que normalmente os caracterizavam, seus corpos tremiam e os seus dentes batiam uns contra os outros...

O pavor excedera a todas as expectativas. Mesmo sendo homens do mar e habituados aos perigos, o máximo que poderiam esperar seria o ataque de um tubarão ou de uma baleia, entre outras coisas conhecidas e possíveis.

Zarik prosseguira de olhos fechados, profundamente interiorizado, alheio à circunstância inesperada e salvadora...

No exíguo espaço que ocupava no fundo da embarcação, o tempo parecia ter parado. Havia, ali, uma estranha imobilidade, como se duas dimensões diferentes se interpenetrassem.

Ao seu redor, uma estranha luz...

Envolvidos, eles seguiram-lhe o exemplo e se ajoelharam, gratos aos céus.

Em seguida, apressaram-se para regressar à terra firme.

Jakobo abraçou-o, chamando-o à realidade.

Uma vez na praia, reverentes, eles repetiram intimamente a oração do líder:

– Senhor dos mundos! Graças vos damos por tudo que sucedeu; desde o perigo e o medo, até a nossa salvação, graças à vossa misericórdia!

Se fomos invigilantes, esquecidos do incomparável poder que nos governa, daqui para a frente estaremos atentos à vossa Divina Providência que nos acoberta, filhos que somos do vosso amor!

Dai-nos força e coragem para buscarmos, cada vez mais, os recursos da alma, a fim de podermos contar, sempre, com a vossa proteção!

Permite, Senhor, que sejamos sempre um acréscimo da vossa misericórdia por onde quer que possamos ir!

Abençoa a jornada deste menino que hoje, graças à vossa bondade, esteve entre nós servindo de elo entre a Terra e o Céu!

Que as vossa augusta bondade e suprema vontade se façam em nós, hoje, como ontem, amanhã e para todo o sempre!"

Minutos depois, jogando areia para todos os lados, pulando e gritando como crianças, abraçando-se efusivamente, eles se congraçaram por estarem vivos e juntos no prosseguimento das suas vidas simples, boas e úteis.

Jakobo dissera que aquele estranho ser chama-se Leviatã e é citado na Bíblia Sagrada. Será mesmo?...

Quando chegaram à aldeia, tiveram muito a contar; e este, um motivo a mais de alegria sã, num amplexo grandioso com Deus, com a natureza, com o próximo e consigo mesmos.

Depois de tudo, concordaram que se salvaram por mercê de Deus e entenderam aquilo que Jakobo dissera, quando da sua chegada à aldeia.

Jamais esquecerá aquele dia enquanto viver!... "

* * *

A PRESENÇA DE Cosette no circo e o seu esforço para crescer na profissão trouxeram-lhe consequências inesperadas: Pietro passou a demonstrar um grande interesse por ela.

Mesmo surpresa e vaidosa com a conquista inesperada, ela teme. Conhece-lhe a malograda história de amor.

Sua mulher desaparecida no mundo ainda é cultuada na sua memória.

Apesar de tudo, Cosette sabe que novas possibilidades surgem, podendo coroar de poder e glória os seus sonhos. Afinal, Pietro Monteverdi é o proprietário do circo!...

Deodato, ciumento, observa-os, tramando alguma forma de contrariar os sonhos de Pietro com relação à Cosette.

Dia após dia, Cosette conquist a confiança e a amizade de Rosalva. As duas tornaram-se boas amigas.

Pietro vê nessa afeição um bom sinal para a realização das suas expectativas. Admira Cosette e atualmente deseja-a para si.

Deodato mantém-se discreto com relação à Cosette, na sua adoração. Ela, por sua vez, vê nele um estranho e silencioso ser.

Já sabe que ele é mudo. Sente piedade, mas o mantém à distância. De algum modo, ele a incomoda e amedronta. Está sempre a observá-la disfarçadamente. Quando seus olhares se cruzam, ela se arrepia toda. Geralmente afasta-se dele e de sua apreciação inconveniente.

Ele não perde ocasião de ser-lhe útil, fazendo-se servil. Se ela o evita, a isso ele já está acostumado. Sua feiura e sua impossibilidade de falar, tendo que por vezes externar alguns grunhidos, geralmente assustam as mulheres, e com ela não seria diferente.

Espera que com o tempo ela se acostume à sua presença e seja ao menos sua amiga.

Presentemente, as suas noites povoam-se de tormentos; porque, insano, suspira por um olhar ou por uma palavra carinhosa de Cosette.

O que consegue infelizmente é uma relação distante e fria. Ela o teme e nada faz para disfarçar...

Deodato sofre. Sabe que a realização das suas esperanças quanto a ela é impossível.

Rosalva, inteligente e perspicaz, há muito percebeu o interesse de Deodato por Cosette. Espera que ela própria descubra o fato e se defenda, caso seja preciso.

Notou, também, a paixão de seu pai por ela. Este saberá o que fazer e como agir, dentro das necessidades e de acordo com as circunstâncias. Sempre foi assim. Pietro não se intimida, diante de ninguém.

Rosalva também teme Deodato. Sua presença a incomoda demais. Por vezes o olhar dele brilha de forma sinistra ao admirá-la. Nestes momentos ela disfarça e se afasta rapidamente.

Na sua lembrança permanece o belo rapaz que auxiliou seu pai na montagem do circo e que conteve bravamente os cavalos desembestados. Ele domina os seus sonhos cada vez mais.

Espera algum dia reencontrá-lo. Às vezes pensa em procurá-lo. Mas, onde?!

Fabiano, este é o nome do adorado rapaz, que nem de longe imagina ter conquistado o coraçãozinho ingênuo e sonhador de Rosalva.

No mesmo dia em que a conheceu, apaixonou-se por uma bailarina, aquela da prancha de madeira, que dança até a exaustão.

Procurando-a depois da função e presenteando-a regiamente, conquistou-a.

Dalila, belíssima morena bem torneada, ao ver-se endeusada, sucumbiu-lhe à sedução e hoje é sua amante.

Ciumenta, para afastá-lo de qualquer outra, ela é capaz das maiores loucuras, das piores estrepolias. Conquista feita, Fabiano não mais compareceu ao circo.

Dalila vai-lhe ao encalço, fazendo-se presente em todas as suas horas vazias de trabalho.

Quando ele viu Rosalva, durante a montagem do circo, encantou-se e não desdenhou a ocasião de demonstrar-lhe isto, através de um fogoso olhar, mas jamais poderia calcular as consequências da sua fugaz investida.

Depois fez a corte à Dalila, ganhando-a para sua vida e nunca mais aproximou-se de Rosalva, sequer a viu novamente. Como saber que havia despertado nela sentimentos tão fortes?!

A persistência de Dalila, todavia, e os seus ciúmes já o cansam, como seria de esperar. Mas é extremamente difícil livrar-se da sua presença e da sua desvairada paixão.

Quando tenta separar-se, revoltada ela o ameaça de todas as formas. Não consegue viver sem ele, ela declara em altos brados e em meio a grandes escândalos. Fabiano deseja ardentemente que o circo se vá. Assim, Dalila terá de ir embora, deixando-o em paz.

Ele prossegue aceitando-lhe as carícias, o que de certa forma é cômodo, enquanto sonha com um grande amor, verdadeiro e terno, que dulcifique sua vida e traga cores atraentes aos seus dias.

* * *

AH, QUANTOS AMORES também tiveram início a partir da chegada do circo à cidade! Alguns terminaram nas preliminares, mas outros incendiaram-se de paixões e agora os envolvidos temem a possível separação.

Quantos vivem agora a braços com cuidados e pesadelos!

Romances escusos também se instalaram, mudando a vida e a rotina doméstica de muitas famílias, que a partir de então perderam a tranquilidade e a segurança.

Brigas e desentendimentos variados passaram a fazer parte de inúmeros setores desta comunidade, depois da chegada dos saltimbancos.

* * *

BEM INFORMADO QUANTO à vida de Jennifer, Loredano ilude-se, enquanto a persegue sistematicamente.

Vaidoso, não duvida da vitória, mas a moça está apaixonada por outro e é plenamente correspondida.

Quanto mais Loredano a persegue, menos valor tem diante dos seus olhos de gazela; olhos que são sua razão de viver.

Motivos para este fascínio, ele os tem de sobra. Jennifer é uma moça muito bonita, exótica, e senhora de uma inteligência privilegiada.

De porte pequeno e esguio, é altiva e elegante. Sua cintura fina faz suspirar aqueles que rodopiam com ela pelos salões.

Rosto anguloso, mas harmonioso, dona de uma pele irrepreensível, boca vermelha e minúscula; cabelos longos, fartos e sedosos são de uma cor indefinível, com nuances de louro fulvo; os olhos muito negros e expressivos cintilam poderosos.

Ela instala onde chega um encanto notável e um perfume sedutor.

Loredano encontrou, sem dúvida, mais um tormento para sua vida.

Suas noites são agora diferentes. Antes de pensar somente em cifras e números, ele revolve-se apaixonado no seu leito de sedas a desejar tão bela prenda.

E ela o ignora, sem rebuços.

Leocádia, observadora e atenta, percebe que o seu patrão está a suspirar por alguém.

Do fundo de sua boa alma, agradece a Deus a constatação de que ele tem coração e é capaz de amar.

Lamenta não poder indagar-lhe a respeito. Poderia ouvi-lo e apoiá-lo nesta nova fase da sua vida. Todavia, arrogante, ele impede a sua aproximação.

Neste momento, sentado no seu gabinete, Loredano decide agir de forma mais objetiva. Deve parar de simplesmente perseguir Jennifer.Precisa fazer algo.

Apaixonado, sonha:

"Adorada Jennifer, minha deusa, minha musa inspiradora, você será minha, a qualquer preço! Afinal, posso lhe oferecer tudo: o mundo, a riqueza, o poder, as estrelas do céu... Quem se atreveria a competir comigo?

Preciso me movimentar rapidamente e vencer o meu rival. Ah, que ele não perde por esperar!

Se você não me permite a aproximação, minha querida, como poderá conhecer-me e avaliar-me?

Oh, minha bela, um dia lamentará o tempo que está desbaratando! "

De repente, bate na testa. Teve uma ideia:

– Zarik! Ele faz milagres com as ervas. É um verdadeiro bruxo!

Decidido e ansioso, manda chamar Zarik.

Ouvindo a convocação, Leocádia sente o coração se apertar. Teme algo,indefinível.

Zarik tranquiliza-a e vai atendê-lo. Entra no seu gabinete e aguarda-lhe as ordens.

Loredano, sem preâmbulos, indaga de chofre:

– Você conhece muitas ervas e sabe manuseá-las muito bem, não é?

Intrigado com a pergunta, Zarik lhe responde:

– Conheço algumas, senhor. Uso-as em infusões.

– E quais os seus diferentes efeitos?

– Elas curam algumas doenças, devolvem o equilíbrio às pessoas nervosas, aliviam ou curam algumas dores, abaixam as febres, diminuem tristezas mórbidas, mexem com os intestinos e as suas funções, lavam de maneira curativa feridas ou ferimentos, depuram o sangue, fazem dormir atuando contra as insônias, fortalecem as energias...

– Bem, não são estes os efeitos que me interessam. Serei mais claro: Você sabe fazer amuletos, fabricar bebida ou algum pó mágico que sirva para despertar amor em alguém? Algum filtro amoroso que submete a vontade, modificando os desejos? Resumindo: Consegue fazer alguém apaixonar-se, mesmo sem querer?

Zarik está profundamente surpreso com tais indagações.

– E então? Não me ouviu, seu estafermo? Ou não entendeu aquilo que eu disse?

– Senhor Loredano, creio ter entendido o que me disse, porém confesso a impossibilidade de alcançar-lhe a intenção.

– Você parece uma serpente armando o bote! Naturalmente, você entendeu muito bem! Seus defeitos são muitos, porém a falta de inteligência não é um deles. Responda-me de forma objetiva e clara, senão... Veja que já perco a paciência, como sempre, quando preciso falar-lhe!

A sua presença me incomoda mais do que posso suportar, por isso poupe-nos tempo e abreviemos este desagradável diálogo.

– Senhor Loredano, por certo entendi-lhe as indagações, mas não posso alcançar-lhe a intenção ao requisitar-me coisas que não são e nunca foram da minha alçada. Sabe que jamais fiz ou faria coisas assim. Nunca aprendi a fazê-las, porque nunca tive interesse. Aprendi algumas práticas com terapeutas e acrescento a minha natural intuição no manuseio das ervas. Uso-as para socorrer, curar, confortar e balsamizar dores. Não interfiro na vontade das pessoas, roubando-lhes a condição de discernir. Estou sendo muito sincero, senhor, com o risco de prejudicar-me diante da sua autoridade, mas não posso servi-lo naquilo que me pede.

– Ora, é mesmo impossível conversar com você! E é muito pretensioso quando me responde desta maneira! Como se atreve? Além de afrontar-me, acusa-me de desmandos e imposição criminosa sobre a vontade e a liberdade alheia!

– Senhor, de nada o acuso e nem poderia. Sou seu servo e não me compete julgar os seus atos. Todavia, não possuo os talentos que imagina. Lamento decepcioná-lo.

Loredano levanta-se bruscamente, sai detrás da sua mesa e aproxima-se de Zarik:

– Não banque o espertinho comigo! Pode se arrepender, seu traste! Sei que pode muito mais do que declara! A língua do povo não tem peso e nem medidas. Sei muito bem o que pensam a seu respeito. Ouço, à boca pequena, que você poderia matar com um simples chá, se quisesse. Nos seus conhecimentos, há de haver algo que me sirva, numa situação que não lhe diz respeito, mas que é muito importante para mim e para a minha vida! Se tenho dentro da minha casa um 'feiticeiro' que me aborrece e me dá gastos, por que não usufruir desta prerrogativa? Você me deve a vida, a comida, a moradia, tudo! Tolero-o por causa de Leocádia, aquela velha tão imprestável quanto você! Mas estou perdendo a paciência com os dois!

Zarik ouve-lhe as ameaças. Entende que a sua sorte e a de Leocádia estão em jogo. Tentando ganhar tempo, sem saber exatamente o que fazer, indaga:

— Poderia me dizer, senhor Loredano, com mais clareza o que espera de mim?

Loredano aproxima-se ainda mais, dedo em riste, dentes cerrados, voz sibilante:

— Vou repetir, ouça bem: desejo uma poção, um encanto, uma fórmula, um feitiço, um sortilégio, sei lá o quê! Algo que sirva para conquistar uma mulher, entendeu? E que ninguém saiba desta nossa conversa, sob risco da própria vida!

— Volto a afirmar que não conheço esta alquimia! Mas já que ordena, farei uma tentativa. Quanto aos resultados, nada posso prometer.

Cofiando a barba curta e bem tratada, Loredano conclui que o rapaz diz a verdade. Decide agir por outros caminhos:

— Pois bem, então procure um bom feiticeiro. Do sucesso desta empreitada dependerão a sua e a segurança de Leocádia.

— Onde? Zarik balbucia, incomodado.

— Ora, vá à Floresta Negra! Dizem ser ali o lugar preferido deles. Sinto arrepios só de pensar! Nunca me interessei antes por estas coisas, mas agora preciso delas...

Zarik se espanta; acha a ideia estapafúrdia.

Conhece as narrativas tenebrosas, feitas por aqueles que ali se aventuraram. Será uma grande temeridade embrenhar-se numa floresta, principalmente naquela.

Loredano, interiorizado, teme as próprias intenções e os resultados inesperados que possam advir. Desafiar forças ocultas não faz parte da sua natureza. Tem ouvido histórias...

Superando os próprios receios, porém, ordena impositivo:

— Organize-se para a viagem e vá imediatamente, tenho pressa! Não perdoarei falhas!

Zarik percebe o grande risco que corre e argumenta:

– Senhor Loredano, dentro de algumas horas anoitecerá e enfrentarei toda sorte de perigos. De nada lhe valerá que eu pereça antes de concluir aquilo que me ordena.

– Tem razão. Os meus interesses estão acima de tudo. Saia amanhã, pela madrugada.

Olhando para Zarik, não resiste e ameaça:

– Sinto vontade de enviá-lo agora mesmo, só para provar que 'eu' dou as ordens e 'você' obedece!...

Olhando-o, de frente, Zarik pensa: "Por que 'eu' permito!..."

Adivinhando-lhe os pensamentos, Loredano, olhos fuzilando, acorre:

– Sei que não me teme o bastante, seu tolo! Não se importa de sofrer na própria pele, mas... não se esqueça, seu espertinho, Leocádia não tem um couro duro como o seu e muito menos a sua ousadia!

Os olhos de Zarik brilham, estranha e intensamente, na direção do patrão, fazendo-o sentir-se mal.

Loredano é obrigado a sentar-se sob a coerção de súbita fraqueza. Enxuga o suor que lhe escorre da testa.

Odeia esta situação, esta fragilidade diante de coisas que não consegue entender. Suspeita horrorizado que Samara através do filho se vinga, quando por vezes algo muito maior e inconjurável o esmaga contra um muro invisível.

Não sabe se Zarik tem consciência do poder que exerce sobre ele. Prefere não se certificar.

Pretende livrar-se dele, não suporta mais esta convivência. Enquanto pensa, distanciado da realidade presente, ouve:

– Então, senhor, como ficamos?

É Zarik, meio displicente, atrevido.

Refazendo-se, Loredano retoma a sua natural arrogância e ordena:

– Avie-se e suma da minha vista! Amanhã, pela madrugada, saia e faça o que lhe ordenei. Leve com você o brutamontes do Sérvulo para garantir o sucesso da viagem e, escute bem, que ele nem de longe suspeite daquilo que vai fazer! Para todos os efeitos, você estará colhendo ervas para os seus medicamentos. Agora vá e livre-me da sua abominável presença!

Zarik encaminha-se para a saída, devagar, sem pressa.

Gosta de desafiar Loredano, de levá-lo às últimas consequências do seu gênio irascível e violento. Diante dele, sente-se um vencedor, acima da situação em que vive ou de qualquer coisa que ele venha a fazer.

Segue pelos corredores pensando em Leocádia, sua pobre querida. Ela não terá condições de suportar a ira de Loredano. Precisa protegê-la.

Ah, se tivesse conseguido ficar longe quando fugiu! Teria vindo buscá-la depois...

"Vivo preso a este destino! Que Deus nos ajude e proteja sempre!" – ele pensa, algo conformado.

Leocádia, que estivera aflita com o chamado de Loredano, alcança-o para indagar:

– Filho, o que o nosso patrão queria?

– Nada demais, Leocádia. Fez ameaças como sempre e deu-me uma incumbência para amanhã, antes do sol raiar.

– Posso saber de que se trata?

– Naturalmente, Leocádia. Vou à Floresta Negra colher ervas.

Leocádia leva a mão ao coração, empalidece e em seguida se benze.

– Por que naquela malfadada floresta?

– Como saber aquilo que se passa na mente do senhor Loredano?

– As suas ervas só lhe interessam quando precisa de algum chá... Que novidade é esta?

– Fiquei tão surpreso quanto você. Enfim, ainda que não possamos entendê-lo, teremos sempre que obedecer!

– Tem razão, meu querido. Só Deus pode entendê-lo...

Leocádia teme pelos graves perigos que a floresta oferece àqueles que ali se aventuram e quer saber:

– Já tem planos, Zarik? Indago quanto ao itinerário.

– Sim, alguns. Conheço pessoas que ali estiveram e podem passar algumas boas informações. Por outro lado, a minha natural intuição me guiará.

– E, acima de tudo, Deus!

– Conto sempre com isso, Leocádia.

– Vai sozinho, meu filho?

– Não. Sérvulo me acompanhará.

– Ainda bem. Sérvulo é muito forte e sabe defender-se. Até as feras ele enfrenta com galhardia. Com ele você estará mais seguro. Louvado seja Deus!

– Amém! Vou deitar-me, Leocádia. Amanhã devo levantar-me antes do sol.

– Que Deus o proteja, meu querido!

– Que os anjos do céu digam amém, minha boa Leocádia! Enquanto eu estiver fora, cuide-se bem. Não estarei aqui para poupá-la dos serviços mais exaustivos. Sua saúde não suporta grandes esforços, lembre-se disto e não se esqueça das prescrições do dr. Maciel.

– Vá deitar-se, filho; tomarei cuidado, prometo. E quanto a você, seja muito, muito prudente, por Deus! Ficarei rezando por vocês.

– Obrigado, Leocádia, até amanhã!

– Até amanhã! Farei para vocês um bom farnel. Quantos dias estarão em viagem?

– Não sei, Leocádia. A distância e as dificuldades são grandes. Espero abreviar o mais possível esta empreitada.

– Faça isso. Sei que é cuidadoso por natureza, todavia meu coração teme os perigos que possa enfrentar...

Olhando-a, com ternura, Zarik lhe diz:

– Obrigado, Leocádia, pelo amor que me concede, dando-me forças e coragem para suportar a vida difícil que levamos.

Beijando-lhe as mãos e o rosto, e sendo por sua vez beijado com carinho imenso, Zarik segue para os seus aposentos, enquanto as lágrimas, que Leocádia não consegue conter, descem-lhe pelo rosto.

Zarik arrepia-se quando pensa na viagem estranha e insegura que empreenderá por capricho de Loredano. Todavia deve obedecer, a isso já está acostumado e não há outra saída para o momento.

Conclui que Loredano pretende enfeitiçar alguma mulher e desde já lamenta-lhe a sorte. Sente-se culpado pelo que vai fazer, mas, caso não obedeça, Leocádia sofrerá.

Os próximos dias serão muito difíceis.

Deita-se por fim, após fervorosas orações em meio a meditações profundas, nas quais evocou os seres espirituais que o protegem.

Recorda afetuoso sua querida mãe... Por onde ela andará? Estará viva? Quem sabe? Sente saudades, muitas...

"Oh, Senhor, por que alguns filhos são separados das suas mães? Fica tudo tão sofrido, tão difícil! Se eu não tivesse a boa Leocádia, o que seria de mim?!..."

Pensa na floresta desconhecida da qual ouve histórias e lendas...

Felizmente, Sérvulo o acompanhará. Este pensamento o tranquiliza um pouco. Juntos, terão mais defesas.

"Toparemos com fadas, gnomos e duendes? Quem pode saber? Algumas pessoas juram tê-los visto! Como serão eles? De que matéria serão feitos? Cuidando da natureza, algumas vezes pregam peças nas pessoas, assustando-as. Chegam mesmo a praticar maldades, dizem..."

Sussurrando algumas palavras já sem nexo, Zarik acaba por adormecer.

Enquanto isso, Leocádia prepara o farnel para a viagem. Depois se fortalece espiritualmente nas suas fervorosas orações e deita-se. Num sono agitado, ela desperta sobressaltada várias vezes e reinicia as suas orações, rogando proteção para Zarik e para Sérvulo.

* * *

Padre Leopoldo chegou cedo e já monologou, frente a são Martinho, alegre e disposto, como faz todos os dias.

Nos casebres miseráveis da região a esperança da sua visita enche os corações de alegria e de fé em Deus, tão louvado pelo bom padre, que exemplifica nos seus atos rotineiros aquilo que prega no púlpito durante os seus reconfortantes sermões.

Hoje ele fará estas visitas que são tão caras ao seu coração de bom pastor das ovelhas do seu rebanho.

Visitando um após outro, seguindo um roteiro pré-estabelecido, ele bate palmas na porta de uma humilde casinha de fachada branca, com um mimoso jardim que encanta pelo agradável perfume de jasmins.

Amável, o dono da casa convida-o a entrar.

Padre Leopoldo atende e depara-se com ele imobilizado numa cadeira. O chefe desta família sofreu um acidente há alguns meses e ainda não está recuperado.

Padre Leopoldo leva mantimentos e remédios para a família – o casal, três filhas e um bebê de quatro meses.

Estes recursos, ele consegue com os seus paroquianos generosos e que estão em melhores condições financeiras.

A mãe de família trabalha na lavoura, enquanto a filha mais velha cuida do bebê, das irmãs e do pai que necessita de auxílio para quase tudo.

Sorridente, o padre entra, deposita os volumes no chão e saúda-os:

– Salve, meus filhos! Como estão hoje?

– Agora mais felizes com a sua visita, padre! – responde agradecido o pai.

– E como vai a perna ferida, meu bom amigo?

– Melhorando, graças a Deus! Brevemente poderei voltar ao trabalho. Minha mulher está na lida, mas recebe tão pouco... Preciso curar-me e voltar a ganhar o pão com o suor do meu rosto; assim deve ser!

– E certamente será, meu filho. Confie em Deus!

– É o que faço, sempre, bom pároco e nosso benfeitor.

– O benfeitor de todos nós é Deus. Se Ele não nos permitisse, sequer respiraríamos.

– Verdade, padre – responde uma bonita senhora que chega, vestida de forma muito simples e asseada. Ela depõe a ferramenta de trabalhar na terra num canto e lava as mãos, antes de beijar a mão do padre, pedindo-lhe a bênção.

– Dona Laura, que prazer revê-la! Por Deus que está muito bem, apesar dos esforços que faz na lavoura.

– Sou muito forte, padre, graças a Deus. Desta forma posso auxiliar o meu marido e os meus filhos, nessa dificuldade que passamos...

– Se há dificuldades, minha cara, é porque assim deve ser. Sejamos cordatos com os desígnios de Deus, enquanto aguardamos melhoras que chegarão no momento certo. Confiemos, sempre!

– Obrigado, padre Leopoldo, por tudo e principalmente por suas palavras que sempre nos fortalecem os corações – responde o dono da casa.

– Ora, senhor Crisóstomo, quando venho aqui, além de cumprir o meu dever de sacerdote de Deus, sou igualmente beneficiado pela afeição de vocês, portanto também agradeço!

– Senhor padre, dentro de alguns minutos teremos o almoço pronto, se bem que o cardápio seja muito simples, gostaríamos que nos fizesse companhia... – convida a filha mais velha.

– Não posso ficar, mas se pudesse certamente apreciaria as iguarias tão bem feitas por você, filha. Tudo que se faz com amor enriquece a nossa vida. Mas tenho pressa, farei ainda outras visitas.

De outra vez, terei muito prazer em almoçar com vocês.Bem, a carroça e o seu condutor me aguardam. Até, meus queridos amigos!

O padre beija as bochechas do bebê, aperta a mão do dono da casa, faz uma reverência para a senhora Laura e acena alegre para as outras filhas do casal.

Uma vez na rua, sobe no veículo que o aguarda e segue rumo às outras casas da vizinhança.

Um garoto corado e forte o vê e pede para acompanhá-lo. Sendo consentido, sobe na carroça. É um dos meninos que o auxiliam nos rituais e nos trabalhos da igreja.

Nesse afã de ajudar a quantos possa, o padre Leopoldo passa toda a manhã. À tarde ficará na igreja atendendo os seus paroquianos. Quando chegar a noite, após as liturgias das ladainhas e o atendimento aos fiéis, exausto, ele dormirá feliz e realizado, como condutor de almas e irmão de Jesus na Terra.

Junto a ele, um pequeno número de pessoas caridosas se organiza nesta tarefa de socorrer nos arredores aos mais desfavorecidos.

Um bom médico o acompanha quando se faz necessário. Por vezes, um mestre de obras também vai. Nas horas vagas, ele conserta de graça, aqui e ali, um telhado, uma porta ou uma janela, a fim de que aqueles que não podem pagar, geralmente pessoas idosas ou doentes, não sofram com as chuvas e os ventos que naquela região são inclementes.

Senhoras de boa situação financeira e ligadas à paróquia, nas suas horas vagas tecem, fiam e bordam para vender os trabalhos nas feiras artesanais e adquirir recursos para a filantropia da igreja.

Elas também lavam e consertam roupas usadas para distribuí-las aos mais pobres.

Esta aldeia é sofrida e muito pobre, mas aqueles que socorrem em nome de Deus amenizam as suas dores e os seus sofrimentos. O poderoso administrador deste lugar é muito arrogante. Insensível, ele vive entre o luxo que desfruta e as queixas que ouve dos aldeões, os quais despreza sem disfarces.

O povo absolutamente não lhe importa. É algo com o qual ele não tem intenção de misturar-se.

"Afinal, somos visceralmente opostos. Nada tenho em comum com a ralé! Basta olhar-me dos pés à cabeça e ver a diferença. Enfim, Deus quis assim!..."

Padre Leopoldo tenta sensibilizá-lo, sem resultado.

Ele reage e se defende com os mais absurdos sofismas, acabando por ofender e agredir verbalmente ao padre que em verdade é seu primo--irmão. Mesmo parentes e criados juntos, eles são extremadamente diferentes.

O bispo, dom Berardo, ameaça o bom primo por causa das suas atitudes 'arbitrárias', ao ignorar-lhe a autoridade em questões que não são da sua alçada. Ele sim é a autoridade local. Acima dele, ninguém!

Em altos brados, histérico, ele exige respeito às suas atribuições.

Dom Berardo é glutão e preguiçoso. Seus modos deseducados há muito oferecem temas para ditos jocosos e pouco respeitosos entre os moradores da região. Quadrinhas desmoralizadoras com o seu nome e alguns epítetos maliciosos são declamados nas esquinas e nas tabernas.

Ele finge ignorar a revolta destes e de outros cidadãos, porque tem muitos interesses em jogo e o bem-estar dos aldeões certamente não é um deles.

Conformado, por não contar com a sua autoridade e nem com os seus préstimos, padre Leopoldo arrisca-se no prosseguimento das suas atividades e vai fazendo a sua parte com fé, abnegado.

Diante dos seus superiores, tem enfrentado muitas dificuldades, porque seu malfadado primo faz queixas descabidas das suas atividades na região.

Como consequência, o bom sacerdote fica muitas vezes sob fogos cruzados.

Quando pressionado pelas circunstâncias desfavoráveis e injustas, ele tece longas 'conversas' com são Martinho, que sempre consegue ouvi--lo e confortá-lo, aconselhando-o a prosseguir na sua luta junto a Deus, pelo seu próximo mais próximo, principalmente por aqueles que sem o seu socorro morreriam à míngua.

Seguindo fielmente os ensinamentos de Jesus, este sacerdote sacramenta nos seus atos o amor a Deus, amando os seus irmãos na Terra.

Lendo seu breviário nas horas disciplinares, ele reflete sobre a vida dos seus paroquianos, porque de uma maneira ou de outra quase todos parecem crianças mal-conduzidas, deseducadas, carentes de compreensão e de orientação.

Em preces ardentes e plenas de fé, padre Leopoldo renova as suas energias:

"Meu Jesus, redentor da humanidade, amo o sacerdócio! Sem a família terrena, disponho de uma família muito maior, junto aos meus paroquianos Sou feliz quando consigo socorrer os aflitos, consolar os infelizes, curar os enfermos em seu nome, aliviar as dores e amenizar desesperanças. Em tudo e por tudo, quero agradecer esta maravilhosa oportunidade de trabalho. Tivesse eu, meu Jesus, mil vidas e dedicaria todas elas a este sagrado mister.

Perdoe-nos em nossas fraquezas, que ainda fazem parte da nossa condição humana, e em nossos erros, como criaturas falíveis que somos. Todavia, Senhor, acima das circunstâncias, que possamos contar sempre com o teu amor e a tua misericórdia, em forma de bênçãos diárias!

Proteja e conduza estes pequeninos que aqui trabalham nos rituais religiosos e nos empreendimentos filantrópicos. Que eles tenham vida sadia e produtiva; que venham a ser homens honestos e bons na construção de uma nova e boa sociedade!

Acompanhe os nossos passos por onde possamos ir, Senhor, e abençoe o homem na Terra.

Atraia para o seu coração aqueles que ainda não o conhecem. São estes os mais infelizes.

Que a sua paz esteja sempre nos nossos corações!"

Padre Leopoldo, emocionado, olhos pregados na cruz do Salvador, finda a sua oração.

Momentos depois, retoma as suas abençoadas funções.

* * *

HÁ ALGUM TEMPO, Deodato relaxa as suas 'atividades'.

Seus pensamentos e atitudes atualmente voltam-se mais para Cosette e para as desabridas intenções de Pietro em conquistá-la. Este já percebeu a obstinação de Deodado em aproximar-se e tentar interferir constantemente nas suas relações com Cosette.

Decide convocá-lo e exigir-lhe explicações.

Será uma estranha conversa, entre o balançar de cabeça para cima e para baixo, para um lado e para o outro, alguns gestos mais convincentes e expressões fortes que muitas vezes dizem mais que palavras.

Neste instante, os dois defrontam-se, no carroção de Pietro.

Deodato, pálido de morte, teme ser despedido e perder a chance de vigiar Cosette.

Pietro, cenho carregado, faz prever uma tempestade.

Visivelmente contrariado, ele esclarece:

– Deodato, mandei chamá-lo porque desejo fazer-lhe algumas perguntas.

Ele balança a cabeça, concordando.

– Pois bem, serei direto e objetivo, como de hábito. Responda como puder:

Por que cada vez que me aproximo de Cosette, que aliás é artista do 'meu' circo e é também 'minha' amiga, você fica a nos rondar feito fera enjaulada?

É notório que ela abomina este procedimento e fica sem saber o que fazer, diante do seu comportamento. Isto tem acontecido com muita frequência. Que tem a me dizer?

Sacudindo as mãos, Deodato faz entender que nada tem a explicar.

Tal atitude irrita Pietro:

– O quê? Você me deve explicações, Deodato! Até quando vou suportar as suas insanidades? Veja que faço vista grossa para algumas 'coisas' que poderiam jogar você na prisão num piscar de olhos! Explique-se do jeito que puder, nesta situação infeliz de mudez e tente ao menos fazer-me entender o porquê dos seus atos!

Deodato, cada vez mais confuso, grunhe e abaixa os olhos, determinado a nada responder.

– Ouça, se não me der alguma razão para tudo isso, eu jogo você na rua e aproveito a ocasião para livrar-me das preocupações que as suas 'atividades' me trazem! Você está apaixonado por Cosette, não está?

Deodato estremece e, sacudindo a cabeça e as mãos, nega, peremptório.

– Então, por que, praga infeliz? O que deseja quando nos atormenta?

Pietro se exalta. Sente ímpetos de surrá-lo. Apanha o chicote que está sobre a sua mesa e bate com ele na palma da mão, ameaçador, olhos brilhando de fúria. Amedrontado, Deodato olha para a saída.

Por fim, acalmando-se em parte, Pietro insiste:

– Então me diga, o que Cosette representa para você? Não que isto me interesse, quero apenas entender o seu comportamento.

Em gestos claros, Deodato demonstra ter pela moça apenas amizade.

Sorrindo e pondo a mão sobre o coração, revira os olhos, fazendo entender o prazer que sente quando está perto dela. Fechando a cara, demonstra agressividade, levanta o braço, punho fechado em forma de ameaça contra um suposto perigo, disposto a defendê-la.

Finge desenhar os seus gráficos sinistros, que Pietro conhece muito bem, mas nunca procurou saber quais os motivos que o levam a fazê--los e qual o destino dos mesmos. Torce a boca, os membros, o corpo, imitando as criaturas deformadas.

Com as duas mãos, ele pede para deixar de lado estas imagens.

Em seguida, acariciando o próprio rosto faz lembrar as feições delicadas de Cosette. Junta as mãos em prece e olha para o alto numa postura angelical.

– Está dizendo que admira a beleza de Cosette, contrária à feiura das monstruosas criaturas que exibimos? Neste contraste pavoroso, você a compara com os anjos dos céus?

Momesco, Deodato pula de alegria e satisfação por ter-se feito entender tão completamente, num assunto tão difícil para ambos e tão perigoso para ele. Dá voltinhas rápidas frente a Pietro, bate palmas e sorri, entre esgares de prazer.

Pietro avisa:

– Ouça aqui, seu biltre! Admirando-a ou não, se eu o vir novamente à sua volta, ponho-o no olho da rua, depois de acariciá-lo com isto aqui! – ele diz, mostrando-lhe o chicote.

Deodato para a sua alegria esfuziante e olha para o patrão, sem saber o que fazer.

Pietro prossegue:

– E, depois disto, você não ficará diferente das suas 'criaturas'! Suas explicações não me convenceram. Você é dissimulado e esperto. Adivinho o que esteja sucedendo, mas não me interessa! Você é um ser abjeto que trabalha neste circo e que faz a sua parte, sendo recompensado. Nada mais que isso. Afaste-se de Cosette, se deseja continuar vivendo, entendeu?

Deodato freme de ódio. Está a ponto de se lançar sobre Pietro. Seus olhos fuzilam-no e neles terríveis promessas de vingança. Se nunca gostou de Pietro, atualmente, por causa de Cosette, tem-lhe ódio.

Sabe que Pietro fará tudo para pô-lo na rua, distanciando-o da sua musa, o que não suportará.

Mas, como Pietro acreditaria nas suas explicações?

Só se ele fosse muito ingênuo! Coisa que absolutamente não é!

Diante de conclusão tão óbvia, Deodato olha significativamente para Pietro e sorri, zombeteiro, exasperando-o de vez.

Revoltado com aquilo que considera um acinte, Pietro estala o chicote, bem próximo à cabeça de Deodato.

Ele se abaixa estrategicamente, mas sente no ombro esquerdo o golpe ardente, como ferrete em brasa. A pele ferida, sangrando, cola-se instantaneamente na camisa de tecido rústico.

Soltando um grande gemido, ele ameaça atirar-se sobre Pietro. Todavia se contém. Levaria outros golpes ainda piores.

Pietro é ágil e invencível com aquela arma na mão. E, caso Pietro chame os seus empregados, estes o atacarão sem piedade... Deodato não possui amizades e conta com muitos desafetos.

Dentes cerrados, olhos faiscantes, punho fechado, enfrenta-o silencioso, fazendo-o compreender que se vingará e que não será fácil livrar-se dele, haja o que houver.

Mas, num instante de reflexão, recorda que não deseja de forma alguma abrir mão da proximidade de Cosette e procura se acalmar.

Acaricia o ombro demonstrando a dor que sente, mas modifica as feições e encena uma calma e uma submissão que está longe de sentir.

Abaixa a cabeça e, balançando-a afirmativamente, faz entender que mais uma vez vai obedecer. Precisa de tempo para resolver a sua vida. Desafiar o patrão não é a melhor forma de agir.

Furioso, Pietro percebe a sua dissimulação. Contendo-se a muito custo para não o chicotear novamente, grita violento:

– Saia daqui e não esqueça as minhas ameaças! Desta vez você está pisando em terreno muito, muito perigoso. Não me desafie! Jamais permitirei que alguém invada a minha privacidade, principalmente você. Fora daqui! Livre-me da sua abominável presença!

Deodato sai cabisbaixo.

Para o momento, Pietro pensa ter resolvido a questão, mas, se pudesse penetrar os sinistros pensamentos de Deodato, teria muito com que se preocupar.

Desafiou uma serpente que tem poderes maléficos e cúmplices por toda parte.

Ser-lhe-ia mais seguro entrar nas jaulas das suas feras; lá talvez tivesse mais chances de se defender, mesmo diante de animais.

Contra Deodato, porém, difícil prever aquilo que virá.

Pietro fora, mais uma vez, impulsivo e imprudente.

Esqueceu as recentes advertências da filha e, sobretudo, da segurança dela e de Cosette.

De feições alteradas, Pietro sai do escritório.

Tem consciência de que mexeu num ninho de víboras, quando bateu em Deodato, figura exótica e perigosa. Por que lhe permitiu a proximidade? Há muito deveria tê-lo escorraçado do circo.

Agora, não pode mais voltar. A prudência lhe exigirá de agora em diante uma vigília exaustiva...

Decide despedi-lo na primeira oportunidade, mas sabe que ainda assim ele poderá se vingar.

Deodato seguirá obstinadamente os rastros do Circo Monteverdi.

Talvez seja mais seguro mantê-lo próximo e sob severa vigilância...

Ainda envolvido nestes pensamentos, Pietro depara-se com uma cena que o comove, além de aumentar em muito a sua aflição. Rosalva, entre risos cristalinos e gritinhos de satisfação, auxilia no banho dos animais, enquanto fala com eles, divertida e feliz.

Vendo o pai que se aproxima, ela deixa o que faz e corre para ele. Pendura-se no seu pescoço, beija-o e quer saber:

– O que houve, paizinho? Por que esta testa franzida? Posso fazer algo para alegrá-lo? Diga, diga, que eu faço; qualquer coisa!

Encantado e enternecido com os carinhos dela, Pietro responde:

– Aquilo que já está fazendo, filha do meu coração. Abrace-me bem forte! Amo você, minha querida.

– Também amo você, papai. Mas, por que está assim? Seja o que for o senhor conseguirá resolver!

Venha comigo e veja como o filhote de elefante se alegra com a água, mas cuidado que ele gosta de dar banhos também! Ai, ai, veja! Ele nos molha e se diverte.

Rosalva envolve o pai naquela agitação, fazendo-o esquecer por momentos os tristes presságios.

Ele permanece ali, por alguns instantes, entre os animais, muita água e os diversos trabalhos que estão sendo realizados pelos empregados do circo. Em seguida encaminha-se aos outros departamentos.

Depois de passar em revista os ensaios dos bufões, acrobatas, trapezistas, mágicos, palhaços e dançarinas, vai até o picadeiro e ali se senta.

Os artistas ensaiam as falas de uma bonita peça teatral.

Deve analisar as deixas, as posturas e a desenvoltura dos atores. Aborrecido, constata a impossibilidade de concentrar-se. Não consegue sequer organizar os próprios pensamentos. Mas da sua autoridade e competência sabe que depende o bom funcionamento do circo.

Interiorizado, ele imagina como seria bom, ao menos naquele dia, ser apenas um empregado, sem as grandes preocupações, sem as pesadas responsabilidades que carrega sobre os ombros...

Sua ideia fixa é Deodato. O que teme de fato?

Pietro debate-se numa indefinível insegurança. Sua pouca tranquilidade transformou-se em nenhuma. Homem dinâmico e impulsivo por natureza, poderia tomar uma atitude drástica.

Precisa fazer algo para liberar esta energia estranha, alojada no coração.

Rosalva e Cosette serão, sem dúvida alguma, os primeiros alvos de Deodato...

Os hábitos tiranos de Pietro vêm de longa data. Quando seu pai, Severo Monteverdi foi espancado selvagemente por empregados do circo, Pietro era muito criança. Alguns meses depois, seu pai veio a falecer. Seu organismo fora muito afetado. Sem condições para refazer-se, ele arrastou-se em sofrimentos até a morte.

Pietro sofreu demais, revoltado pela grande perda.

Seu tio, Crestus Monteverdi, irmão de Severo, conduziu o circo até que Pietro tivesse idade suficiente para assumir as responsabilidades.

Para isto fora criado e esta foi a última vontade de seu saudoso pai.

O Circo Monteverdi lhe pertencia, de fato e de direito, desde o seu nascimento.

Desta forma, sem muita orientação, órfão de mãe desde muito cedo, ele cresceu sozinho, construindo a própria vida.

O tio, beberrão e indiferente, nunca se importou com ele. Vivia embriagado e cercado de mulheres, escorraçando-o por qualquer motivo. Algumas vezes surrou-o impiedosamente.

Pietro passou a evitá-lo, amedrontado e ressentido.

Com o passar do tempo, aprendeu às próprias custas a defender-se e a defender aquilo que lhe pertence.

Assim, sem muitas regras de conduta, vai vivendo. Faz o que tem vontade e acha correto.

Vez por outra, sente algum remorso daquilo que representa diante do circo, com relação a todos que o cercam e que de certa forma dependem dele.

Tem consciência das próprias arbitrariedades. Adulto, amadurecido pela vida, pode avaliar os próprios atos. Muitas vezes extrapola na sua autoridade...

Até Rosalva já demonstrou o quanto desaprova o seu comportamento.

Algumas vezes, decide modificar-se para melhor e até consegue. Mas, à primeira grande dificuldade, esbarra no gênio irascível e violento que passou a caracterizá-lo desde cedo.

Será extremamente difícil livrar-se de Deodato, faça o que fizer.

Se buscar auxílio nas autoridades competentes, Deodato o envolverá em processos difíceis de se imaginar.

Desmontar o circo e ir-se? Para onde no momento? Mal chegaram, fizera dívidas para serem pagas de acordo com as bilheterias da temporada. Sair precipitado seria desastroso, além do que Deodato o perseguiria.

Poderia matá-lo!... Sim, esta ideia já se insinuara, traiçoeira no seu pensamento. Mas, não. Não quer fazer isso...

Deve abrir mão de ser feliz com Cosette? Sim, porque este é o móvel do ódio de Deodato! E deixar Deodato decidir-lhe a vida? Mil vezes não!

Incapaz de tranquilizar-se, ele decide pôr seu empregado de confiança, Archibald, nos calcanhares de Deodato, vinte e quatro horas por dia.

"Por Rosalva e por Cosette serei capaz de tudo! Ao menor gesto de Deodato, mato-o, como a uma cobra venenosa!" – pensa, fechando os punhos, violento.

Arrasado, Pietro analisa a própria situação, que não é das melhores. Pressente que algo inconjurável o submeterá, fazendo-o sofrer.

"O que virá? Não vejo como defender-me!... Que os céus me ajudem!" – ele pensa, num estranho estado de espírito.

Melancólico, Pietro passou a viver mais preocupado a cada dia.

* * *

VENCIDAS AS PRIMEIRAS etapas da viagem, Zarik e Sérvulo se aproximam da floresta.

Esta parece desafiá-los na sua gigantesca exuberância.

Alcançando-a, extremamente cuidadosos, eles procuram as trilhas mais seguras e adentram aquela natureza quase virgem.

Apesar dos riscos, o gigante Sérvulo demonstra um ótimo estado de espírito. Diante de qualquer ruído ou de cada animal que surge no caminho, ele arma o grande punho em sinal de ameaça, para logo após gargalhar, desdenhando o suposto perigo. Já caminharam por muitas horas e até o momento e nada de grave felizmente lhes sucedeu.

Na metade do dia, cansados e famintos, eles se desfazem dos mantos e dos recipientes de água e comida que carregam pendurados ao corpo. Sentam-se numa clareira e alimentam-se.

Zarik come com satisfação. Leocádia, amorosa e providencial, preparou e acondicionou muito bem os alimentos que agradam ao seu paladar. Para Sérvulo grande quantidade de carne assada, frutos secos e pão. Ele precisa sustentar o corpo avantajado.

De estatura muito elevada, atlético, pele sardenta, olhos muito azuis e cabelos crespos vermelhos, Sérvulo é dono de um sorriso marcante. Apesar do tamanho descomunal, é simples como uma criança. Entre uma mordida e outra, ele sorri, mostrando bons dentes. Durante a jornada, cantarolou cantos guerreiros *vikings* que aprendeu com seus pais e seus avós na Escandinávia, onde nasceu e viveu até a mocidade.

Vez por outra, cantando, entusiasta, levantou o braço, punho fechado na direção do céu, num gesto de poder, de vitória.

Zarik admira-lhe a boa disposição e a alegria constantes.

Sérvulo vive de expedientes, nos quais a sua força física é a atração. Poucos homens podem dizer que o venceram nas lutas, nas mais diversas modalidades.

Fez-se admirado por alguns senhores dos burgos, aos quais presta serviços braçais em troca de dinheiro e muita comida.

Vive faminto e sedento de vinho. Seu organismo exige grandes quantidades de alimentos para manter o vigor e as forças que são testadas a todo o momento, de forma profissional ou em meio a simples arruaças.

Seu tipo e estatura despertam curiosidade. Muitas vezes tem de enfrentar a inveja e o despeito, para provar que sua aparência tem a ver com sua personalidade.

Por vezes deplora o fato de ter nascido assim. Precisa estar atento contra a maldade daqueles que não aceitam e nem deixam passar pessoas como ele, diferentes.

Gosta demais das crianças. Procurando-as, diverte-se e as diverte também. Carrega-as penduradas nas costas, nos ombros, nos braços e nas pernas, todas de uma só vez. Assim, sai a caminhar com elas pelas ruas. Ri às gargalhadas, enquanto os petizes se equilibram divertidos.

Quando algum deles despenca, levanta-se depressa e corre para alcançá-lo novamente e retoma a sua posição anterior. Ao findar a brincadeira, eles lamentam em altos brados. Mas Sérvulo promete que da próxima vez se divertirão mais.

Estas crianças, geralmente, são sujas, maltratadas e esquecidas dos adultos. Algumas têm pais e parentes, mas ainda assim parecem órfãs. Elas perseguem Sérvulo pelas ruas até onde podem, de olhos brilhando, na perspectiva de novas brincadeiras com aquele bom e querido amigo. E contratado para acompanhar Zarik, Sérvulo ficou tão contente quanto elas.

Sente por ele, que considera seu grande e incomparável amigo, uma grande admiração. Faria este trabalho mesmo que nada recebesse em troca. Estar próximo dele, privar da sua companhia, é uma rara ocasião. Delicia-se com as suas histórias e com a narrativa das suas experiências, vivenciadas em tão poucos anos de existência.

Zarik é sábio por natureza, além de buscar cada vez mais novos conhecimentos.

Sérvulo, que vive envolvido em agitações, decorrentes da sua maneira de viver e de sobreviver, pensa:

"Para isso possuo a força física. Odin decidiu premiar-me com os poderes dos lendários heróis do meu povo, mas, generoso, não me privou de uma boa cabeça. Gosto de tudo que fala ao pensamento. Tivesse tido melhores condições, eu teria outro jeito de ser? Mas lá se vão quarenta anos bem vividos! Não dá mais para mudar, além disso, habituei-me ao que faço... Ora, que seja, não me queixo. Gosto da minha vida!"

Silenciosos, envolvidos nos próprios pensamentos, eles retomam a caminhada. Sérvulo acompanha Zarik, cuidadoso e fiel.

A floresta por enquanto lhes oferece relativa tranquilidade. Quanto mais adentrarem, mais os riscos aumentarão. A fauna e a flora são específicas, desde animais selvagens e serpentes até plantas venenosas, que a um simples toque paralisam por horas, até a morte, caso não haja socorro.

Sérvulo volta a cantar, inspirado pelas belezas naturais e feliz com a boa companhia. Estranhou a decisão de Loredano... Enviar Zarik para colher ervas num lugar tão distante e perigoso. Enfim, obedece e faz a sua parte. Recorda as lágrimas da boa Leocádia ao despedir-se, prevendo os riscos da ousada empreitada.

Zarik é a maior razão de viver desta abnegada mulher e ela não faz segredo disto. Leocádia é uma pessoa rara, abençoada por Deus.

Depois de horas estafantes de caminhadas suarentas, pés em brasa, sentam-se num tronco de árvore.

Estão sedentos, mas economizam água e comida.

Algo descansado, Sérvulo decide conversar:

– Zarik, o que sente quando reza? Pergunto por surpreender-lhe numa radical transformação nestes momentos. Defronta-se com algo assustador ou com coisas admiráveis?

– Quando medito em horas regulares, entro em comunhão com a Grande Força do Universo, o nosso criador e mantenedor das nossas vidas e da natureza. Sinto-me leve e visito regiões mais felizes que esta na qual vivemos, meu amigo.

– Hum... – Sérvulo balança a cabeça para um lado e para o outro. Deixa ver se entendi: o seu corpo que eu continuo vendo fica aqui, mas a sua alma está longe?

– Sim, é isso. Você entendeu muito bem.

– Ora! E qual é de fato o seu objetivo maior?

– Alcançar o nirvana.

– E isto é possível?

– Plenamente, só depois da morte.

– E lá no seu nirvana existe um lugarzinho para alguém rude e grosseiro como eu? Ou esta felicidade pertence somente a você? Se for assim, nós dois, apesar de amigos, ficaremos separados depois desta vida!

– Ora, Sérvulo, você me surpreende. Dentro desta carapaça forte há uma alma submissa às Leis Maiores e consciente delas. Neste instante, você se supera e passa a questioná-las, a argui-las de forma direta e lúcida. Bravo!

— É a convivência, Zarik. Perto de você, dou asas à imaginação.

Fico à vontade para indagar, porque sei que me respeitará, dando-me a atenção que espero e as respostas que somente você conhece. Obrigado, meu pequeno amigo!

— Pequeno, Sérvulo? Se quase nivelamos a altura! Já reparou?

— Sim, mas sua idade é pequena! — responde o gigante, sorrindo da própria explicação.

Zarik ri também e prossegue:

— Deus é único, perfeito e bom. A ninguém concede privilégios, porque somos todos seus filhos.

O céu, lugar de bem-aventurança, sob qualquer denominação, pertencerá àqueles que fizerem por merecê-lo, independentemente de qualquer outra condição, porque o que conta é a pureza da alma.

Nossos atos determinarão para onde iremos após a morte do corpo e se seremos felizes ou não.

A Lei divina é suprema e se cumpre acima da nossa vontade.

— Bem, diante de tudo que ouvi, me esforçarei para ser cada vez melhor, como criatura de Deus. Você tem o dom de explicar as coisas muito bem. Quando chegar o meu momento, se puder optar entre o Walhalla e o nirvana, escolherei o segundo. Perto de você sinto-me seguro!

— Ora, pensei que o protetor aqui fosse você! — diz Zarik, explodindo numa sonora gargalhada.

— Bem, Zarik, em verdade, somos ambos defensores. Eu com os meus músculos e minha força física e você com sua bondade e sabedoria.

Admirando-lhe a notável perspicácia, Zarik comenta:

— Deus fez as suas criaturas com o mesmo amor e a mesma solicitude.

Criou o leão e o elefante, o tigre e o rinoceronte, o cavalo e a ovelha; os peixes para viverem nas águas e as aves para dominarem os ares. E tantos outros seres. Seria difícil citá-los todos.

O boi, como você sabe, é venerado por meu povo, religiosamente.

E as borboletas? Ah, estas me fascinam: a lagarta que rastejava envolve-se no casulo, aparentemente morta, para ressurgir alada, bela, colorida!

Que dizer então do monstro marinho que habita os oceanos? Misterioso no seu viver...

Sérvulo demonstra surpresa e curiosidade. Zarik prossegue:

– Julgo ter visto este ser, algum tempo atrás. Quer que lhe conte como foi?

– Por favor, não me prive desta narrativa!

– Sérvulo, penso que Deus está a prepará-lo, como a borboleta no casulo, para um progresso espiritual maior.

– Que maravilhosa esperança, Zarik! Quem sabe, encontrei você para isso?

– Lembre-se sempre Sérvulo: o saber depende do interresse, da busca, do esforço e da persistência... Eu posso instruí-lo, mas só você pode aprender.

– Entendi! Agora me conte sobre o monstro marinho.

"Certo dia, que não posso mais precisar a data, fugi de casa. Queria me libertar do jugo insuportável do senhor Loredano, para sempre. Pretendia voltar às escondidas para buscar a minha querida Leocádia..." – Zarik narra minuciosamente tudo que viveu junto aos pescadores, naquela amorável ilha, para chegar ao fato assustador da aparição do incrível Leviatā.

Sérvulo, olhos arregalados, ouve em silêncio.

Ao findar a narrativa, Zarik fica a recordar aqueles bons amigos que ficaram longe. Nunca mais eles deixarão de fazer parte da sua vida e tem certeza da reciprocidade desta afeição.

Respeitando-lhe a introspecção, Sérvulo olha as árvores frondosas e assustadoras na sua vitalidade e tamanhos quase descomunais.

Ouve os cantos dos pássaros que bem próximos cantam e saltitam. São lindos, leves, coloridos...

Decide e faz uma fogueira. A noite aproxima-se rapidamente.

Voltando à realidade do momento, Zarik exclama:

– Veja, Sérvulo, a beleza deste elemento sagrado da Terra que é o fogo!

Sozinho, sem o outro elemento que é o ar, ele não existiria.

Pode ser útil, como pode ser causa de destruição.

Impossível admirá-lo sem lhe analisar os poderes e o imenso potencial.

Imagine, meu amigo: olhando estas chamas, quase posso recordar quando pela primeira vez isto foi possível!

'Eu estava lá', quando o homem primitivo descobriu o fogo e aprendeu a repeti-lo quantas vezes desejasse!...

Estas lembranças me acodem frequentemente; às vezes de um modo vago, fugindo-me ao alcance racional, mas deixando rastros de uma memória muito antiga, guardada nos arcanos do tempo e conservada nos arquivos de minha alma imortal.

Às vezes parece-me que num estalar de dedos eu poderia desvendar os mistérios deste mundo e quiçá do Universo! Estas experiências subjetivas me extasiam, me deslumbram!... Isto, talvez, seja sentir Deus!... Quem pode saber?

— Você saberá quando tiver mais idade e encontrar quem lhe ensine todas estas coisas.

— Estarei sempre aberto a este aprendizado divino que nos acena desde todos os tempos, Sérvulo. O conhecimento faz parte das nossas aspirações maiores.

Paulatinamente, aprendemos, em nossas múltiplas existências, neste ou em outros mundos.

— Outros mundos, Zarik?!...

— Sim, Sérvulo, esta certeza banha o meu coração.

— Fico cada vez mais surpreso, meu querido amigo!

— E não é para menos. Esta riqueza de informações fascina.

Quando dormimos, independentemente de lembrarmos ou não, ganhamos o espaço e excursionamos a outros lugares. Muitas vezes, também vamos a outros mundos.

— Ora, vejam, que interessante! Eu vim da Escandinávia e posso também viajar para outros mundos? Isto me parece loucura!

— Divina loucura, meu amigo! Todavia, podemos! A morte é semelhante ao sono. Dormimos para despertar num cenário diferente, algo esquecido da vida que acabamos de deixar.

— Zarik, meu jovem amigo, onde aprende tantas coisas? Espanta-me tanto saber!

— Nesta vida não pude ainda aprender tanto quanto quero. O senhor Loredano me impede. Enfrentando dificuldades, aprendi a ler e a escrever. Quando, casualmente, passam por nossa cidade homens sábios e terapeutas, vou procurá-los.

Para isso conto com o auxílio de Leocádia, que me permite estas maravilhosas escapadas.

— Nestas ocasiões, tem aprendido muito?

— Sim e muitas vezes confirmo aquilo que eu já sabia.

Sérvulo balança a cabeça como um pêndulo, para um lado e para outro. Zarik explica:

– O meu aprendizado intuitivo é constante e se processa aos poucos.

Em geral, faço uso dos meus conhecimentos, mas de outras vezes, diante das minhas indagações íntimas, as respostas chegam ao meu cérebro, claras como água límpida. Nestes momentos, sinto-me acrescido de outra inteligência. Esta, somada à minha, responde-me às perguntas com detalhes impressionantes.

Quando aqui cheguei, muito pequeno, o senhor Loredano me apresentava aos seus comensais, revelando-lhes as minhas qualidades natas e exibindo-me como uma ave rara. Este seu comportamento me contrariava demais. Aos poucos, fui me desesperando e reagindo muito mal. Um dia, apesar das suas ameaças, fiquei imóvel e mudo.

Nem castigos me fizeram voltar; persisti, obstinado. Ele, finalmente, dando-se por vencido, desistiu deixando-me em paz.

Quando criança, pensei que todos fossem iguais. Depois aprendi que alguns como eu possuem talentos de nascença, conquistados em outras vidas.

Bem, caro companheiro de aventuras, chega de conversas, vamos descansar! Aquilo que nos espera amanhã por certo não será fácil e nos exigirá mais do que podemos ofertar ao destino.

– Ah, Zarik, o seu *maktub*!

Sérvulo exclama, suspirando, enquanto escolhe um lugar confortável, forra-o com o seu manto, deita-se, cobre-se com uma pele de carneiro que sempre carrega sobre os ombros, fecha os olhos e encolhe-se tal qual um feto no ventre da mãe.

* * *

São Martinho, como sempre, ouve mais uma vez a saudação e os desabafos de padre Leopoldo, começando assim 'mais um dia de Deus', como diz o bom sacerdote.

Imóvel, mas sorridente como padre Leopoldo o vê, esta imagem de são Martinho acaba por fazer parte da comunidade.

Através do habitual monólogo, ele realiza todos os dias uma terapia para o seu coração, às vezes tão cansado das dificuldades rotineiras, e são Martinho por certo fica-lhe grato por tanta afeição.

E não duvidem que padre Leopoldo possa ouvi-lo, mentalmente.

Podemos ir mais longe: são Martinho estará junto ao padre, sempre que ele desejar ou precisar; nas suas funções de sacerdote, nos rituais religiosos e nas suas caminhadas abnegadas, em prol de tantas almas. Por que não o faria?

Se os objetivos são maiores e os dois vivem os mesmos ideais, a sintonia espiritual supera quaisquer barreiras.

Hoje, padre Leopoldo está deveras incomodado com as ações do seu primo, que requisitou e conseguiu junto aos seus superiores eclesiásticos o consentimento para investigar a sua atuação na paróquia.

O que ele deseja, mesmo – e padre Leopoldo sabe – é afastá-lo dali, privando-o das suas atividades caritativas.

Pretende apelar ao primo, mesmo sabendo que não lhe dará ouvidos. Todavia, precisa tentar...

Abriu seu coração a são Martinho e rogou aos céus a ajuda de que precisa. Mas apesar da tristeza, prossegue confiante a sua rotina diária.

Após as habituais caminhadas, quando regressa para a paróquia, traz ainda na retina as expressões dolorosas dos sofrimentos manifestos nos corpos e nas almas dos aldeões, e os seus sorrisos de satisfação ao receberem o auxílio providencial.

Por vezes, cabe-lhe simplesmente oficiar o santo viático, quando nada mais há a fazer.

Quando pensa que corre o risco de deixá-los, oh, Senhor Jesus, como sofre!... São todos seus filhinhos!...

Marcou uma entrevista e dentro de alguns dias será recebido pelo malfadado primo.

Já compareceu ao seu escritório várias vezes, mas não fora recebido. Deverá aguardar a referida audiência. Em última instância, apelará aos poderes superiores da Santa Igreja. Podem estar desinformados quanto às suas verdadeiras atividades na paróquia de são Martinho.

Não se ilude, porém. Sabe que será uma aproximação extremamente difícil, porque entre a sua vontade e a anuência deles se interpõe a autoridade de seu primo.

Enfim, embalado por suas habituais esperanças e de consciência tranquila, ele adormece, exausto e recompensado por ter feito a vontade de Deus, acima de qualquer outra coisa...

OS ELEMENTAIS

ZARIK FITA O céu. Por entre as árvores, suas amigas estrelas lhe sorriem solícitas entre faíscas coloridas que parecem alcançá-lo...

Tem a impressão agradável de poder tocá-las...

"Como estará Leocádia?... pensa. E os meus amiguinhos de quatro patas? Sentirão a falta dos meus cuidados... Eles têm hábitos, estão condicionados ao zelo que lhes dispenso..."

Olha ao redor. A escuridão não lhe permite ver, mas pode adivinhar a grandiosidade da natureza que o cerca. O que lhes estará reservado?

Busca, por força das circunstâncias, um estranho objetivo. Senta-se no chão, na postura de meditação e harmonização. Faz os exercícios respiratórios e relaxa, olhos semicerrados, e permanece assim, sentindo a floresta pulsar como um enorme coração verde.

De súbito, divisa vultos esbranquiçados que se aproximam velozes.

Alguns deles de formas distorcidas, olhos enormes e bocarras muito abertas...

Mãos soltas no ar, ameaçadoras, apontam na sua direção enquanto outras, suaves, fazem gestos de bênçãos.

Ali estão seres diferentes dos homens de carne, porém atuantes, em vigília...

Algumas formas bonitas, femininas, flutuam e dançam diante dele, indo e vindo entre as brumas da noite e os lampejos da fogueira. Serão fadas, sílfides, ondinas?...

Suas roupas esvoaçantes roçam-lhe a pele, enquanto elas se movimentam vertiginosamente, aproximando-se e distanciando-se num aparente desafio.

Zarik ouve músicas estranhas cantadas em línguas desconhecidas e dialetos antigos. Silvos cortam o ar e gargalhadas ecoam ao longe, misturando-se aos sons das águas dos rios e das cachoeiras. As árvores, imensas e enegrecidas pela escuridão, parecem compactuar com o inusitado cortejo. Fortes lampejos alcançam, feéricos, os seus galhos e as suas folhas, mais altos.

Eis que, dos seus troncos vigorosos, saem estranhas figuras de aparência humana, nas cores dos vegetais e que esvoaçam ao redor de Zarik. Elas exalam um perfume de seiva e de resina. Depois de alguns momentos, retornam aos lugares de onde saíram.

É um espetáculo deveras grandioso. Zarik reflete, profundamente interiorizado:

"Estarão incomodados com as nossas presenças? Alguns certamente, outros não..."

Aves noturnas piam, sinistras, fazendo eco com as outras onomatopeias...

E da mesma maneira que começou, tudo se vai e se cala. Instala-se ali, então, um silêncio pesado e estranho.

Zarik apura mais os sentidos. Estes, por força das circunstâncias, já se encontram ampliados numa escala de difícil averiguação. Agora ele ouve, entre as árvores vetustas e testemunhas de tantas ações humanas ao longo dos séculos, o tilintar de armas e imprecações várias... É de assustar...

Gemidos de corpos abatidos e de corpos atracados em refregas trágicas e decisivas alcançam-lhe os ouvidos. Luzes explodem aqui e ali, como relâmpagos, permitindo a visão momentânea de cenas cruéis, que por sua vez modificam-se rapidamente ali, eternizadas no éter, das batalhas antigas.

Roga fervoroso e apiedado aos céus pelo passado, presente e futuro do homem na Terra. Depois de um tempo que não pode precisar, num silêncio solene, enquanto ouve apenas os sons da exuberante floresta, decide repousar.

Sabe que todas aquelas energias são parte de um grande contexto, submetido sempre às leis divinas.

Prepara um espaço para deitar-se e em poucos instantes está dormindo. Ao nascer do sol, ele e Sérvulo prosseguirão viagem.

Altas horas, Zarik acorda com os resmungos de Sérvulo. Levanta-se presto. Aproxima-se e surpreende o companheiro debatendo-se. Toca-o de leve para fazê-lo despertar. Sérvulo, em pesadelo, luta com algo invisível. Suas feições alteradas demonstram o pavor do que está vivendo. Dá murros violentos no ar, enquanto tenta livrar-se de algo, horrorizado.

Zarik defende-se de alguns golpes, enquanto tenta acordá-lo. Finalmente, Sérvulo se ergue e olha à sua volta, fita Zarik com dificuldade e esfrega os olhos, curioso:

– O que houve? Tive um pesadelo?

– Imagino que sim, Sérvulo. Despertei com o barulho que fazia!

– Perdoe-me, não tive a intenção!

– Não tem importância. O que via ou o que sofria durante o sono?

– Nem queira saber! Lutei com um ser que tinha o corpo de leão e a cabeça de gente! Irra, que coisa mais feia! As suas garras me alcançavam, tentando fazer-me em tiras! Os seus olhos eram de fogo e o seu bafo, cruzes, deve ser do inferno!

Atirou-se sobre mim, furioso! Por quê? Arre, que dormir assim não vale a pena! – ele reclama, desconsolado.

Zarik, diante do que vê e do medo que surpreende no amigo, ri gostosamente.

Vendo-o, porém, a censurá-lo com o olhar, controla-se e aconselha:

– Seja o que for, já passou! Não se preocupe porque estas formas, seu grandalhão, representam quase sempre os nossos pensamentos, numa alegoria dos nossos medos mais recônditos! Esta a primeira explicação...

– E existem outras?

– Sim! Como sabe, as forças da natureza estão acima do nosso entendimento. Somos neste momento, dois intrusos num terreno raramente invadido.

– Mas, Zarik, nada fizemos contra as forças que regem este lugar! Não somos invasores e nem seus inimigos!

– Somos sim, Sérvulo! Para nos defender, destruiremos aquilo que nos ameaçar.

– Sim, tem razão. Mas, o que fazer? Precisamos nos defender!

– De fato, precisamos. Todavia, somos energias diferentes invadindo a natureza local. Para a devida integração, exige-se algum tempo e por enquanto este tempo ainda não se cumpriu. Por isso rezo, como tem visto.

Você, Sérvulo, como força física, deparou-se com outra força física, maior do que a sua. Isto o fará respeitar mais as forças da natureza em qualquer forma ou apresentação. Mesmo que tenha de se insurgir contra ela quando for preciso, lembre-se que você é parte da mesma Criação.

– Arre, aprendendo até durante a noite, quando deveríamos estar dormindo! Com você o aprendizado é constante! Salve, Mustaf'Zarik! Tiro-lhe o chapéu, como se faz aos artistas, e grito: Bravo!

– Obrigado, mas cadê o chapéu?

– Ora, imagine, com a sua mente poderosa que eu sou um daqueles nobres que se curva elegantemente e tira o grande chapéu emplumado, para saudá-lo reverente e admirado!

Sem poder conter-se, Zarik explode numa sonora gargalhada, diante do hercúleo amigo que fecha a cara, ofendido.

Esforçando-se, Zarik estanca a gargalhada e explica:

– Desculpe-me caríssimo amigo. Não tive a intenção de fazer pouco de você, mas há de convir que imaginá-lo como pediu foi pândego! Você é enorme, extrovertido, veste-se como pode ou como deseja, rude de maneiras, totalmente livre e nada afeito às etiquetas formais da nobreza!

– É... tem razão... exagerei, não foi?

– Sim, mas nos descontraímos um pouco e isto é bom. Aproveitemos, enfim, a noite que vai alta, para descansar!

– E se aquela mistura de homem e animal voltar, o que faço?

– O mesmo que eu, reze! Isto você sabe, não?

– Sim, claro! Aprendi desde cedo com minha mãe. Mãe querida... quanta saudade!...

Pondo-se de joelhos, Sérvulo junta as mãos e balbucia algo que não se ouve. Admirando-o, Zarik agradece a Deus por ser amigo de tão boa criatura.

Poucos minutos depois, eles estão dormindo, sem medos e sem reservas. Deus vela pelas suas criaturas... Zarik sabe...

* * *

Noite fechada, um homem sorrateiramente segue por estranhos caminhos, nos quais os telhados e os muros são ultrapassados com muita facilidade.

Neste empenho de chegar a algum lugar, ele gasta muito tempo. Suando em bicas, já demonstra cansaço, mas prossegue até que divisa, ao longe, o objetivo da sua viagem.

Mais uma hora se passa antes que ele alcance uma estranha construção. Sua fachada sugere um castelo ou uma prisão.

Respirando fundo e enxugando o suor num trapo encardido, ele bate a aldrava repetidas vezes, parando a intervalos regulares, em códigos, e aguarda.

Um homem, malvestido e sonolento atende pela janelinha gradeada e à luz da lua o reconhece:

– Oh, Deodato, homem de Deus! Isto são horas? Espere que já vou abrir! – distancia-se e vai buscar chaves enormes que tilintam sinistras ao serem carregadas e vai abrindo fechaduras estratégicas. Depois retira as travas enormes do grande portão.

Feito isso, deixa Deodato entrar e indaga:

– Por que não esperou o dia amanhecer? Olhe que se arrisca muito, seu maluco! Ainda bem que hoje estou na guarda! Entre, entre! Vamos! Há de convir que esta não é uma boa hora para se chegar aqui! Ainda mais sendo mudo, que temeridade! Pelo que vejo, está ansioso!

Deodato confirma-lhe as afirmações e, zangado pela referência à sua mudez, aponta para a boca daquele que o recebe, fazendo um gesto significativo de extrair-lhe a língua, o que faz o outro arrepiar-se e benzer-se, deixando-o passar, enquanto diz algumas palavras nada educadas.

Indo na direção de outra barreira e olhando para o alto, Deodato divisa o porteiro embriagado, caído sobre si mesmo, vestido num longo casaco vermelho, resto de um antigo uniforme militar ainda decorado com botões dourados e dragonas.

Bate palmas e mais palmas até que o outro desperta zangado, vociferando.

Ele olha com dificuldade para Deodato arregalando os olhos para enxergar melhor. Reconhece-o e cospe de lado, expressando desprezo, e desce da sua guarita.

Em silêncio, abre um pesado portão de carvalho, reforçado por traves de ferro. Espera Deodato passar e fecha-o com cuidado.

Sobe a escada de madeira que o leva ao seu posto de vigilância e acomoda-se de novo para prosseguir dormindo. Em poucos instantes está roncando.

Num amplo espaço a céu aberto, veem-se carroças soltas e fardos dos mais diferenciados. Ao redor de um grande pátio, as alimárias dormem nas estrebarias. Incomodadas com os ruídos, fazem leves rumores, arrumam-se e voltam a dormir.

Vencidos uns cem metros, Deodato alcança uma sala espaçosa, sombria e suja. Senta-se num dos bancos e ali decide dormir. Não aguenta mais o cansaço, sequer consegue pensar com clareza.

O dia está amanhecendo quando alguém se depara com ele deitado e todo encolhido. Tocando no seu ombro, desperta-o:

– Oh, Deodato! O que faz aqui tão cedo? Ignora as regras que o nosso patrão nos impõe? Quer arriscar-se a perder a vida, seu tolo? – ele fala, exaltado, demonstrando contrariedade e medo.

Desperto, Deodado faz gestos indicativos de que nada teme; que nada daquilo que ele lhe diz interessa.

Ao vê-lo tão desarvorado, o outro se cala e se senta ao seu lado. Em desalento, decide aguardar algum tempo, antes de conduzir Deodato ao interior da construção antiga e sombria.

Assim eles permanecem quietos e pensativos durante algumas horas. Nestes intervalos, Deodato dormiu profundamente, a ponto de desabar algumas vezes.

* * *

ENQUANTO ISSO, VAMOS nós, caros leitores, fazer um reconhecimento de terreno:

Saindo dos muros dentados, escuros, e olhando a uma razoável distância, não há sinal de vida; nem de casas ou plantações. Há um tétrico silêncio à volta deste lugar que parece ser um departamento infernal, aqui implantado por sinistras mãos.

No interior dos altos muros, uma ponte levadiça dá acesso ao interior desta fortaleza. Sim, é o que parece ser este lugar. Debaixo da ponte, um grande fosso escuro, cheio de água suja.

Sem detença, entremos!

Corredores escuros surgem diante de nós. Começamos a percorrê-los, passando por ambientes de vibrações sufocantes. Ali, o sol jamais ilumina e aquece. As sombras se espalham como os tentáculos de um polvo, em todas as direções. E nos deparamos com muitas escadas que conduzem ao alto.

Vamos subindo cada vez mais. Chegamos enfim a um patamar bastante elevado. Nele, um salão redondo, do qual descem escadas em espirais, de ferro, na direção dos andares inferiores.

Estamos num laboratório de alquimia.

Surpreendemos instrumentos espalhados ao longo de um enorme balcão e pergaminhos com múltiplas fórmulas cabalísticas nas prateleiras ao longo das paredes. Sobre uma longa mesa disposta a um canto, vemos muitos frascos, tubos de ensaio, cálices e garrafas de todos os tamanhos, cores e formatos.

Um grande fole está encostado numa velha e escura lareira. Panelas de cobre, suspensas por arames, pendem sobre um antigo fogareiro. Aqui, provavelmente, derretiam-se metais, na tentativa de transformá-los em ouro.

Em tudo, uma grande desordem. Antigos tripés estão amontoados num canto e infólios envelhecidos e rasgados caem de alguns nichos instalados nas paredes amarelas e esfumaçadas. Um leito desarrumado encosta-se numa das paredes laterais. Uma porta em forma de arco dá acesso a um escuro quarto de banho. No lado fronteiriço, uma outra sala também redonda, envidraçada, permite a visão ampla e quase completa dos arredores. Parece um observatório.

Um homem alto, algo envelhecido, está ali, num assento em forma de U, pensativo e enfadado e traz o cenho carregado. Dele emana uma vibração desagradável e pesada.

Olhando à sua volta, ele revela uma evidente contrariedade.

Levantando-se, decidido, inicia algumas arrumações, derrubando, desastrado, isto ou aquilo, e explodindo em cólera.

Um criado chega com o seu desjejum e ele se alimenta de carnes frias, frutas e pão, comendo com visível prazer quantidades razoáveis.

– Deseja algo mais, mestre Theobaldo? – indaga-lhe aparentemente submisso o criado, após trazer do quarto de banho uma bacia de prata com água, uma toalha e um pedaço de sabão de cor cinza.

– Não! Vá-se embora e deixe-me em paz! Preciso de tranquilidade para trabalhar! Parem de me interromper! – ele responde, enquanto rejeita o sabão e enxuga as pontas dos dedos, depois de tê-los mergulhado rapidamente na água.

– Sim, senhor! – o outro responde, curvando-se, antes de sair.

Nos lábios, um sorriso sarcástico. Desce, em meio a risadas casquinadas de chacota e gestos de deboche, nos quais imita mestre Theobaldo. Nas mãos do 'alquimista', a apontar ainda a porta para o criado, sem dar-se conta de que ele já se foi, unhas compridas e manchadas.

Ele veste uma túnica longa, ampla, na cor azul-escuro, com desenhos cabalísticos estampados. Sob ela, uma calça larga e comprida, da mesma tonalidade.

Traz na cabeça uma espécie de cone, feito do mesmo tecido e cor da túnica.

Seus sapatos de couro macio, têm os bicos virados para cima. No pescoço, uma corrente de ouro que leva um medalhão do mesmo metal com uma enorme pedra preciosa esverdeada, com reflexos que se modificam a cada movimento. Nos dedos, anéis de formatos originais, de metais distintos, adornados com pedras ou lavrados com símbolos cabalísticos.

Seus traços são pesados, suas feições desagradáveis. Num rosto de pele acobreada os seus olhos faíscam, amedrontadores, revelando um grande desequilíbrio físico e espiritual. Sua figura nos remete a um passado védico, na recordação das suas entidades maléficas.

O criado desce e passa por portas que parecem surgir do nada, como por encanto, tais as posições estratégicas. Continua descendo por muito tempo, cada vez mais profundamente. Chegando aonde pretendia, se predispõe a continuar no cumprimento dos seus encargos. Nossos ouvidos alcançam imprecações, gritos de dor, aflição e revolta...

Aproximando-se, o criado sorri, sarcástico e insensível. Criaturas amontoadas e acorrentadas, sem o mínimo de higiene, gemem e choram, a implorar auxílio, em meio a gestos desarmônicos, quase insanos.

Roupas em tiras, rostos desfigurados pelos sofrimentos. Alguns são de feições finas, demonstrando um passado de bom trato, enquanto outros são mais simples, rústicos.

Nesta prisão, neste inferno, misturam-se por motivos diferentes, mas sob as mesmas ordens, nobres e plebeus. São eles os mortos-vivos que o mundo esqueceu, porque ignora-lhes o paradeiro. São sucatas humanas, sem esperanças...

Possivelmente, alguns destes sejam pessoas importantes, 'desaparecidas' para gáudio de uns e derrocadas de outros. Vergonhosa a conclusão de que esta fortaleza seja apenas uma de muitas outras, no início da chamada Era Moderna...

Neste lugar, existem várias celas de igual intenção e prática. Passando por outros corredores tão escuros e sombrios quanto os anteriores, alcançamos outra ala da fortaleza. Olhando ao redor e nos esforçando para enxergar, vislumbramos outras celas... Sentindo no ar algo tenebroso, pior que as visões macabras de antes, nossos corações disparam.

Nossos ouvidos captam gemidos frouxos, lamentos que sugerem dores insuportáveis, clamores de desespero e de revolta. Nos aproximamos mais e... por Deus!... O que estamos vendo? Por ventura aportamos desgraçados no tormentoso Amenti?...

Ali, revolvendo-se num estranho movimento dificultoso e lento, uma mole de criaturas cruelmente deformadas!...

São elas o resultado de experiências criminosas em intencionais mutilações e atrofias para o comércio nefando das exibições nos espetáculos de horror...

O mesmo serviçal vai até uma grande sala desordenada e suja, à guisa de cozinha, e ali derrama em tigelas sebentas uma suposta sopa, na qual nadam raros pedaços de hortaliças num caldo amarelado.

Esta a refeição para os infelizes, que ao recebê-la, bebem o líquido sofregamente. Grande fome os devora.

Depois, sentindo os efeitos dos alimentos tomados com avidez, atiram-se lentamente ao chão, encostando-se aqui e ali, para se refazerem. Alguns se aconchegam, buscando apoio, solidariedade...

Aqui, Deodato encomenda as criaturas que negocia, além de cooperar com os seus gráficos nas suas dolorosas e irreparáveis deformidades. Neste lugar é muito conhecido e faz os seus conchavos criminosos.

Pietro sempre lhe adivinhou os crimes, mas finge ignorá-los por interesse.

Este castelo pertenceu a um bruxo de triste memória. Enquanto ele viveu, espalhou o mal, a desdita e a dor, no castelo e nas redondezas. Ampliando o seu campo de ação, lançava os seus tenebrosos tentáculos a lugares muito distantes. Vindo a falecer, seu discípulo Theobaldo, ensandecido e versado em alguns conhecimentos, instalou-se no laboratório do antigo mestre e tenta, às duras penas, reviver-lhe as práticas sombrias.

Por vezes, julgando-se o próprio feiticeiro, ele trabalha intensamente por dias seguidos, sem se alimentar nem dormir.

Em meio aos seus desmandos, descontrolado, quebra inúmeros apetrechos (alguns, ele atira contra as paredes, outros pelas escadas ou pelas janelas), desorganizando ainda mais o ambiente já por si mesmo caótico.

Nestas ocasiões, os criados afastam-se amedrontados e supersticiosos, porque dizem reconhecer nas feições de Theobaldo o rosto assustador do antigo senhor do castelo, como se ele estivesse usando o corpo de Theobaldo para continuar vivendo. Alguns juram sentir um bafio de morte e um odor de defunto junto a ele. Nestes períodos, só os mais afoitos prosseguem servindo-o, como de costume.

Theobaldo vive enganado quanto a si mesmo e quanto ao mundo que o rodeia. Ele é, em verdade, manipulado por aqueles que conhecem a sua debilidade mental. Sem destino e sem rumo, sem atributos e sem vontade para sair do caos no qual mergulhou, há muito ele assume a sua tétrica fantasia.

Esta fortaleza é um covil de assassinos e ladrões. Aqui se engendram e se executam atividades diversificadas, no exercício das vinganças de muitos e nos interesses ambiciosos de tantos outros.

Ampliando a nossa visão espiritual, no exterior e acima do castelo, divisamos uma atmosfera escura e espessa, na qual formas estranhas movimentam-se, por vezes lentamente, outras de forma intensa, em meio a relâmpagos com lampejos cor de sangue...

Recordando os infernos da mitologia grega, teremos uma pálida ideia dos seres que voejam ali, numa deplorável sintonia com as mentes e as práticas dos encarnados.

Aqui também no interior, outra comunidade, invisível para os olhos da carne, convive com todos, interpenetrando-se...

* * *

OUÇO, MUITO JUSTAMENTE, as vossas indagações mentais, caro leitor, quanto aos sofrimentos daqueles que vivem aqui, ignorados pela lei vigente e sem esperanças.

Façamos bom uso da nossa razão e da nossa fé em Deus. Como premissa, tenhamos em mente que a justiça divina é perfeita. Sem menosprezar aquilo que vemos e que parte de dor os nossos corações, num enorme desejo de salvá-los deste horror, sabemos que a mesma Lei alcança a todos aqueles que se inscrevem, irresponsavelmente, nas listas de criminosos e desajustados espirituais, ao longo dos séculos.

Em seguida, convido-os a olhar de novo para o alto, atravessando os limites das imagens anteriores. O que vemos? Uma nuvem luminosa, tão luminosa que nos tolda a visão!

Tivéssemos 'olhos de ver' e surpreenderíamos a se movimentarem seres de muita luz, misericordiosos, e que velam com redobrado amor por estes que ora lamentamos.

Todavia a Lei se cumpre, consumando o tempo da expiação. Enquanto estes infelizes gemem e choram, purificam-se para outras jornadas mais felizes no futuro.

Ouçam!... Apurando os 'ouvidos de ouvir', captamos belíssimo cântico de louvor a Jesus e ao Criador, musicando a conhecida frase que na sua forma resumida exprime e define a Grande Lei do Universo:

"A cada um segundo as suas obras!..."

Junto ao sofrimento, Deus, em sua misericórdia infinita, concede bálsamo e recursos apropriados para a superação da dor, em nome do legítimo progresso. Estes, em sua maioria, estão se purificando por vontade própria. Louvemos-lhes a coragem!

Depois que o seu mestre morreu, Theobaldo nunca mais desceu aos subterrâneos. Disseram-lhe que seu amo selou-os para sempre antes de morrer e que amaldiçoou aqueles que futuramente os violasse.

Acreditando nisto, supersticioso, ele nunca questionou as referidas informações, limitando-se aos cômodos que serviram de moradia e pesquisas ao feiticeiro.

* * *

Depois de uma longa espera e vencendo as barreiras seguintes, Deodato, enfim, é recebido pelo administrador deste trevoso e complexo 'empreendimento'.

Acima dele, muitos outros, sem serem vistos, comandam de fato essa fortaleza, enquanto vivem lá fora a chamada vida normal. São quase sempre pessoas públicas, muitas vezes respeitadas. Os túmulos caiados de todos os tempos.

Este administrador, vestido na última moda, adereços finos, é dono de uma beleza física, inquestionável: moreno, cabelos negros e encaracolados, barba curta e bem tratada. Os olhos de cor indefinida entre o cinza e o verde são fixos como os de uma serpente. Uma sensação de mal-estar e medo acomete a todos que dele se aproximam. Ele representa o poder, fazendo a conexão entre os dois mundos, o interno e o externo. Sua vida é misteriosa. Passa mais tempo nesta fortaleza que na sua vida pública. Reside numa região proeminente, em luxuosa residência.

Olhar coruscante, ele avalia os gráficos que Deodato trouxe da vez anterior e declara:

– De algum tempo para cá, Deodato, seu trabalho não desperta mais nosso interesse. Veja isto, isto, e isto! Estas figuras são impraticáveis! E quanto a aumentar ou renovar o magote de criaturas? O senhor Pietro Monteverdi não abre mão? Não se interessa por novos modelos? E você, o que pensa que somos? Um depósito de lixo? Afinal, pagamos bem! Se não melhorar, está dispensado!

Deodato abaixa a cabeça, amedrontado e submisso. Diante deste homem, ele se acovarda. Aquela figura exótica é aterradora, todos sabem...

Arrasado, ele espera para ouvir algo diferente, e ouve:

– Ah! Eis aqui algo melhor! – ele prossegue, avaliando os desenhos e separando-os.

Em seguida, Deodato recebe o pagamento. Sem conferir, guarda-o, indiferente, e permanece diante do administrador, à espera de uma oportunidade para lhe falar. Carrega no peito uma tempestade de ódio.

Incomodado e surpreso com a insistência, o outro quer saber:

– E então, o que está esperando? Deseja receber mais? Se for isto, desista!

Deodato balança a cabeça, negando.

– E então? – O administrador já se impacienta.

Na sua mímica habitual, Deodato explica que quer permissão para descer ao subterrâneo.

Entendido, ele concorda:

– Ora, é isto? Está bem, desça! Suas criaturas ficarão felizes ao vê-lo! E agora livre-me da sua presença!

Sob um olhar ameaçador, Deodato sai, quase em desabalada carreira. Desce por caminhos que conhece muito bem. As diversas portas vão-se abrindo para ele.

Depois de certo tempo, ele alcança um cubículo onde um grupo de homens que se incumbem da vigilância embriaga-se, enquanto alguns alimentos intocados estão sobre a mesa.

Eles gargalham a qualquer dito mais engraçado ou imprecam contra tudo e contra todos.

De súbito, um deles tenta alcançar uma ratazana que investe contra os alimentos, mas só consegue chutar outra que lhe passa por entre as pernas.

Vendo Deodato chegar, um deles fecha a cara, levanta-se e arrasta-o para um canto, perguntando:

– O que faz aqui? Não sabe que é proibido?

Em gestos, Deodato vai direto ao assunto e 'explica' que tem algo a pedir.

Sem muito interesse, o outro indaga:

– O que deseja?

Esforçando-se, ele o faz compreender que deseja raptar alguém.

– Alguém que você odeia? – indaga o outro.

Balançando a cabeça, ele nega.

– Bem, vejamos, vem a mando de alguém?

Ele nega mais uma vez.

– Alguém que lhe interessa?

Deodato confirma.

– Ah, já sei! Deve ser uma mulher!

Num sorriso de satisfação, Deodato confirma, mais uma vez.

– Ela é bonita, seu malandro? – indaga o seu interlocutor, malicioso.

Deodato 'diz' que sim.

– Ah, Deodato, por esta eu não esperava! Com que então, este monstrinho sabe amar?

Amuado, Deodato fecha a cara, ofendido.

O outro conclui que esta mulher deve ser casada ou que o tenha rejeitado. Enfim, vai direto àquilo que lhe interessa:

– Quanto me paga?

Deodato entrega-lhe tudo que acabara de receber. Procura nos bolsos e lhe dá também uma belíssima joia, demonstrando o seu grande interesse.

Surpreso, o outro arregala os olhos e decide, sem outras indagações:

– Farei o que você quiser, Deodato. Vou contratar um ajudante e a despesa ficará por sua conta, naturalmente.

Deodato balança ambas as mãos, negando, peremptório.

Conhecendo-o muito bem, ele oferece outra alternativa:

– Faço tudo e depois você paga o ajudante, certo?

Deodato concorda. Aceitando-lhe o convite, senta-se com ele num canto isolado.

Gesticulando, ele traça no chão com um pedaço de carvão os detalhes do lugar onde se desenrolará o plano sinistro.

Olhos brilhando de satisfação, percebe que o outro entendeu. Horas depois e, pelos mesmos caminhos, ébrio, ele regressa. Levará um dia inteiro para chegar ao circo. Já caiu algumas vezes e ali mesmo dormiu, até que algum ruído o despertou para seguir com as pernas trôpegas, desenhando curvas nas areias do caminho, como os rastros de uma serpente...

No circo, preocupado com a sua prolongada ausência, Pietro chama:

– Oh, Archibald! Não mandei seguir Deodato, homem?

– Senhor Pietro, hoje estive muito ocupado. Como fazer tudo ao mesmo tempo?

– Saber onde Deodato está e o que faz é primordial para mim! Largue tudo e vá procurá-lo. Desde ontem não o vejo. Deveria tê-lo seguido! De que me vale pagar tanto aos meus empregados?

Archibald discorda desta afirmação, mas cala-se.

Pietro é agressivo e arbitrário.

Assim, em vez de retrucar, responde simplesmente:

– Sim, senhor! Sairei à cata daquele imprestável! Com licença!

Sai a procurá-lo pelas tabernas e pelos lugares que habitualmente frequenta, sem sucesso. Ninguém o viu. Exausto, desiste e se posta nos arredores do circo, para ver de onde ele vai surgir.

Enquanto isto, o circo segue sua rotina. Cosette e Rosalva, amigas e unidas, seguem as suas vidas laboriosas, enquanto sonham com um futuro feliz.

A vida, porém, começa a traçar rumos diferentes e inesperados para esta comunidade circense...

* * *

A CAPELA CONSTRUÍDA entre cânticos de louvor e gratidão ficou pronta, agradando a todos e principalmente ao coração de Frei Justino.

Intencionalmente, ele fala aos seus paroquianos:

– Filhos queridos, amoráveis e laboriosos, plenos de fé e de bondade, louvemos a Deus, a Jesus Cristo e à Maria Santíssima, gratos por tudo!

Conscientes das nossas obrigações, sejamos fiéis ao trabalho, no esforço de cada dia! Vivamos numa disciplina amorosa que nos aproximará mais e mais do nosso Criador!

Hoje, homenageamos a Mod, em nome de Deus, todavia esta capela terá por padroeira Maria de Nazaré, mãe de Jesus e mãe da humanidade!

Jamais diremos que este lugar de oração pertence à Modesta! Nos rostos iluminados dos fiéis, a concordância plena. São simples, quase desprovidos de vaidade e de orgulho.

Frei Justino, como bom seguidor de Jesus, sabe tocá-los nas suas fibras mais íntimas. Ajoelhando-se diante do altar, inicia, fervoroso, as prédicas do ritual da missa.

Reverentes e interiorizados, lembrando-se da boa Mod, os aldeões acompanham cada gesto, cada movimento, enquanto cantam junto ao pequeno coro que se formou das crianças do local, gratos aos céus por estarem ali ouvindo tão sábias palavras.

Assim fortalecidos, enfrentarão sempre as suas dificuldades, que por vezes são-lhes física e materialmente quase insuperáveis... Na fé, estes cristãos fazem as suas caminhadas mais leves e possíveis. É o "ajuda-te que o céu te ajudará" instituído e bem vivido. Naturalmente, nesta aldeia, dentro deste burgo, como em qualquer outro lugar, existem pessoas descrentes e de má índole, mas são uma minoria.

Silenciando, podemos ouvir cânticos celestes a se harmonizarem com os da pequena igreja. E, ampliando os nossos recursos espirituais, divisamos Mod, luminosa e feliz, grata por tanto amor.

Seriguella também compareceu.

Meses atrás, aparecera para conversar mais longamente com frei Justino a respeito do seu futuro e saíra dali decidido a não perder a sua bela Zoraida, mas, mais uma vez, suas decisões foram por água abaixo.

Ela, decepcionada, não disfarça o desânimo.

Genésio, desesperado, tenta seduzi-la de todas as formas, mas ele sabe que com Zoraida as coisas devem ser direitas, sem esperança de facilidades.

Zoraida, apesar de amar apaixonadamente Seriguella, por vezes vacila. Já não lhe parece tão estranha a ideia de casar-se com outro, mesmo que seja Genésio. Ela não é apenas bonita, mas também inteligente e prática.

O pobre Seriguella arrisca-se a perdê-la definitivamente, porque mais uma vez fraquejou, não se decidiu, não teve coragem. Ter uma família, rotina de vida, viver em busca do pão de cada dia, sob o látego de algum patrão que lhe impingirá, mais que Zoraida, um cabresto curto, apertado, sufocante? Não, mil vezes não! Precisa de liberdade como do ar que respira. Gosta de andar ao léu, para onde e como queira, sem compromissos.

Quer conhecer outras cidades, aprender mais, exercitar novos ofícios num aprendizado constante, sondar as múltiplas facetas da alma humana, ser solícito, companheiro, amigo, interlocutor de todos que encontrar pelos caminhos deste mundo tão grande e cheio de desafios.

Já se demora demais nesta cidade. Seus pés coçam de vontade de pegar a estrada. Mas, quando o coração se compromete...

Ama Zoraida, mas ela tem hábitos sedentários que se chocam com os seus... Andaria com ela pelo mundo, mas ela jamais viveria como ele. Zoraida quer estabilidade, filhos, moradia e prosperidade.

Estas coisas assustam Seriguella, fazendo-o adoecer. Conhece os próprios limites. Renunciando a sua liberdade, fará sua Zoraida muito, muito infeliz.

Pobre Zoraida, tão bela, tão interessante, foi apaixonar-se logo por Seriguella!...

* * *

APÓS UM SONO reparador, Zarik desperta.

A alguma distância, Sérvulo, silencioso, prepara as refeições e arruma as bagagens.

Ele sorri divertido ao ver Zarik se espreguiçar, esticando-se todo, como um felino. Em seguida, ele fará as suas habituais orações.

Sérvulo ainda não alcançou a verdadeira razão da ousada aventura. Acha pouco provável que Zarik esteja procurando ervas, como disse. Todavia confia no amigo, que deve estar seguindo ordens de Loredano.

Minutos depois, mantos às costas, bordões nas mãos, sacolas penduradas, eles reiniciam a jornada.

Sérvulo cobre a cabeça, protegendo-se da umidade. Zarik, na mesma intenção, envolveu a cabeça num grosso turbante. Falando pouco, eles caminham interiorizados, mas atentos a tudo que os cerca.

Tendo vencido muitos quilômetros, já começam a sentir dificuldades para enxergar. Ali a floresta é muito fechada. Uma bruma os envolve e adensa-se mais à beira de alguns pântanos escuros, com os quais vão topando ao longo do caminho.

Extremamente cuidadosos, eles fincam o bordão aqui e ali para certificar-se do chão em que pisam. Há o risco do lodo, que em poucos instantes engole qualquer corpo, por maior que seja. Respiram aliviados quando alcançam lugares mais secos e mais firmes.

Zarik apanha, aqui e ali, algumas ervas, guardando-as. Encontrou algumas raridades, congratulando-se intimamente. Seus pensamentos voam para Leocádia; teme por ela. Envia-lhe energias amorosas e revigorantes.

Loredano, mesmo à distância, contrariado, sente-lhe a presença. Neste instante, cofiando sua bem tratada barba, enquanto aguarda que Leocádia termine a arrumação da mesa para o seu farto desjejum, pensa, num sorriso sarcástico:

"Quem sabe, esta aventura será minha aliada? Que me importa a sorte de Zarik?!... Quanto a conquistar Jennifer, resolverei isto de uma forma ou de outra. Afinal, meu poder não tem limites! A vida me prova isto a cada passo!... Hum... chego a desejar que esta empresa tome rumos diferentes. Esta floresta alberga toda forma de perigos. Os mais supersticiosos benzem-se ao dizerem que é habitada por demônios. Aqueles que se aventuraram a entrar ali narram fatos assombrosos, e outros nunca mais voltaram. Alguns sobreviventes contam que toparam com toda espécie de criaturas e com cenas tão terríveis que jamais puderam saber se foram reais ou imaginárias. Zarik pode morrer, desaparecer. Mas... se ele morrer, o que me sucederá?!"

Seu medo supersticioso o domina por alguns instantes. Mas, logo em seguida, esfregando as mãos, conclui entusiasmado: "Livrar-me da presença de Zarik valerá qualquer risco!"

Nestes pensamentos, Loredano gargalha e assusta Leocádia, que já se retirava.

Enquanto se dirige aos seus afazeres, ela pede aos céus proteção para o seu querido filho do coração. Pressente em Loredano alguma intenção cruel. Teme esta viagem que parece uma armadilha. Dirige-se ao seu minúsculo quarto e ali ajoelha-se diante de uma imagem da mãe de Jesus. Pede por Zarik. Algo confortada, retoma as suas tarefas domésticas.

Observando o trabalho de Zarik com as ervas, Sérvulo respira aliviado. Conclui que esteve enganado quanto aos objetivos da viagem. Quem sabe, retornarão logo? Aqueles sítios não prometem segurança, desafiando aos incautos que por ali se aventuram. Com olhos de lince e ações rápidas, ele segue defendendo-se e defendendo Zarik.

Por vezes, diante de algum perigo iminente, Zarik estanca, concentra-se e 'desfaz' os riscos, seja a presença de uma serpente ou de outro animal mais afoito. Nestes momentos, seus olhos cinza-metálico e seus gestos são invencíveis. De súbito, ele alcança rapidamente Sérvulo. Segura-lhe o braço com força e o retém, impedindo-o de prosseguir. No mesmo instante, um enorme e pesado galho de árvore estala e desaba aos pés de ambos. Sérvulo respira aliviado. Poderia ter sido esmagado. De outras vezes, Zarik convence-o a mudar de direção. Sérvulo admira-o cada vez mais.

Durante uma frugal refeição, ele indaga, curioso:

– Diga-me Zarik, se você pode defender-se sem a minha intervenção, por que me trouxe? Você é autossuficiente, mesmo diante de perigos!

– Quando tomo a dianteira, sigo a minha intuição. Pressentindo que nestes momentos você, apesar da coragem e da boa vontade, não o conseguiria, entende?

Antevendo aquilo que nos ameaça, eu intervenho rapidamente. Quanto a fazê-lo sempre, não posso. As forças de que disponho, em verdade, não me pertencem tanto quanto você imagina.

Assim como dependo da sua proteção, muitas vezes dependo das energias espirituais daqueles que me acompanham e me protegem.Devo respeitar sempre as forças naturais da vida: a sua e a minha, as da fauna e da flora deste lugar. Fiz-me entender, meu caro Sérvulo?

– Certamente. Obrigado mais uma vez!

– O agradecimento é mútuo, meu amigo.

Horas depois, os dois já alcançaram o âmago da floresta. Aos poucos, a exaustão os domina e eles dispensam as conversas. Paulatinamente, a escuridão se faz, tornando-se constante. Brevemente, será difícil ajuizar quando é dia ou quando é noite.

Através das espessas folhagens que agora parecem negras, Zarik esforça-se para divisar as suas amigas estrelas. Mais uma vez, eles buscam o repouso.

Já são três dias nesta aventura.

* * *

DEODATO DESPERTA, SE levanta, sai e caminha pelo circo, abismado em pensamentos.

Insone, Pietro vai procurá-lo. Controlando-se para não piorar a situação, indaga a Deodato sobre a sua prolongada ausência.

Fazendo gestos expressivos, numa patente demonstração de desagrado pela proximidade do patrão, ele informa que esteve com uma mulher.

Pietro finge acreditar e ordena-lhe que não se afaste do circo por muito tempo sem avisá-lo.

Ignorando-lhe as palavras, ele prossegue seu caminho, interiorizado.

Alguns dias depois, à noite, pouco antes da função, aparece ali um homem muito interessado nas artes circenses. Demonstrando ansiedade pelo espetáculo, faz algumas perguntas.

Sendo-lhe impedida a entrada antes do horário, faz um 'reconhecimento de terreno' ao redor do circo, admirado.

É o comparsa de Deodato. No dia anterior, numa taberna, em meio a muitas garrafas esvaziadas, os dois sacramentaram os últimos acordos.

Deodato retornara embriagado e de olhos brilhando, sinistro. Hoje, ele não saiu do seu cômodo miserável.

Seu cúmplice saberia o que fazer.

Durante a função, este assistiu ao espetáculo até determinado momento. Depois, levantou-se e saiu, disfarçadamente, dirigindo-se à saída do circo.

Contornando-o, porém, voltou e internou-se nos departamentos privativos dos artistas. Escondendo-se atrás das carroças, pisando firme e cuidadoso, olhando ao redor, dirigiu-se rapidamente para os aposentos de Rosalva, instruído que fora por Deodato.

Com facilidade, força a frágil porta que estala.

Rosalva, que no momento completa a maquiagem para a sua apresentação junto aos bufões, numa engraçada brincadeira de roda e de cantigas, que agradam muito a criançada, volta-se para ele, surpresa e assustada.

O invasor sorri, malicioso, admirando-lhe a beleza nórdica que mais se realça no traje eslavo, concluindo que Deodato tem bom gosto.

Tudo se passa de maneira muito rápida como num pesadelo:

Defrontando-se com aquele estranho e prevendo o perigo, Rosalva grita por socorro, mas o seu grito é abafado pelos rumores do espetáculo. O seu agressor contava com isso.

Como um felino, ele investe contra ela, rápido, brutal. Rosalva sente as suas mãos como tenazes imobilizando-a e impedindo-a de gritar. Debate-se fortemente, em desespero, mas não consegue se libertar. Segurando-a fortemente, ele lhe põe uma mordaça e em seguida amarra--lhe mãos e pés.

Cosette, que neste instante dança junto a um atraente corpo de bailarinas à moda espanhola, sente um aperto no coração. Controla-se e prossegue o seu trabalho, sorridente, mas sem saber como ou por que, seus pensamentos se voltam insistentes para Rosalva. Anseia por terminar logo a parte que lhe cabe para vê-la e tranquilizar-se.

Enquanto isso, aterrorizada e sem defesas, caída ao chão, Rosalva vê o desconhecido suspendê-la, depositá-la sobre o grande tapete persa que forra o seu quarto e nele a envolvê-la. Mal consegue respirar.

Em seguida, é suspensa e pode perceber que está sendo carregada.

Com o valioso fardo no ombro, assobiando para disfarçar, o comparsa de Deodato sai, sutil e rápido, na direção da mal-iluminada saída do circo, com uma naturalidade que convenceria a qualquer um.

Do lado de fora, apressa-se, quase a correr, procurando esgueirar-se nas sombras. Alguns metros adiante, entra por um atalho. Segue adiante, até aproximar-se de uma carroça que o aguarda.

O cocheiro contratado, inquieto, suspira aliviado quando ele aparece. Julga, a princípio, que ele roubara o tapete, mas fica estupefato quando o vê desenrolar e tirar Rosalva de dentro do rico artefato, para em seguida colocá-la no chão do veículo, na parte de trás. Interrogando-o com o olhar, não recebe explicações. Dá de ombros e põe o veículo em movimento. Na verdade, este estranho o contratou, exigindo-lhe discrição absoluta. Ouviu-lhe, até mesmo algumas ameaças. Quando terminar este serviço, esquecerá o que viu; é mais seguro.

Bem distante do ponto de partida, o raptor tira a mordaça de Rosalva e solta-lhe as mãos e os pés.

Em lágrimas abundantes, aterrorizada, ela roga-lhe que a liberte.

Indaga-lhe o porquê do seu rapto. Nunca o vira antes. Informa-lhe que seu pai poderá lhe pagar qualquer soma que pedir para recambiá-la ao circo.

Roga que a deixe ali mesmo para regressar, ainda que sozinha.

Rosalva tenta todos os caminhos para alcançar o coração do seu raptor. Ele, porém, insensível, sequer lhe responde.

Após algumas horas de viagem, ele lhe oferece um pedaço de pão e uma fruta, enquanto recorda que se esqueceu de perguntar a Deodato o que fazer com ela e para onde levá-la. Mas dará um jeito! Logo possa, falará com ele.

As horas passam e Rosalva chora até a exaustão, arrasada. Ainda sente no rosto a dor da bofetada que levou do seu raptor quando, cansada de suplicar, tentou pular da carroça, empurrando-o, a fim de que ele saísse da sua frente. Para onde a estarão levando? Por que e para quê?!... Finalmente ela adormece, deixando o seu raptor mais tranquilo para beber até a embriaguez, fazendo par com o cocheiro.

Ele encomendara ao cocheiro vários garrafões de vinho, do bom, com o dinheiro que Deodato lhe pagara.

Sedento e entusiasmado com o negócio rendoso, esvaziara junto ao seu parceiro alguns garrafões. Horas depois, eles estão dormindo no banco da carroça, completamente indefesos, quase despencando do veículo. Os cavalos andaram por toda a noite, sem rumo, parando aqui e ali.

Quase ao amanhecer, Rosalva desperta. Surpreende-os caídos, cada qual para um lado, numa inação completa.Conclui que o melhor a fazer é fugir o mais rápido possível. Estremece de horror ao imaginar o que poderá sofrer em suas mãos. Respira aliviada e agradece aos céus a oportunidade de escapar.

Levanta-se e se esgueira até a altura da lona que envolve a carroça, forçando-a para abrir um vão. Põe a cabeça e os ombros para fora e segurando-se com energia, suspende-se, sentando-se nas tábuas inferiores à lona. Põe as pernas para fora e deixa-se escorregar até o chão, enquanto os cavalos, displicentes, trotam, vagarosos. Rola sobre si mesma, como aprendeu no circo e sai de rastros, silenciosa.

Apavorada, imaginando que a qualquer momento os seus raptores despertarão, apressa o passo, sem saber para onde ir. Alcança uma estrada paralela e corre por ela com todas as suas forças. Para, de vez em quando, para respirar. Acredita ter se distanciado bastante dos seus raptores, todavia continua correndo. Para onde? Não faz a menor ideia...

Enquanto isso, Deodato pensa na sua primeira intenção que fora sequestrar Cosette, levá-la para longe de Pietro e conquistá-la para si. Esta era a ideia, quando dos acertos com o seu cúmplice na fortaleza. Depois, refletindo melhor, desiludido, concluiu que seria inútil, desastroso mesmo. Acabaria por matá-la diante da sua patente rejeição, num momento de fúria. Decidiu então agir de outra maneira, trocando a vítima. Debochado, sorri. No exercício da sua vingança, afastará, pela força mesma das coisas, Pietro de Cosette.

Com o desaparecimento da filha adorada, que é a razão maior da sua existência, Pietro não terá tempo e nem condições para pensar em ser feliz. Seu inferno particular invadirá, pleno de tormentos, todos os espaços da sua vida.

Caso seja despedido do circo, Deodato conhece o endereço de Cosette e prosseguirá em sua adoração.

De súbito, estremece. Mesmo que Pietro não possa provar, suspeitará prontamente dele, sem um laivo de dúvida. Precisa pôr em prática a segunda parte do plano. Ninguém o vira, nem de dia, nem de noite. Está muito doente.

Ingere uma estranha beberagem, deita-se, envolve-se nos seus trapos e em poucos instantes estorce-se de dor. Um suor abundante começa a escorrer-lhe do rosto e uma estranha febre se instala. Ali, no seu cubículo, ele rola sobre si mesmo, em meio a espasmos dolorosos.

Pietro, avisado que Rosalva não comparecera para a sua atuação, dirige-se aos seus aposentos. Sem saber a razão, traz o coração oprimido.

A caminho, depara-se com Cosette desfigurada, em lágrimas, trêmula, mal conseguindo sustentar-se nas pernas. Num esforço sobre-humano, ela declara, olhos esgazeados:

– Pietro, Rosalva desapareceu! Não está nos seus aposentos e ninguém a viu! Lá, uma grande desordem!... Parece que ela se defendeu bravamente de alguém. Meu Deus, onde está Rosalva? – ela puxa os cabelos e rasga as roupas, descontrolada.

Precipitando-se e empurrando a quantos barram seu caminho, Pietro chega aos aposentos da filha e constata a veracidade daquilo que Cosette tentou explicar. Surpreende alguns apetrechos de *toilette* caídos ao chão e a ausência do grande tapete que forrava o chão. Levando a mão ao peito, emite um grito tão selvagem que parece saído da goela de uma das suas feras.

Desvairado, em voz rouca, ordena a todos que se aglomeram ali, à sua volta e do lado de fora:

– Procurem-na, em cada espaço possível! Quero-a aqui em poucos instantes, senão todos pagarão! Busquem em todos os cantos do circo e nas redondezas! Rápido, aviem-se!

Um grande tumulto se instala e todos correm nas mais variadas direções.Alguns mais assustados choram e imprecam em altas vozes. O público dá-se conta de que algo extraordinário está acontecendo. Os artistas saíram apressados, largando a função da noite sem ao menos concluí-la. Há um grande alarido.

Amedrontados, imaginam a possibilidade de alguma fera ter-se soltado ou, quem sabe, alguma daquelas estranhas criaturas?

Um oportunista, para se divertir, grita que um tigre está solto, o que provoca uma desabalada carreira.

Em poucos instantes, eles esvaziam o ambiente, olhando ao redor, sentindo-se já nas garras do animal.

Gritos são ouvidos e as crianças choram em altos brados. Alguns se ferem, na tentativa de sair antes dos outros. Vários integrantes do circo choram, temendo pela vida de Rosalva, e concluem que Pietro, mais uma vez, enfrenta um destino cruel. Depois de Giselda, seu grande amor, parece que também perderá a filha.

A troupe, consternada, faz o que pode para amenizar a dramática situação. Completamente descontrolado, em passos muito apressados, Pietro caminha na direção da tenda de Deodato. Chegando, surpreende-se com ele doente, a rolar entre dores e grunhidos incompreensíveis. Explode:

– Seu traste! O que faz aí deitado? Não sabe ainda do desaparecimento de Rosalva? Se foi você, e disto tenho quase certeza, mato-o com as minhas próprias mãos! Quero a minha filha de volta e juro que vou tê-la! Ainda que para isso eu tenha de revirar céus e terra! Levante-se! Quero fazer-lhe algumas perguntas, seu aleijão!

Fingindo surpresa, olhos esgazeados de dor, Deodato se esforça para obedecer, mas não consegue. As dores são muito fortes.

Pietro conclui que ele já deve estar doente há algumas horas e lhe diz:

– Chamarei um médico, mas não pense que me convenceu!

Archibald, oh, Archibald! Venha até aqui e vigie esta víbora! Que ele não se afaste do circo!

Enojado da sujeira e da desarrumação do ambiente, Archibald posta-se ao lado de Deodato.

– E cuide, a fim de que o médico o cure! Ele precisa responder a muitas perguntas! Sinto que ele está envolvido no desaparecimento de Rosalva!

Dito isto, Pietro sai rapidamente. Precisa raciocinar:

"Rosalva pode estar correndo perigo de vida ou sendo levada para longe... O raptor deve tê-la enrolado no grande tapete para tirá-la do circo..."

Nas redondezas, descobre vestígios das rodas de uma carroça. Junto a outros conhecidos, tenta segui-los, mas é impossível. A escuridão e outras marcas se sobrepõem... A quem recorrer? O que fazer?

Pietro está descontrolado e imprime ao seu cavalo uma velocidade maior, vertiginosa, sendo seguido pelos outros. Cavalga por várias horas, faz indagações, invade e revista algumas casas com uma fúria que assusta a quem o vê.

Depois de muitas horas, numa busca infrutífera, ele regressa ao circo. Cabeça baixa, palidez mortal, coração opresso, sente-se um morto-vivo. Na sua mente, imagens terríveis de perigo e medo que Rosalva pode estar vivendo.

Entra no seu escritório e ali desaba na cadeira, diante da sua secretária. Mete os dedos por entre os bastos e negros cabelos e curva-se, arrasado. Em poucos instantes, este gigante violento e dominador está chorando, tal qual uma criança pequena. De longe, ouvem-se os seus soluços.

"Onde buscá-la, meu Deus? Onde encontrá-la?! Como viver sem ela?! Oh, Giselda! Se você estivesse aqui poderia ter-me auxiliado a protegê-la!"

Alguns minutos depois, ergue-se decidido e vai procurar ajuda junto às autoridades do lugar para uma busca mais específica. Não descansará enquanto não encontrar a filha querida. Dirá que suspeita de Deodato na sua provável vingança.

O sol já está a pino quando os raptores despertam, numa situação deprimente, devido aos efeitos da bebida. Olham à volta, esquecidos de tudo, lentos de raciocínio. O cúmplice de Deodato recorda-se da moça raptada. Julgando-a adormecida no fundo da carroça, decide averiguar.

Assusta-se ao deparar-se com o vazio. Para o veículo, anda pela redondeza, mas, cansado e bastante desinteressado, reflete:

"Ora, Deodato que a procure se quiser! Eu já fiz a minha parte! Que me importa aquela moça? Que se dane por aí!... Quando vir Deodato, direi que a deixei numa aldeia distante.

Caso ele se interesse pelo destino dela, eu lhe darei algum endereço que me surgir na cabeça e outro e mais outro, até que ele desanime da procura. Aquele não tem muita paciência! Mas tem maus bofes! Ora, depois eu penso melhor e resolvo o que fazer! Ele deve ter-se vingado de alguém! É isso!"

Virando-se para o carroceiro, ordena:

– Oh, Vitório, fique onde desejar, porque eu vou para um lugar onde não desejo companhia! Bem, companhia de homem, claro!

Rindo, ele abre outro garrafão de vinho e dirige-se a outro veículo que segue na direção contrária; embarca nele e paga adiantado.

OS CIGANOS

As horas se passam e Rosalva continua fugindo. Não sabe onde está e nem qual direção tomar, mas o medo a faz correr sempre. Teme estar andando em círculos e topar de novo com os dois homens. De repente, cai por terra: peito arfando, abre os braços e olha para o céu, rogando auxílio. Se vive um terrível pesadelo, por que não desperta?

Suspende o corpo, senta-se no chão e chora convulsivamente. Para onde ir? À sua volta, nada, ninguém. Um deserto a perder de vista... As lágrimas misturam-se ao suor. E quando escurecer?!...

– Pai querido, venha me buscar! – implora, mãos postas, em pranto. Interiorizada, faz uma oração a Deus. Depois passa a mão nos olhos, na tentativa de enxergar melhor, levanta-se e prossegue.

As dores no corpo tornam-se quase insuportáveis. Suas roupas já estão em péssimo estado, os pés feridos, os lábios começam a rachar e uma grande sede se instala. As batidas do coração repercutem-lhe dolorosas nos ouvidos...

Sente uma dor aguda no estômago. A respiração já se torna deficiente. Perde a visão e, em meio a vertigens, desaba.

Após um tempo que não pode precisar, ela desperta e levanta-se com muito esforço. Agora, caminha aos tropeços, arrastando os pés. Não consegue mais raciocinar direito e seus pensamentos se misturam:

"O que estou fazendo aqui? Por que você não está comigo, papai? Aquele homem... me tirou do circo... me deixou aqui. Por quê?... Ele me bateu, papai. Me ajude, venha me buscar... "

Por fim, um cansaço maior a submete e ela cai, definitivamente, aparentemente sem vida.

Horas depois, dois ciganos se aproximam. Quando divisam o corpo no chão, diminuem o ritmo das suas montarias, apeiam e aproximam-se. A princípio, julgam-na morta, mas Rosalva ainda respira e geme debilmente.

Um deles, tomando a dianteira, umedece-lhe os lábios, as têmporas e os pulsos. Com seu lenço vermelho faz uma compressa úmida e lhe põe na testa. Em seguida, providencialmente, com cuidado e muita delicadeza, carrega-a, colocando-a sobre o seu cavalo.

Cavalgando devagar, cuida para que ela não sofra mais abalos e segue para o seu acampamento.

Ao chegarem, provocam um grande alarido. A menina sobre o cavalo parece morta.

Apeando, toma-a nos seus braços e, dirigindo-se à matriarca do bando, entrega-a, dizendo:

– Vou buscar um médico, urgente. Ela estava a morrer na estrada, sozinha. Que motivos a levaram até lá? Ou, quem a terá deixado ali?... Se ela sobreviver, saberemos!

Próspera a leva para a sua barraca. Deitando-a, cuidadosa, envolve-a numa manta de lã para aquecê-la.

Lava-lhe o rosto com uma toalha úmida, admirando-lhe a beleza loura. Cerca-a de confortáveis almofadas e, auxiliando-a, oferece-lhe pequenos goles d'água. Gemendo, debilmente, Rosalva bebe o precioso líquido, sem se dar conta de onde está ou de quem a socorre. Próspera fricciona-lhe os pulsos e as têmporas com uma poção de forte odor.

O médico chega meia hora depois. Examina-a, cuidadoso, e prescreve-lhe um tratamento, demonstrando muita preocupação pelo seu estado físico e emocional.

Suas palavras desconexas em meio à febre que começa a tomar conta do seu organismo revelam o trauma instalado...

Agitando o acampamento e modificando a vida de todos, ali está Rosalva, sofrendo as consequências do rapto e do esforço desmedido que fez para fugir.

Enquanto isso, Pietro, enlouquecido, bateu todas as redondezas à sua procura. Já empreendeu buscas desesperadas nas mais variadas direções, sem resultado.

Um pensamento terrível se instala no seu cérebro atormentado, aumentando o próprio desespero que já se faz insuportável: pode ter perdido Rosalva para sempre!...

Pressionou Deodato de todas as formas: ameaçou, surrou cruelmente, mas nada conseguiu. Insano, tentou eliminá-lo, sendo impedido por Archibald:

– Senhor Pietro, por Deus! Isto seria uma loucura! Devemos entregá-lo às autoridades locais. Estas, fatalmente, o farão confessar. Se ele morrer, como saber o paradeiro de Rosalva?

Pietro sabe que Deodato vingou-se da humilhação recebida. Como uma serpente, dera o bote fatal, atingindo-o em pleno coração. Enquanto Pietro se organizava para conjurar a terrível expectativa, ele agira rápido.

Ele ignora que Deodato desconhece o destino de Rosalva. Neste sentido, ele está sendo sincero. Pela própria situação, não pôde ir à fortaleza encontrar-se com o cúmplice.

O trágico destino deste homem já foi traçado: por suas ações ao longo da vida e por aqueles que no momento o tem nas mãos, aprisionado.

Dias e dias se passam e ninguém consegue pistas do paradeiro de Rosalva.

Cosette, por sua vez, entristecida pela sorte da amiga, conclui que, se Pietro não tem condições emocionais de pensar em si mesmo, muito menos o fará com relação a ela. Profundamente abalada e desiludida, afasta-se de tudo e de todos. Há algum tempo, se desligara do antigo trabalho no teatro. Assim, isola-se nos seus aposentos, mal se alimentando ou cuidando da própria higiene. Aos poucos, distancia-se da realidade, alheia a tudo que a cerca.

No circo, a troupe também se desarmoniza, perdendo a condição de seguir a rotina de trabalho. Sofridos e solidários à dor de Pietro, perderam o ânimo e aguardam o desenrolar dos acontecimentos.

Naquela inatividade, alguns se dispersam, em busca de outros interesses.

Os animais, sem os cuidados habituais, estão inquietos, alguns amolentados, enquanto as feras lançam ao ar os seus urros de protestos e de carências em todos os sentidos.

Por vezes, o circo parece estar desativado, tal a sua ausência de movimento.

Cosette, antes elegante e dinâmica, agora sem nenhuma forma de socorro, passa a demonstrar um grave desequilíbrio nervoso. Surpreso, Pietro imagina o futuro incerto que teria a seu lado. E mais uma dor acrescenta-se àquela que já enfrenta, abatendo-lhe o coração, antes tão indômito.

No momento, incapaz de assumir as atitudes que o caso de Cosette exige, manda Archibald levá-la a nosocômio especializado. Como pensar nela, quando ele próprio sente-se à beira da loucura?

Assim, enfraquecida e incapaz de defender-se, Cosette vai conviver com pessoas consideradas loucas, em meio a desequilíbrios de toda sorte, sujeita a tratamentos difíceis de suportar.

De uma única vez, Pietro perdera Rosalva e Cosette. Sem elas, como prosseguir? Jamais imaginou que pudesse sofrer tanto...

Suas maiores dores, que nem de longe se assemelham a que está vivendo, foram a morte de seu querido pai e a perda de Giselda. Apertando o peito, profundamente angustiado, ele exclama:

– Deus! Quem quer que seja e onde quer que esteja, ajude-me a encontrar minha Rosalva! Depois que ela regressar, castigue-me da forma que bem entenda! Morrerei feliz, mesmo que entre sofrimentos, se puder fitar os olhos de minha filha de novo!...

Este homem forte, temerário e arbitrário, chora o pranto dos desesperados...

THALMAR

A ARROJADA PEREGRINAÇÃO de Zarik e Sérvulo prossegue floresta adentro. Atentos eles vigiam, salvaguardando as suas vidas. Mesmo durante o dia caminham entre sombras. Nos intervalos, apesar do cansaço, Zarik faz as suas habituais orações.

Não muito distante de um pântano perigoso, ao qual transpuseram sobressaltados pelos riscos do lodaçal e dos seus vapores maléficos, eles param e respiram, refazendo-se silenciosos.

O lugar é insalubre. Não se sentem à vontade, além do enorme cansaço físico que praticamente os domina. Passados alguns minutos, ouvem silvos estridentes que se repetem e que rapidamente se aproximam.

Sentidos aguçados, entreolham-se, no aguardo daquilo que se anuncia. Sérvulo se põe em guarda, olhos muito abertos, punhos fechados. De súbito, são cercados por exóticas criaturas, silenciosas.

Em passos leves e miúdos, elas chegaram, umas após outras, aglomerando-se ao redor dos dois.

Quase nuas, carregam estranhos objetos pendurados na cintura, alguns feitos de ossos e outros de cascas de árvores. Usam colares de dentes de animais nos pescoços e enfeites do mesmo material nos pulsos e tornozelos, amarrados com cipós. Os seus corpos escuros estão pintados com sumos de plantas em cores esmaecidas e variadas, nos tons de verde, amarelo e marrom avermelhado. Nos rostos pintados de branco, olhares iracundos, atilados. Os cabelos, hirsutos, estão empastados da lama do pântano. Sem dúvida, são aborígenes ou apresentam-se como tal.

Eles os cercam, observadores, cuidadosos, como fazem as feras às suas presas, e conversam entre si num linguajar sibilante e desconhecido. Agitados, com alguma intenção, eles os analisam minuciosamente, trocando impressões e ignorando-lhes a notável perplexidade. É patente, no líder do grupo, o interesse por Zarik, o qual fita de modo particular, sendo por ele igualmente analisado.

Sérvulo, muito incomodado, segue o exemplo de Zarik e deixa-se observar. Sente ganas de pô-los para correr, mas não o faz. Zarik observa-os e aguarda, prudente, dando-lhe o exemplo. No ar, uma morbidez que lhes foge à compreensão.

Intuitivamente, Sérvulo conclui que os seus habituais recursos físicos ali não teriam utilidade. Enquanto estoicamente se controla, aguardando os próximos acontecimentos, os estranhos visitantes começam a afastar-se, como se tivessem concluído aquilo que os trouxera.

Caminhando, a princípio de costas e muito lentos, eles assobiam fortemente, fazendo um coro ensurdecedor. Um pouco distanciados, viram-se, disparam na mesma direção que chegaram e em poucos instantes desaparecem no meio das sombras.

Um misterioso silêncio se instala. Tudo ao redor parece estratificado, incluindo Sérvulo, Zarik, e até a fogueira que estancara o seu crepitar.

Seriam vivos os tais visitantes ou seres do mundo espiritual? Obedeciam a alguém?

Noutra ocasião, Sérvulo não perderia a chance de aprender um pouco mais com Zarik.

Todavia, olhando-o, percebe-lhe a pouca ou nenhuma vontade de se pronunciar a respeito no momento. Supõe, acertadamente, que ele deseja primeiro tirar as próprias conclusões. Zarik, porém, capta, os pensamentos e as intenções de alguém que não se encontra muito distante e que os atrai poderosamente. Sua intuição lhe diz que os próximos acontecimentos definirão a viagem.

Mais uma vez, roga, fervoroso e submisso, a Deus que o auxilie.

Decididos, levantam-se e aprontam-se para prosseguir esta viagem que já se faz demasiadamente longa e misteriosa, até mesmo para Zarik.

Cem metros adiante, divisam uma casa de estranhos contornos. Devagar e extremamente cuidadosos, aproximam-se, esperando serem reconhecidos como pessoas pacíficas. Aquela construção parece ter saído de um livro de histórias de fadas!

Sentindo-se observados, eles caminham mais devagar ainda e entreolham-se, compreensivos. Caso se deparem com algum perigo, recuarão. Sobem alguns degraus e chegam à entrada. Adiantando-se, Sérvulo bate a aldrava em forma de dragão da grande porta envelhecida e austera. Ouvem passos lentos e arrastados. Ao abrir-se, a porta range nos seus gonzos. Um ancião olha para os dois e indaga-lhes:

– Quem são e o que desejam?

– Podemos falar ao dono da casa, senhor? Viemos de muito longe e estamos cansados! – exclama Zarik.

Fazendo um gesto afirmativo, ele convida:

– Entrem, sentem-se e aguardem, por favor.

Vacilantes, eles entram e acomodam-se em cadeiras muito antigas de estranho formato. O ambiente, nebuloso, recende a mofo.

Depois de alguns minutos, o ancião retorna arrastando os chinelos. Em gestos significativos, indica-lhes o andar superior, precedendo-os.

Subindo diversas escadarias, eles alcançam um grande salão que parece ser um laboratório. Ali, apetrechos de alquimia, de bruxaria, de pesquisas, de estudos. Ossos amontoados, pequenos embrulhos, caixas fechadas, vasilhames de todos os formatos e tamanhos, tubos de ensaio, pratos, copos e atiçadores.

Feixes de ervas secas e gravetos, flores, frutos e cascas de árvores preenchem grandes cestos de vime, assim como alguns rolos de um tecido de fibra vegetal. Noutro canto, peixes secos e alguns animais aparentemente embalsamados. Nas prateleiras enormes, cobras, aranhas, lagartos, lagartixas, sapos e outras espécies de animais asquerosos em grandes vidros, mergulhados num líquido viscoso. Ao fundo, uma porta negra, entalhada em carvalho, cerrada.

O ancião bate e alguém abre. Os dois cochicham. Passam-se alguns momentos e aquele que atendeu o ancião surge e chama-os.

Zarik e Sérvulo atendem, aproximam-se, entram e ficam aguardando em silêncio.

O intermediário desaparece, rápido por detrás de uma rústica cortina, nos fundos do aposento. A uma certa distância eles divisam, sentado de costas para eles, um homem muito alto e magro. Sem nenhuma estranheza, ele se levanta e vira-se para os dois, devagar, quase teatral.

Veste uma túnica roxa com frisos dourados e detalhes em negro, bordada com símbolos do zodíaco e figuras exóticas. Por debaixo de um capuz do mesmo tecido, ralos cabelos brancos aparecem, desgrenhados. Seu rosto é pálido, doentio, e seus olhos de cor clara e indefinida; nariz adunco, a boca crispada revela amargura e uma declarada ironia.

Zarik reconhece que está diante de um feiticeiro. Sua viagem chega ao fim, Terá de enfrentar os próprios conflitos. Fará aquilo que Loredano exige? O rosto amoroso de Leocádia surge na sua mente... Teme aquilo que virá.

Após uma observação silenciosa, o feiticeiro declara, demonstrando extremo cansaço:

— Eu já os esperava. Acompanhei interessado a viagem que fizeram até aqui.

— Senhor, pode dizer-nos a razão deste interesse e de onde nos conhece? – indaga Zarik, respeitoso.

— Tudo a seu tempo, rapaz, não nos precipitemos! Fiquem tranquilos, aqui não correm perigo. Sei quem é você e tenho fortes razões para protegê-lo, por isso confie.

Zarik pensa: "Aqueles selvagens seriam os seus batedores?..."

Ele sorri e declara:

— Sim, eles eram! Aqui e agora, muitos outros, invisíveis. Nunca estou só.

Sérvulo tem os olhos azuis arregalados e a boca aberta. Afinal o que fazem ali e quem é este homem?! Compreendendo-o, cuidadoso, Zarik pede-lhe com o olhar confiança e silêncio, no que é prontamente atendido. Sérvulo relaxa. Confia plenamente no amigo.

Com uma sineta, o anfitrião chama o velho criado e ordena-lhe que cuide de Sérvulo e de Zarik, alimentando-os e acomodando-os da melhor forma possível.

— Amanhã bem cedo, caro rapaz, venha me ver. Só você. Seu companheiro deve permanecer nos seus aposentos.

Assim foi feito. Pela manhã, depois de um reconfortante repouso, Zarik faz-se presente no mesmo salão, conduzido pelo ancião.

Sentado no mesmo lugar e no mesmo banco, o anfitrião lhe indaga sem mais delongas:

– Qual o seu nome, rapaz?

– Mustaf'Zarik!

– Chamo-me Thalmar e estou à sua disposição. Diga-me a que veio, se bem que eu saiba – diz,levantando-se displicente e caminhando alguns passos, aparentemente indiferente ao que Zarik possa responder.

– Desculpe-me incomodá-lo, mas vim por imposição do meu patrão. Aquilo que sou nada tem a ver com aquilo que aparentemente pretendo.

– Sei que obedece a ordens. 'Ele' quer ser amado, imagine! Como, se ainda não aprendeu a amar?... Seus sentimentos são de puro egocentrismo!

Este homem dispensa informações, pensa Zarik, constrangido pela situação.

– Você abomina o que pretende, se bem que nada de mal por enquanto tenha feito, não é meu rapaz?

– Sim, senhor. Lamento estar aqui, mas há alguém refém desta viagem tão louca quanto inútil.

– Não louca e nem inútil!

Zarik pressupõe que ele fará a vontade de Loredano. Não fosse por Leocádia e sairia dali imediatamente.

Mirando o rapaz de maneira muito significativa, como um pai que entendeu o filho, ele aconselha:

– Acalme-se, ela ficará bem. E quanto à viagem, descanse, algo de bom resultará dela.

Zarik não sabe o que fazer. Decide aguardar os próximos acontecimentos. Não possui pontos de referência para crer naquele homem que nunca viu antes.

Indiferente àquilo que Zarik possa estar concluindo sobre a sua pessoa, o feiticeiro anda pela sala, cuida de pequenos afazeres sem nenhuma explicação. Numa atividade quase febril, ele se agita na conclusão de algo.

Alguns quartos de hora depois, senta-se de novo e declara:

– Estou à sua disposição!

Zarik usa de sinceridade:

– Nada quero do senhor, desculpe-me dizê-lo tão abertamente! Meu patrão deseja, como já sabe, conquistar alguém através de sortilégios.

Ele fita Zarik e aconselha:

– Eu lhe disse que estou à 'sua' disposição! Conheço sua sede de saber, meu caro! Aqui e agora, a oportunidade se faz.

Zarik compreende, mas não terá tempo para isso. E, afinal, o que ele poderia lhe ensinar? Práticas de feitiçaria? Isto jamais lhe interessou, naquilo que tem de mau e odioso: prejudicar as pessoas, impondo-se às suas próprias vontades, tirando-lhes tudo que amam e quiçá a vida!

Ansioso para livrar-se de tudo e regressar, finge não haver entendido. O feiticeiro olha-o percuciente, aguardando-lhe uma resposta. Inflexível, Zarik enfrenta-o silencioso. Tolerante, mas algo ofendido, o feiticeiro lhe fala conciliador:

– Acalme-se e não veja em mim apenas a sombra do mal! Ficará surpreso com as revelações que posso fazer. Sua reação defensiva nos compromete diante daquilo que, sem dúvida, faz parte do seu e do meu *maktub*. Esqueça por hora o seu patrão e as suas torpes intenções.

Educadamente, ele aguarda que Zarik se pronuncie.

Refletindo quanto ao próprio comportamento, Zarik pede desculpas:

– Perdoe-me, peço-lhe! Por não o conhecer, ajo assim. Cuido da minha segurança, da segurança do meu companheiro e preservo os meus princípios. O senhor parece ler os meus pensamentos, respondendo-os, antes que eu os pronuncie. Mais que isso, não sei de onde e nem como o senhor me conhece, sabe da minha vida...

– Sendo quem é, possuindo igualmente poderes semelhantes, por que se espanta?

– A prudência me ensina a caminhar com cautela em ambientes desconhecidos...

– Nem tão desconhecidos quanto pensa, e está a me prejulgar, meu caro rapaz. Dê-se a chance de conhecer-me melhor. A nada será obrigado, garanto-lhe. Que mal pode advir de um encontro como este? Conheço-lhe os escrúpulos e entendo, creia.

– Está bem. Desculpe-me mais uma vez.

– Relaxe, temos pouco tempo e estamos a desbaratá-lo.

– Avaliarei cuidadosamente as possibilidades com as quais me acena.

– Confie em mim, peço-lhe. Nesta rara oportunidade, obedecemos ambos a objetivos maiores. Não desdenho, absolutamente, aquilo que é. Ouça-me e entenderá.

Zarik acomoda-se melhor na cadeira e se dispõe a ouvi-lo.

Ele sorri levemente, antes de prosseguir:

– Conheço-o mais e melhor do que pode imaginar. Somos ambos investidos de poderes extraordinários. Você faz o bem, e eu, quase sempre, faço o mal.

Zarik, incomodado, remexe-se na cadeira.

Aborrecido, ele observa:

– Lamento sua censura, mesmo velada, principalmente sendo você quem é... Também faço o bem, mas desgraçadamente as criaturas desejam quase sempre o mal. Elas investem furiosas na construção de uma felicidade forjada sobre falsos alicerces, nos quais o sofrimento, a dor, o *desaire* e a morte alcançam aqueles que são os alvos de suas maldades.

Desalentado, ele se cala, envergonhado dos próprios erros.

Lúcido, Zarik o censura, silencioso, fazendo-o entender que ele usa de sofismas para justificar-se inutilmente.

Interiorizado, ele olha ao redor. Enfim, se refaz e declara, olhando--o frontalmente:

– Neste momento, o passado volta, cobrando-me uma avaliação. Jamais falei com tal sinceridade e despojamento, a quem quer que seja, como faço a você agora. Já tive boas intenções, creia. Fui um idealista, quis salvar o mundo, como a maioria dos jovens!...

Levanta-se e caminha pela sala, desalentado, aparentemente esquecido da presença de Zarik.

Teatral, abre os braços e desabafa:

– Quando me desviei do caminho reto? Quando?!... Tive consciência da trágica mudança ou fui rolando como pedra nas estradas do mundo? Não! Mil vezes não!... Nada me exime da escolha que fiz. Mergulhei, sedento de poder na ambição e no orgulho. Ouro, riquezas!... Amores, ainda que falsos e traiçoeiros! De tudo poder gozar, fazendo da vida um conto de fadas. A varinha de condão? O poder da bruxaria que abre as portas e a bolsa naturalmente daqueles que pagam a preço de ouro a ventura que não fizeram por merecer...

Um hiato se faz. Ele silencia, imóvel. Sua figura trágica é ao mesmo tempo patética. Zarik se debate entre a censura e a piedade.

Virando-se para Zarik, ele indaga, irônico:

– Diga-me, o que vê? Um homem feliz, realizado?

A um gesto sincero e negativo de Zarik, ele explode:

– Você está certo! Não se pode ver aquilo que não existe. Segui as minhas más inclinações sem peias. Julgava-me imbatível. Tudo me era permitido. Cegueira estúpida! Imprudente, abri o geena e me atirei de cabeça. Num deplorável conúbio com as forças maléficas, tenho sido elemento causador de dores e desditas inimagináveis! No uso diuturno do meu saber, 'penalizo' àqueles que, invigilantes, afinizam com o mal.

Exausto das próprias declarações e encenações teatrais, ele senta-se novamente, fita Zarik e declara em alto e bom som:

– Como pode ver, sei muito bem o que sou e o que faço. Triste constatação! Posso sentir-lhe as naturais rejeições a tudo que ouviu, porque você, meu rapaz, vive comprometido com o bem. Folgo com isso, acredite. Principalmente nesta fase da minha existência.

Sensibilizado e se esforçando para não o julgar com muita severidade, Zarik quer saber:

– De onde me conhece?

– De tantos lugares!... Temos nos encontrado, várias vezes, aqui e ali, ao longo das nossas jornadas evolutivas.

– Por que não me recordo do senhor?

– Questão de padrão vibratório. Estamos em lados opostos. Mas, aguarde, a recordação se fará...

Para diminuir a tensão do seu interlocutor, Zarik indaga-lhe:

– E quanto àqueles seres primitivos?...

Respirando profundamente, o feiticeiro responde, algo cansado:

– Eles estavam materializados. Poderiam fazer o que fizeram sem serem vistos. Você sentiria a presença deles e as suas vibrações. São inteligências ainda rudimentares, remanescentes de seus povos primitivos; obedecem-me por admiração e em troca de alguns 'presentes'.

– O senhor quer dizer 'oferendas', não é?

– Sim.

– E quais são?

– Aquelas que eles apreciam: animais sacrificados, beberagens, enfeites, determinados alimentos...

– Aos quais, eles pensam ter acesso, mas dos quais só aproveitam as emanações, certo?

– Sim.

– Se puder, perdoe-me aquilo que vou dizer. Nesta convivência, é patente a existência de pactos de baixa categoria, além da cristalização, no espaço e no tempo, das suas mentes tardias, impedindo-os de evoluir, prisioneiros que são nesta troca de interesses.

– Não há o que perdoar e podemos concluir com acerto: interesses enganadores para todos, porque são transitórios, efêmeros...

Eles os recepcionaram, analisando-os, naturalmente, pois que isso faz parte das suas obrigações.

Registraram em vocês a presença do bem; bem que, apesar de não viverem, eles conhecem, respeitam e temem. Nada, absolutamente nada, tem mais poder que o legítimo bem!

– E quanto à caminhada evolutiva deles?

– Se fará, mais cedo ou mais tarde, porque, como sabe, o meu poder e a minha maldade têm limites bem estreitos, diante do Grande Poder.

– Para estas entidades primitivas, tais obrigações acabam se transformando numa deplorável escravidão...

– Sim, eu sei – ele conclui desalentado. Respirando fundo e devagar, declara esperançoso, apesar de tudo:

– Espero que ao sair daqui, troque a imagem de um feitor tétrico de almas incipientes por outra melhor, porque o juízo que possa fazer a meu respeito é muito importante para mim. Principalmente agora...

– Por que principalmente agora?

– Depois saberá, aguarde. Por hoje, basta! Estou exausto! – Isso ele diz esticando-se todo, feito um felino. De fato, as suas feições demonstram abatimento.

– Amanhã, no mesmo horário, venha me ver e garanto que não se arrependerá. Tenho muitas respostas para as suas indagações. Agora, vá!

– Desde já, agradeço-lhe a hospitalidade.

– Não pode imaginar o quanto a sua presença me alegra!

Zarik segue em direção aos aposentos que por enquanto ocupa junto a Sérvulo. Este deve estar impaciente e curioso e, sem dúvida alguma, também preocupado. Respira aliviado com o término da curiosa entrevista.

Dia seguinte, após outra noite bem dormida e longas conversas com Sérvulo, que deseja saber de tudo, Zarik comparece ao encontro na hora marcada. Encontra o seu anfitrião sentado, a meditar, no mesmo ambiente. Ao vê-lo, este desanuvia o semblante e o convida amavelmente:

— Sente-se!

Atendido, informa sem mais delongas:

— Eu programei este reencontro.

— Como?...

— Surpreso, não é? O seu patrão, à sua revelia, me favoreceu com os seus desejos e eu o induzi a agir como agiu, enviando-me você! Que convivência a de vocês, hein, meu rapaz?

— De fato! Imagino os laços que nos unem e adivinho as minhas culpas com relação a ele. Ele me atormenta, diuturnamente, mas eu também quase sempre o desafio. Vivemos em constante litígio. Lamento confessar, mas me apraz surpreendê-lo nos seus limites, sem poder alcançar-me como desejaria...

— Sim, você se defende... quando quer...

— Ah! Nestas ocasiões, sinto-me redimido!

— Fazendo uso da mesma sinceridade que exercita, direi que não se redime, meu rapaz. Muito ao contrário, se vinga, comprometendo a sua notável evolução nesta existência sofrida.

— Grato pela lição. Todavia posso dizer-lhe que geralmente vivo nos meus limites. Não sei como tenho sobrevivido a tantas dores físicas e morais. Às vezes, quero morrer para livrar-me...

— Um dia, tudo isso terminará.

— Sim, eu sei e aguardo ansioso por essa hora sagrada.

— Ele detesta você mais pelo temor que você lhe inspira, além de lamentar também a própria decisão de trazê-lo para a sua convivência.

Mas, agora, falemos de nós mesmos:

Somos companheiros de jornadas evolutivas no espaço e no tempo.

Uma afeição intensa e que se sobrepõe a qualquer circunstância nos une em compromissos de fraternidade. Há muito acompanho os seus passos, e nesta rara oportunidade, posso privar, mesmo que por pouco tempo, da sua companhia.

— Agradeço-lhe mais uma vez.

— Aproveitando, quero oferecer-lhe algo que sei não recusará.

— E o que é, senhor?

— Ciência, sabedoria!

– Não perca seu tempo, peço-lhe, respeitosamente; jamais farei uso delas. Deveria saber...

– Ah, a impaciência da mocidade!

Concordando com a sua assertiva, Zarik decide ouvi-lo.

Sorrindo, ele o elogia:

– Sua personalidade forte, determinada e profundamente sincera em nada se modificou, meu caríssimo rapaz! O passado se instala, comovendo este coração que parecia adormecido! Glória ao Grande Poder, que apesar dos meus inquestionáveis deméritos, nos permitiu este abençoado reencontro!

Neste homem alquebrado e desiludido, são visíveis a emoção e a sinceridade. Sua ternura filial revelada na voz e no olhar sensibilizam profundamente a Zarik, que igualmente abre o seu coração.

De repente, emerge do seu inconsciente mais profundo cenas vivas:

Ele e o feiticeiro, unidos, companheiros, dividindo experiências...

Zarik abstraiu-se, olhos vagos, sonambúlico. O seu interlocutor o observa em silêncio. Momentos depois, indaga entusiasmado:

– Atravessou as barreiras do tempo, meu amigo?

– Sim, começo a recordar...

– Excelente!

– Tudo aquilo que me disse faz mais sentido agora.

– Estamos indo muito bem! Os meus conhecimentos e as suas técnicas podem ser usados tanto no bem quanto no mal. Já lhe disse que às vezes faço o bem; mesmo que de pequena monta.

Terei pouco tempo para instruí-lo. Conto com o seu cérebro brilhante num aprendizado intenso.

Nesta circunstância, considere-se o meu prisioneiro de honra!

– Agradeço-lhe a boa disposição a meu respeito e o desejo de instruir-me, todavia tenho deveres que me aguardam. Lamento não aproveitar esta rara oportunidade.

– Garanto-lhe que encontrará tudo muito bem ao regressar. Não perca a chance de ampliar os seus estudos metafísicos.

Vivemos, ambos, uma situação *sui generis*. Preciso, desesperadamente, da misericórdia divina. Em algumas existências, tenho sido o seu mestre. Você será o meu herdeiro, transmutando para o bem as ciências ocultas que usei no mal. Entenderá a urgência deste propósito, quando souber que breve, muito breve, perderei esta carcaça antiga e já imprestável. Prevejo diuturnamente o meu fim; este será tão trágico quanto tem sido a minha vida.

Algo cansado, ele fita Zarik e complementa:

— Acima de qualquer circunstância, tempo ou lugar, nossa afeição fraterna sobreviveu. Sinto uma alegria ímpar por estar-lhe próximo e poder lhe falar. Você está muito bem! Folgo com isso e auguro-lhe um belo futuro de sabedoria e liberdade plenas!

— Agradeço. Divisando este futuro de que fala e do qual tenho certeza, às vezes temo que o meu patrão consiga me destruir antes de alcançá-lo...

— Ele não o impedirá de cumprir o seu destino, descanse.

— Fico a pensar no futuro de Leocádia, esta boa mãe que Deus me concedeu. Ela, como eu, está subordinada à selvageria do senhor Loredano. Pudesse eu protegê-la, sempre...

— Suas existências tomarão rumos diferentes por força das circunstâncias, mas antes disso alguém que ainda não conhece o ajudará a protegê-la como convém.

— Aguardo o meu destino. Quando e como, ignoro. Como sabe, existem fatos que fogem ao nosso conhecimento, por mais que tentemos levantar o Véu de Ísis.

— No momento certo a proteção se fará, abrindo as cortinas do tempo, a fim de que se previna. Cumprirá períodos de extremo sofrimento que o libertarão de antigos grilhões, abrindo portas para realizações maiores, transcendentes.

— Pressinto que a hora da grande mudança será nefasta.

— De fato, será. Todavia, sempre, a proteção do Alto.

— Sim, eu confio e espero! Por que diz estar morrendo?

— Tenho sido avisado e torturado da forma mais cruel que possa imaginar. Uma negra e colossal goela se abre aos meus pés, sugando-me...

— Não pode conjurá-la, modificando-se?

— Não mais! Nêmesis já se faz presente! Ela esmiuçou a minha vida inteira, com a competência que só ela possui...

Esgotado de falar, ele para e respira, buscando refazimento.

Zarik espera que ele se recupere para depois indagar-lhe a respeito do sucesso ou do fracasso dos objetivos de Loredano:

– E quanto à minha viagem, que farei ao regressar?

– Diga ao seu patrão que venha ele mesmo falar comigo. Duvido que a sua ousadia chegue a tanto. É tirano, mas é covarde! Pobre infeliz, quantas desgraças causa e de quantas desgraças viverá!

Em tempo, ele aduz:

– Não pense que ao julgá-lo esqueço as minhas próprias culpas. Mas, diga-me, aceitará o meu convite?

– Sinto-me dividido entre o anseio de aprender e os cuidados com a saúde de Leocácia.

– Ela está sendo protegida. Amorosa e cheia de fé, terá a intuição de que você está bem e que regressará breve, acalmando o próprio coração.

– E quanto a Sérvulo?

– Respeitando a distância que os separa nos diversos níveis de entendimento, ele poderá aprender algo aqui enquanto aguarda.

Ele ordena que chamem Sérvulo.

Este se apresenta curioso e expectante. Sérvulo surpreende Zarik tranquilo e descontraído.

Com bonomia, o feiticeiro dirige-se a ele:

– Caro senhor, tenho uma hóspede versada em alguns conhecimentos. Ela poderá dividi-los consigo, tornando assim a sua espera mais agradável. Tem sorte de ser amigo de Zarik!

– Sei disto, senhor!

– Honra-me, igualmente, a amizade de Sérvulo – declara Zarik.

– A verdadeira amizade é um bem precioso, uma pérola rara que atravessa incólume cada vez mais forte o tempo e os desafios. Felizes aqueles que a encontram! – declara teatralmente o feiticeiro.

Convencido, Zarik concorda:

– Sendo assim, agradeço-lhe a hospitalidade e me disponho a aprender. Esta tem sido a minha proposta de vida. Vou aplicando os meus conhecimentos para auxiliar as pessoas, principalmente as mais desvalidas.

– Ótimo, finalmente chegamos a um acordo! Agora, deem-me licença, preciso descansar. Argus cuidará do bem-estar de ambos, como tem feito. Até breve!

Nos olhos de Sérvulo, muitas indagações; todavia se cala. Sabe que Zarik lhe dará as respostas. Segue o criado, silencioso, junto ao amigo.

Zarik não sente desconforto na presença do feiticeiro e muito menos o teme. Pode até dizer que gosta dele. Imagina a reação de Loredano quando receber o recado deste homem que parece saber tudo sobre as suas vidas.

Nesta estranha moradia, a iluminação é artificial de dia ou de noite. As paredes são forradas de veludo bordô; cortinas e reposteiros do mesmo tecido; móveis escuros e pesados. Colchas franjadas de dourado forram os leitos e sobre eles grandes almofadas.

Em cima da lareira, retratos antigos e enfeites bizarros; ao lado, os atiçadores e foles. No grande salão de entrada, estátuas diabólicas, posicionadas nos quatro cantos como silenciosos vigilantes. As suas expressões são de arrepiar.

Dia seguinte, novamente convocados, eles descem para uma refeição regada a vinho e carne, pães e frutas.

Sérvulo come de tudo com prazer.

Zarik escolhe alguns alimentos mais leves.

O anfitrião, silencioso, alimenta-se circunspecto, observando significativamente os dois.

Terminado o repasto, ele pigarreia e diz a Zarik:

– Passemos ambos para o salão ao lado.

O seu companheiro pode aguardar nos seus aposentos ou, se desejar, sair a caminhar pelos arredores. Argus poderá lhe fazer companhia, enquanto a minha hóspede se desocupa de alguns afazeres mais urgentes.

Sérvulo, descartado pelo mago, olha para Zarik, entendendo-se com ele. Decide ficar ali para não correr riscos. Se Argus estiver disponível, conversarão. Sente-se ansioso quanto à referida hóspede.

No salão, Zarik e o mago sentam-se em estofados confortáveis.

– Ouça-me e seja paciente, meu caro rapaz! Desejo, a princípio, desabafar. Aquilo que vai ouvir lhe servirá de exemplo. Ninguém é tão virtuoso que não precise deles. Brevemente quitarei as minhas dívidas. Ah, Zarik, aqueles que invejam o meu poder ignoram-me os tormentos! Os meus conflitos e os meus sofrimentos são maiores que a minha capacidade de suportar, digo-lhe, sem pejo algum.

– Como, quando e por quê tudo isto começou, senhor?

– Desde o meu nascimento, pois cresci neste ambiente, em meio a estas práticas. Meu pai foi um dos maiores magos que já passaram por este planeta. Tornei-me, naturalmente, seu discípulo e herdeiro mais direto, para gáudio do seu coração amoroso.

– Seu pai era bom?!

– Sim! Onde estiver deve lamentar-me, pezaroso. Tendo exercitado diuturnamente o bem em prol daqueles que atravessaram o seu luminoso caminho, meu pai entregou sua alma aos céus entre louvores de gratidão. Durante algum tempo, confesso, fiz-lhe a vontade, mas sem a sua presença, autoridade e vigilância, liberei as minhas más inclinações e paulatinamente comecei a fazer o mal para usufruir vantagens. Quando me dei conta daquilo que fazia, já estava enredado. O poder dá aos maus o ensejo de serem piores.

Com o passar dos anos, porém, e muito principalmente quando as forças físicas começaram a declinar, curvando-me em direção ao pó, me dei conta do estranho mundo no qual entrara e das inúmeras inteligências trevosas que passaram a fazer parte da minha vida. Elas me escravizaram, dependentes que se tornaram das minhas ações, num tenebroso conúbio.

Thalmar se interioriza, respira fundo e olha ao longe, através da janela.Levanta-se, dá alguns passos pela sala, reflexivo, curvado pela magreza e pelos anos que se aproximam de um século...

– Jamais vi um feiticeiro como o senhor! – Zarik não se contém e expressa sua admiração pela originalidade do seu interlocutor.

– Somos exóticos, porque vaidosos, mas também atormentados e solitários... Satisfaz ao nosso ego chamar a atenção daqueles que ingenuamente se impressionam com as nossas excentricidades.

Isto nos faz diferentes, mas nos distancia da chamada vida normal.

Como cartas de um inusitado baralho, temos o valor que representamos nos diversos jogos de interesses.

– O amor fez parte da sua vida?

– Ah, o amor, meu caro Mustaf'Zarik!... Sim, eu vivi um amor que me levou às raias da loucura! Dominei a vontade, os sentimentos e as emoções daquela que eu amava, possessivo e cruel! Todavia, que desgraça, a mais bela que meus olhos já viram e meu coração desejou um dia desapareceu sem deixar rastros. Os meus poderes de nada valeram na busca, que se transformou numa obsessão. O destino escondeu-a de mim e temo que para sempre...

— Outros amores vieram?

— Sim, sem dúvida, mas como preservá-los? Uma mulher normal jamais me acompanharia nesta vida esdrúxula. Na magia negra, vivemos mergulhados em vibrações pesadas, precisamos de isolamentos, praticamos rituais demorados... É, enfim, um tributo pesado demais para qualquer ser humano.

— Permita-me, senhor: Por que não voltou atrás, em tempo?

— Porque o mal me prendeu no seu visgo traiçoeiro. A chance de tudo fazer, sem peias, contando sempre com forças poderosas nos embriaga! Esquecia-me de que, mais dia menos dia, me defrontaria comigo mesmo, porque 'aquele' que nos observa e nos aguarda a razão e o bom-senso, nos instrui, a duras penas, desiludindo-nos daquilo que pensávamos ser. Não somos invencíveis e jamais seremos!

Pensando agir por conta própria, somos, em verdade, coparticipes da grande luta do bem contra o mal, e, acima das circunstâncias ou das aparências, o bem será sempre o grande vencedor. Nos assemelhamos a crianças teimosas que batem o pé, quando desejam se impor, mesmo sabendo que os adultos finalmente as conduzirão diante das suas fragilidades físicas na direção adequada. Entende o que digo?

— Sim, perfeitamente. Eu, por minha vez, carrego n'alma a ferro e fogo a submissão ao Criador. Devo ser hoje o resultado de muito sofrimento e rebeldia do passado.

— De fato, posso constatar que você evoluiu. Parabenizo-o! Nesta existência, você nasceu na Índia, não foi?

— Sim, fui raptado por meu patrão que me trouxe para cá.

— Infeliz! Foi buscar os próprios tormentos!

— Sim, sua vontade nos reuniu para sofrermos; eu sob o látego de sua crueldade, e ele, no temor supersticioso que lhe causa a minha presença nas culpas que carrega. Ouvindo-lhe, senhor, o corajoso desabafo, me convenço cada vez mais de que estou no caminho certo! Entendo-lhe os conflitos; melhor seria ter escolhido o bem enquanto podia, não é?

— É exatamente assim! Abro-lhe o meu coração, sem reservas e sem receios, porque somos velhos companheiros. Temos os mesmos interesses na exploração das forças ocultas, das quais você tem sido não raras vezes um tenaz perseguidor. Ansiamos pelo poder que esta sabedoria confere.

– Diferenciados, hoje, nas ações praticadas e nas intenções.

– Aceito as sutis admoestações. É muito bom vê-lo de alma independente, nesta proposta luminosa! Bravo!

O feiticeiro cala-se. Visivelmente alquebrado, ele suspira e faz entender que nada mais tem a dizer no momento.

Zarik lamenta a tragédia íntima daquele homem que poderia ter sido bom, como qualquer outro.

Espera que se entenda com a Grande Lei o quanto antes, começando com as suas boas intenções, e que após a sua redenção, através de suas expiações, ele possa trilhar veredas mais suaves, mais felizes.

Sentindo-lhe as boas vibrações e o interesse fraterno, o mago agradece-lhe com o olhar.

Ensimesmado, logo após, sequer deu-se conta da saída silenciosa e discreta do seu antigo discípulo.

Nos dias seguintes, cumprindo o que prometeu, ele instrui intensamente Zarik, enriquecendo-lhe os conhecimentos.

Nesta convivência, Zarik recorda melhor a ligação antiga de ambos. Esforçando-se para corresponder à altura a expectativa do mago, ele agradece aos céus a excelente oportunidade de aprendizado e o reencontro com o amigo.

Enfim, a viagem de fato dera frutos preciosos. Brevemente, ele e Sérvulo empreenderão a viagem de volta. Desta vez, por desconhecidos atalhos, permitindo-lhes regressar mais depressa. Argus vai ensinar-lhes o novo roteiro.

Duas semanas depois chega para eles o dia das despedidas. Thalmar abraça fortemente Zarik, num adeus definitivo. E com olhos de estranho brilho lhe fala:

– Seja fiel às suas propostas de vida e o Grande Poder estará sempre com você, meu discípulo, amigo e irmão! Não me esqueça nas suas orações, peço-lhe. Ninguém precisará tanto delas quanto eu pelos séculos afora. Vá, meu companheiro de diversas moradas! Um dia nos veremos. Estaremos sempre nos buscando. Na próxima vez, estaremos do mesmo lado, eu prometo! Este reencontro foi a gema preciosa que coroou a minha decisão de ser, daqui para frente, fiel ao Bem e à Verdade!

Será uma proeza digna de nota. Em muitas existências, sofrerei as penas do Amenti, antes da ansiada redenção. Infelizes de nós, quando desafiamos as sagradas leis do Arquiteto do Universo!... Todavia, meu caríssimo discípulo de antanho, conto com a eternidade e com a misericórdia daqueles que nos conduzem pacientes à legítima evolução!

Condoído, almejando-lhe força, determinação e fé, do fundo de sua alma, com o coração pleno de saudades antecipadas, Zarik declara:

— Agradeço-lhe o empenho em instruir-me e a sua solicitude. Desejo-lhe paz e esperança, ainda nesta jornada e nas outras que vierem. Conte com as minhas orações e com a minha afeição eterna!

Durante os nossos desdobramentos pelo sono, certamente nos veremos e prosseguiremos estas conversações e este aprendizado que nos reuniram e nos permitiram conviver, mesmo que por pouco tempo. Ser-lhe-ei eternamente grato, meu irmão, meu mestre e meu amigo!

— Meu coração atormentado balsamizou-se, meu caro Zarik, nesta convivência que nos trouxe o passado, iluminou o presente e nos fez antever os futuros gloriosos que teremos. Neste momento, prevejo a grande realização intelectual e espiritual desta humanidade, ainda tão perdida em si mesma. Diviso aqueles que buscam as virtudes dos céus e dentre eles nós mesmos, comprometidos na construção de um novo tempo. Haverá então um novo céu e uma nova Terra! Visão beatífica, somente concedida como estímulo à minha recuperação...

Grossas lágrimas descem pelo seu rosto envelhecido. Ele parece ter-se desligado por instantes,da matéria.

Soltando um estranho e abafado gemido, ele leva a mão ao peito, em garra e declara com dificuldade:

— Sim, não tenho direito a estas dádivas, todavia elas me servirão como estandarte de luta e, um dia, estarei livre das vossas perseguições! Tenham misericórdia, por um instante que seja! Sou consciente das vossas presenças e também do caminho que terei de percorrer. Eu mesmo — ele esmurra fortemente o peito magro — me deixei aprisionar. Não tenho onde me esconder. Afastai-vos! Em nome do meu futuro e em nome do Grande Poder, ao qual estais também submetidos. Ide, peço-vos!

Tudo isto ele diz em convulsões espasmódicas, terminando por levantar a destra, suplicando uma trégua aos seus perseguidores; em verdade, seus cúmplices...

Mal impressionado e extremamente compadecido, Zarik roga aos céus misericórdia para ele.

Thalmar se acalma, respira fundo e enxuga algumas lágrimas. Zarik o acolhe nos seus magérrimos e musculosos braços, tal qual a uma criança. Thalmar chora então todo pranto represado. Permanecem abraçados, em silêncio. É um pai confortando o filho muito amado...

Momentos depois, eles se despedem.

Thalmar presenteou Zarik com ervas especiais, frascos com líquidos estranhos que fazem parte da alquimia, infólios preciosos, pomadas medicinais e pedras diferenciadas. Deu-lhe, também um anel, enquanto profetizava:

– Este anel foi de meu pai. Suas energias ainda se encontram nele. Agora é seu. Um grande mago e sacerdote, fiel às forças do bem, atravessará o seu caminho e será seu mestre. Ele reconhecerá este anel. Ulimar foi discípulo de meu pai. Minhas saudações a ele!

Enfim, os dois se abraçam emocionados, despedindo-se, de fato e para toda a vida. Zarik regressará sem fazer o que Loredano queria e este ficará surpreso ao revê-lo.

Trilhando caminhos mais seguros, Zarik e Sérvulo tiveram oportunidade e tranquilidade suficientes, para trocar ideias a respeito da inusitada aventura. Zarik, respondendo perguntas, e Sérvulo, fazendo-as, ávido de explicações. A hóspede de Thalmar instruiu-o, é verdade, mas encantou-se com o 'valoroso viking', namorando-o, esquecida de outros interesses.

Para Sérvulo foi uma ótima oportunidade de manter, mesmo que por pouco tempo, um saboroso idílio. Lamentou profundamente separar-se dela e ela não pôde evitar o pranto das últimas carícias.Enfim, a temida viagem os surpreendeu favoravelmente.

Agradecido a Deus por não ter se comprometido com causas alheias, principalmente as de um coração feminino, quase sempre tão indefeso, Zarik retorna, algo preocupado com o patrão. Ele por certo ficará furioso, porque o seu plano não terá sucesso.

Em meio a agradáveis diálogos e muitas risadas, sem esquecer das orações constantes e dos cuidados necessários, eles se aproxima da chegada.

Zarik impacienta-se para rever Leocádia. Thalmar garantira-lhe que ela estaria bem. Ele parece conhecer a todos e saber das suas vidas. Neste momento, olhando as suas amigas estrelas, antes de fechar os olhos para dormir, Zarik rememora as últimas palavras de Thalmar:

"Nos distanciamos pelas diferentes necessidades de provações, das quais sou hoje, como sabe, um devedor complicado. Falhei e traí os sagrados objetivos da minha reencarnação presente. Conservei a recordação da sua existência e da nossa amizade milenar. Por isso não perdera você de vista. Hoje, a Morte acompanha-me de perto. Vejo-a simbolizada em suas vestes esfarrapadas e esvoaçantes, crânio liso, olhos fundos e vermelhos como brasa. As mãos descarnadas, uma a segurar a foice, símbolo da colheita fatídica, e a outra a atrair-me, irônica e cruel. Prazerosa, ela assiste aos tormentos que aqueles que fazem parte do seu tétrico cortejo me infligem e ri estridentemente. O seu riso ressoa dentro do meu cérebro num tormento inconcebível."

– Lamento tanto, senhor!

– Cada qual tem a vida e a morte que merece, Zarik! Brevemente serei destruído com tudo que fez parte da minha existência. De tudo que vê, restarão apenas cinzas. Passarei sem deixar rastros, como tantos outros. Louco que fui, esqueci que o tempo passa inexorável! Os meus carrascos já se encontram a caminho em nome das suas vinganças e minha última inimiga diverte-se com o horror que me causa. Enquanto lhe falo, ela gargalha e avança para mim! Suas garras afiadas me estraçalharão mais uma vez. Depois me soltará, a fim de que me refaça e esteja pronto para o próximo tormento! Estes intervalos diminuem a cada nova tortura... Até quando suportarei isto?

Diante de Zarik, Thalmar segura a garganta com ambas as mãos e sufoca, olhos esbugalhados, quase estertorando. Ele roga aos céus por aquele amigo reencontrado, em nome da infinita misericórdia divina, por um futuro diferente, de arrependimento e caminhada para a sua libertação.

O infeliz feiticeiro volta a respirar, desfeito, suando em bicas, tremendo como vara verde. Desabafando, trágico, ele grita, num triste clamor:

– Ao partir, já terei morrido mil vezes! Ora, de que me queixo?

Desaba na cadeira e respira muitas vezes, tentando recompor-se. Retira o chapéu pontiagudo e passa as mãos pela cabeça, vencido, arrasado. Costas curvadas, o seu corpo inclina-se para o chão como uma árvore açoitada pela tempestade. Sente-se envergonhado diante de Zarik. Pede, num sussurro:

– Vá-se embora, por favor, nosso tempo se esgotou! Deixe-me com os meus fantasmas, pois mereço cada um deles. Saia daqui e leve o seu amigo que é uma boa alma! Brevemente, nada mais restará de mim. Durante algum tempo serei apenas uma lenda... Peça por mim aos seus protetores. Afinal, quanto mais elevado o Espírito, mais misericordioso será!... Que Deus tenha piedade de mim! Nada tema, porque aquele que o enviou nem o espera mais. Adeus!

Tocando-lhe a testa, na intenção de balsamizar-lhe a mente e abraçando-o mais uma vez, Zarik dirigiu-se para a saída, seguido de Sérvulo."

Lamenta o caminho que ele escolheu, mas não se ilude. Em outras vidas deve tê-lo acompanhado nas suas loucuras.

Enfim, ele e Sérvulo chegam em casa.

Loredano, estupefato e decepcionado por não ter se livrado de Zarik, adiou as explicações para depois. Dia seguinte, manda chamá-lo e o inquire sobre os sucessos da viagem. Ele lhe diz que o único feiticeiro que encontrou estava à morte.

Contrariado, Loredano censura:

– Que inutilidade! Quanto tempo perdido! Enquanto esteve ausente, seus serviços ficaram à deriva, seu traste! De qualquer forma, você sempre me aborrece e me prejudica! Saia da minha frente e retome os seus encargos imediatamente!

– Sim, senhor! – Zarik se dirige para a saída, mas antes de alcançá-la, ouve:

– Saiba que muito antes do seu regresso, eu já havia desistido daquilo que lhe ordenei. Tenho recursos melhores e mais eficientes. Não preciso de você!

Na última frase, Zarik gira sobre os calcanhares e se volta para ele. Não se contém, transmitirá o recado de Thalmar:

– Senhor Loredano, trago um recado do feiticeiro para o senhor. Mesmo adoentado e à morte, pediu-me que lhe dissesse que o senhor mesmo deveria procurá-lo e encomendar-lhe aquilo que deseja.

Zarik silencia e aguarda-lhe a reação. Nos seus olhos, o patente desafio.

Remexendo os papéis que estão sobre a sua secretária, Loredano finge não ter ouvido.

Zarik, imóvel, aguarda-lhe uma resposta.

Loredano levanta o olhar e explode:

– Não ouviu o que eu disse? Vá cuidar das suas obrigações! Quer levar o chicote no lombo? Não se emenda? Saia daqui, suma!

Sorrindo, Zarik sai bem devagar, ouvindo a respiração agressiva de Loredano às suas costas. Felizmente, encontrou Leocádia muito bem. Agradeceu emocionado a companhia e os préstimos de Sérvulo. Reassumiu os seus serviços, disposto e competente. Acarinhou os animais e conversou longamente com eles, agradeceu a Deus, do fundo de sua alma, por ter sobrevivido.

Há, ainda, muito por fazer...

* * *

Investindo na própria felicidade, Genésio, apaixonado e sincero, aproxima-se de Zoraida e mais uma vez lhe fala do seu amor:

– Mulher maravilhosa, senhora dos meus sonhos mais loucos, não suporto mais viver sem você! Enquanto sofro com este amor que me tira a razão, você sonha com aquele trapeiro!

Zoraida, que ainda não se decidiu, responde:

– Perdoe-me, Genésio, mas ainda não sei o que fazer. Você sabe o quanto eu gosto do meu Seriguella. Sei que você me ama, mas não posso mandar no meu coração...

– Amar aquele traste é perda de tempo! Ele não se casará com você, sua tola! Use a cabeça, aceite o meu amor e a segurança que lhe ofereço! Você é belíssima, Zoraida, mas o tempo passa... A natureza se impõe e dentro de alguns anos você será uma flor sem viço e sem atrativos! Neste tempo, nenhum homem se interessará por você. Não pretendo esperar por você a vida toda. Existem outras mulheres a suspirar por mim, você sabe! Vai abrir mão desta oportunidade?

Faceira, ela se afasta da proximidade perigosa dele. Perigosa para os dois, afinal ele é um bonito homem, sedutor mesmo e de certa forma mexe com os pensamentos de Zoraida, já tão decepcionada com Seriguella. Genésio é a segunda melhor opção da sua vida. Todavia, naquele momento, ela tem vontade de atirar-se sobre ele e agredi-lo. Imprudente e grosseiro, ele tocou num assunto que a incomoda sobremaneira: a futura velhice, inapelável e fatal.

Fitando-o, de frente e em silêncio, ela deplora a sua grosseria verbal.

Mas apesar da sua falta de sensibilidade, ele não deixa de ter razão.

Nisso são parecidos, fazem bom uso da razão e da ambição.

Incendiado pela paixão, Genésio adianta-se e toma-a nos seus braços, beijando-a com frenesi, como tem feito ultimamente. Ama Zoraida e pretende constituir família ao seu lado.

Esforçando-se fracamente para se defender, ela ameaça, num muxoxo:

– Se continuar assim, nunca me casarei com você! Não quero ser a mulher de um grosseirão! Por isso admiro o meu Seriguella! Ele é gentil e educado, parece um Lord! Controle-se ou me perderá, definitivamente!

Beijando-a, mais uma vez, ardente, ele se afasta. Contrariado, sai pelas plantações a bater com o chicote na própria perna, enquanto pensa: "Ah, Zoraida... qualquer dia destes, adeus controle!..."

Seriguella, que vinha chegando, escondeu-se, viu e ouviu tudo. Chumbado ao chão, com o coração em azorragues, supõe-se num terrível pesadelo. Precisa de muito esforço para acalmar-se. A decepção com o seu amor é muito grande. Zoraida faz jogo duplo, apesar de amá--lo, como diz. Conclui, desgraçadamente, que Zoraida se casará com Genésio ou com qualquer outro que lhe ofereça segurança. Desiludido, cabeça baixa, o pranto querendo chegar, ele se afasta em silêncio da mesma forma que chegou.

Zoraida jamais saberá que ele a surpreendeu nos braços de Genésio...

Dando uns piparotes na testa ampla e nobre, fala consigo mesmo:

– De que me queixo? A culpa é toda minha! Até quando Zoraida vai esperar? Ela quer casar-se e ter filhos. Se não posso concretizar os seus propósitos, que outro o faça, mas Genésio? Seriguella, Seriguella, caia na realidade!...

Muito triste, ele segue o seu caminho, sem se importar para onde. Andará muito, antes de regressar para 'casa'. Precisa digerir tudo que viu e ouviu.

Segue chutando as pedrinhas do caminho e sem muita vontade de admirar as belezas naturais que rotineiramente fazem a alegria do seu coração. No seu peito, uma grande dor, difícil de suportar. Horas depois, ele se senta à sombra da mesma figueira do caminho e solta as comportas do pranto.

Nestes momentos, não percebe os pássaros que voam ao seu redor e nem os figos convidativos. Suas lágrimas caem sobre o chão, abundantes, e seu corpo se sacode em soluços convulsivos.

Quando regressar, por certo, não terá a alegria habitual. Quanto à sua tristeza, terá de curti-la sozinho. Ninguém perceberá que hoje ele carrega uma grande mágoa no coração. Estão habituados a vê-lo feliz...

Mas, como qualquer filho de Deus, Seriguella às vezes se sente muito infeliz!...

* * *

Dom Berardo, bispo e primo de padre Leopoldo, concluiu os seus conchavos e decidiu-lhe a sorte.

Alguns dias depois, o clero, severo e inquisitorial, convocou o bom padre. Profundamente abatido, padre Leopoldo tenta defender-se:

– Eminência, não posso entender o porquê desta convocação! De que me acusam, afinal? Cumpro os meus deveres de sacerdote, faço tudo que posso para socorrer os meus paroquianos nas suas necessidades, desperto-os para a prática das virtudes e da fé em Deus... Jesus amparava os infelizes e eu me esforço para segui-Lo, fielmente, amando-O na pessoa do meu próximo. O exercício da minha vocação religiosa gratifica-me, cada vez mais, na realização do amor maior, vivenciando a caridade e a abnegação.

Impaciente e desrespeitoso, o superior interrompe-lhe as explicações e exclama com voz tonitruante:

– Pois bem, eu lhe direi em alto e bom som! Enquanto o padre anda por lugares desconhecidos, resolvendo problemas que não lhe competem, desbarata o tempo e os recursos que pertencem à Santa Madre Igreja! Onde, a sua razão e o seu bom senso? Pretende viver sem disciplina, esquecendo os seus mais lídimos deveres eclesiásticos? Que exemplos pensa dar aos seus paroquianos e aos outros sacerdotes, quando faz ouvidos moucos aos seus superiores? Sabe os riscos que corre, padre?... Por acaso, tem amor à vida? Hoje em dia, religiosos desaparecem, como por encanto! Alguns, envolvidos em muita rebeldia, como o senhor, acabaram morrendo de forma misteriosa. Não esqueça que representamos não apenas o poder religioso. O senhor está submetido às nossas leis e aos nossos castigos que, diga-se de passagem, são exemplares. Há que primar-se pelo exemplo e pela disciplina! A obediência é fator preponderante em todos os departamentos da Igreja, no exercício das funções eclesiásticas. Conhece as regras!

Padre Leopoldo ensaia defender-se, mas sem lhe dar tempo, o outro prossegue, esmagador:

– Outro fato que nos incomoda, sobremaneira, é que os proventos que a sua paróquia recebe, o padre distribui a seu bel-prazer, exercendo assim uma beneficência duvidosa, roubando desavergonhadamente os cofres da Igreja. Então, o que me diz? Os seus desmandos há muito nos incomodam e desta vez daremos um fim neles, por bem ou por mal!

O superior eclesiástico bate com estrondo na mesa, fazendo padre Leopoldo estremecer.

Perplexo com aquilo que ouviu, ele busca forças na sua fé e responde, humilde e sincero, como é do seu feitio:

– Senhor, aquilo que recebo por bondade dos meus paroquianos mais ricos ou apenas caridosos segue diretamente para a mesa dos famintos, para remédios que aliviam e curam as doenças daqueles que não têm como socorrer-se; para alguns consertos, aqui e ali, nas suas miseráveis casas que durante o inverno deixa de protegê-los pela situação precária dos telhados, das paredes, das portas e das janelas. Forneço-lhes também cobertores para os aquecer; nosso frio é inclemente. Os bebês chegam ao mundo nus, nós sabemos, porém muitos se conservam assim pela miséria extrema; precisam, desesperadamente, de algumas pecinhas de roupas e agasalhos. Oh, de quanta dor e de quanta miséria vive este povo! Nosso povoado é desprotegido, esquecido mesmo! Como deixar de lado os deveres mais comezinhos para com o nosso próximo, em favor de uma entidade religiosa, por si só, rica e poderosa? Por mais que me esforce, não consigo entender. Desculpe-me o desabafo, Eminência!...

Avermelhado, colérico, ele revida, indagando, ameaçador:

– Acusa-nos de insensíveis e ainda pede desculpas? Definitivamente, o padre tem uma ousadia que raia à temeridade! Como ousa afrontar os poderes e os princípios da Igreja, padre? Quem o senhor pensa que é? Somos, por acaso, desleais ao Evangelho de Nosso Senhor Jesus Cristo? Nossas definições do mesmo e as suas devidas aplicações foram-lhe ensinadas até a exaustão, mas parece-me que ainda não foram assimiladas pelo senhor. Espanta-me tanta ousadia e irresponsabilidade, diante dos poderes constituídos da Igreja! Desconhece o fato de que somos independentes e poderosos, e que assim devemos prosseguir, pela vida afora, para a proteção destes mesmos chamados infelizes? Como poderíamos nos manter no topo de todos os acontecimentos, se saíssemos por aí desbaratando os recursos que existem para sacramentar, sempre e cada vez mais, o nosso inquestionável poder? Não se esqueça: a sua tarefa é espiritual e não administrativa! Onde a sua fé, padre, se está agindo como um herege? Quer tomar nas mãos os destinos dos homens? Quer modificar os desígnios de Deus que determina os diferentes níveis sociais, desde o nascimento? Padre, padre! Desperte desta loucura!

– Jesus também foi considerado louco!..., balbucia padre Leopoldo, num sopro de voz, arrasado com tantas acusações descabidas e descaridosas.

– O que disse? Fale mais alto, homem! Um dos seus pares levanta-se e sopra-lhe ao ouvido a justa exclamação de padre Leopoldo, fazendo-o externar tamanha ira que assustaria a qualquer um.

Com um brilho estranho no olhar, ele se inclina na direção do padre e pergunta de chofre:

– É sacrílego, também, padre?... Responda-me: Adora e reverencia o Senhor Nosso Deus, ou o Senhor das Trevas?!...

– Que o Criador e Seu Amado Filho Jesus me protejam, Eminência! Eles podem ver dentro do meu coração! – exclama o bom padre, persignando-se. Amo a Deus sobre todas as coisas e creio na Santa Madre Igreja! Cumpro, fielmente, os meus deveres para com Deus e para com os homens! Nada, absolutamente nada, tenho feito que possa acusar-me a consciência!

A esta altura, padre Leopoldo já tem dificuldades em expressar-se; grossas lágrimas assomam-lhe aos olhos incendiados de fé e de amor. Está profundamente magoado...

Revoltado e impaciente, o seu inquisidor declara:

–Aqui estamos nós, perdendo um tempo precioso e fazendo rodeios inúteis, porque o padre tem a cabeça mais dura que pedra! É inútil falar-lhe, portanto devo exemplificar! Tomarei as medidas cabíveis, já que o padre se mostra irredutível quanto aos seus princípios e ao seu comportamento arbitrário!

Desanimado, padre Leopoldo confirma a inutilidade de qualquer alegação na própria defesa.

O prelado sai de trás da sua mesa, aproxima-se dele e caminha ao seu redor, medindo-o, com desprezo.

No grupo de religiosos de alta categoria, que nos seus lugares destacados analisam o desenrolar dos acontecimentos, faz-se um burburinho de críticas e comentários desairosos na direção do infeliz padre.

O prelado prossegue a sua intimidação ao padre, mirando-o de maneira incomodativa e desafiando-lhe os limites.

Mal impressionado e temeroso, padre Leopoldo indaga, num fio de voz:

– O que espera de mim, Eminência?... Ou melhor, o que decidiu a meu respeito?

Ignorando-lhe, abertamente, a indagação, aquele superior retorna a passos lentos para o seu lugar proeminente e senta-se respirando fundo, ruidoso. Olha ao redor e identifica nas expressões dos seus pares a aprovação incondicional para os seus atos. Olha para o alto, parecendo rogar o auxílio divino e profere a sentença:

– Bem, para provar-lhe a nossa complacência, iniciaremos com uma pequena providência, mas depois, caso insista com os mesmos propósitos, tomaremos atitudes mais drásticas, irrevogáveis e definitivas. Será transferido para uma paróquia mais distante, na qual o pároco morreu há pouco tempo. Fica a alguns quilômetros da Igreja de São Martinho, que a partir deste instante se desliga das suas funções de sacerdote.

O coração de padre Leopoldo parece que vai sair pela boca, tais as suas estrondosas batidas. Apertando o peito, ele ouve tudo, tentando conter-se e suportar até o fim.

O prelado, grave, prossegue na sua admoestação:

– Lá, certamente se lembrará de que os seus deveres, como sacerdote da Santa Madre Igreja, são diferentes daqueles que arbitrariamente vem assumindo. O padre foi alertado por dom Berardo, tantas vezes! Ele vem tentando protegê-lo, apesar das suas inúmeras ocupações, por vezes sacrificiais. Mas, nem mesmo a ele, seu parente, o senhor ouviu! Que fazer, não é? Organize-se e deixe a paróquia de são Martinho em três dias. No terceiro dia, chegará o outro pároco. Será alguém com as características desejáveis. Maçãs podres devem ser retiradas do meio em que estão!

Alquebrado e magoado, padre Leopoldo conclui que nada mais há a fazer. Pede forças a Jesus Cristo e submete-se. Sofre ao imaginar como os seus queridos paroquianos ficarão, principalmente os velhos, os doentes e as crianças, sem a sua ajuda, sem o seu amor... E os meninos aos quais orienta? O que será deles?

Despedindo-se, respeitoso, ouve ainda as últimas admoestações, por vezes em tom amistoso, por vezes irônicas, do bispo que lhe batendo nas costas, aconselhou-o, num amável sorriso:

– Cuide-se bem, padre Leopoldo, pois me parece adoentado! Talvez esteja precisando de algum repouso. Guarde o seu fôlego para os rituais da Igreja e nas suas prédicas não se esqueça de incentivar as generosas espórtulas... A Igreja precisa muito delas!...

Padre Leopoldo imagina-se em cruel pesadelo. Ali, em tão poucas horas, diante dos seus superiores, ele sofreu mais do que poderia supor. Duvida daquele cenário e até dos próprios ouvidos...

Estes que ora o julgam e condenam, não podem ser pastores de almas, representantes de Jesus... Não... Eles não o são... Lutam e se defendem ferozmente em causa própria... Condenam-se a cada novo ato, a cada nova palavra descaridosa... Que contas darão a Deus?!...

Padre Leopoldo, imerso em pensamentos desencontrados, mas de consciência tranquila, e a alma iluminada pelo cumprimento do dever, sai cabisbaixo, infeliz, arrasado...

Terá de deixar a sua amada paróquia. Isto o atormenta. O que fazer? Desafiá-los? Impossível! Será atirado numa prisão e ali terminará os seus dias... Eles são poderosos; só lhe cabe obedecer.

Deus em sua infinita sabedoria está lhe dando uma ótima oportunidade para provar a sua humildade e resignação. Quem sabe, na outra igreja poderá prosseguir no mesmo diapasão? Mas... e quanto aos que estará deixando?!...

"Oh, Deus, zelai por todos eles! Sentirei saudades... Jamais os esquecerei!..."

"Olhai os lírios do campo...", ele recorda comovido.

As lágrimas jorram abundantes. Os soluços sacodem-lhe o corpo forte e acostumado a movimentar-se em favor do próximo. Chegou à paróquia, em prantos desconsolados. Dia seguinte adoeceu preocupando a todos.

Refeito, comunicou-lhes as ordens que recebeu. A consternação é geral.

Organizando-se para a viagem, padre Leopoldo visitou os seus paroquianos, despedindo-se. Chorou abraçado às suas crianças e aos meninos que, inconsoláveis, disseram entre lágrimas que não mais iriam à igreja, o que o fez admoestá-los, carinhoso, quanto a fé em Deus e a necessidade de prosseguirem fazendo a vontade do Pai, acima de qualquer circunstância. Aconselhou-os a prosseguirem as suas atividades junto ao Mestre Jesus que os ama, e a receberem o novo pároco com respeito e boa vontade.

"Futuramente – lhes disse- quem sabe, nos encontraremos de novo?"

Sabê-los no cumprimento do dever, minimizará as suas saudades. Agradeceu a todos a boa convivência. Após tudo isso, despede-se do seu amado são Martinho. Ajoelhado diante do santo ele abre, mais uma vez, o seu coração:

– Meu querido são Martinho, devo deixá-lo, sentirei muitas saudades! Jamais o esquecerei! Dividimos tantas preocupações e às vezes tantos desesperos, não foi meu santo?... Aqui convivemos tantos anos, unidos em Jesus Cristo Nosso Senhor! A 'nossa' rotina do dia começava sempre aqui, do mesmo jeito. Logo cedo conversávamos a respeito de tantas coisas que interessam ao Senhor Jesus e a todos nós, como filhos de Deus...

Veja bem, meu santo, eu me despeço apenas desta imagem que gosto tanto e que sempre me pareceu viva neste altar, mas não me despeço do senhor, porque por onde eu for, estaremos sempre unidos, independente de tempo ou lugar!

Rogo-lhe: Olhe pelos nossos amados que ficam. São nossos filhos do coração... Eles têm sido os meus irmãos, os meus familiares, tudo para mim! Sei que a Divina Providência a todos conduzirá, mas peço-lhe, meu bom são Martinho, que os inspire e proteja! Sopre nas acústicas das suas almas as nossas palavras de orientação, de conforto e sobretudo de muita fé!

Entrego-os nas suas mãos, meu santo glorioso, junto ao nosso amado mestre Jesus! Lamento ir para tão longe!... Será que os verei de novo? Só Deus pode saber, Entrego-me nas mãos Dele e prosseguirei aqui ou ali o meu ministério, como sacerdote e irmão de todos. Meu santo, junto a Jesus me dê forças, saúde e muita resignação! Sei que posso contar com a sua ajuda em qualquer parte deste mundo, hoje e depois da minha morte. Vou lhe contar, meu santo, o que pretendo; uma ideia me veio à cabeça. Lá chegando, caso não tenhamos a sua imagem, providenciarei um retrato seu e assim prosseguiremos com as nossas conversas.

Se bem que, se falamos de alma para alma, podemos dispensar artifícios como este. Já me habituei a vê-lo todos os dias, entende? A fitar os seus olhos, meu querido santo. Perdoe-me estas fraquezas e nunca me abandone, são Martinho! Que Deus seja louvado em nome de Nosso Senhor Jesus Cristo e que tenhamos paz! Amém!...

Fitando, reverente, a imagem, ele começa a chorar. Lágrimas abundantes caem sobre a sua sotaina. Tirando um lenço do bolso, ele as enxuga. Olha mais uma vez para são Martinho, quer guardar a sua imagem na retina.

De súbito, oh!... Padre Leopoldo julga ver uma lágrima a rolar dos bonitos e amorosos olhos do santo, ao mesmo tempo que um triste sorriso parece desenhar-se-lhe nos lábios.Levanta-se rápido, mãos postas a implorar:

– Não, meu santo, em nome de Deus, não quero vê-lo chorar! Perdoe-me o pranto, já passou, vê? Já estou sorrindo! O Pai é a nossa alegria!... Deus lhe pague por tudo, por tudo mesmo! Deus lhe pague, meu amado santo!...

Nas últimas palavras, apressa os passos e se distancia; coração em frangalhos, pranto copioso a lavar-lhe o rosto e a convulsionar-lhe o peito, escrínio de um amor sem limites...

Naquela noite, padre Leopoldo chorou até à exaustão e abatido acabou por dormir. Dia seguinte, entregará a paróquia ao outro sacerdote e partirá.

Na hora aprazada, em meio aos prantos e aos abraços desesperados dos seus paroquianos, recebendo votos de saúde e paz, ele se vai.

Aqueles que com ele trabalharam em favor dos infelizes levaram-lhe muitos presentes, coisas úteis para a sobrevivência, pois o bom padre, além das suas roupas e alguns objetos, nada tem de seu, tudo pertence à Igreja.

Grandes cestos de alimentos e de doces foram acondicionados na carroça, sem que ele tivesse ciência disto. Assim, por algum tempo, não passará dificuldades.

Bem... até ele doar tudo àqueles que nada têm. Geralmente termina sem nada.

Apesar da distribuição de víveres e roupas que habitualmente faz, inúmeras vezes passa por necessidades primárias. Quando inquirido sobre o fato, responde, com bonomia:

– Como poderei entender a dor e a miséria se não as experimentar?

É o óbulo da viúva, exemplificado no gazofilácio da vida. Este discípulo de Jesus mortifica-se por amor, abnegado. Assim é o querido padre Leopoldo. Este amigo de Deus, de Jesus, de são Martinho, dos homens e da própria Terra.

Bravo, bravíssimo, padre Leopoldo!

Em poucas horas ele está na estrada, rumo ao desconhecido de uma nova vida, imposta pela arbitrariedade dos seus superiores, presos às convenções, ambição e regras rígidas que são feitas e executadas para dominar e manipular através de castigos e perseguições implacáveis, sem nos esquecermos das famigeradas excomunhões.

Enquanto a carroça balança, padre Leopoldo segue melancólico, olhando a paisagem que tem sido o cenário da sua bela e santa vida...

Alquebrado, lágrimas a escorrer, copiosas, conclui, resignado:

– *Consummatum est!*... Está feito, meu Jesus! Acompanha-me nesta nova e desconhecida jornada que se abre à minha frente! E, sobretudo, faze-me digno do teu amor e das tuas bênçãos! Louvado sejas, Pai, Criador de tudo, Bondade e Justiça infinitas!...

* * *

CHEIO DE EQUIMOSES, caído ao chão, amarrado, Deodato sofre dores cruciantes. Conclui tardiamente que deveria ter fugido, em vez de montar um álibi tão ineficiente. Pietro não é fácil de ser enganado. Sofre agora a sua violência e a de Archibald, que aproveita para vingar-se dele também.

Os dois ignoram que Deodato não tem como dar-lhes a direção de Rosalva, mesmo que quisesse. Na sua insânia e pressa de vingar-se, nada planejou além do próprio rapto.

Ele desconhece os passos do comparsa e este, por sua vez, sequer imagina aquilo que ele está vivendo. Um pensamento de decepção e mágoa alcança Deodato:

"Mesmo que ele soubesse, nada faria para ajudar-me. Nem ele, nem ninguém, jamais, se interessou pela minha sorte..."

Somente quando for à fortaleza poderá revê-lo e complementar o acordo, informando-se também sobre o paradeiro de Rosalva. Mas duvida que isto venha a acontecer.

Apesar dos seus tormentos inenarráveis, ele recorda, num riso de escárnio, o desespero de Pietro. Vingou-se, enfim! Arrepende-se apenas de não ter fugido. Ficara por causa de Cosette, mas... onde ela está?!...

Conclui, desgraçadamente, que o primeiro preço a pagar por sua vingança será a perda de todas as esperanças com relação à sua insana paixão por Cosette. Tem certeza que Pietro não o deixará vivo.

Assim como ele, Pietro se vingará também, e da maneira mais cruel. Jogo de forças infernais, este...

Desaparecerá como Giselda e o seu amante? Os dois estarão mortos? – Deodato pensa nisto muitas vezes..Pensa em fugir... Mas como?... Archibald o vigia, dia e noite.

Vingou-se, é verdade. Todavia, pagará com a própria vida! Desgraçado e infeliz Deodato!...

* * *

DALILA, SEM AS funções normais da vida artística, bandeou-se definitivamente para o lado de Fabiano, modificando radicalmente a vida deste.

Para ele, tornou-se extremamente difícil tolerá-la. Ciumenta até as raias da insanidade, ela vive insatisfeita com tudo. O seu comportamento espalhafatoso transformou a vida do rapaz num verdadeiro inferno. Exasperado, ele se afasta, enquanto ela revoltada o procura por toda cidade, em caminhadas exaustivas e inúteis.

Enfim, em determinada ocasião, ele decide romper a relação. Viver com ela é um tormento. Ela o expõe, diuturnamente, aos seus constantes diatribes. As cenas que se seguem, então, são deploráveis!...

Em verdade, aquilo que os uniu, nada teve a ver com o coração. O fogo da paixão falou mais alto que a razão e os sentimentos, como costuma acontecer com muitos casais. Decepcionado, Fabiano tentou várias vezes dar fim ao idílio, mas todas as tentativas têm sido infrutíferas. Geralmente consegue, mas com Dalila tem sido diferente.

Declaradamente rejeitada por Fabiano, Dalila perde todos os freios. Agarra-o pelo pescoço, desgrenhada, feições alteradas e em gritos estridentes impede-o de ir-se.

Decidido, ele se defende, livrando-se das suas garras. No esforço, ela cai ao chão, chora e grita toda sorte de impropérios, exprobando-o. Agil, Fabiano monta em seu cavalo e parte em disparada, deixando-a entregue ao seu desespero.

Lamenta as coisas terem chegado a tal ponto... Nunca imaginou que Dalila lhe trouxesse tantas aflições.

Ameaçando-o de morte, em meio a palavras nada elegantes, ela perseguiu-o até quanto pôde, correndo atrás do belo corcel que levantava muita poeira com seus cascos barulhentos e velozes.

Cena deplorável: os circunstantes riam do ridículo.

Cuspindo no chão e fazendo gestos ofensivos, ela enfrentou-os, ameaçando-os, igualmente. Por fim, retornou sobre os próprios passos e chorou todo pranto que albergava no coração.

Acalmando-se, e na impossibilidade de mudar os fatos, arrumou suas coisas e decidiu aceitar o amor e a convivência de um senhor que a assedia faz algum tempo, alucinadamente apaixonado por ela.

Sua vida de artista ficou definitivamente para trás. Cansou-se de ser explorada por Pietro.

Para o momento é o que pretende fazer, mas nunca desistirá de reencontrar o belo Fabiano. Ele, somente ele, será sempre o seu grande amor.

Enquanto isso, esporeando o cavalo, indignado e arrependido por ter conquistado Dalila, Fabiano decide regressar para a casa dos pais. Sente saudades da família; há algum tempo não os vê.

Nesta intenção, ele cavalga, quando é interceptado por um salteador de estradas. Este, de arma na mão, exige-lhe os pertences e o dinheiro. Exaltado, porque ainda revoltado com Dalila, desarmonizado consigo mesmo, Fabiano decide defender-se e joga sua capa sobre os olhos do ladrão.

O facínora se livra da peça e antes que ele tome outra atitude, dispara em sua direção. Levando a mão ao peito e gemendo de dor, Fabiano cai sobre o cavalo e depois desaba no chão. O sangue mancha sua bela e rica camisa. Instantes depois, ele desmaia.

Quando desperta, está sob um sol ardente. Tudo aquilo que possuía desapareceu, inclusive a montaria e as suas roupas. Encontra-se em trajes sumários e está descalço. Diante da própria situação, conclui:

"Que tolice a minha! Enfrentar um homem armado! Poderia ter perdido a vida... E posso perdê-la, ainda..."

Sente muita sede, a dor é lancinante. Está enfraquecido. Olhando ao redor, descobre seu lenço de seda caído ao chão. Arrasta-se até ele, pega-o e aperta-o sobre o ferimento.

Com muito esforço se levanta, cambaleando, e caminha aos tropeções até uma árvore. Dobra os joelhos devagar e senta-se, encostando-se no tronco. Acomoda-se da melhor forma possível. Esperançoso, dirige um súplice olhar ao céu.

O lugar é deserto. As horas se arrastam. Por vezes, perde os sentidos e depois desperta na mesma situação. O tempo é o seu maior inimigo. Está perdendo sangue.

De olhos embaçados, divisa um cavaleiro que se aproxima a todo galope. Pretende chamá-lo, na esperança de que não seja outro ladrão; seria muito azar.

Numa tentativa extrema, ergue-se para ser visto e cai de joelhos. Quem se aproxima é um cigano; reconhece pelas roupas características. Pede auxílio, estendendo as mãos, aflito. A voz, rouca, tem dificuldade de sair da garganta.

O cigano apeia do cavalo e desabafa:

– Por Deus! Em poucos dias tenho encontrado gente quase morta pelo caminho! Acalme-se, acalme-se! Vou socorrê-lo!

Assim dizendo, precipita-se para Fabiano, com um cantil na mão. Dá-lhe pequenos goles de água, impedindo-o de beber demais. Molha sua testa, suas têmporas e os pulsos, acalmando-o com palavras encorajadoras. Auxilia-o a levantar-se, coloca-o sobre o cavalo e parte na direção do acampamento.

Fabiano, após o esforço, desmaia.

Seu salvador conversa com os seus botões:

– O que este 'almofadinha' faz por aqui? Apesar da quase nudez, pode-se ver que é alguém de posses; da nobreza, talvez... Quem o terá atacado? Bem, quando ele puder, contará o que sucedeu. Tomara que não morra, pobre infeliz!...

Theodor, Próspera, Yan e os demais ficarão surpresos com mais este achado!

E aquela menina? Quanta beleza numa única criatura! Parece uma boneca de nácar! Estarei enganado ou o Yan enrabichou-se?... E não é de espantar porque a danadinha é uma beleza!... Dá para entender porque ele e Theodor decidiram levantar acampamento, rapidamente, assim que a viram. Nosso chefe pareceu-me interessado demais naquela menina... A velhice que chega, estará deixando-o mais sensível?!... Sabe-se lá!

Nestes e noutros pensamentos, Artêmio chega ao acampamento, entrega o ferido a alguém e, mais uma vez, vai buscar um médico no povoado vizinho.

Deitado sobre uma esteira repleta de almofadas e bem agasalhado, Fabiano geme e pede água. Já não consegue raciocinar muito bem; ignora se o que vê é realidade ou não.

Com a chegada do médico, o projétil é retirado, a hemorragia estancada e feito um curativo.

Ele tem febre alta por vários dias, mas seu organismo jovem e forte reage muito bem e finalmente ele sobrevive. Recuperando-se paulatinamente, permanece no leito por ordem médica. Perdeu muito sangue.

Instalado numa barraca afastada, ele recebe tratamento adequado e a alimentação que o seu estado requer.

Conversando, amigável, com aqueles que o visitam e tratam, admira os ciganos nas suas tradições e disciplina. Agradece muito a Artêmio por tê-lo salvado, estendendo esta gratidão ao cigano Yan, filho mais velho do chefe Theodor.

Ali, há toda uma hierarquia; a obediência faz-se visível e tudo funciona a contento.

Ouve, à distância, as belíssimas músicas ciganas que o encantam, amante das artes que é. Nestes momentos, deseja, com toda a força do seu jovem coração, amar de verdade e ser correspondido.

Como um lendário cavaleiro, sonhador e apaixonado, ele aguarda o seu grande amor e sorri, interiorizado, imaginando a mulher amada, dentro dos seus padrões de beleza física e espiritual... Seu coração, ansioso, avisa-o que brevemente a conhecerá...

Melhorados fisicamente, tanto Rosalva quanto Fabiano nunca se viram, porque são mantidos em espaços diferentes e distantes no grande acampamento. Convalescentes, não se distanciam das suas acomodações.

Theodor pressente que aos poucos despede-se do mundo.

O dons da premonição, o poder de ler a sorte nas cartas ou nas mãos faz a fama deste povo que tira destes talentos e práticas os recursos para sobreviver e até para enriquecer. Inquietos, apaixonados e itinerantes, nunca permanecem muito tempo no mesmo lugar. Esgotados os recursos habituais, eles partem em outras direções à procura de novos lugares e de novas experiências.

Rosalva fora encontrada num lugar e Fabiano noutro.

Yan, o filho mais velho de Theodor e seu herdeiro, é um líder, em potencial. Ele terá a incumbência de conduzir o bando e os destinos de todos, depois do pai. Faz algum tempo, ele vem exercitando a chefia, secundando Theodor.

Neste momento, sentado debaixo de uma árvore, Yan reflete quanto aos próprios sentimentos. Sempre amado e jamais amando, conservou-se livre, solteiro. Todavia, há algum tempo, sente-se diferente. Está profundamente atraído pela jovem que Artêmio encontrou perdida na estrada entre a vida e a morte.

Alonga o olhar de brilho intenso na direção do empíreo e, sentindo as têmporas latejando e o coração acelerado, ele exclama, submetido aos próprios sentimentos:

– Rosalva! Você não é apenas uma bela mulher... Você é um anjo!... O meu anjo...

Um dia, enquanto a observava entre curioso e expectante, ela abriu os belos olhos que parecem duas estrelas azuis. Em seguida, caíra de novo no estado de torpor que a dominava, enfraquecida que estava.

Aquele olhar o prendeu como num sortilégio... Ansiava por revê-los e nesta esperança aproximara-se mais vezes da barraca de Próspera, sua mãe adotiva, onde se encontra Rosalva. A partir de então, com o coração comprometido, temeu perdê-la, sofrendo a cada alternação de melhora ou piora; afinal ela estava entre a vida e a morte.

Enfim, ela melhorou. O médico respirou aliviado e Yan passou a alimentar na alma cigana e ardente a doce esperança de tê-la para si. Agora, ela se recupera aos poucos, apesar de emagrecida e debilitada.

É notável, porém, a enorme tristeza que ela alberga no coração. Sem muita vontade de falar, ela agradece o tratamento carinhoso, mas declara que precisa urgentemente encontrar seu pai e regressar ao circo.

Assim, os dias e as semanas vão escorrendo na ampulheta do tempo, sem que ela saiba o que fazer nesta estranha e inusitada situação na qual se encontra. Por mais que pense, buscando pontos de referência para aquilo que está vivendo, não consegue chegar a nenhuma conclusão satisfatória. Sente-se perdida entre pessoas que nunca viu.

Está sempre de olhos vermelhos de tanto chorar. Yan a trata com muito cuidado e disfarça o seu interesse.

Evita fazer-se presente em excesso na barraca de Próspera e se contenta, muitas vezes, a receber informações detalhadas desta.

Respirando fundo e fitando o céu, como a rogar por seus sentimentos que o alcançam desprevenido, ele conclui:

"Impossível enganar-me... Estou perdidamente apaixonado por esta formosa menina!... Seus encantos me prenderam como visgo ao pássaro!... Rosalva, queira Deus eu seja correspondido senão... nem quero pensar! Preciso desesperadamente deste amor que bate às portas do meu coração de forma tão inesperada! Dentro de poucos anos chefiarei o bando e você será a minha rainha!... Eu a conquistarei, passo a passo... Tirarei esta tristeza do seu coração!... Você é o perfume de minh' alma cigana!... Amo você! Preciso confessar, ao menos a mim mesmo! Ai daquele que atravessar o meu caminho ou tentar roubar-me a esperança de tê-la para mim! Quem quer que seja, vai considerar maldito o dia em que nasceu"

Yan retorna à sua tenda e executa no violino nostálgicas melodias que enlevam a quem o ouve; inclusive a Rosalva que, ignorando-o, chora na recordação das atrações do circo, quando da apresentação de violinistas ciganos que arrancam aplausos delirantes do público.

Ela sonha com o regresso aos braços do pai, num dia que não esteja muito distante. Mais que nunca, gostaria de rever aquele que nunca saiu do seu pensamento. Viu-o uma única vez e foi o suficiente para saber que só a ele entregará o coração! Somente ele poderia consolá-la nesta situação desesperadora...

Enquanto isso, o acampamento vai sendo desmontado várias vezes e as carroças alcançam outras estradas, em busca de outras plagas que lhe sejam mais favoráveis.

* * *

NA NOVA PARÓQUIA, padre Leopoldo já se ambientou e fez amigos. Sua bondosa índole o faz muito querido, onde quer que vá.

Há alguns dias, reuniu os seus novos paroquianos para um reconhecimento de parte a parte. Gostou deles. Conversaram longamente sobre os problemas da comunidade. Ali, como em qualquer outro lugar, a injustiça é patente, oficialmente instalada e sacramentada. Colhendo informações a respeito de tudo e de todos, evitou falar de filantropia, para não desafiar demais às autoridades eclesiásticas.

Com o passar do tempo fará tudo como sempre fez, até morrer ou até que o matem. Este pensamento o enche de arrepios; sabe onde está pisando. Fora duramente agredido e ameaçado.

Requisitou auxílio para melhorar o que encontrou, consertando e repondo isto ou aquilo nos seus lugares.

O antigo pároco estivera doente por muito tempo, incapaz de cuidar da referida paróquia.

Convidou os jovens para as atividades junto à igreja, na manutenção da ordem e no acompanhamento das práticas religiosas. Desta forma, os atrairá para junto de si e de todos aqueles que de uma maneira ou de outra, favorecem o bem. Para isto, a igreja é o melhor espaço.

O bom padre, com amor redobrado, iniciou neste povoado o seu trabalho de pastor de almas. Ainda suspira de saudades dos seus antigos paroquianos, mas entregou-os ao Pai e segue tranquilo. E o seu querido são Martinho? A sua presença é inquestionável, seja nas suas peregrinações pelas redondezas, seja nos seus trabalhos sacerdotais... Conversa com o querido santo mentalmente e não raro ouve-o nas suas habituais respostas: solícito e paternal...

* * *

SERIGUELLA NÃO SABE o que fazer da própria vida. Já perdeu as esperanças de mudar o ritmo e as particularidades do próprio coração. Que fazer? Deixar sua Zoraida casar-se com Genésio? De que lhe servirão sua filosofia de liberdade, se não for feliz? Duvida que ela possa ser feliz ao lado de Genésio ou de qualquer outro... Ela o ama, apesar de tudo... O que fazer?... Por mais que pense, Seriguella não encontra uma saída favorável.

Profundamente consternado e desarmonizado consigo mesmo, ele passa os dias escondido no seu cubículo, sem ver ninguém. Tem os seus serviços adiantados e o seu senhorio fez uma pequena viagem; assim, tem tranquilidade para pensar...

Os seus conflitos amorosos não podem ser explicados e nem resolvidos. Perdido em si mesmo, encontra-se desolado. Desta vez a situação é muito grave, exigindo-lhe uma decisão urgente e definitiva.

Zoraida, por sua vez, sente saudades, mas aguenta firme, esperando ansiosa por uma resposta decisiva.

Para ela é vital saber o que o seu amado pensa e aquilo que pretende fazer. Ela ignora que Seriguella surpreendeu-lhe o jogo duplo e está sofrendo mais do que pode suportar.

* * *

A VIDA DE Zarik segue por algum tempo sem novidades.

Loredano, apesar de persegui-lo, no momento está muito ocupado com coisas do coração e investe poderosamente na conquista de Jennifer. Decidiu atacar por todos os flancos e para isso contratou pessoas para rastrear-lhe a vida, os parentes, os amigos...

Os resultados têm sido surpreendentes: Jennifer e sua mãe vivem sozinhas. Elas dependem financeiramente de um parente abastado, um tio de Jennifer, que é um estróina inveterado, além de ser jogador e boêmio. Perdulário, é uma presa fácil para os exploradores.

Pronto! Loredano encontrou a brecha que precisava.

Contratou mulheres fascinantes a bom soldo e passou a manipulá-las de tal maneira que em pouquíssimo tempo o pobre infeliz amontoou dívidas sobre dívidas, aumentando um rombo financeiro que há tempos vem surgindo, sem se dar conta da verdadeira situação.

Por outro lado, Loredano adquiriu as diversas promissórias, hipotecas, letras de câmbio etc. dos seus credores, finalizando com sucesso retumbante a triste situação do (outrora) rico senhor, surpreendendo-o com a ruína total e inexorável.

O tio de Jennifer, desesperado, adoeceu. Hoje, longe da vida de boêmio, profundamente infeliz, ele lamenta o patético ocaso de sua existência, antes tão colorida, rica e extravagante.

Enquanto isto, Loredano apaixonado e incansável faz a corte à bela e elegante rapariga. Algumas vezes tem conseguido aproximar-se dela e entabular agradáveis conversações. Afinal é um homem traquejado, de sociedade; e ela, muito vaidosa.

Envia-lhe, regularmente, flores; as mais belas e exóticas. Enfim, Loredano conseguiu aproximar-se-lhe, mais efetivamente, aparentando isenção de ânimo e nenhum outro interesse que não a sua amizade e a de sua genitora, a quem não regateia elogios, encantando-a, mais e mais, a cada novo dia.

A bela, baixando a guarda, aceitou-lhe a proximidade. Recebendo com mais tranquilidade os seus elogios e os mimos valiosos que ele lhe oferece, ela concedeu-lhe um lugar de honra no seu círculo de amizades.

Álvaro, o belo rapaz que a namora, de origem nobre e de muitas posses, sinceramente correspondido, há algum tempo vem se afastando. Seu amor e seu entusiasmo por Jennifer esfriaram, como por encanto. Ela sequer imagina que Loredano é o responsável por isso também.

Uma 'amiga' de Jennifer auxiliou Loredano a encenar uma farsa, a fim de que Álvaro ouvisse um rapaz muito sedutor gabar-se de ter seduzido Jennifer. O mesmo, excedendo-se na arte da representação, não economizou elogios e detalhes que fariam corar até ao mais traquejado Don Juan.

– Ah, que belíssima noite!... rematou, suspirando; enquanto Álvaro ouvia ao lado, aterrado.

O pretenso amante de Jennifer definiu-a, detalhadamente; como se pintasse um quadro com cores muito conhecidas, inventando descaradamente uma declarada intimidade.

Arrasado, profundamente infeliz e sem coragem para confessar a sua descoberta, Álvaro afastou-se desiludido.

Vale dizer que a 'amiga' precisava tão somente desta circunstância para aproximar-se de Álvaro, por quem está apaixonada há algum tempo.

Assim, Eleonora, a amiga de Jennifer, passou a consolá-lo, numa dedicação surpreendente! O rapaz, muito grato, em pouco tempo viu-se envolvido com esta nova afeição, que se não é a ideal, lhe serve para amenizar a grande dor que passou a albergar no seu peito amante.

Jennifer, ferida nos seus brios, porque esta amiga confidenciou-lhe que Álvaro tem outra mulher; jurando-lhe por tudo que há de mais sagrado que ele frequenta a casa da sua nova conquista, cumulando-a de presentes. Ela não se esqueceu de frisar que a outra faz parte da nobreza. Diante disto, Jennifer resignou-se, aceitando-lhe o afastamento. Tachou-o, desesperada e desiludida, de traidor e covarde.

Casualmente, ao revê-lo no teatro, num dos intervalos entre os diversos atos, ela não se conteve e atirou-lhe ao rosto a sua insídia.

Surpreso e mais decepcionado ainda, ele concluiu que ela o acusava para disfarçar o seu comportamento imoral. Desistindo de discutir assuntos tão revoltantes, Álvaro calou-se e desapareceu das rodas que Jennifer frequenta. Nunca mais se viram.

Infeliz, Jennifer aceitou, cada vez mais, a grande e 'desinteressada' amizade de Loredano. Confiante, desabafa com ele, informando-o das desgraças que ultimamente a alcançam, modificando a sua vida, antes tão segura... Até mesmo seu tio, que antes as sustentava com certo brilho e bonomia, de repente viu-se pobre como Jó, vindo a terminar os seus dias de maneira triste e na miséria.

A partir de então, Jennifer e sua mãe passaram a contar com os préstimos dedicados de Loredano.

Este, aos poucos, fez-se comensal na casa delas e presença indispensável...

Loredano joga com a certeza de ganhar, afinal conhece todos os meandros da traição e da desonestidade. Conhece e exercita todas as formas de armadilhas e tem conchavos em toda parte onde o seu dinheiro alcança.

"Quem diz que eu preciso de feitiços?!... Ora, ora!" – pensa, envaidecido da própria estratégia, enquanto conversa animado com a mãe de Jennifer:

– Lamento tanto, dona Berta, os desastres financeiros do seu irmão! Se eu tivesse sido informado a tempo, teria auxiliado o pobre infeliz a recuperar-se. E certamente ele ainda estaria vivo e feliz ao lado da senhora e de Jennifer... Que fazer, não é? O mundo é assim!...

– Sim, eu sei, senhor Loredano. Meu irmão é digno de muita piedade. Entregou a sua alma a Deus, triste e desiludido de tudo e de todos. Obrigada, pelas suas boas intenções! Minha Jennifer o admira muito!

Isto me alegra demais, porque o tenho na conta de um filho muito querido!

– Agradeço-lhe, comovido, senhora! Meu coração se encanta e se enternece com tanta bondade!

– Ora, nós é que sempre temos muito a agradecer, senhor Loredano! Como podem falar mal de uma criatura tão amiga e caridosa como o senhor? Incrível! A língua desta gente é muito venenosa! – ela comenta, indignada.

– Inveja, minha senhora, pura inveja! – ele responde com lágrimas nos olhos. – Faço o que posso, mas as pessoas são muito ingratas! Sofro muito por isso, mas perdoo, sempre.

– Parabéns, senhor Loredano. Deus, por certo, o recompensará.

– Conto com isto, senhora. Agradeço-lhe as boas palavras e rogo-lhe, devota como é, as suas orações para me defender dos meus inimigos.

– Ora, nem era preciso pedi-las; todos os dias faço isto! Entrego-o aos céus!... Bem assim, como à minha adorada filha.

De olhos melosos, dona Berta faz-se entender, cada vez mais, por Loredano.

Assim, Loredano vai ficando cada vez mais íntimo na casa de dona Berta e Jennifer...

* * *

Impaciente no seu amor, Yan decidiu declarar-se à Rosalva.

Geralmente, evita aproximar-se dela, fazendo-o somente quando necessário. Vive bem informado através de Próspera, da qual arranca os mínimos detalhes da vida de Rosalva. Por mais simples que sejam os fatos, ele acompanha a narrativa, enlevado e sonhador.

Esta boa mulher acompanhou-lhe o nascimento e o crescimento, e adotou-o de todo coração quando da sua orfandade materna.

Hoje, aos vinte e cinco anos, Yan tem muito afeto por ela. É grato ao seu coração amoroso que se dedicou fervorosamente a ele e aos seus dois irmãos: Ygor e Miguel.

O pai, sempre ocupado com a comunidade, nunca teve muito tempo para eles. Atualmente, alquebrado pelos anos de lutas e amadurecido pelos sofrimentos, Theodor torna-se a cada novo dia mais introvertido. Como chefe do bando é obedecido, amado e respeitado.

Guardando o seu violino numa caixa de mogno forrada de veludo vermelho, Yan dirige-se à tenda de Próspera e lhe diz que deseja falar à Rosalva.

Ela procura a moça e avisa-a.

– Quando ele desejar, estarei à disposição, Próspera. Ela responde educadamente.

Fisicamente está melhor, mas continua entristecida, apática. Sente os dias passarem tristes, monótonos...

– Ele já está aí, filha, e parece ansioso.

Surpresa, ela responde, intimidada:

– Que estranho! O que pode desejar de mim?

De súbito lhe acorre uma ideia que a deixa entusiasmada:

– Ah! Ele talvez tenha alguma informação a respeito de meu pai! Queira Deus!... – as cores no seu rosto se fazem instantâneas, uma euforia a toma loucamente. Ela olha ao redor e indaga:

– Onde ele está, Próspera?

Sabendo de antemão que ela se engana, a boa mulher lhe pede:

– Filha, primeiro acalme-se. Se Yan soubesse de algo, eu saberia também. Não creio que seja isso.

– Então... O que poderia ser? Sabe de algo, Próspera?

– Não, Rosalva. Desejo apenas que não se entusiasme demais, inutilmente. Você ainda está muito fraca.

O rosto de Rosalva demonstra uma enorme decepção. Por um momento imaginou que este pesadelo no qual passou a viver tivesse terminado. Espera por isso todos os dias.

– Bem, vou vestir-me de acordo e em poucos minutos eu o atenderei. Pode dizer-lhe isso, por favor?

– Naturalmente, filha.

Rosalva se esforça para entender a intenção de Yan, mas não consegue.

Alguns minutos depois, ela o aguarda bastante preocupada.

Yan entra e saúda-a, gentil e educadamente:

– Perdoe-me incomodá-la, mas preciso falar-lhe. Como já sabe, meu nome é Yan e sou o filho mais velho do chefe desta comunidade de ciganos.

– Sim, eu sei. Aproveito o ensejo para agradecer-lhes tudo que fizeram e continuam fazendo por mim. Jamais poderei pagar-lhes o quanto seria justo. Deus há de abençoá-los por tudo.

– Nada há a agradecer. Estamos todos muito felizes com a sua presença. Não localizamos ainda o seu circo e o seu pai lamentavelmente. Como sabe, temos nos esforçado, mas não temos tido sorte. Não desanime, porém, prosseguiremos nas buscas.

– Posso sentir que estamos muito distantes do circo e consequentemente longe de meu pai.

Admirando-a, reverente, ele responde, afável:

– Procurando-a, ele também pode ter se distanciado. Sem dúvida rastreia os mais distantes rincões em busca do seu maior tesouro. Praza aos céus, os dois possam reencontrar-se o mais breve possível para a felicidade de ambos e de todos nós!

Rosalva não se contém e principia a chorar.

Condoído, Yan tira o seu lenço de seda e lhe oferece. Ela enxuga os belos olhos, controla-se e pede desculpas:

– Perdoe-me, sinto tanto a falta de meu pai... Da minha vida... Do circo!...

– Ora, não se agaste. Posso entendê-la porque jamais viveria sem os meus e sem as minhas tradições. Esta é a minha vida. Assim nasci, assim morrerei!

Rosalva decide saber o porquê da sua presença:

– Próspera me disse que o senhor deseja falar-me e aqui estou à sua disposição. O que deseja?

– Dispensando a formalidade de tal tratamento e como não sou afeito a rodeios, vou diretamente ao ponto, sendo claro e objetivo como é da minha natureza. Começarei pelo início: Desde que aqui chegou quase morta, trazida por Artêmio, senti por você uma enorme simpatia, acrescida de muita piedade pela situação dramática que estava vivendo, tão jovem e tão indefesa. Recordo-a, penalizado, extremamente pálida e coberta de ferimentos.

Rosalva olha para o alto, respira fundo e esclarece:

– Corri muito e atravessei desesperada os bosques para esconder-me. Caí muitas vezes sem sentidos, ferindo-me... Precisava distanciar-me, o mais que pudesse, dos meus raptores! Quando me lembro... Oh, Meu Deus!...

– Compreendo... Infelizes! O que os teria levado a isto? Que intenções albergavam nos seus negros corações? Gostaria de por-lhes as mãos!...

O olhar de Yan brilha, refletindo revolta. Mas. lá no fundo do seu coração, ele agradece às circunstâncias, se bem que perigosas, mas que lhe permitiram conhecer Rosalva e privar da sua adorável companhia. 'O destino!...' – pensa.

– Tremo, só de pensar nos perigos que vivi e também me apavora supor, qual teria sido a minha sorte, caso Artêmio não tivesse me encontrado! Mil vezes obrigada a ele e a todos vocês! Meu pai lhes demonstrará toda nossa gratidão quando o encontrarmos!

Referindo-se ao pai, Rosalva volta a chorar. Yan, amável, aconselha:

– Acalme-se e não chore, senão vai adoecer de novo. Próspera vai pensar que eu sou a causa das suas lágrimas! Não perca as esperanças, caríssima Rosalva, há de encontrar o seu pai.

– Sim, eu creio nisso... Preciso crer... Mas eu o interrompi senhor Yan...

– Yan, apenas, por favor...

– Está bem, Yan...

– Eu dizia que gosto muito de você. Sei que é muito nova e está muito triste, todavia requisito permissão para cortejá-la. Com o tempo, conquistando-a, poderei curá-la desta tristeza. Resumindo e para ser mais claro: Estou lhe pedindo em casamento!

Rosalva estremece. Como entender esta súbita declaração? Não sabe o que fazer e muito menos o que dizer.

Notando a sua perplexidade, ele pede:

– Perdoe-me a precipitação, mas não quero arriscar-me a ser preterido por outro mais afoito. Peço-lhe considerar a minha proposta!

Pálida de morte, Rosalva continua ouvindo o que ele diz, sem condições de entendimento racional. Como dizer-lhe que tem planos para a sua vida nos quais ele não está inserido e que não pretende ficar ali para sempre?!

Yan, belo e sedutor, ciente dos seus atributos físicos e intelectuais, aposta tudo neste poderoso amor que o surpreende e domina. Em adoração, inclinado para ela, olhar ardente e penetrante, magnetizando-a, aguarda-lhe uma resposta. Apaixonado e fogoso como um cigano sabe ser, ele já conta com a vitória.

Yan é disputado ferozmente pelas ciganas. Solteiro, inteligente, um virtuose do violino, dançarino admirável, elegante, herdeiro do chefe e muito atraente, ele é o sonho de todas.

Fugindo ao seu olhar, que sabe intencional, e incapaz de responder-lhe, ela prossegue em silêncio. Yan tenta tomar-lhe as mãos e ela recua, decidida, impedindo-o de fazê-lo. Encosta-se nas almofadas e respira profundamente, tentando digerir o que ouviu e imaginando o quê e como responder. Yan espera ansioso pela resposta daquela boca bonita que parece ter sido feita para os seus beijos...

Encarando-o, enfim, corajosa, ela declara:

– Perdoe-me, mas não sei o que dizer. Fui apanhada de surpresa. O que espera que eu faça?!

– Diga-me que vai pensar! Acalme o meu coração e não me rejeite! Entenda, no bando existem muitos homens. Independente da sua pouca idade ou da idade que eles possam ter, irão fazer-lhe a corte. E tem mais: dentro dos nossos costumes, um deles pode raptá-la e conquistar o direito de casar-se com você! Ouço à boca pequena, as intenções destes ou daqueles, com respeito a você! Entende, agora, os meus cuidados e a minha aparente precipitação?

Indignada, Rosalva explode:

– Arre, que jeito de viver! E onde, a minha liberdade? Não faço parte do seu bando, nem das suas tradições, mesmo sendo-lhes hóspede, e das mais gratas! Assim que puder, pretendo sair à procura de meu pai e retomar a minha vida de antes! E quando isto acontecer, não há que duvidar, nossos caminhos tomarão rumos bem diferentes.

Agradeço a honra que me concede, mas declino da oferta, porque não o conheço bem e muito principalmente porque não o amo. Perdoe-me a sinceridade, mas sempre primei por ela. Assim fui educada; além de tudo, eu jamais consentiria num casamento de tradições, que respeito, mas nada têm a ver com a minha realidade. Sou e sempre fui, apesar da pouca idade, dona do meu nariz e da minha vida. Farei sempre e tão somente aquilo que desejo!

Jamais me submeterei a ordens que não sejam as do meu próprio coração! É assim que eu sou. Espero que compreenda a minha franqueza e que não me julgue ingrata!

Enquanto Rosalva fala, Yan bebe cada palavra, fascinado, completamente submetido aos encantos desta menina inteligente, amadurecida e corajosa.

No entusiasmo da própria defesa, ela se exalta, colorindo mais as faces, olhos brilhando intensamente, voz harmoniosa, determinada.

Caso Yan não estivesse ainda apaixonado, naquele instante teria capitulado enfim, diante de tão bela quanto desejável adversária. Mas, ciumento e intuitivo, ele adivinhou de pronto naquela empolgante defesa a existência de outro. Seus olhos negros, então, brilharam sinistros...

Caso Rosalva pudesse traduzir o que eles prometem, ficaria aflita e duvidaria muito da sua apregoada liberdade...

Confirmando os cuidados de Yan, na tela mental de Rosalva surgiu o belo fidalgo que ela aguarda de todo coração, num amor extremado, que cresce com toda vitalidade da sua idade e com toda sensibilidade da sua alma ingênua e boa.

"Você precisa aparecer rápido para livrar-me desta situação inesperada e perigosa!" – evoca-o, em pensamento.

Pressentindo-lhe o rápido enlevo, Yan aumenta em muito o doloroso ciúme. Controlando-se, porém, pede:

– Acalme-se, cara menina, não desejo ser o responsável por sua piora. Próspera jamais me perdoaria. Já percebi que ela foi tão conquistada por você quanto eu, ou quase... Ninguém irá obrigá-la a nada, descanse! Aqui estou para garantir-lhe isso. Sei que a sua cultura é diferente, mas espero que nos admire além de nos respeitar. Possuímos valores e talentos que você ainda desconhece.

Conceda-nos a sua atenção e lhe mostraremos o quanto somos felizes e o quanto a nossa vida é rica! Confesso, porém, fazendo uso da mesma sinceridade que tão bem exercita: não desistirei de você. Não me dando por vencido, aguardarei outra oportunidade mais favorável e lhe falarei de novo a respeito dos meus sentimentos.

Devo avisá-la, cara Rosalva: se vive atualmente submetida aos nossos hábitos e costumes, a partir deste momento, eu sou o seu pretendente oficial e não permitirei a intromissão de quem quer que seja neste particular. A bela senhorita terá a oportunidade de conhecer-me melhor e eu a conquistarei, verá! Muitas mulheres desta comunidade sonham em casar-se comigo. E não apenas pela autoridade que desde já exerço, mas por meus próprios atributos, dos quais sou ciente e zeloso!

Perdoe-me a falta de modéstia, peço-lhe, mas o momento e a situação me exigem honestidade e sinceridade, sem sofismas.

Assim como você, eu também defendo os meus direitos; enfim, temos algo em comum e isto é muito bom! Admiro-lhe a coragem, mas não adianta reagir. Aqui imperam as nossas leis. Espero que me entenda porque aquilo que me move, de fato, é o desejo de consorciar-me com você. Saiba que é uma grande honra para qualquer mulher o pedido que lhe faço! Jamais o fiz, antes, a quem quer que seja; informe-se e saberá. Passe bem, desejo-lhe muita saúde! Voltaremos a nos falar!

Inclinando-se reverente e mergulhando os seus olhos magnetizadores nos de Rosalva, com um leve sorriso de vitória antecipada, ele se vai, altivo.

Estupefata, incapaz de reagir contra tanta empáfia, Rosalva imagina-se no palco do circo diante de um ousado personagem das histórias fabulosas de todos os tempos. "Isto não pode estar acontecendo!..." – conclui.

Como dizer-lhe que não se casará com ele nem com ninguém, porque seu coração já está seriamente comprometido?

Pela arrogância com que ele lhe expôs as suas intenções e lhe atirou de roldão e em pleno rosto as suas leis e as suas tradições, ficaria furioso!... Que situação! Precisa sair dali o mais rápido possível...

Ao falar com Rosalva, Yan não lhe disse que a procura ao Grand Circo Monteverdi nunca acontecera. Depois da sua chegada, o bando levantou acampamento e saiu precipitado do lugar, tomando caminhos enviesados e diferentes dos habituais. Encontram-se muito distantes do circo e se distanciam do mesmo cada vez mais.

Por que isto aconteceu? Quando Theodor viu Rosalva ainda inconsciente, empalideceu, cambaleou e por pouco não teve um mal súbito. No mesmo instante decidiu levá-la consigo e para longe, antes que alguém a reclamasse. Quando depois de muitos dias ela declinou os nomes dos seus pais, Theodor tornou-se mais irascível que antes. Fechou os punhos, praguejou, e a partir de então passou a demonstrar uma amargura incontida que intensificou a melancolia que há algum tempo o caracteriza.

Ao ser questionado por Yan, respondeu-lhe que agira por instinto fazendo o que melhor lhe pareceu e acrescentou muito mal-humorado que não deve satisfações a ninguém, ainda mais aos filhos.

Vive afastado de Rosalva, mas quando seus olhos pousam sobre ela, sua fisionomia habitualmente petrificada parece asserenar-se e um sorriso enigmático baila nos seus lábios.

Pietro já bateu toda redondeza à procura da filha.

Entre um e outro esforço para encontrá-la, foi visitar Cosette. A pobre moça, numa convivência insalubre e em meio a tratamentos agressivos, é uma sombra daquilo que foi. A Pietro parece que Cosette, a verdadeira, está em algum lugar desconhecido, porque esta, doente e desfigurada, é alguém que ele não conhece.

Deplora a decisão que tomou ao interná-la. Reconhece que foi precipitado, mas não tinha e ainda não tem medidas normais para um raciocínio adequado. Não sabe o que fazer. Para o momento ela ficará ali mesmo.

Desculpando-se, conclui que ela já deveria ser portadora de doença mental e muito provavelmente os últimos acontecimentos foram demais para os seus nervos.

Lamentável! Tanto tempo sem apaixonar-se e quando isto acontece...

Alguns meses mais de busca infrutífera e ele resolve sair pelo mundo à procura de Rosalva. Jamais desistirá de encontrá-la. Quase irreconhecível, muito magro, expressão dura, calado, ele parece ter envelhecido de repente. Decidido, desmontou o circo para partir, sem planos e sem rumo.

Poucos artistas o acompanham porque, com o agravamento da situação, muitos mudaram o rumo das suas vidas. Alguns radicaram-se na cidade, outros partiram à procura de novas oportunidades em outros circos; e uns poucos ficaram ali trabalhando em pequenos teatros.

No Grand Circo Monteverdi, Archibald assumiu quase tudo. Se algo ainda funciona, é pelos seus méritos. Ele mantém a ordem com pulso de ferro, como fazia Pietro. Durante algum tempo, ainda levaram a efeito alguns espetáculos, mas sem o brilho de antes. O circo já não é mais o mesmo; assim como o seu proprietário, também está muito modificado.

Deodato, pobre infeliz, entregue à prisão, veio a perecer entre cruéis torturas. No último instante, entre esgares de dor e de revolta, 'confessou' que planejou o rapto de Rosalva, garantindo entre gestos e grunhidos, que Pietro nunca mais veria a filha porque ela está morta. Esta, a sua última vingança!

Longe da sua Cosette, sofrido e sem esperanças porque onde estava aprisionado não possuia conchavos, tratado como uma fera por ordem de Pietro, em pouco tempo pereceu.

Pietro, informado da sua morte, sabe que errou mais uma vez e ficou, provavelmente, sem a única testemunha do desaparecimento de Rosalva. Tem consciência de que aumentou em muito as suas dívidas com Deus... Ultimamente, tem pensado muito Nele. Sua alma é um grande abismo, no qual ele se afunda sem esperanças e sem consolo. A terra parece ter-se aberto sob os seus pés.Exaustivamente, ele prossegue procurando a filha.Voltando-se para o Criador, roga-Lhe que a proteja, onde ela estiver. Seu coração lhe diz que ela não morreu.

Deodato, mais uma vez o traiu, vingando-se, ao dizer o contrário. Como sobreviver sem ela?... Alicerçou a própria vida sobre a sua existência! Cosette chegara e em pouco tempo conquistou-lhe o coração de homem carente, mas jamais amará alguém como amou Giselda, a bela, a traidora.

Atualmente, nenhum outro sentimento supera a adoração que sente pela filha. Sem a sua presença, sua vida não tem sentido; sente-se um morto-vivo.D ali para frente, viverá apenas na esperança de reencontrar sua adorada Rosalva. Se as situações que geraram tanto sofrimento tivessem sido diferentes... Se o seu comportamento fosse outro; mais comedido, mais prudente...sim, mais prudente!

Faltou-lhe força moral para uma ação mais moderada, mais refletida. Contratar Deodato já fora um grande erro; agora, paga o preço da sua imprudência, ambição e violência. Mas, e a filha amada, o que tem a ver com as suas culpas? Porque ela está sofrendo, se só ele é culpado?!

– Oh, céus! – exclama, exasperado e consciente, da própria situação. – Quando eu ajo no mal, arrasto comigo, na esteira de dores e sofrimentos, aqueles a quem amo! Grande e dolorosa lição! Se sou insensível quanto aos sofrimentos do meu próximo, somente sofrendo conseguirei entendê--los! É justo, é perfeito! Pietro! Você pensava que era o todo poderoso? Onde está agora a sua decantada força? Por que não encontra desta vez as devidas soluções? – desabafa ele, consigo mesmo, num amargo monólogo.

Pietro é o retrato da dor. Descuidado de si mesmo já perdeu o interesse por tudo e às vezes perde até a compostura.

Saindo da cidade, rumo ao desconhecido, ele deixa Cosette internada no nosocômio. Seu coração o avisa que mais uma vez está errando: diante dela, diante de si mesmo, diante do mundo e muito principalmente diante de Deus.

Pagou mais algum tempo de hospital e despediu-se dela. Cosette, olhos parados, fisionomia inexpressiva, nem teve condições de entendê-lo. Pietro deixou-a sem família, sem trabalho, sem casa, sem recursos de espécie alguma e sozinha! Pobre e infeliz Cosette!...

Para ela, as dores acumularam-se de tal forma que sua razão se desequilibrou, perdendo por enquanto as condições de prosseguir lutando. Sua alma foge, sem condições de enfrentar as atuais dificuldades...

No momento, ela é apenas mais uma de tantas outras pessoas infelizes que vagam feito párias nas ruas ou nos hospícios. Vítimas de um sistema cruel e desumano, resultante do egoísmo e da insensibilidade desta humanidade, ainda adúltera e perversa!

* * *

LOREDANO CONQUISTA PAULATINAMENTE a mulher amada e para o momento nada mais o interessa. Neste jogo garantido e desonesto, ele usa todas as cartas.

Seus negócios estão em boas mãos, mesmo que ele diga o contrário para desmerecer os seus empregados.

Decidiu casar-se o mais breve possível com sua bela Jennifer.

Loredano nunca amou assim. Seus sentimentos são sinceros, mas este homem esquece que o sentimento alheio também deve ser respeitado.

Leocádia vive um razoável período de saúde. Doutor Maciel tem conseguido fazer um acompanhamento do seu estado físico; e Zarik por sua vez zela por seu descanso e proteção. Nas horas que seriam para o seu repouso, ele memoriza e amplia os ensinamentos recebidos de Thalmar, num admirável aproveitamento.

Quando os animais adoecem, ele experimenta neles as diversas práticas terapêuticas, usando fórmulas suavíssimas, respeitando-lhes as naturais fragilidades. Os resultados têm sido surpreendentes!

Escreve muito, fazendo anotações importantes por horas inteiras, no afã de aprender. Já está mais amadurecido, física e espiritualmente. De porte muito alto, sua magreza é gritante.

Leocádia compreende-lhe os esforços e roga a Deus que lhe conceda forças e energias suficientes para prosseguir.

Sérvulo, sempre que pode se faz presente, no aparente intuito de auxiliá-lo nas diversas tarefas, mas em verdade, tem ânsias de prosseguir convivendo e aprendendo com o bom amigo.

Zarik sabe disso. Aproveitando-lhe a boa vontade e a colaboração espontânea, não se nega a instruí-lo, dentro das suas limitações intelectuais.

O tempo deste gigante é livre, sem as obrigações de rotina que prendem a maioria. Nos intervalos das suas atuações, ele é dono de si mesmo e das suas horas. A viagem incentivou-lhe o desejo de aprender mais; a despeito da vida que leva, na qual a força bruta é sua aliada.

Desta forma, numa proximidade maior, eles estreitam cada vez mais a amizade que os une.

Assim, por força das circunstâncias, Sérvulo passou a secundar Zarik nas diversas tarefas, contentando-se em ser-lhe um discípulo fiel. Em contrapartida, com o seu auxílio, Zarik tem mais tempo para os seus estudos científicos.

Em meio à criadagem de Loredano e reconhecendo a fragilidade física de Leocádia, Sérvulo tem oportunidade de poupá-la de maiores dispêndios de energia, somando tarefas, todas elas ligadas ao bom amigo e à querida Leocádia.

Loredano, algo incomodado com a sua constante presença, passa a observá-lo na intenção de escorraçá-lo dali. Percebendo-lhe, porém, a boa disposição de auxiliar sem nada pedir, deixou-o à vontade.

De fato, a viagem dera frutos preciosos

* * *

NUMA CONVIVÊNCIA OBRIGATÓRIA, Rosalva assimila admiravelmente os hábitos e os costumes dos ciganos, fazendo-se muito querida entre eles.

Yan vigia Rosalva, diuturnamente, confirmando tudo que lhe dissera, quanto à sua pretensão de casar-se com ela. Conseguiu, com a cumplicidade de Próspera, presentear Rosalva com joias e belíssimos trajes ciganos. Assim, mais bela que nunca, numa idade radiosa, ela incomoda demais a algumas mulheres que não aceitam perder Yan para uma estranha.

Situações desagradáveis, então, se instalam, à revelia da moça. Passando por uma roda de mulheres, Rosalva saúda-as, delicada. Uma delas se destaca das demais e provoca Rosalva, barrando-lhe o caminho, a medí-la de alto a baixo e cuspindo de lado, enquanto desafia:

– Vejam só, quanta petulância! E nem é cigana! De onde vem tanto luxo? Quem sustenta tanta vaidade? Nós sabemos de onde vem tudo isso!... Estamos cada vez mais relegados a um segundo plano no bando porque desde que aqui chegou ela é tratada como um alfenim, como uma filha dos deuses! Próspera consente em tudo isso e, pior ainda, ela faz parte dos seus adoradores! Arre, que não me conformo com tanta injustiça!

Frente a frente com Rosalva, pés afastados, mãos na cintura, ela aguarda-lhe uma reação para atirar-se sobre ela. O brilho intenso do olhar e o rosto avermelhado fala da sua fúria. Próspera, aproximando-se, percebe e aguarda para ver a reação de Rosalva.

Apesar do susto, ignorando-lhe os ataques, Rosalva se desvia e prossegue o seu caminho, não antes de ouvir mais:

– Ah, ela se vai, altiva! Sabe que tem costas quentes, ora se sabe! Para nós o trabalho duro, para ela os manjares, os mimos!

Indignada, Rosalva retorna sobre os próprios passos para retrucar, quando outra se destaca da roda, aproxima-se das duas e responde, justa e conciliadora:

– Oh, Florbela, pare com isto! O vinho subiu-lhe a cabeça, mais uma vez! Esta menina é boa para todos e trabalha tanto quanto nós, não seja injusta!

Balançando o corpo avantajado, inquieta e ansiosa para brigar, ela direciona um olhar de ódio para a defensora e grita, a plenos pulmões:

– Pois que vá trabalhar longe daqui! Sua presença nos desagrada demais!

– Fale por você que em verdade teme perder o bom partido que é Yan!

Sentimentos não se exigem, minha cara, eles acontecem e, quando chegam, dominam poderosos! Se Yan gosta dela, não há o que possa fazer! E tem mais, que eu saiba, ele nunca lhe prometeu casamento!

– Sua idiota! Por que defende uma estranha? De que lado, afinal, você está?

– Do lado da verdade, Florbela, e você me causa pena! Está deveras ridícula nestes ciúmes que não têm razão de ser! Você sabe!

Florbela investe furiosa sobre a outra e por pouco não lhe arranca os olhos. Felizmente alguns homens da proximidade a agarram e a arrastam, entre deboches, até a tenda do chefe. Ele saberá o que fazer.

Apesar de ser mimada e protegida, Rosalva é esforçada nas diversas tarefas do acampamento, além de ser amável com todos.

Neste instante, muito mal impressionada com o deplorável contratempo, ela deseja mais que nunca reencontrar o pai e retornar à sua verdadeira vida. Gostaria de fugir, mas sabe que Yan está sempre vigilante. Pensativa, conclui muito sabiamente que não teria para onde ir e correria o grande risco de encontrar-se com salteadores e viver novas situações, tão desastrosas quanto aquelas que culminaram com a sua chegada. "Quem sabe – arrepia-se só de pensar – desta vez seria assassinada ou arrastada a um destino mais cruel?..."

Assim, ela tenta sobreviver em relativa paz, enquanto aguarda ser encontrada. Concluiu, com acerto, que se encontra muito distante de Flandres. Não saberia regressar mesmo que pudesse. Não possui para isto os pontos desejáveis de referência. E, caso os tivesse, Pietro e o circo também já não se encontram mais ali.

Rosalva ignora as consequências do seu rapto. Ela sequer imagina o quanto seu desaparecimento modificou a vida do Grand Circo Monteverdi e a existência do seu proprietário.

Rogou e roga ainda, inúmeras vezes, para ser recambiada aos seus.

Yan e Theodor prometem fazê-lo, mas viajam constantemente, por esta ou por aquela razão, e o tempo vai passando...

Theodor demonstra por Rosalva uma afeição que chega às raias da idolatria.

Este inusitado comportamento do chefe gerou muito naturalmente um grande mal-estar entre os integrantes do bando.

Yan teve por algum tempo ferozes ciúmes do pai, até que concluiu, conciliado, que ele muito velho apegou-se a ela, sem razões plausíveis.

Mesmo rechaçado por Rosalva, segue-lhe os passos, em adoração, deixando-a cada vez mais arredia.

Não fosse a proteção patente de Theodor, Yan já teria se casado com ela, usando os recursos da sua tradição.

Nesta tentativa e desejando mais que nunca realizar o seu sonho de amor, decide enfrentar o pai:

– Meu pai, preciso de uma vez por todas, decidir o meu destino de homem. Quero casar-me com Rosalva e o farei, mesmo contra sua vontade!

Enfurecido, violáceo, Theodor responde ameaçador:

– Atreva-se a passar por cima da minha autoridade, Yan, e não sobreviverá para ser o chefe deste bando! Você é um filho ingrato e atrevido! Como pode ignorar que Rosalva não deseja ser sua mulher?

– Ora, meu pai! E quantas outras não quiseram casar-se com este ou com aquele, mas obedecendo às nossas leis o fizeram e hoje são felizes? Por que comigo deve ser diferente?

– Porque Rosalva pediu-me proteção e eu lhe prometi que ela escolherá o marido que desejar.

– Não pertence à nossa etnia e está sendo procurada pelos seus! Quer nos complicar? Perdeu o juízo de vez?

– Quem parece ter perdido o juízo é o senhor meu pai! Por que transgride as nossas leis?... Neste sentido, há de convir, o senhor possui medidas diferentes, de acordo com a sua vontade!

– Por isso 'eu' sou o chefe! Pelo menos, por enquanto! As suas ideias são tão estapafúrdias quanto o seu amor por Rosalva!

A um gesto de revolta do filho, ele levanta a mão, impedindo-o de falar, e prossegue:

– É preciso competência para saber 'quando' tomar atitudes diferenciadas! Diante do seu comportamento, concluo que você ainda não está pronto para comandar o nosso povo!

Avermelhado pela ebulição dos sentidos, Yan explode:

– Desde quando, é estapafúrdio amar de verdade?!... Desde quando, podemos mandar no próprio coração?!... Por acaso, meu pai, o senhor resolveu brincar de Deus?!...

– E não é o que fazem todos os poderosos? Você disse que muitas mulheres se submetem às nossas leis, fazendo um casamento contra a vontade, não foi? Em seguida declarou veemente que não se pode mandar no próprio coração! Comandar é extremamente difícil e não é para qualquer um! Você, passional como é, só enxerga os próprios sentimentos! Eu, não menos passional que você pela minha condição de cigano, preciso, mesmo que não queira, analisar os dois lados da questão com a razão esclarecida! E veja que não estou fazendo uso de sofismas, mas de leis! Leis estas que, apesar de serem regidas apenas por nossas tradições, devem ser cumpridas a duras penas!

– Todavia, meu pai, é exatamente isso que venho pleitear: que cumpra as leis e me permita casar-me com Rosalva!

– Yan, desperte! Ela não está inserida nas nossas leis!

– Então, não atenderá o meu pedido?

– Definitivamente não!

– Caso outro dos nossos deseje casar-se com ela, o meu pai permitirá?!...

Theodor vacila. Aquilo que disser será lei e será também usado por aqueles que desejem desafiá-lo...

Respira fundo, enquanto Yan aguarda-lhe a decisão.

Finalmente, demonstrando algum cansaço, afirma:

– Não, não permitirei. Pelos mesmos motivos expostos.

– Meu pai, por favor, peço-lhe, conceda-me a mão de Rosalva!

– Desista, Yan, isto jamais acontecerá, garanto-lhe.

Desvairado, Yan tem vontade de investir contra ele e o demonstra claramente nos punhos fechados e no esforço hercúleo que faz para se conter. Caminha pela sala silencioso e respirando com dificuldade. Retorna diante do pai e se esforça para falar, tal a sua revolta:

– Diante de tudo que ouvi, concluo que os anos pesam! O senhor, meu pai, está ficando senil! Por isso, arbitrário! O senhor está enlouquecendo e nos enlouquecerá a todos!

Theodor estremece diante da ousadia do filho.

Baixando a voz, na demonstração de que deseja manter o equilíbrio, responde e admoesta:

– Respeite-me, Yan! Nunca lhe permiti tais comportamentos! O que fala alto em você é a revolta pela incongruência dos seus argumentos, tão injustos quanto duvidosos! Sei que nunca nos harmonizamos muito, todavia agora você está à beira da insanidade!

– E como não estar, se me deparo com um pai diferente daquele ao qual estou acostumado?

– Pois bem, Yan! O tempo modifica o homem e consequentemente as suas ações. A isto chamamos maturidade espiritual. Terá de viver muito para entender! Este assunto está encerrado. Sua rebeldia me aborrece sobremaneira. A você, cabe obedecer, queira ou não.

Agora, deixe-me em paz! Tenho outros assuntos esperando-me as devidas providências. Saia!

Despedindo-o, peremptório, Theodor volta-lhe as costas, ignorando-lhe a presença.

Yan, exasperado e com o coração cada vez mais comprometido, sai em passadas largas na direção dos seus aposentos.

Faz algum tempo, só enxerga a vida através dos belos olhos azuis de Rosalva, e esta, a bem da verdade, é um botão de rosa, belo e perfumado, desabrochando para a vida...

Intrigada com a sua indiferença quanto aos homens que a cercam, Próspera aborda o assunto:

— Minha querida, como resiste a tantos partidos e a tantos homens bonitos que a cercam com intenções de casamento? Sensível como é, por que não se enamora de ninguém?

Suspirando, sonhadora, ela confidencia:

— Ah, minha querida Próspera, eu já estou enamorada!

— Ah, sim? E quem é o felizardo?

— Ele não pertence ao bando de ciganos. Não sei onde se encontra e sequer sei o seu nome, imagine!

— Quer dizer, então, que vive uma fantasia, Rosalva? Sonha com um príncipe encantado?

— Não, Próspera! Na verdade eu já o encontrei... mas acho que ele ainda não sabe...

— Entendo cada vez menos, minha querida.

— Tentarei explicar-lhe, minha boa amiga, ouça...

Rosalva narra-lhe o seu encontro com Fabiano (cujo nome ignora) no dia da montagem do circo.

— Então contenta-se com a simples lembrança de alguém que viu um dia? Que não sabe quem é e nem por onde anda?

— Sim, Próspera. Fui conquistada, plenamente, e sei que ele é o amor minha vida.

— E o que pretende fazer?

— Seguindo a minha natural intuição, vou esperar. Sou muito jovem, ainda.

— E se ele nunca mais aparecer? Está preparada para isso?

— Ele virá, Próspera, ele virá... Meu coração me diz.

— Bem, desejo-lhe sorte! Afeiçoei-me a você e sinto-me um pouco sua mãe, se você me permite.

Abraçando-a, afetuosa, Rosalva responde:

– Agradeço-lhe o carinho e a dedicação. Sem você, teria sido mais difícil suportar a saudade de meu pai.

Que Deus lhe conceda, Próspera, muita alegria e muita saúde!

Passei a amá-la, como se fosse sua filha, também, se me permite.

Emocionada, a boa mulher retribui-lhe o carinho e exclama emocionada:

– Não apenas permito, como agradeço, caríssima menina. Você chegou para alegrar os meus dias. Que Deus a faça feliz, trazendo o seu príncipe encantado de volta!...

– O meu príncipe vai reaparecer, você verá.

Rosalva recosta-se nas almofadas, sonhadora, distante...

Próspera sai, silenciosa, meditativa...

Do lado de fora, depara-se com Yan. Compreende pela sua extrema palidez, que ele ouvira, intencionalmente ou não, a sua conversa com Rosalva. Nos olhos dele: o ciúme, a revolta...

Sem nenhuma tentativa de entendimento, o que seria inútil, porque ela conhece muito bem a tenacidade deste seu filho de criação, segue seu caminho, rumo aos seus afazeres.

Há algum tempo, Fabiano, melhorado fisicamente e conseguindo manter-se sobre um cavalo, partiu em busca de melhor acomodação num pequeno hotel dos arredores. Ele e Rosalva, desencontraram-se, mais uma vez.

Nunca se viram no acampamento. Enquanto Fabiano esteve no acampamento, Yan deu um 'jeitinho' de Rosalva nunca se defrontar com aquele fidalgo que poderia ser-lhe conhecido.

Nesta intenção, apressou a partida de Fabiano, incentivando-lhe a ação, quase em desespero.

Fabiano concluiu que estava incomodando demais e aceitou o conselho, apesar de não se sentir muito bem ainda. Afinal, muito grato por tudo que recebeu, agradeceu, sinceramente, e partiu dali.

Algum tempo se passou...

Completamente recuperado, decidiu retornar ao acampamento para devolver o cavalo e agradecer aos seus salvadores. Mas, antes disso, havia muito a organizar, coisas normais da vida a decidir, e ele foi ficando.

Num belíssimo dia de sol, enfim, ele resolve fazer aquilo que deve.

Sempre é tempo para a honestidade e a fidalguia. Nesta intenção, toma um coche no qual amarra o cavalo. Informando-se e procurando-os, decidido, localiza-os por fim. Segue para o acampamento e, chegando, pede ao cocheiro que o aguarde; desce e dirige-se à tenda que julga ser a do chefe.

Caminhando, passa por espaços ocupados pelas mais diversas pessoas, nas suas habituais atividades.

Pisa devagar, elegante, como é de seu costume. Aproxima-se da tenda, quando divisa a descer as escadas de uma carroça, carregando algumas roupas, uma belíssima moça. Ele a reconhece, mas, de onde? Diante do *dejá vù*, ele se detém a admirá-la.

Ela, por sua vez, deparando-se com Fabiano, estanca também. Imóvel, ela parece uma bela obra de arte, sob os reflexos do sol dourado que incidem sobre a sua cabeça.

Fabiano, completamente fascinado e incapaz de mover-se, teme que a maravilhosa visão desapareça. Após alguns instantes de incerteza, quanto a falar-lhe ou prosseguir admirando-a, dirige-se a ela, auxiliando-a delicadamente a descer as escadas.

Rosalva, deslumbrada, pensa: "Deus!... Terá o tempo parado e nada do que eu vivi depois aconteceu? Ei-lo, de novo, a auxiliar-me, como da primeira vez em que nos vimos!..."

— Gentil senhorita, julgo conhecê-la! Só não me recordo de onde. Se lhe pareço atrevido, perdoe-me, peço-lhe; não é esta a minha intenção!

Olhando-o, fixamente, ela alterna da extrema ruborização à palidez completa. Controlando-se, enfim, responde, como num sonho:

— Sim, senhor, de fato nos conhecemos. Sou filha de Pietro Monteverdi. Por um feliz acaso, no dia em que montávamos o circo, você apareceu e integrou-se a alguns trabalhos de instalação, com o seu talento para auxiliar, como faz agora comigo.

— Sim, tem razão, recordo-me agora! — ele diz, batendo de leve na testa. Fiz, então, o mesmo que faço neste instante, ajudando-a a descer de uma carroça, não foi?

— Foi exatamente assim! E, como agora, eu carregava na ocasião um fardo de roupas!

— Ora, vejam só! Deus me permitiu a rara oportunidade de revê-la e nas mesmas circunstâncias. Estive eu cego, para não ter firmado, naquela época, uma amizade feliz, da qual o próprio 'acaso' é nosso cúmplice? Espero, sinceramente, não perder esta nova chance!

Segurando-lhe a mãozinha, ele a sustenta, até que ela finalmente pisa o chão.

Rosalva sente de novo sua mão macia. Sua alma paira entre o céu e a terra. Não sabe dizer se está dormindo ou acordada e roga aos céus para não despertar caso seja um sonho...

À certa distância, alguém, atormentado pelo ódio e pelo ciúme, aperta convulsivamente o cabo do punhal que traz à cintura, enquanto observa-os, confirmando os próprios receios. Sua natural intuição de cigano não o enganou... Os dois se conhecem. Mais que isso, estão muito à vontade! Decide averiguar e se aproxima.

Abrindo um largo sorriso, disfarçando aquilo que lhe vai na alma, Yan estende a mão a Fabiano e indaga, aparentando surpresa:

– Oh, rapaz, o que faz aqui?

A voz de Yan pareceu-lhes uma trovoada, interrompendo-os e quebrando o momento mágico.

Yan percebe o descontentamento de ambos, certificando-se que deve, de fato, impedir a continuidade desta relação.

– Como está, senhor Yan? Vim agradecer e devolver-lhe o belo alazão que me emprestou. Ei-lo! Amarrei-o àquela árvore. Está saudável, forte e muito bem tratado.

– Eu sabia que um cavalheiro como o senhor certamente encontraria uma forma de fazê-lo, e não me enganei. Dificilmente, sou surpreendido por algo! Isto faz parte do nosso povo, dos nossos hábitos e tradições!

Fabiano não consegue entender porque ele parece agastado e porque fala tanto a respeito de si mesmo. Ignorando-lhe as assertivas, informa-o:

– Acabo de reencontrar uma antiga amiga!

– Então, o senhor e Rosalva se conhecem?

Fabiano, que lhe desconhecia o nome, agradeceu intimamente a chance que Yan lhe concedeu.

– Sim. Conheço Rosalva, do Grand Circo Monteverdi, e conheço seu pai, o senhor Pietro, assim como a troupe. Gente boa e esforçada!

Para os ouvidos de Rosalva, o seu nome nos lábios de Fabiano é música celestial, e a citação ao circo e ao seu querido pai parece trazer-lhe de volta tudo que ama, de uma única vez.

– Curioso... – Fabiano conclui – estamos muito distantes do circo. Por que a senhorita Rosalva se encontra aqui?

– Se Yan nos der licença, poderei contar-lhe tudo, enquanto nos alegramos com o feliz reencontro – declara Rosalva, a olhar significativamente para Yan. Este, desconcertado, responde:

– Naturalmente, Rosalva. Agradeço-lhe, senhor Fabiano, a devolução do cavalo e espero que, futuramente, o senhor não precise mais de socorro.

– Eu, mais que ninguém, também espero! Agradeço-lhe, novamente!

Inclinando-se, Yan sai devagar, pega o cavalo e segue com ele para a estrebaria, visivelmente contrariado.

A atitude desabrida de Rosalva o incomodou demais. À guisa de observar o acampamento, ele retorna e fica por perto. Teme que os dois saiam sem que ele possa impedir.

– Bem, Rosalva, conte-me o que aconteceu.

– Sim, sentemo-nos neste tronco de árvore e poderemos conversar mais à vontade.

A Fabiano não passa despercebida a patente intenção de Yan em vigiá-los. Um frio percorre-lhe a espinha, ao imaginar muito sabiamente que aquele indômito cigano pode estar muito interessado em Rosalva.

Sentados, lado a lado, Rosalva inicia a narrativa de tudo que lhe aconteceu e termina em prantos, sendo consolada por ele.

Fabiano se surpreende com os fatos desastrosos que envolveram a moça e seu pai.

Diante dela, refletindo-se nos seus olhos azuis e ouvindo-lhe os desabafos, parece-lhe estar revivendo algo no espaço e no tempo. Uma grande emoção se instala em sua alma, como se reencontrasse nestes momentos mágicos o seu grande tesouro há tanto ansiado... Como pôde ignorá-la da primeira vez que a viu?!...

Em verdade ela o fascinou, agora se lembra; mas, logo após o encontro, conheceu a bela e terrível Dalila... E sua vida mudou, em pouco tempo, para seu desagrado.

Enquanto os dois, fascinados, conversam, sentem-se reatando laços sagrados e eternos.

Fabiano conclui, satisfeito, que dali em diante nunca mais prescindirá da sua adorável presença.

– Senhorita Rosalva, como estivemos tão próximos e nunca nos vimos?

– Entendo que estive muito doente, febril e fora de mim. Mesmo assim...

Olhando para Yan, que os observa à pequena distância, ela responde:

– Vivi confinada nos aposentos de Próspera. Custei muito a recuperar-me. É possível que quando passei a sair, você já tivesse ido embora.

– Pode ser... Tem procurado seu pai?

– Sim, Yan, procurou-o incansavelmente. Parece que nos perdemos um do outro para sempre!...

Rosalva emociona-se de novo, fazendo Fabiano condoer-se.

Yan, revoltado com a harmonia que eles revelam e incapaz de continuar suportando, aproxima-se. Mas, antes que diga algo, Fabiano adianta-se:

– Senhor Yan, gostaria de cumprimentar e agradecer ao senhor seu pai, o senhor Theodor!

– Certamente, venha comigo!

Olhando significativamente para Rosalva, ele pede licença e segue Yan. Passam por carroças, pessoas entretidas nos seus serviços, crianças ruidosas a brincarem com os seus animaizinhos, e moças a olharem interessadas para o belo cavalheiro.

Algumas mais ousadas suspiram à sua passagem ou dizem algo jocoso.

Alcançando uma carroça, onde o chefe dos ciganos trabalha, Fabiano entra seguido de Yan e saúda:

– Salve, senhor Theodor, como vai?

– Eu, muito bem! E o senhor como está depois de tudo?

– Graças aos céus e aos senhores, estou completamente recuperado. Quero agradecer-lhes, pessoalmente, os cuidados a mim dispensados.

– Nada há a agradecer. De outra vez, cuide-se para não correr perigos desnecessários. Enfrentar um homem armado de pistola? Com efeito, ao menor gesto seu, ele faria o que fez, meu rapaz! Ainda bem que a pontaria dele não era boa e você aqui está a conversar conosco!

– De fato, fui muito imprudente! É que vinha de outras contrariedades que me influenciaram a ação impensada e inútil. Senhor Theodor, desejo falar-lhe de outra coisa, também. Conheço a moça que se chama Rosalva e que é sua protegida.

Theodor estremece. Yan observa-lhe o receio de perder Rosalva.

Seus olhares se cruzam e silenciosos se entendem.

– Pois bem – prossegue Fabiano –, me permitirá vê-la, aqui, outras vezes? Posso auxiliá-la a procurar o pai. Pobrezinha, sofre muito com a separação!

Interferindo, contrariado, Yan declara:

– Ela, por acaso, não o informou do meu empenho em encontrá-lo? Esforcei-me bastante, mas nada consegui. Por que com o senhor seria diferente?

– Senhor Yan, não me arrogo de um sucesso que dependerá de Deus e das circunstâncias. Todavia, desejo tentar, em nome da minha amizade por ela. Permite-me, senhor Theodor? – indaga Fabiano, ignorando a postura de desafio de Yan.

Este, olhos cobradores, prossegue, impositivo:

– Preciso informá-lo que está pisando em terreno desconhecido, quando requisita uma convivência mais estreita com Rosalva. Eu, como seu pretendente, exijo que qualquer ação que lhe diga respeito passe antes por mim! Desde o início da sua entrevista com ela, tentei informá-lo, mas não tive chance. O senhor, na sua arbitrariedade, impediu-me, porém faço-o agora.

Avermelhado de cólera e quase fora de controle, Theodor indaga ao filho:

– Yan, de que está falando? Desde quando toma a frente dos meus assuntos e se insurge contra as minhas visitas?

Desconcertado, Yan responde:

– Desculpe-me, meu pai, mas dentro dos padrões das nossas tradições, desde que me declarei a Rosalva, passei a ser seu pretendente. Sou cioso desta atribuição que defenderei com unhas e dentes, ou melhor, com a própria vida!

Isto, ele diz, olhando firme e direto para Fabiano.

– Yan, falaremos depois! Se bem que já falamos exaustivamente sobre este assunto! – censura-o, Theodor, enquanto voltando-se para Fabiano, lhe diz:

– Volte quando quiser, senhor Fabiano. Sua visita é bem-vinda e a sua amizade com Rosalva me alegra. Esta menina tem sofrido muito. Concedo-lhe a permissão para visitá-la na condição de amigo.

– Obrigado, senhor Theodor! Desejo, também, expressar-lhe a minha dupla gratidão: por tudo que recebi dos senhores e pelo tratamento dispensado a Rosalva. Grato e respeitoso, coloco-me à sua disposição!

– Agradeço-lhe e não descarto a possibilidade de fazer uso dos seus préstimos!

Inclinando-se, reverente, Fabiano sai da barraca e procura Rosalva que não arredou pé de onde estava.

Yan, possesso e incapaz de impedir, postou-se nas proximidades a observá-los.

Os dois conversaram mais algum tempo, até que Fabiano despediu--se, não antes de indagar à moça, olhos nos olhos:

– Senhorita Rosalva, ama o cigano Yan, ou é sua prometida?

Ela responde, sincera:

– De modo algum! Sou livre como o vento e o meu coração ainda não tem dono!

Fabiano vibrou, satisfeito. Interessado, perguntou-lhe:

– Tem intenção de permanecer aqui?

– Ainda não sei o que fazer da minha vida... Preciso encontrar meu pai, mas não sei como...

– Pensaremos nisto, juntos! Agora me despeço antes que o seu 'pretendente' me salte ao pescoço.

– Ele lhe disse isto? – ela indaga, indignada.

– Sim. Cuidado com os arroubos deste cigano apaixonado.

Muito me custa deixá-la aqui. Mas, para o momento, já consegui bastante e não devo abusar da sorte. Pensarei em como auxiliá-la de maneira mais adequada, confie!

– Obrigada! – ela responde, enquanto ele, inclinando-se, beija-lhe as pontas dos dedos, fazendo-a estremecer, e Yan ficar vermelho de ódio.
– Até a vista!

Fabiano se distancia e ela fica a admirá-lo, encantada.

O cocheiro dorme a sono solto. Ele o desperta e embarca no veículo.

Olhando, até que o coche desaparece na curva do caminho, Rosalva pensa: "Fabiano, amor da minha vida!... Ah, se você soubesse há quanto tempo o espero! Depois de tanto sofrimento, mais amadurecida, posso aquilatar os meus próprios sentimentos.. Que Yan não se atreva com as suas intenções de casamento tirar-me a chance de ser feliz com você que é a materialização dos meus sonhos!..."

Ela sabe que Theodor fará o que ela quiser.Conhece o poder que exerce sobre este homem forte e dominador. Nele encontrou um defensor e um grande amigo.

Nestes cismares, ela fica a recordar as feições de Fabiano, o seu sorriso, a sua voz maviosa e educada, seus gestos, seu olhar fascinante, incomparável.

A dor da ausência do pai diminuiu em muito, porque agora está temperada com outro sentimento. Maior? Não, diferente! Todavia, muito forte e balsâmico para esta alma sofrida.

Antes que Yan se revelasse, Próspera sabia dos seus sentimentos por Rosalva. Conhece-o bastante para ler com clareza no seu coração. Ela vê Rosalva entrar, olhos brilhando. Expansiva, a moça vai dizendo:

– Próspera, você nem imagina o que me sucedeu hoje! Ou melhor, agora mesmo, quando fui levar aquelas roupas para a remendeira.

– O que foi? Conte-me! – ela responde, deixando por momentos a arrumação que fazia. – Estou curiosa. Nunca a vi tão bonita como agora. Parece a estrela da manhã!

– É que estou feliz, minha Próspera! O meu sonho materializou-se diante de mim e falou comigo. Descobriu que eu existo. Lembrou o nosso encontro anterior. Admirou-me! Pude sentir o seu interesse por mim! Ai, meu Deus!...

– Se você me contar devagar e com detalhes, quem sabe eu poderei entendê-la, não é? Venha até aqui e me diga tudo!

Abraçando-a pelo pescoço e sentando-se no seu colo, Rosalva narra-lhe tudo que viveu há poucos instantes, entre gritinhos de entusiasmo e sussurros de emoção.

Enlaçando-a, carinhosa, e beijando-lhe ambas as faces, Próspera ouve atenta. Ao final, aconselha:

– Rosalva, desde que aqui chegou, tomei a incumbência de protegê-la como se fosse minha filha. Por isso, devo abrir-lhe os olhos, minha querida. Tome muito cuidado. Yan jamais desistirá de você!

– Ele não tem direitos sobre mim! – Rosalva está exaltada e quase magoada com o conselho recebido.

– Não tem, dentro dos seus hábitos e costumes, mas diante dos nossos, ele tem sim! – Próspera continua. – Nossas tradições são nossas leis. Cuidado, filha! Não foge ao seu conhecimento que se ele quiser poderá raptá-la e casar-se com você! Para nós, isto é uma honra, principalmente quando o pretendente é alguém poderoso e belo como Yan. As mulheres daqui suspiram por esta oportunidade e a nenhuma ele dá esperanças. Yan é daqueles homens que amam com paixão avassaladora! Provavelmente, na sua sabedoria cigana, esperava por você. Na visão dele, você é o seu destino, querida. Ele irá sempre até as últimas consequências para realizar o que considera o seu único sonho de felicidade.

— Mas, Próspera, como pode defendê-lo? Não ouviu tudo que eu disse? Meu Deus! Você já sabia dos meus sentimentos; eu lhe contei! Se me faltar a sua ajuda, mãe querida, o que farei? O que será de mim?

— Minha ajuda, filha, nunca lhe faltará, esteja certa disto, mas não se esqueça de que Yan também é meu filho de criação, que a ama de verdade e que sofre. Conheço aquele coração como a palma da minha mão!

Há de convir que ele tem valores e qualidades que você ainda desconhece. Quando ele se declarou, você passou a evitá-lo, sem dar-lhe a oportunidade de revelar-se como homem!

— Está me dizendo que devo casar-me com ele, mesmo que ame outro? Meus sentimentos e a minha vontade são-lhe indiferentes?

— De modo algum, minha querida. Não me entenda mal, peço-lhe! Estou apenas abrindo-lhe os olhos. Você é muito nova e como tal, diante da proteção paterna com a qual sempre contou, muito inexperiente. Defendo os seus direitos que lhe foram tomados à sua revelia, diante de circunstâncias desfavoráveis. Todavia, filha minha, cuidado com os sentimentos de Yan! Se ele perder você, o que fatalmente acontecerá, a não ser que os ventos mudem os rumos do seu coração, ele será pior que um leão ferido. Sofrerá, mas fará sofrer, pode ter certeza! Seja prudente e entenda-lhe o direito de pleitear o seu amor!

A realidade dele é a do poder e da força! Assim foi criado. Ele não sabe viver e nem agir de outra maneira. Entende?

— Entendo sim, Próspera... Você teme uma desgraça, não é?

— Sim e, além disso, se ele ou você for infeliz, eu serei também, filha!

— Eu nunca faria você infeliz e não desejo de modo algum criar embaraços para o seu filho do coração.

Todavia não espere de mim mais do que posso dar, porque defenderei o meu direito de ser feliz.

E isto só me será possível ao lado do homem que amo, há tanto tempo, nesta minha ainda breve existência. Consegue entender-me, Próspera?

– Sim, querida, e louvo-lhe a sinceridade. De você não poderia esperar outro comportamento. Saiba que nunca apoiarei atos arbitrários de Yan, mesmo amando-o. Confiemos! Deus encontrará os meios para nos auxiliar a todos. Acredite, desejo que você seja muito feliz com o seu príncipe encantado!

– Com o meu príncipe 'desencantado', não é? Felizmente, ele ressurgiu, e os seus olhos me encheram de esperanças!

Próspera observa que ela se entristeceu.

– E agora, o que foi? Será que, sem querer, magoei este coraçãozinho?

– Não, você jamais faria isso, minha boa Próspera... Estou concluindo que saí de perto do meu adorado pai para aprender a viver, ou melhor, para assumir a minha vida... Mas morro de saudades! Ele era a minha segurança, a presença que resolvia tudo, que me protegia. O carinho incomparável que me acompanhou desde o nascimento. Despertar pela manhã era seguro, assim como deitar-me à noite, porque ele estava sempre ali, abnegado, vigilante, incansável... Naquela noite, porém, sua segurança me faltou. Imagino como ele deve estar, Próspera! Sentindo-se um fracassado... Será que o verei de novo, algum dia? Como estará a sua vida? Deus, como eu gostaria de pendurar-me no seu pescoço e beijá-lo muito, muito!... Encostar a minha cabeça no seu peito, abraçá-lo.Meu querido pai, senhor Pietro Monteverdi!...

Exclamando em alto e bom som as últimas palavras, Rosalva principia a chorar. É o que tem feito ultimamente. Próspera a abraça, carinhosa, enquanto por sua vez, reflete: "Pobre menina! O que virá ainda? Só Deus sabe!..."

O coração de Rosalva aperta-se como em torniquete. Ela deseja desesperadamente rever o pai, saber onde e como ele está. Recorda as suas feições, a sua voz, o seu andar, suas admoestações amorosas... Traz a consciência tranquila quanto à desgraça que abateu-se sobre eles.

Até mesmo de Deodato ela se afastava, protegendo-se; seus olhos sempre a ameaçaram. Nunca contou ao pai, temia o seu gênio violento. No circo, sempre fora mimada por todos... Por que a raptaram? O que pretendiam? Extorquir seu pai? Vendê-la a alguém distante dali? Como saber?

Qualquer que seja a razão do seu sequestro, sua vida dali para a frente tornou-se uma incógnita. Teriam se vingado de seu pai? Sim, esta a explicação mais plausível. Quantas vezes lamentou-lhe o gênio irascível...

O tempo passa, separando cada vez mais pai e filha.

* * *

Dom Berardo, muito satisfeito, ouve os pormenores da saída do primo da paróquia de são Martinho. Não pretende deixá-lo em paz. Mantém vigias onde quer que ele vá; um dia conseguirá livrar-se dele, definitivamente.

Foram criados juntos. Dom Berardo conseguiu a glória do mundo naquilo que almejava e prossegue ambicionando muito mais. Todavia, para seu desespero, padre Leopoldo tem conseguido a glória dos céus, ou está bem perto de alcançá-la...

Isto o leva às raias da loucura!

Quem ousaria negar as qualidades de padre Leopoldo? A sua nobreza de caráter, a sua natural bondade? Ele sempre fora assim! Dom Berardo tem plenos poderes para decidir-lhe a sorte. Entusiasmado, ele exclama, orgulhoso:

– Meu dever é preservar os direitos da Santa Madre Igreja, acima de qualquer outro interesse. Para isso fui investido.

Intimamente motivado, ele planeja algo para livrar-se do primo: "Enfim, que ele se vá de uma vez por todas para o céu! E, afinal, estarei fazendo-lhe um grande favor!"

Para isto, dom Berardo existe; para decidir os interesses do mundo e os interesses das pessoas! Por isto é admirado e respeitado pela Igreja. Seu primo, em contrapartida, é inquestionavelmente, *persona non grata*...

Para o respeitável e poderoso dom Berardo, a existência do primo é a recordação constante e vergonhosa da miséria física e espiritual que o caracterizou desde cedo. Misérrimo, órfão de pai e mãe, ele foi adotado pelos pais de Leopoldo. Sempre ingrato, transformou a boa disposição dos tios numa tarefa inglória.

Muito cedo saiu da tutela deles e rebelando-se contra tudo e contra todos viveu sozinho, a lutar contra as adversidades normais da vida. Neste tempo, Leopoldo encontrava sempre recursos para auxiliá-lo, a despeito da sua pouca receptividade e acima da sua patente ingratidão.

Conseguindo ordenar-se padre, Berardo foi aos poucos e sem ética galgando degraus. Sua ambição era grande e ele não se conformaria jamais em ser um simples sacerdote.

Seu primo, porém, abdicou de qualquer autoridade, preferindo os pobres e os desvalidos, gerando assim entre ele e a Igreja uma razoável distância e o desagrado constante dos seus superiores.

A existência e a simples presença do primo, que é atualmente seu único parente, imprime-lhe na alma um grande constrangimento, nas lembranças de tudo que foi e fez, em contradição com a imagem atual.

Dom Berardo pretende galgar ainda muitos outros degraus, e por Deus ou pelo diabo, conseguirá... O burgo que depende da sua atuação como preboste, sofre os rigores de tudo que se chama fome, frio, miséria, doenças e desesperos. Ele se justifica dizendo que o lugar é naturalmente insalubre e que a população é má, ingrata e preguiçosa. Declara serem impossíveis resultados satisfatórios em termos de progresso, onde há tanta má vontade e inércia.

Este o quadro que pinta da comunidade que dirige, diante dos seus superiores.

Entrega, então, a administração a terceiros, desde que não precise 'rentear com a corja maldita', como diz entre dentes, enquanto confere os seus bens, de olhos brilhantes e cúpidos.

Vigia, avaro, aqueles que comerciam com o seu dinheiro e neste afã usa a maior parte do seu tempo.

Frequentemente viaja para uma localidade não muito distante, na qual mantém clandestinamente sua bela amante. Esta é ávida por presentes.

Quando ele reclama dos gastos que se avolumam cada vez mais, ela o faz sentir-se culpado, declarando-lhe que bela como é poderia ter outro amor, alguém que pudesse aparecer à luz do dia e não a obrigasse a viver na clandestinidade. Nestas ocasiões, ela chega às lágrimas, fazendo-o pedir humildes desculpas...

Afinal, ela faz as queixas entre muxoxos tão incríveis e tão lindos, que fascinado e completamente submetido ele cede cada vez mais e entrega-se à sua deusa, à sua musa incomparável.

Entre um dito e outro, ela completa sorrindo, enquanto exibe dentes perfeitos que mais parecem pérolas selecionadas:

— Afinal, meu querido 'dom Berardo', a Igreja é tão rica e poderosa! Para que precisa de tanto, se o céu é de graça, não é mesmo? Que seria de você sem os meus abraços, sem os meus beijos, depois de tantos sofrimentos, nos esforços que empreende em favor dos pecadores? E o que seria deles sem a sua solicitude? Não quero nem pensar! – ela faz o sinal da cruz, fervorosa, antes de prosseguir:

– Ah!... Vejam como o meu pobrezinho está cansado e abatido!... Mas a sua Gertrudes está aqui para cuidar da sua saúde e da sua alegria. Deite esta bela cabeça no meu peito, meu amado, e durma. Durma com os seus anjinhos que por certo devem amá-lo muito! Assim, assim, meu querido menino! Durma, amor meu!...

Ela cantarola uma canção de ninar, enquanto ele encolhido, semelhante ao feto no ventre da mãe, nos braços de Gertrudes, sorri, apalermado.

Padre Leopoldo, ciente disto, já o advertiu várias vezes e em todas elas ouviu desaforos e ameaças. Ele é incansável no esforço que empreende para ser ouvido e compreendido pelo primo. Nunca desistirá de alertá-lo para o bom caminho e incentivá-lo para as boas obras.

Algumas vezes, para impressionar, dom Berardo escolhe alguns interesses da comunidade e ali despeja alguns minguados recursos.

Diante da censura de padre Leopoldo, quanto a sua má administração, responde colérico:

– Não posso tirar leite de pedras! Venha para cá e entenderá o que digo!

Quando lhe fala, o faz entre berros nada elegantes e olhares de ameaça.

Padre Leopoldo ignora tudo e prossegue tentando salvar esta alma que à frente de muitas outras é sua parente carnal. Nunca desistirá de Berardo. Ele, como qualquer outro, mais cedo ou mais tarde terá de modificar-se para o Bem, porque foi criado à imagem e semelhança do Pai. Nestes pensamentos, padre Leopoldo prossegue rezando por ele e sempre que tem oportunidade aconselha-o.

Na nova igreja, aos poucos, ele vai se identificando com os seus paroquianos. Devagar, as diversas circunstâncias foram-lhe permitindo apresentar-se do jeito que é, conquistando a muitos.

Conversa com o seu bom e querido são Martinho nas horas livres. Mesmo nos momentos mais difíceis, ele prossegue cheio de fé nas orações e nas atividades cristãs. Encomendou a um pintor das redondezas um quadro de são Martinho, a partir de um santinho que carrega há anos no seu breviário.

Anseia por ver o resultado. O pintor, talentoso, não lhe cobrará pelo serviço. Sente-se orgulhoso ao saber que o seu trabalho será exposto na Igreja.

Padre Leopoldo já decidiu onde o colocará: junto à entrada da sacristia, de frente para o jardim, no qual uma bonita fonte artificial, bem no centro, faz jorrar água de uma grande cornucópia. Numa das paredes laterais, existe um nicho; ali ele entronizará o seu querido santo.

Paulatinamente, o bom padre cria à sua volta a mesma aura de antes. Quando comparece às reuniões com os seus superiores, fica sabendo alguma coisa a respeito dos seus antigos paroquianos. Pelas informações, concluiu que o novo pároco descuida-se dos mais infelizes, desafortunados.

Seu coração fica apertado. Preocupa-se com cada um que ali ficou, sem os recursos aos quais estavam acostumados.E os meninos, quem os guiará?... Na idade em que estão, necessitam de quem os fortaleça na obediência aos pais e exemplifique nos deveres cristãos!

Mas deve conformar-se e confiar na Divina Providência...

Apesar desta intenção, as lágrimas jorram dos seus luminosos olhos castanhos; de saudade e preocupação.

Assim, ele seguirá, até quando Deus permitir.

* * *

ENFIM, LOREDANO CONTRATA casamento com a bela Jennifer e em pouco tempo a leva para a sua mansão, prometendo-lhe felicidade.

Dona Berta, naturalmente, acompanhou a filha. Não quis ficar sozinha.

Loredano tentou esquivar-se, mas foi inútil. Jennifer foi irredutível. Leocádia, muito feliz, concorreu esforçada para o enlace que se realizou com toda pompa e circunstância, consoante a importância social do noivo.

Muito emocionada, Leocádia conclui:

– Enfim, ele consegue amar! Espero que este sentimento sagrado o torne melhor!

Nos primeiros dias de casado, Loredano camuflou o seu legítimo comportamento, mas com o passar do tempo, além de revelar-se tal qual é, se impôs, arbitrário e arrogante, acima de qualquer outra vontade. As suas ordens são indiscutíveis.

Em pouquíssimo tempo, dona Berta, desconsiderada por ele, que demonstra sem rebuços o quanto a sua presença o incomoda, lamentou ter sido sua amiga e cúmplice. Tardiamente, ela duvida que Jennifer venha a ser feliz no casamento.

Apesar de tudo, Loredano se considera o melhor dos homens e o melhor dos maridos, incluindo aí a possibilidade de ser também um ótimo genro. Ama a sua bela Jennifer, mas não se submete ao que chama de 'seus caprichos'. Concede-lhe uma vida luxuosa e é carinhoso e amável, desde que ela não o contrarie.

Leocádia acha que com o tempo Loredano se sensibilizará. Afinal, até um animal acaba submetendo-se ao verdadeiro afeto. E Loredano não pode ser tão endurecido. Dentro do seu coração há de haver uma brecha que o libertará.

Por ocasião dos preparativos para o casamento, Zarik sofreu-lhe todas as diatribes possíveis e imaginárias. Várias vezes, nas raias da sua insanidade, Loredano surrou-o, impiedoso. E, como sempre, Zarik demonstrou o seu desprezo. Não o teme e faz questão que ele saiba, por mais que o maltrate.

Loredano não suporta mais o que ele representa diante das suas fraquezas. Seu olhar de aço, várias vezes, o domina a tal ponto que se sente adoecer. Em outras ocasiões, obedece-lhe as ordens, sem ensaiar qualquer reação. Não consegue intimidá-lo como faz a todos os outros e sente-se vigiado. O olhar de Zarik é terrível, devassa-lhe a alma.

Por vezes, Loredano identifica o olhar da bela Samara nos olhos do filho. Como pode ser isto?

Loredano acredita que não apenas Zarik o desafia, mas também sua bela mãe. Há muito concluiu que amaria àquela maravilhosa estrangeira, tanto quanto ama à Jennifer. Ela, em primeira instância, abriu-lhe as comportas do coração que parecia infenso ao amor. Mais que o seu orgulho e a sua vaidade, aquele sentimento que o surpreendeu sem defesas o moveu na ação vingativa de tirar-lhe o único filho.

Hoje, todos pagam por sua atitude impensada, originada na revolta da rejeição e nos ciúmes inquestionáveis.

Numa viagem pela Índia, ele a vira dançando numa festa típica, elegante e bela no seu sari colorido e esvoaçante, flores nos cabelos negros como as penas da graúna, nos pulsos e nos tornozelos, pés descalços, mãos a se movimentarem em gestos admiráveis, olhos que de tanto brilho ofuscariam as estrelas...

Deslumbrado, ficou por ali até que ela se foi. Seguiu-a e criou uma circunstância favorável para falar-lhe e em poucos instantes fazer-se amigo. Com bonomia e inteligência fez-se presente à sua casa e em poucos dias estava irremediavelmente apaixonado, submetido aos seus pés. Arrebatado, declarou-se, surpreendendo-a desagradavelmente.

Nos dias seguintes tentou, obstinado, conquistá-la e possuí-la, pois que era esta, desde o início, a sua verdadeira intenção. Satisfeitos os seus instintos, provavelmente a esqueceria. Nenhuma mulher em sua vida jamais passara disso.

Nas tentativas, todas inúteis, ele agira enlouquecidamente contra ela, terminando por tomar-lhe o filho amado e pequenino, que no seu colo o fixava com um olhar de censura e ameaça. Este olhar perpetuou-se nos olhos de Zarik como uma abominável condenação para Loredano.

Num fino sorriso de mofa, algumas vezes, fica a imaginar como terá se comportado o marido de Samara ao regressar da sua peregrinação.

Espantando estas memórias que o assaltam frequentemente e, no limite das suas forças, Loredano decide livrar-se deste pesadelo que o atormenta dia após dia. Está decidido: expulsará Zarik e Leocádia. Um de cada vez, separando-os. Esta será mais uma vingança. Os dois o incomodam demais.

Jennifer já foi conquistada por Zarik e Leocádia, escandalizando Loredano e aumentando-lhe em muito a revolta. Em várias ocasiões ele surpreende a mulher em longas conversas com Zarik. Ela dedica ao rapaz, uma grande afeição e muito respeito. Jennifer chega a sentar-se na cozinha, enquanto dialoga amigavelmente com Leocádia!...

Loredano jamais poderia imaginar um comportamento destes, numa mulher vivida, habituada ao luxo feérico dos salões. Remoendo os seus ciúmes, conclui que os dois estão lhe roubando aquilo que tem de mais sagrado: a afeição de sua mulher.

Não, não dividirá as atenções de Jennifer com eles ou com quem quer que seja! "Desta vez eles foram longe demais! Assim, decidiram os seus destinos!"

Quanto à dona Berta, pretende afastá-la da sua casa. Afinal é mais uma boca para comer e gastos que não deseja assumir. Já percebeu que sua mulher abre generosamente a bolsa, permitindo a sua mãe toda sorte de compras. "O que pensam? Que o meu dinheiro é erva do campo? Ninguém, jamais, irá dilapidar o meu patrimônio!"

Ruminando estes e outros pensamentos, Loredano não viu que Jennifer se aproxima. Lamentando-lhe, intimamente, o mau humor que o caracteriza, ela respira fundo. Controla-se e dirige-se a ele, carinhosa:

– Meu querido marido, em que pensa?

Jennifer já não se sente segura quanto ao passo decisivo que deu, mas o que fazer? Melhor seguir adiante e tentar ser feliz.

– O que disse, Jennifer? Desculpe-me. Estou preocupado com a nossa situação financeira.

– Ora, mas os seus negócios não vão bem?

– Nem tanto quanto possa imaginar, minha bela.

– Mas eu pensei... balbucia ela, na tentativa de argumentar.

– Você não foi feita para pensar, minha querida. Foi feita para ser amada e admirada. Para enfeitar esta casa e a minha vida. Deixe os problemas para a minha cabeça, sim?

– Julguei que admirasse a minha inteligência e a minha perspicácia, Loredano. Tantas vezes disse-me isto!

– Sim, eu admiro, certamente, mas não vivemos da perspicácia das mulheres, há de convir. O que nos fascina nas mulheres é a beleza, o charme, a elegância e, sobretudo, a submissão aos seus maridos. Sem esquecer que elas nascem para serem mães, e como tal devem limitar-se aos cuidados com a casa e com a educação dos filhos.

– É assim que pensa, Loredano? Quando fazia-me a corte, dizia-me coisas bem diferentes! O que mudou?

– Nada mudou, sou o mesmo de sempre. Por certo não entendeu as variações que compõem a vida; ainda mais a de alguém poderoso como eu, cara Jennifer. Tivesse se casado com qualquer um, e certamente suas ilações estariam de acordo com aquilo que pensa; mas assumiu a minha vida e tudo aquilo que represento. Estas atribuições exigir-lhe-ão outras ideias e um comportamento diferenciado, de acordo com as circunstâncias. Espero muito de você, principalmente obediência, afinal sou o seu marido!

Jennifer confirma, entristecida, que toda a bonomia de antes se esfumara. Sua mãe lhe disse que isto é normal; que geralmente, passados os primeiros arroubos, os maridos tornam-se uns tiranos, e Loredano por certo não fugira à regra.

– A propósito – prossegue ele –, cuidado com a bolsa! Não desejo vir a ser um pedinte nas escadarias das igrejas, minha cara, depois de ter herdado os bens que caracterizaram sempre a minha família; e de ter produzido bastante em função de mantê-los e aumentá-los cada vez mais. Se formos perdulários, brevemente, ficaremos à míngua. Espero que me entenda e não se melindre com minha justa observação!

Desagradavelmente impressionada com a mesquinhez do marido, Jennifer balança a cabeça, sentindo que será inútil qualquer argumento diante de tudo que ouviu.

Notando o seu desagrado, Loredano prossegue, agora, conciliador:

– Veja bem, Jennifer; se você tivesse se casado com um joão-ninguém, como poderia andar tão elegante e viver à larga?

– Loredano, sempre andei muito elegante e isso, me parece, atraiu você. Só passei dificuldades financeiras quando meu infeliz tio faliu, lembra? Nesse tempo, você se fez íntimo na nossa casa e na nossa vida... Nunca me viu em trapos e nunca fui uma mulher que não valesse a pena conquistar, tenho consciência disso, apesar daquilo que diz!

– Sim, você está certa; não fosse você quem é, eu jamais teria sequer olhado para você! Todavia, se usufrui daquilo que me pertence, deve ao menos ser grata e entender a grande bênção que recebeu casando-se comigo. Você não ignora quantas mulheres se ofereciam a mim, mas eu escolhi você porque me apaixonei. Pense bem e avalie se poderia ter um casamento mais vantajoso! Os meus pares casam-se visando aumentar em muito o pecúlio que já possuem. Eu, ao contrário, lhe concedi, generoso, a oportunidade de alçar-se ao meu nível social. Sem contar, também, que aceitei a vinda da sua mãe para a nossa casa, coisa que nunca esteve nos meus planos. Como pode ver, sempre terá muito a agradecer-me!

Jennifer está sem palavras. A cada novo dia, se decepciona mais com Loredano, confirmando as suas primeiras impressões quanto a ele. Difícil entender como ele conseguira conquistá-la, fazendo-a mudar de opinião.

Neste sentido, sua mãe fora bastante competente para retratar nele o marido ideal... Jennifer sabe, porém, que a grande decepção com Álvaro e a necessidade de sobrevivência se impuseram, cegando-a. Abriu a guarda e ele, ladino e experiente, dominou-lhe os sentidos e conquistou-a em definitivo, levando-a em tão pouco tempo ao casamento.

Recorda que a chegada de Loredano à sua casa coincidiu com a extraordinária situação de penúria, na qual ficou o seu tio, aquele que era o esteio das suas vidas.

Estranho! Teria, Loredano lhe trazido má sorte?

Diante da criadagem, já percebeu que aquela decantada bondade do marido era uma grande lorota para impressioná-la, assim como à sua mãe. Sente-se numa golilha de ferro e sabe que o ato de se casar com ele foi definitivo. Terá de acomodar-se, tirar partido naquilo que puder e conformar-se.

Saindo de perto do marido, passou o resto do dia trancada no quarto, triste e sem muitas esperanças de felicidade.

Assim, sua mãe veio encontrá-la, quando chegou das compras. Entendendo-lhe a decepção, consolou-a e ofereceu-lhe os seus préstimos de mãe amorosa.

Assim está a vida da bela e admirada Jennifer...

Álvaro, por sua vez, quando soube do enlace vantajoso, entendeu a mudança de comportamento de Jennifer. Há bem pouco tempo, ele perdera grande parte dos bens de família, numa arriscada empresa levada a efeito por seu pai. Conclui que Jennifer informada a tempo, desinteressou-se dele e cuidou de garantir o seu futuro.

Álvaro sofre ainda a grande desilusão, porque apesar de tudo prossegue amando-a. Ela foi seu primeiro amor. Não consegue esquecê-la e seu coração tirano se impõe acima da razão, acima da dura realidade. Todavia deve conformar-se porque este tempo da sua vida está encerrado. Jennifer está casada e deve estar feliz. "Assim é a vida..." – ele conclui.

* * *

SOZINHO E ISOLADO, desde que surpreendeu a sua Zoraida nos braços de Genésio, Seriguella decide sair da cidade. Sua natural alegria desapareceu. Ninguém mais o viu sorrir.

Trabalha sem muito estímulo, só para sobreviver, enquanto se organiza para partir. Nunca mais procurou sua amada. Receia o seu olhar de censura e expectativa. Tem consciência de que não possui as soluções e nem as respostas que ela espera...

Diante da sua proposta de vida, não tem o que dizer, nem o que fazer. Não nasceu, definitivamente, para o casamento, nem para constituir família. Seus pés já coçam querendo pegar as estradas do mundo, e em meio a este incomensurável Universo, aprender sempre e cada vez mais. Ver gente diferente, descobrir coisas novas!

Já andou bastante nesta vida, mas pretende andar muito mais. Deve explicar-se com Zoraida o mais rápido possível. Lamenta ter adiado tanto esta decisão.

Imagina o quanto a fará sofrer. Todavia é melhor hoje, quando não existe ainda um compromisso oficial e nem filhos para criar...

Este amor verdadeiro, afinal e acima de tudo, está sendo protegido; assim como os filhos que viriam; estes recebem de Seriguella, mesmo antes de existirem, a consideração e a responsabilidade que lhe caracterizam o ser.

Prosseguirá amando Zoraida; impossível arrancá-la do seu coração.

Se o casamento azedasse este amor, quem sabe eles não se aborreceriam um do outro?

Sim, um dia, esta dor diminuirá e ele terá a certeza de que agiu como devia.

O bom Seriguella decide explicar-se com Zoraida.

Com amargor, ele constatara que os braços de Genésio não são tão indesejáveis assim, quando os surpreendeu sem ser visto por eles...

Que sejam felizes! Com o tempo, bem casada e cheia de filhos, Zoraida nem se lembrará dele!

Antes, falará com frei Justino. Precisa de forças e de conforto espiritual. Abrirá mais uma vez o seu coração para ele; certamente ouvirá dele aquilo que precisa neste momento crucial.

Depois, seguirá o seu caminho, buscando em outras plagas o esquecimento e a conformação, para viver de acordo com os seus princípios.

Reflete a respeito de frei Justino que como ele, também é sozinho...

Poderia ser, algum dia, um religioso? E por que não?

Nas clausuras dos mosteiros, poderia encontrar os conhecimentos que busca; sim, estes lugares são os grandes celeiros da sabedoria mundial... Mas tornar-se um religioso apenas para ilustrar-se?

E quanto ao ardoroso coração que deveria calar-se para sempre? Nunca mais amar uma bela mulher?

Não, definitivamente não! Seriguella amará muito e sempre!

E quanto à sua sagrada liberdade? Deixar de comprometer-se com mulher e família, para comprometer-se com a Igreja? Obedecer cegamente aos superiores eclesiásticos? Jamais!

Seriguella decide continuar livre como o vento que sopra onde quer e como os pássaros que singram os ares totalmente libertos.

"Frei Justino é digno de louvores! Que coragem! Viver sozinho, sem um amor, fazer votos de obediência à Igreja! É preciso mesmo muita vocação, muita renúncia! E o bom frei é fiel a tudo isto. Amigo de todos, abnegado até as últimas consequências. Para ele, esta deve ser a vida ideal.

E, se não houvessem, neste mundo, 'freis Justinos', aos quais as pessoas buscam nos momentos mais difíceis da vida?

Sim, está tudo certo! O Pai é perfeito e cuida de cada criatura com carinho e desvelo; colocando-as no seu justo lugar!"

Caso pretendesse ser um religioso, se espelharia em frei Justino, sem dúvida. Mas não é o que deseja para si.Já se decidiu. Depois de conversar seriamente com Zoraida, desfazendo o compromisso, se porá a caminho. O mundo o espera. Novos amigos, novas plagas, novas aventuras!

Ah, que viver assim é muito bom!...

* * *

REALMENTE EMPENHADO EM ilustrar-se, Sérvulo surpreende Zarik no esforço que faz para aprender.

Neste momento, enquanto arranja algumas ervas nos escaninhos, ele observa Zarik e pressente-lhe uma preocupação maior.

Decide perguntar:

– Zarik, em que pensa? Noto-lhe fortes vincos na testa!

Respirando profundamente ele olha para Sérvulo e declara:

– Prevejo grandes mudanças e muitos sofrimentos.

Uma estranha nuvem paira sobre nós...

Brevemente, estaremos envolvidos em situações que nos determinarão os destinos. Terei, caro amigo, a força de que preciso?

Temo mais por você e por Leocádia!...

– Você me assusta, Zarik! Não pode conjurar este mal? Se possui tantos poderes...

– Não, não poderei conjurá-lo; isto me é vedado. Também não devo transgredir as leis do Grande Poder ou estarei agindo como Thalmar. Ele, como sabe, enfrenta desde agora o tribunal da própria consciência.

As nossas expiações nos alcançam porque a elas fizemos jus.

A lei divina é justa e perfeita, cumprindo-se ponto por ponto.

Existem fases nas nossas vidas que devem ser enfrentadas com coragem e submissão, estribadas na fé.

Fuja sempre Sérvulo, de rebelar-se contra Deus, porque estaria apenas adiando o tempo das lágrimas e do ranger de dentes.

Seria escorregar do céu para o inferno, complicando em muito a jornada, por si só, prenhe de desafios e testemunhos, quase sempre dolorosos.

– Arre, Zarik, minha espinha dorsal congelou! Deus me livre de tal sorte! Entendo o que quer dizer, mas tranquilize-se meu amigo. Assim como você, eu temo o poder divino e nunca me insurjo contra ele.

– Sei disso, todavia há sempre que vigiar, Sérvulo. Somos passíveis de muitas tentações ao longo das nossas existências. Ter nas mãos qualquer forma de poder é sempre um grande desafio para nós, espíritos imperfeitos, ainda com tendências viciosas. As más influências, às vezes, nos viram do avesso. Nunca se julgue infenso a quedas! Nossas fraquezas requisitam uma perene vigilância, entendeu?

– Sim! E compreendo a sua responsabilidade quando me instrui. Farei um pacto com você, meu sábio amigo: Que Deus me tire deste mundo, caso eu pretenda fazer mau uso de tudo que estou aprendendo, certo?

– Não, não faremos pacto algum! Nosso compromisso é com o Bem e com a Verdade. Espero que seja feliz, dentro das possibilidades que a vida lhe oferecer; e para tanto precisará agir de acordo com as leis do Criador. Caso não confiasse, você não estaria aqui, e eu não lhe permitiria acesso a coisas tão importantes! A prudência nos exige cuidados que às vezes podem parecer excessivos.

– Compreendo, Zarik, e agradeço a confiança e a amizade ímpar.

Agora, por favor, esclareça-me: Nós três temos dívidas comuns? Quero dizer, eu, você e Leocádia?

– Não fosse assim e não estaríamos juntos. E não apenas nós três. Tudo aquilo que vier a nos alcançar envolverá também o nosso patrão, a sua mulher e a sua sogra; cada qual no contexto que lhes pertence, resultado dos nossos passados. Sem deixar de lado e em menor escala, a qualquer outro que nos cerque nas rotinas das nossas vidas.

– Todos sofrerão? E por quê?

– Porque terá chegado o tempo a exigir-nos novas atitudes, estribadas noutros valores. Nos próximos acontecimentos, alguns sofrerão e outros farão sofrer. Os méritos e os deméritos de cada qual serão avaliados mais uma vez na esteira do espaço e do tempo!

– Fácil concluir quem vai sofrer e quem vai ser a causa destes sofrimentos! – Sérvulo desabafa, quase num sussurro.

Compreensivo e algo entristecido, Zarik esclarece:

– Não se iluda com as aparências, meu amigo. Quando sofremos é porque fizemos sofrer. Amontoamos brasas sobre as nossas cabeças e estas cairão sobre nós no tempo devido. Como vê, o Bem se instalará, acima de tudo e acima de todos, na execução irrevogável da Grande Lei.

– Concluo, Zarik, que ao longo das suas existências você teve acesso a muitos conhecimentos e aproveitou bem, sendo o sábio que é hoje.

– Agradeço-lhe aquilo que possa parecer elogio, mas não sou sábio na verdadeira acepção da palavra; não ainda. Absorvi apenas uma pequena parcela de conhecimentos e almejo muito mais. Esta é a minha proposta de vida.

Zarik responde, dando a conversa por terminada.

Vestido numa túnica branca de tecido rústico, muito alto e muito magro, turbante na cabeça, rosto expressivo e pálido, ele representa, sem dúvida, o seu povo nas suas características naturais.

Neste momento, ele parece carregar o mundo nas costas. Seu coração aperta-se, não sabe o que virá.

Sérvulo respeita-lhe a introspecção. Por sua vez, reflete também.

O que viverão? De onde lhes virão as dores e quando as mesmas terão início?

Estribado na fé, Sérvulo entrega-se a Deus e pede pelos amigos.

Loredano será o agente causador dos tormentos profetizados por Zarik.

Que a Divina Providência os guarde e sustente quando os seus testemunhos chegarem!

* * *

MODESTA VIVE NA recordação daqueles que ficaram. A igrejinha levantada em sua homenagem é mantida limpa, arejada e repleta de flores.

Quando frei Justino oficia as missas, sente ali um clima de fé e de muito amor.

Alguns casamentos também já foram realizados na igrejinha, sob o amorável olhar do mestre Jesus que num grande quadro parece vivo, tal a perfeição do trabalho do artista que reproduziu-lhe a imagem. Este pintor embelezou a capela com afrescos; estes ladeiam o altar e decoram as paredes. Profundamente expressivos, eles convidam à oração e ao recolhimento.

No maior deles, admira-se, reverente, "A anunciação do anjo", em cores esmaecidas e muito suaves. Neste ambiente místico, que favorece a meditação e a reverência a Deus, Seriguella aguarda para conversar com o frei.

Chapéu roto nas mãos, sentado num dos bancos, ele admira, reverente, os afrescos.

Frei Justino chega, tirando-o da sua contemplação:

– Olá, meu filho! Venha para a sacristia, lá conversaremos melhor e mais à vontade!

Levantando-se, Seriguella saúda-o com uma leve inclinação de cabeça e o acompanha até a minúscula e bem organizada sacristia.

Num tosco banco de madeira, os dois sentam-se. Seriguella suspira e vai dizendo:

– Obrigado, frei Justino, por receber-me. Sei o quanto é ocupado, todavia preciso demais da sua bondade e compreensão. Vim para contar-lhe como anda o meu coração... Pode ouvir-me?

– Naturalmente. Fale, estou à sua disposição. Percebo-lhe o abatimento físico e espiritual. Pobre filho, quanto deve estar sofrendo! Logo você que prima pela alegria.

– Ah, meu frei... Atualmente me debato em meio aos meus conflitos íntimos. Raciocino com clareza, tomo decisões, mas o meu coração...

— O coração não pensa, meu bom Seriguella, sente. Enquanto a cabeça raciocina, faz cálculos, decide isto ou aquilo, o coração vacila em meio a sentimentos por vezes contraditórios.

— Tem razão. Tento ser prático, racional, mas quem disse que eu consigo? Nunca, em toda a minha vida, estive tão triste e tão desolado...

— Porque o coração está seriamente comprometido, Seriguella!

— Sim, senhor, é verdade...

— Fale, desabafe, meu filho!

— Pois bem, estou num beco sem saída... Sinto-me arrasado, infeliz. Decidi ir embora, mas gostaria de ficar...

— E o que, o impede de fazê-lo?

— Nada! A não ser a minha determinação em permanecer livre.

— Teme prender-se em definitivo à sua querida Zoraida?

— Sim. Por isso decidi romper definitivamente com ela. Com o passar do tempo me conformarei!

— Será?... Se fosse tão fácil, você não estaria sofrendo, meu bom amigo.

— Concordo. Mas não posso, não quero e não vou prender-me a ninguém. Sinto ânsias de caminhar, de aprender, de refletir, de ver gente nova e lugares nunca vistos! Meu sangue circula melhor, quando estou ora aqui, ora ali... Se me prendo a este amor, serei obrigado a viver como qualquer outro. Assumirei uma vida monótona, num esforço repetido, para superar dificuldades financeiras. Verei os filhos crescerem na insegurança e nas agruras, ouvindo Zoraida pedir dinheiro para isto e para aquilo, na escravidão constante de quem precisa ser o provedor de tudo e de todos... Isto, definitivamente, não é para mim!

— Entendo. Você teme a rotina da vida. Todavia, meu filho, estas coisas são normais e fazem parte da existência, tendo também a sua beleza e as suas compensações.

— Concordo com o senhor, frei. Até consigo refletir a respeito, mas a realidade é bem outra... É assustadora para quem pensa como eu. Aplaudo àqueles que conseguem se conduzir bem neste setor de vida, mas não estou preparado para isso. Não serei feliz em meio a estas complicações! Não fosse minha Zoraida tão comprometida com as convenções, e viveríamos bem, nos amando, sem muitos planos e sem algemas!

— Ora, meu filho, esta proposta seria inconcebível para ela. Como a maioria das mulheres, ela sonha com o casamento e anseia por ser mãe.

Elas se casam, sofrem as agruras da gestação e as dores do parto. Amam os seus filhos e sofrem por eles, educando-os desde pequenos, e pela vida afora seguem se esforçando para vê-los felizes, realizados e bons. Abaixo do grande amor de Deus, Seriguella, o amor maternal é o maior que a Terra já viu e pôde conhecer. Como pode esperar que Zoraida abra mão disso?

– Aí é que está o meu sofrimento. Ela não abrirá mão de nada, eu é que ficarei sem ela. Seguirei com a tristeza de saber que outro a tem nos braços. A ele, ela dará belos filhos. Com ele, ela dividirá as alegrias e as tristezas. Ele receberá dela os beijos e os afagos que sempre julguei pertencerem somente a mim. Ah, meu frei, existirá dor maior para um homem apaixonado?...

– Mas, meu querido filho, depende somente de você que as coisas sejam diferentes. Por que fugir daquilo que tanto ama?

– Frei Justino, eu talvez esteja fugindo de mim mesmo. Esta a ideia que condiz melhor com a minha realidade. Se não posso dar tudo que ela deseja e sonha, devolvo-lhe a liberdade e preservo a minha. Ela se realizará, mesmo que não seja comigo. Oh, meu Deus, por que o amor de Zoraida depende de tantas coisas?

No limite das suas emoções, Seriguella desaba num copioso pranto. Penalizado, quase chorando também, emotivo como é, frei Justino o consola:

– Oh, meu filho, não chore!... O seu amor por Zoraida também depende... Depende da sua liberdade. Pense nisso.

– Concordo, meu frei.

Ele enxuga os olhos, enquanto amarfanha o velho chapéu, com ambas as mãos, extremamente nervoso. Com dificuldade, tal a sua emoção, ele conclui desanimado:

– Como somos complicados, não é? Desejamos coisas tão contraditórias!

– Sim, somos muito complexos. Espíritos inteligentes, escolhemos com a permissão do Pai os nossos caminhos, para nos tornarmos responsáveis pelas nossas ações e pelos nossos destinos, meu filho. Conforte-se e alegre-se com aquilo que com o tempo o fará feliz, ou seja, a sua decisão de viajar e de ser livre. Zoraida já sabe da sua decisão?

– Não, ainda não... Eu precisava antes fortalecer-me, falando ao senhor, abrir as comportas do meu coração... Chorar, como faço agora...

Ela, conhecendo-me bem, já deve imaginar qual será a minha decisão. Zoraida é muito inteligente.

Seriguella volta a chorar. O pranto jorra sem barreiras, molhando-lhe o nobre rosto e a roupa envelhecida.

Frei Justino abraça-o pelos ombros e aguarda-lhe o reequilíbrio.

Após alguns instantes, respirando fundo, ele volta a falar:

— A razão maior da minha tristeza, frei Justino, é que outro já lhe faz a corte!

— Isto é apenas uma suspeita, filho, ou está bem informado?

— Eu os surpreendi abraçados, beijando-se... Sequer me viram. Fiquei chumbado ao chão! A minha Zoraida, tão bela e querida, não o rechaçou como deveria... Nem terminamos ainda e ela já se compraz numa nova conquista. Morro de ciúmes porque a amo como jamais imaginei pudesse amar um dia. Mas isto já não é o mais importante para ela. Ela ficará muito bem sem mim, como pude ver...

— E este coração apaixonado, meu bom Seriguella, como ficará? — indaga-lhe o bom religioso, apontando-lhe o peito.

— Sofrido, sangrando, mas consciente de que se libertou de uma gaiola dourada.

— Sinto muito por vocês dois. Posso intuir que feliz, de fato, nenhum dos dois será. Pena, não é? Todavia, deve seguir seus impulsos, porque mais cedo ou mais tarde se sentiria preso, revoltado... e então onde ficariam o amor e os sonhos? Compreendo-o e desejo-lhe sorte. Sentiremos saudade da sua companhia, dos seus ditos iluminados, do seu sorriso e da sua natural bonomia! Enfim... que se há de fazer, não é? Que você seja feliz, por onde quer que vá na sua vida itinerante. Que Deus o abençoe e o guarde sempre, meu filho! Leve-nos no seu bom coração; queremos muito bem a você.

Abraçados, eles choram, na despedida afetuosa de uma amizade verdadeira e eterna.

— Eu sei, querido frei Justino, meu guia e protetor, abaixo de Deus! Responde com dificuldade o bom Seriguella, enquanto enxuga as lágrimas que caem abundantes.

Respira fundo e conclui afável:

— Descanse, eu estarei bem. Agradeço-lhe por tudo. Que Deus o abençoe e ilumine cada vez mais! Sua bondade consola aqueles que o procuram, com sua sabedoria e seu amor incondicionais. Abrigarei sempre no meu coração os afetos que conquistei aqui, levando-os comigo, feliz e agradecido ao Senhor de todos nós! Particularmente, jamais o esquecerei. O meu querido frei será sempre o maior exemplo de bom cristão para mim. Paz e alegria para o seu coração que sabe amar, como ninguém, a Deus e ao seu próximo!

Grato por estas palavras e emocionado pela despedida, frei Justino o abençoa:

– Vá na paz de Nosso Senhor Jesus Cristo, filho muito querido!

Em seguida enxuga os olhos claros e bonitos num lenço que retira do bolso do velho hábito. Sua barba ruiva está molhada de lágrimas.

Seriguella beija-lhe a mão e colocando na cabeça o chapéu roto, se vai cabisbaixo e determinado a falar definitivamente com a bela Zoraida. Deve libertá-la de uma esperança, inútil. Enfim, Genésio a fará feliz.

Aos poucos, ela o conquistará plenamente, podendo então dominá-lo, fazendo dele um ser humano melhor...

Imagina-a cercada de filhos, a amamentá-los e a educá-los... Lamenta não poder se encaixar neste contexto doméstico. Estes filhos seriam seus!...

Tenta adivinhar-lhes as carinhas, os gestos, as vozes...

– Ora, ora, Seriguella! Você é um pensador que gosta de sofrer? – indaga-se, em meio à vegetação que o cerca.

– Certamente, não! – responde, em alto e bom som.

Como entender as almas dos homens, sem passar pelo cadinho da dor?

Neste solilóquio, ele segue o seu caminho, enquanto enxuga ainda algumas lágrimas teimosas.

Dias depois, explicações concedidas à Zoraida, em meio a muito choro e alguma revolta, ele toma o seu caminho, levando na alma a sua figura sedutora. Jamais a esquecerá. Nunca, em tempo algum, amou assim! Um dia, quem sabe, voltará para vê-la...

Não! É melhor não!...Deixemos como está! Assim será mais fácil curar as feridas.

Bagagem pequena às costas , pé na estrada, vestido na sua habitual simplicidade, chapéu na cabeça, ele assobia, tentando esquecer o seu amor, enquanto anseia por novas experiências.

Vez por outra, senta-se para descansar e conseguir alguma carona para seguir mais além... Quanto mais distante, melhor.

Está virando mais algumas páginas da sua história: sem lamentos, sem arrependimentos e sem remorsos.

Assim é a vida!... ele conclui, conformando-se.

* * *

FABIANO, AOS POUCOS, faz-se presença habitual no acampamento dos ciganos. Solícito, junto a Rosalva, ele deixa Yan inseguro e extremamente ciumento. Algumas rusgas já aconteceram, requisitando a atuação enérgica de Theodor.

A vida no acampamento é colorida, de linguajares diferentes, ricos artesanatos, músicas lindíssimas, muita dança e um constante alarido feito de trabalho e muita alegria.

Fabiano, estudioso, voltado para as artes e grande admirador das diversas culturas, fica fascinado com tanta beleza.

Ele também é exímio violinista, assim como Yan. Por esta razão rompeu o gelo. Algumas vezes pode-se vê-los a trocar ideias e conhecimentos com relação a este instrumento, além de tocarem em dupla, arrancando aplausos e vivas entusiásticos.

Sincero nos seus sentimentos e plenamente correspondido por Rosalva, Fabiano é extremamente discreto, para não criar maiores problemas junto a Yan.

Atualmente sem o pai, Rosalva depende de Theodor e de Próspera. Estes assumiram junto a ela as responsabilidades e os cuidados filiais.

Theodor, que vê com bons olhos o interesse de Fabiano por ela, convoca-o para uma conversa amigável e sincera.

Fabiano atende, presto:

– Aqui estou, caro senhor Theodor, à sua disposição.

– Agradeço! Vou direto ao ponto: Como sabe, desde que Artêmio salvou Rosalva, trazendo-a para cá, responsabilizei-me por ela. Curiosa a coincidência que os trouxe até o nosso acampamento, em datas separadas e envolvidos em experiências semelhantes, sem que se vissem. Quando você, meu rapaz, já tendo regressado à sua vida normal e vivendo distante de nós, retornou para devolver o cavalo de Yan, reviu-a e reconheceu-a. Atendendo-o, permiti que a visitasse na condição de amigo, lembra?

– Sim, senhor, naturalmente!

– Pois bem, atualmente, observando-os, surpreendo-os profundamente envolvidos. É patente o quanto se interessam um pelo outro. Espero uma explicação. O que me diz?

– Em verdade, eu já pretendia lhe falar e agradeço a oportunidade que me concede. Adiei um pouco esta conversa, porque me preocupam os sentimentos de Yan com relação à Rosalva. Diante da sua filiação e autoridade, eu não posso ajuizar o que pensa a respeito deste assunto tão delicado. Como sabe, eu já a conhecia e já nos interessávamos um pelo outro, o que derruba a tese de Yan, quando diz que "chegou primeiro", como se isto fosse uma competição.

– Diante das nossas tradições, estas 'competições', como diz, acirram os ânimos e dividem opiniões, mobilizando todo o bando, numa boa algaravia. Àquele que vence, os louros, afinal, e a felicidade de ter nos braços a mulher amada!

Theodor fala entusiasmado. Sua alegria cigana é patente e admirável.

Fabiano julga por bem esclarecer:

– Eu e Rosalva não estamos inseridos nestas tradições ciganas, o senhor sabe.

– Naturalmente, eu sei.

– O senhor tem razão quando diz que eu e Rosalva estamos cada vez mais envolvidos. Lamento, sinceramente, a frustração do seu filho. Caso Rosalva o preferisse, eu me afastaria. Mas... não é o caso.

– A preocupação com ele gerou esta conversa entre nós. Preciso se faz definir posições. Somente assim poderei tomar a atitude adequada. Eu e meu filho nos entenderemos, de uma forma ou de outra. Defenderei até a morte os direitos de Rosalva.

– O senhor dedica a Rosalva um grande afeto, não é verdade?

– Sim... Ela, sem saber, traz de volta o meu passado na saudade de alguém que amei perdidamente. Rosalva é o retrato vivo da mulher que me conquistou para toda a eternidade.

– E não realizou este amor, senhor Theodor?

– Sim e não, porque a perdi. Mas esta é uma história muito longa que não desejo trazer à baila, senhor Fabiano. Basta-lhe saber que amo Rosalva como se fosse minha filha!

– Diante disto, requisito sua permissão para cortejá-la e futuramente casar-me com ela.

– Permissão concedida, caro rapaz, desde que ela assim o deseje e você a faça feliz!

– A felicidade dela será a minha, senhor.

– Você me inspira confiança. Acredito que a fará feliz. A cada novo dia, ela fica mais bonita e mais saudável. Quando aqui chegou, ferida e emocionalmente abalada, se debateu entre a vida e a morte por um longo período, sob a nossa vigilância e cuidados. Próspera a ama muito. Enfim, esta danadinha nos conquistou a todos!

– Infelizmente, ela conquistou seu filho Yan, também... Temo que ele não aceite o nosso compromisso e nos crie problemas...

– Sim, Yan vai ficar muito revoltado, nós sabemos... Falarei com ele. Antes que me vá, definitivamente, devo proteger Rosalva...

Theodor torna-se introspectivo, sombrio.

– Seus prognósticos me surpreendem, senhor Theodor. Parece-me muito bem! Esperamos que viva ainda por muito tempo. Quem sabe conhecerá os nossos filhos?

– Não, isto não se dará! Brevemente deixarei este mundo e não me importo, creia... Ao poucos, me organizo para a grande e última viagem.

– Lamento, senhor... O que eu puder fazer, fique à vontade, estarei à sua disposição e desde já agradeço-lhe o bom tratamento que me concede, assim como a sua permissão para um compromisso mais sério com Rosalva.

– Desculpe não podermos comemorar. Seria um acinte e um grande desafio para Yan, entende?

– Naturalmente! Não tenho, absolutamente, intenção de desafiar Yan e muito menos de menosprezar-lhe os sentimentos de homem apaixonado.

– Agradeço-lhe a compreensão.

– Mais grato, estarei eu, sempre. Agora, com sua licença, vou comunicar o fato à Rosalva.

Inclinando-se, reverente e gentil, Fabiano sai da tenda do chefe e dirige-se à tenda de Próspera, na qual ela e Rosalva conversam alegremente.

Com um sorriso largo, ele adentra, após anunciar-se, respeitoso.

Dirigindo-se, carinhoso, a Rosalva, revela:

– Firmei o nosso compromisso junto ao senhor Theodor. Brevemente nos casaremos! Ele faz gosto na nossa união. Como sabem, ele próprio me convocou para uma conversa franca.

Feliz e realizada, Rosalva exclama:

– Graças aos céus! Os meus sonhos se realizam! Não fosse a saudade de meu pai e eu diria que sou a moça mais feliz do mundo!

Impulsivo, Fabiano abraça e beija Rosalva, sem notar que do lado de fora Yan os observa.

Próspera, emocionada, abraça-os, quando divisa o olhar cheio de ódio de Yan e estremece.

Ele se dirige, apressado, à carroça, na qual, Theodor está. Em poucos instantes, os três ouvem, consternados, as vozes muito alteradas de pai e filho. Olhos nos olhos do pai, Yan indaga, cobrador:

– Como pôde permitir que Fabiano e Rosalva se comprometessem?!... É claro como o sol que eles estão comemorando! O que me diz? Fale!

– Acalme-se, Yan! Aprovei o namoro de Fabiano e Rosalva porque eles se amam!

– Continua ignorando, desabridamente, os meus sentimentos por Rosalva? Que pai desnaturado é o senhor, quando escolhe outro para ser feliz no lugar do próprio filho? Já declarei, incansável, que amo Rosalva e que não abrirei mão dela por nada deste mundo! Ignora-me como se eu não existisse? Como espera que eu tenha calma, diante de ações tão contraditórias?

– Use a razão e conforme-se Yan! Rosalva sempre o rejeitou! Ela deu preferência a Fabiano porque já o conhecia e já se interessava por ele! Não tem amor próprio, Yan?!...

– O meu amor próprio nega a conformação que me aconselhou! O senhor sabe o que é amar até à loucura? Não, definitivamente, o senhor nunca amou assim! Conhece melhor que ninguém os recursos que as nossas tradições oferecem nestes casos e nega-os a mim, 'seu' filho! Agindo desta forma, trai não apenas a mim, mas a todos que fazem parte desta comunidade cigana. Como pensa prosseguir, depois disto, com sua 'notável' autoridade?

De súbito, Yan se cala. Passa as mãos pelos cabelos e exclama quase num sussurro:

– Uma luz se faz no meu cérebro e uma suspeita se insinua como uma serpente em minh'alma... Há algo que eu ignoro, meu pai?... Algo que eu não devo saber?

Theodor empalidece mortalmente.

Yan, incisivo e desafiador, aguarda-lhe uma resposta.

Ele treme, visivelmente descontrolado pelas emoções que se assenhoreiam, tiranas, da sua alma cigana.

Theodor compreende-lhe as reações, pois ama também com a mesma intensidade e loucura. Esforçando-se para manter a autoridade de pai e chefe, avisa:

– Yan, apesar das nossas tradições e, acima delas, mesmo amando Rosalva de verdade, você terá de submeter-se, desistindo deste casamento. Nosso poder esbarra no destino que nos alcança a todos, independente da nossa vontade.

– Posso entender aquilo que afirma como um fatalismo? E que argumentos tem para mim a respeito disto? Continuo pressentindo algo que me escapa. Isto me enfurece! Por que fala por enigmas, meu pai?

Theodor reconhece que Yan alcança-lhe os tormentos íntimos mesmo sem os devidos pontos de referência.

Disfarça, pigarreia, remexe em alguns papéis, antes de responder. Precisa ser cuidadoso...

Yan, diante dele, olhos fuzilando, é um juiz em causa própria.

Finalmente, Theodor se recompõe, senta-se e argumenta aparentemente calmo:

– Yan, não veja fantasmas onde eles não existem. Não crie suspeitas infundadas, atormentando-nos aos dois. Já vivi muito e não aguento mais determinadas celeumas. Lamento por você, mas a vida se impõe e nos aponta o caminho certo. Para o momento é o que podemos fazer diante das circunstâncias. Devemos analisar todos os ângulos da questão. E tomar decisões, mesmo que estas nos desagradem.

Desatinado, Yan grita:

– Basta, meu pai! Não lhe pedi um compêndio de filosofias baratas! Quero e preciso saber da minha vida e do meu destino, que desgraçadamente estão nas suas mãos arbitrárias!

Diga-me de uma vez por todas, por que não me concede a mão de Rosalva? Todas as alegações ouvidas, exaustivamente, do senhor nunca me convenceram! Seja claro e objetivo que já me desespero com tantas explicações vazias e sem sentido!

Sinto, meu pai, que depois desta hora, nenhum de nós dois será o mesmo!

Ciente que ele tem razão, Theodor, sem poder atendê-lo, como sempre fez, respira fundo e esclarece:

– Yan, por Deus! Mais uma vez eu lhe digo, estas leis de que fala e que nos governam não os alcançam. Eles são de outra cultura! Reflita. Rosalva determinada como é jamais aceitará imposições de quem quer que seja! Ainda não lhe percebeu o caráter adamantino? Esta moça não se submete a ninguém, Yan! Quer fazê-la infeliz, ou ser responsável por uma tragédia? Acha pouco o que ela já sofreu e ainda sofre?!...

– Nada daquilo que me disse, até agora, elucida o seu comportamento! Sinto que acima de todas estas explicações que não me convenceram, existe algo muito maior, que o senhor não quer ou não pode revelar. O que é, meu pai? Diga-me! Respeite a minha inteligência, por favor!

Controlando-se estoicamente, Theodor responde, impositivo:

– Caso haja mesmo algo maior e que eu prefiro não revelar, conhecendo-me bem e sabendo de antemão que jamais volto atrás, respeite a minha vontade, seja razoável e obedeça! E não me faça mais perguntas!

– Como ser razoável? Espera demais de mim, conhecendo-me, também, como me conhece. Meu coração sofre e o meu futuro de homem está sendo decidido contra a minha vontade! O que espera de mim? Que eu seja um cordeirinho, quando fui criado para ser um leão? Está ficando velho, meu pai. Perdeu o bom-senso e a força com relação à nossa vida de ciganos e às nossas tradições. Constato, dolorosamente, que não posso mais contar com o senhor. Pasmem! Eu sou preterido, não por um dos meus irmãos, mas por um estranho! Por alguém que chega e se arvora em tomar-me a mulher que amo, sem mais nem menos, roubando-me a condição de ser feliz. E o chefe do bando, que por sua vez é 'meu pai', sacramenta esta anomalia!... Estou desperto ou vivo um terrível pesadelo?

Yan caminha nervosamente pelo aposento. Senta-se estrondosamente num banco que está ao seu alcance e inclina-se para o chão. Mete os dedos nos cabelos bastos e castanhos, arrasado. No peito, uma vontade poderosa de chorar, tal qual uma criança.

Penalizado, mas prudente, Theodor lhe avisa, severo:

– Ouça-me, se fizer alguma tolice, terei de puni-lo como a qualquer outro e exemplificar em você a obediência que me devem. Cuidado! Você conhece o peso da minha mão e da minha autoridade!

Levantando-se, de chofre, Yan ironiza:

– Agora, ameaça-me; chega a ser pândego! Isto aqui virou um circo e somos, todos, palhaços! Pois bem, ouça-me o senhor, meu pai! Diante disto, eu me liberto da sua autoridade, porque neste assunto me é impossível atendê-lo! Ainda mais quando não se explica convenientemente; quando não usa de sinceridade! Escreva o que vou lhe dizer: Farei tudo para tomar Rosalva de Fabiano! E que ninguém, ninguém mesmo, ouse impedir-me, nem mesmo o senhor! Uma luta de vida ou de morte com Fabiano está nos meus planos, caso seja esta a única e derradeira solução! Um de nós é demais neste mundo! Saberei defender a minha vida e a minha felicidade com unhas e dentes, o senhor verá!...

Yan, de pé, frente a frente com o pai, declarou tudo de roldão, com acentos de ódio.

Theodor não sabe mais o que dizer.

Yan jamais ouvirá, aquilo que não deseja ouvir.

Ameniza o tom de voz e mais uma vez apela à razão do filho:

– Yan, escute, Rosalva não quer casar-se com você! Pense nisto!

Na mesma postura, sem sensibilizar-se, ele responde no mesmo diapasão:

– Queiram ou não, o senhor ou ela, ela será minha mulher porque eu quero!

Impaciente, Theodor bate com estrondo sobre a mesa de trabalho, surpreendendo o filho:

– Eu não permitirei, Yan! Defenderei os direitos de Rosalva com a mesma força que demonstra, mesmo que tenha de investir contra você, o meu próprio filho!

Ignorando-lhe a intimidação e aproximando-se mais, num patente desafio, Yan grita-lhe em plena face:

– Não permitirá? É surpreendente! Não me ajudar ou ser contra, eu até entendo, mas... me proibir? Ameaçar-me, como faz agora, roubando-me o direito de usar os recursos que estão ao meu alcance, para casar-me com a mulher que eu amo? Até onde vai, meu pai, sua loucura?

Com dificuldades visíveis, até mesmo para respirar, Theodor usa de autoridade para dar um basta à discussão com o filho:

– Respeite-me, Yan! Não admito! Aviso-o: serei cruel com você, caso persista nesta loucura! Rosalva ama outro! Entenda isto de uma vez por todas e afaste-se dela!

– Não conte com isso! Também saberei ser cruel! Aprendi isto com o senhor!

Assim dizendo, ele sai bruscamente da tenda do pai.

Está possesso. Em verdade, sofre muito. Ama alucinadamente Rosalva e a simples ideia de perdê-la o enlouquece.

Chegando aos seus aposentos, atira-se numa esteira cercada de almofadas. O sangue lhe ferve nas veias. A vontade de raptar Rosalva se sobrepõe a qualquer outra. Mas sabe que seria um caminho duvidoso, ela já vem de um outro rapto. Para ela, será difícil entender as suas tradições e dobrar-se à sua vontade. É jovem, decidida, e vem de uma realidade diferente. Está acostumada a defender os seus direitos. Como agir com ela de maneira acertada?

Yan se debate entre o grande desejo de tê-la para si e o receio de pôr tudo a perder numa ação precipitada.

Por outro lado, seu pai não é adversário que se deseje.

Neste comenos, Fabiano e Rosalva comemoram e fazem planos para o futuro. Os dois ignoram que Próspera viu Yan observando-os. Sequer imaginam as razões da altercação entre pai e filho.

Amorosos, eles conversam, quando ouvem o violino de Yan numa execução intensa e apaixonada, cheia de altos e baixos, *stacattos* e *prestos*, fortíssimos e pianíssimos, que falam do seu amor e do seu desespero. Ele arranca do instrumento sons ora selváticos, ora melancólicos. O seu coração parece estar nas pontas dos seus dedos e no arco que sobe e desce com presteza admirável...

Fabiano pode perceber que ele extravasa os sentimentos que lhe vão na alma. Sabe qual o móvel da sua ação e respeita-lhe o direito de sentir, tanto quanto ele, amor por Rosalva.

– Lamento-o, muito... – sussurra, enleado.

Absorto, parece rasgar um véu, divisando, súbita e rapidamente, estranha cena no espaço e no tempo. Ne- la estão: ele, Yan...·e como não poderia deixar de ser, Rosalva, também...

Sacode a bela cabeça, desanuvia os pensamentos e volta à realidade presente.

Rosalva, curiosa, percebeu-lhe o devaneio e quis saber:

– Que se passa, meu querido? Entristeceu-se? A música de Yan contagiou você?

– Sim, muito! Sinto-lhe as frustrações dolorosas, exaradas no instrumento que lhe traduz os sentimentos e a grande revolta, minha cara, e imagino-me em seu lugar... A magia desta música arrebatou-me a alma e levou-a a algum espaço guardado na sua memória mais profunda. Já estivemos outras vezes neste mesmo impasse e pelos mesmos motivos, eu sei...

Rosalva aconchega-se a ele e suspira, profundamente. Entendeu-lhe, perfeitamente, as ilações. Grande admiradora das diversas culturas, já leu muito a respeito e aprecia a ideia das múltiplas vidas. Ela também sente uma grande piedade de Yan...

De uma música Yan passa à outra, sem intervalos e sem descanso, talentoso e inspirado.

Fabiano despede-se de Próspera e de Rosalva.

A dor e a frustração de Yan contagiaram-no de tal forma, que chega a sentir-se culpado por ser feliz.

Rosalva e Próspera, sozinhas, comentam a respeito de Yan e decidem orar por ele.

Na intenção de fazer algo mais, Rosalva decide falar-lhe. Pela primeira vez, tocará num assunto assaz difícil para ambos.

Dirigindo-se à sua tenda, pára na entrada, respira fundo e chama-o.

Surpreso, ele atende. Agastado, indaga com azedume:

– O que faz aqui? O seu 'amigo' já foi?

– Sim, Yan, o 'nosso amigo' já se foi. Gostaria de falar-lhe. Espero não estar incomodando.

– Fale e seja objetiva, estou ouvindo. Em verdade, não estou muito bem. Este não é um momento favorável para conversarmos...

– Serei breve, prometo. Vou direto ao assunto. Eu e Fabiano estamos comprometidos e brevemente nos casaremos, sob as bênçãos de Deus, de Próspera e de seu pai. Peço-lhe que compreenda e veja isso como um fato consumado. Sinto muito por você...

Interrompendo-a, furioso, ele exclama exaltado:

– Rosalva, Rosalva, não abuse da minha paciência! Veio tripudiar sobre os meus sentimentos? O que espera de mim? Que lhe deseje felicidades ao lado dele ou de quem quer que seja, quando sabe o que sinto aqui dentro?

Ele bate no peito com estrondo, assustando Rosalva.

Temerosa, diante da sua exasperação, ela ouve:

– Fui sincero desde o primeiro momento com você, minha cara! Não venha agora me dizer que 'sente muito'! Por favor, use a sua inteligência e não espere demais de mim! Não posso tirar o meu cérebro e colocá-lo sobre a mesa, fazendo-o pensar de acordo com as circunstâncias, como nas alegorias infames que os artistas representam tão bem!

Sou um cigano, Rosalva! Você jamais entenderá o que é isto! Nós somos temperamentais, extremistas, ardentes, passionais, trágicos! Conosco é tudo ou nada! Não perca o seu tempo e não espere misericórdia de mim. Farei tudo que estiver ao meu alcance para separá-los e criarei estratégias que vocês dois nem imaginam!

Mesmo nervosa, ela prossegue:

– Ouça-me Yan, por favor. Se eu não estivesse há muito tempo apaixonada por Fabiano, certamente amaria você! Reconheço seus talentos, sei que é um ótimo partido, disputado pelas mulheres desta comunidade. Mas, por Deus, me compreenda! Enquanto você fala em cérebro eu falo em coração e o meu já estava comprometido quando aqui cheguei.

– Para chegar ao seu coração, Rosalva, eu preciso usar o cérebro. Torcerei os fatos e a própria sorte, se preciso for, impondo a minha vontade!

– Vai ignorar a minha, a vontade de seu pai e os direitos de Fabiano?

– Vou ignorar tudo isso e muito mais, Rosalva! Você ainda não me conhece, nem sabe daquilo que sou capaz!

– Fabiano poderá enfrentá-lo, Yan!

– Ele não será o primeiro homem que eu enfrento! Que venha, estarei a postos e nos bateremos, se esta for a sua vontade!

– Sabe que não! Deploro qualquer forma de violência!

– Se teme pela vida dele, me aceite como seu marido e o deixarei em paz!

– Está menosprezando Fabiano e fazendo chantagem! Este é um comportamento indigno de você!

– Pensa assim? Pergunte àqueles que me conhecem e saberá que não ameaço em vão. Lutarei por você, mesmo que não queira, e à minha maneira. Um dia me agradecerá, feliz e realizada, nos meus braços!

– Você só pode estar blefando, Yan!

– Não, não estou.

– Exijo que você respeite os meus sentimentos e a minha liberdade de escolha!

Rosalva perdeu o controle e se dirige a ele com determinação e coragem.

Ele a admira, fascinado. Anseia por tomá-la nos seus braços vigorosos e silenciá-la com seus beijos, conquistando-a de vez. Todavia, recorda as palavras do pai, quanto a sua natural obstinação.

Rosalva imagina que ele, enfim, vai atendê-la.

Regressando da sua adoração, ele avisa:

– Desista, minha cara, vou continuar lutando por você! Nunca amei antes, Rosalva. Sempre amado, jamais correspondi. Ao vê-la, me submeti aos seus encantos e fui surpreendido por este sentimento tirano que me aprisionou e do qual não desejo libertar-me. Fascinado, passei a fazer planos para o meu futuro, e neles você reina, absoluta!... Só com você serei feliz e realizarei os meus anseios de homem.

Inclinando-se para ela, olhos nos olhos, ele pede suplicante:

– Perdoe-me, se puder, mas não conte com a minha renúncia... Desejo você, alucinadamente, e não aceito o seu falso compromisso.

– Bem sabe que não é falso, Yan.

– Não importa! Juro que você será minha e de mais ninguém!

Yan se cala e respira fundo

Rosalva percebe que nada que diga ou faça irá mudar a sua opinião. Ele está irredutível. Decide, então, concluir:

– Eu tentei, Yan. Mas, depois de tudo que ouvi de você, preciso avisá-lo que lutarei também com todas as minhas forças, usando os recursos que estiverem ao meu alcance, para ser feliz com Fabiano. Não se iluda com a minha fragilidade feminina, porque você também desconhece a minha tenacidade!

– Não, não desconheço, e admiro, creia.

– Respeito você e agradeço-lhe as boas intenções com relação à minha pessoa, mas declino de tudo que possa me oferecer em termos de casamento, portanto sinto-me desobrigada a isto. Pense bem no quanto fará Próspera sofrer se prosseguir nesta insanidade!

– Amá-la é uma insanidade, Rosalva? – exclama ele, pegando-a pelo braço, quase a machucá-la – Então você não sabe o que é amor! Ainda não descobriu de quantos tormentos e de quantos prazeres ele é feito!

– Solte-me, Yan, não lhe dou o direito de abordar-me desta forma!

Libertando-a, ele fica a olhá-la, perturbado. Sente o seu perfume, mergulha os seus olhos no seu olhar celestial... Não, jamais desistirá dela! Nem mesmo que tenha de matar ou morrer!

Rosalva percebe que Yan, a cada instante, fica mais envolvido, mais zangado e mais determinado a se impor.

Afasta-se, cuidadosa, e declara entristecida:

– Pena, Yan... eu tentei... Saiba que não lhe quero mal e nem levarei em conta os seus arroubos... Fique em paz, se puder...

Ela sai, decepcionada. Ele a segue com o olhar ardente, inflamado...

À distância, Próspera sofre por eles. Há muito aprendeu que em coisas do coração ninguém pode consolar e, muito menos, explicar.

Rosalva chega, olha para ela, silenciosa, e demonstra a sua incapacidade de falar. Atira-se sobre as almofadas e encolhe-se como um bichinho molhado e sem dono. Em poucos instantes, está chorando. Seu corpo se sacode, convulso, pelo pranto desabrido.

Próspera agasalha-a com uma manta de lã e afaga-lhe os cabelos. Rosalva precisa desafogar a alma, digerir a conversa que teve e, quem sabe, tomar decisões?... Afastando-se, entra em orações diante de um pequeno altar, encimado por preciosos ícones enfeitados com fitas coloridas. Sobre linda toalha branca de renda: jarrinhas com flores, alguns frutos, tigelinhas com mel, pedras naturais e velas. Reverente e cheia de fé, ela pede por Yan, por Rosalva e por Fabiano. Permanece ali, orando por muito tempo. Depois vai ver Rosalva e constata que ela, afinal, cansada de chorar, adormeceu.

– Abençoada idade! – sussurra. O cansaço supera as dificuldades e os tormentos. A natureza a socorreu através do pranto reconfortante e do sono reparador. Descanse, Rosalva, só Deus pode saber o futuro de todos nós!

Deixando-a bem agasalhada, ela sai à procura de outros afazeres. A comunidade lhe exige cuidados e energia amorosa. Depara-se com Theodor. Este, ao passar por ela, sorri contrafeito e demonstra o desejo de não ser interpelado. Compreensiva, ela segue adiante. Ama e sofre por este homem atormentado e triste. Conhece a dor e os conflitos que ele carrega. Ele e seu filho Yan são muito parecidos; parecidos demais para se entenderem.

Diante das reações extremas de Theodor, negando a Yan a chance de casar-se com Rosalva, ela já começa a suspeitar... Conheceu Pietro, sabe do triângulo amoroso que Theodor e ele viveram com a belíssima Giselda. Então... Rosalva pode ser filha de Theodor!... Diante desta terrível perspectiva, Próspera conclui que Yan precisa ser informado, enquanto é tempo. O seu coração se aperta, sofrendo por antecipação. Como Yan reagirá, diante de uma revelação que jogará por terra e definitivamente os seus sonhos de amor?...

Num relance, Próspera entende os tormentos que ora vive o seu amado Theodor, encobrindo um passado que o marcou a ferro e fogo, pelas emoções vivenciadas e pela dolorosa separação. Após Giselda, Theodor nunca mais foi o mesmo...

Próspera o ama, sem ilusões, e Theodor deixa-se amar; jamais retribuiu-lhe os sentimentos na mesma medida. Mesmo assim, ela é fiel a este homem, ao qual ama com loucura. Lamenta vê-lo chegar à velhice, tão infeliz...As energias dele diminuem a cada dia. Os seus olhos parecem despedir-se aos poucos do mundo, de tudo que viveu e de tudo que ama...

O seu comportamento com relação à Rosalva, surpreende a todos. Há no acampamento muitas murmurações que ele finge ignorar: "Por que não a conservar no bando, já que ela lhe despertou tanta afeição? Por que incentivar Fabiano a fazer-lhe a corte, sabendo que ele a levará consigo?..."

Diante de prognósticos tão assustadores, Próspera aguarda os acontecimentos com fé. O cálice de amarguras de Theodor parece inesgotável. A vida nunca o poupou. Ele parece fadado a conviver sempre com desgraças...

Num dia memorável, Próspera chegou ali, junto a um grupo de ciganos da sua tribo, para uma festa tradicional. Ela era então jovem, bonita e alegre como poucas.

Quando viu Theodor: bonito, alto, espadaúdo, altivo e elegante nos seus trajes ciganos; falante, dominador e exímio dançarino, se sentiu cativada. Convidada por ele para dançar ao redor da fogueira, o fez como nunca, esmerando-se em sedução. Ele, vaidoso, retribuiu-lhe, com galhardia, o interesse. Seus olhos negros possuíam todas as estrelas do céu, há muito desejadas por Próspera. Todavia tudo fora questão de momentos, sonhos fugidios, porque Theodor era casado e bem casado.

Para ela, porém, naquela noite sua alma encontrara um porto seguro e definitivo. Excusado dizer que quando seu povo voltou para o seu lugar de origem, ela permaneceu ali e nunca mais teve olhos para outro homem. Fez-se amiga, sempre presente e solícita. Era feliz, se ele o fosse.

No dia em que Deus lhe arrebatou a bela esposa, pessoa querida de todos e mãe amorosa dos seus filhos, Próspera, em lágrimas, ao consolá-lo, entregou-se a ele para salvá-lo do desespero no qual ele se abismara. Ele aceitou-lhe a afeição e os carinhos, dos quais até hoje é cioso.

São unidos e pacíficos, numa relação baseada em mútua confiança e convivência laboriosa. Ela acabou por criar-lhe os filhos e respeitou-lhe a memória reverente, à Arlethe, sua falecida esposa.

Entre estes e outros pensamentos, Próspera fiscaliza todos os serviços domésticos da comunidade. Maternal e solícita com todos, é bem recebida e atendida nas suas reivindicações, como a matriarca dos ciganos. Em seguida, visita alguns doentes ou elementos problemáticos no acampamento, estendendo este mister até o sol se pôr.

De regresso à sua tenda, quase à noitinha, surpreende Rosalva muito bem, entre arrumações, limpezas e decorações, além dos belos artesanatos que ela faz com mãos de fada.

Vendo-a chegar, Rosalva abre-lhe um largo sorriso e auxilia-a a tirar o agasalho para banhar-se. Sabe que sua boa amiga está cansada, que precisa de desvelo e de carinho.

Rosalva pensa em Fabiano e este à distância faz o mesmo com relação a ela. Tenciona tirá-la do acampamento o mais rápido possível.

Ali, Yan a tem sob sua guarda e vigilância constantes.

MENTHOR

Hoje, padre Leopoldo despertou apreensivo, com o coração apertado... Ele já entronizou o seu querido são Martinho no local escolhido. Tece com ele longas conversas, nas quais discorre sobre a nova paróquia, seus protegidos e as diversas providências levadas a efeito para melhorar-lhes a vida.

Convidou os meninos da redondeza para auxiliá-lo nas tarefas da igreja. Assim, aproxima-se deles e auxilia os seus pais a conduzi-los na vida. Ensina-lhes as palavras de Jesus e junto às mesmas oferece-lhes o exemplo da sua vida disciplinada e submetida às leis de Deus.

Aos poucos, a comunidade se faz presente e solidária. A padre Leopoldo, parece, às vezes, estar ainda na antiga paróquia.

Há algum tempo, nas suas andanças, em socorro aos infelizes, conheceu uma criatura peculiar que concilia a vida de ermitão e peregrino. Após longas viagens, este ermitão regressa ao ponto de partida, ou seja, à gruta onde mora. Ele tem por hábito cultivar ervas medicinais.

Padre Leopoldo já teve ocasião de constatar-lhes a eficácia, quando numa noite subitamente adoeceu e ele veio ministrar-lhe as suas poções, curando-o, para que ele pudesse retornar às suas normais atividades, inclusive às missas.

Todos o chamam de Menthor.

Padre Leopoldo, aos poucos, afeiçoou-se a ele. Admira-lhe a bondade e a dedicação ao próximo. Fizeram-se amigos em pouco tempo. Muitas vezes trocam ideias sobre Deus, o mundo, os homens, a saúde, as diferentes culturas e a disparidade dos comportamentos na Terra.

Menthor veste uma surrada túnica e traz os pés descalços ou metidos em sandálias feitas por ele mesmo. Tem cabelos e barba compridos e desalinhados. É muito alto, esguio e exótico.

A comunidade murmura discretamente que Menthor é um sacerdote perseguido pela Igreja. Por causa disto, ele teria mudado a aparência e forjado outra identidade para livrar-se da prisão e quiçá da morte. Possuindo estranhos poderes, ele revela o passado e prediz o futuro. Cura doenças graves e ameniza muitas dores físicas e morais. O seu olhar é ao mesmo tempo doce e severo, revelando as almas tais quais elas são, sem contudo, acusá-las. É indulgente para com os pecadores que por vezes o procuram para aliviar os seus corações culpados e fazem-lhe confissões terríveis.

Menthor, enquanto compreende-lhes as grandes deficiências espirituais, admoesta-os, aconselhando-os a se modificarem. A muitos, ele tem conseguido salvar, com o seu amor incondicional e com as suas milagrosas poções.

É comum surpreendê-lo a admirar o céu por horas seguidas. Come frugalmente, medita muito e dorme pouquíssimo. Seu semblante é seráfico e suas mãos são finas, de dedos longos. É diligente em auxiliar a quantos se lhe atravessam o caminho.

Acreditando que ele seja, de fato, um antigo religioso, padre Leopoldo pode entender-lhe a fácil erudição e os profundos conhecimentos das sagradas escrituras. Pressente-lhe também a origem, seus modos são reveladores dos hábitos da realeza.

Apesar da proximidade e da confiança mútua, nunca o inquiriu a respeito do seu passado, respeitando-lhe a privacidade. As suas esquisitices não importam a padre Leopoldo, basta-lhe saber que ele é um cristão no exercício da legítima caridade, aquela que Jesus pregou e demonstrou sem rebuços.

Os moradores da região temem que de uma hora para outra Menthor seja preso e sacrificado. Ele tornou-se útil e muito querido no lugar.

Enfim, padre Leopoldo, vendo em Menthor um irmão e um amigo, aproveita-lhe a agradável companhia sempre que pode e muitas vezes pode-se vê-los sentados à frente da gruta ou na igreja a tecerem comentários sobre assuntos profundos e relevantes para os dois, homens bondosos que vivenciam, corajosamente, a verdadeira fé, principalmente no exercício das boas obras.

Hoje, desde cedo, padre Leopoldo o traz no pensamento insistentemente. Seu coração o avisa de algo, num pressentimento doloroso. Durante a noite, teve estranhos pesadelos com Menthor e com seu primo, dom Berardo. Este gargalhava diabolicamente, enquanto Menthor o mirava, condoído. Despertou várias vezes, banhado de suor.

Num intervalo entre as suas normais atividades, decide procurá-lo. Chega à gruta e chama-o pelo nome. Aguarda. Há ali um estranho silêncio, arrepiante... Muito aflito, decide averiguar. Entra e tateia na escuridão, orientando-se pelas paredes até que a sua visão se adapte para enxergar melhor. Adentra mais e mais, cauteloso. Distingue com esforço a dura enxerga que lhe serve de leito. Encontra-se vazia. Olha ao redor à sua procura. Vagarosamente, faz uma sindicância. Seu coração bate muito forte e tira-lhe a respiração. Algo lhe diz que o seu amigo foi descoberto...

Numa reentrância, na semi-escuridão, divisa um corpo caído. Aproxima-se e estanca de horror. É ele e está morto! No seu peito, um grande rombo sangrento parece uma rosa vermelha aberta. Os braços em cruz, os olhos vidrados... Seu olhar ainda luminoso parece deslumbrado com alguma visão celestial. Nos seus lábios arroxeados, um sorriso de perdão e de paz...

Padre Leopoldo não se contém, solta as comportas do coração e chora livremente. Os soluços sacodem-lhe o corpo. Lamenta a perda deste grande amigo, irmão de fé e de ideais... Teria ele parentes? Alguém que deva ser avisado?... Não sabe.

Pobre Menthor! Os seus inimigos o encontraram e o destruíram.

Após desabafar através do pranto, ele retorna sobre os próprios passos, a fim de comunicar o fato às autoridades legais e organizar-lhe os funerais. Deplora, do mais profundo d'alma, a sorte cruel de Menthor. Aprendera a querer-lhe bem, passando a ver nele um parente ou outro padre, pois nas conversas que tinham os assuntos eram os mesmos e a sintonia harmoniosa.

No seu enterro, padre Leopoldo exerce as funções sacerdotais que o caso exige e depois se incorpora aos moradores, no preito de gratidão àquele que se fez amar e admirar pela simplicidade, sabedoria e bondade.

Enfim, a vida prossegue, cobrando atitudes e ações diárias, e Menthor transformou-se numa boa lembrança para todos.

Johan, o pintor do quadro de são Martinho, tornou-se *habituè* nas prédicas do padre Leopoldo, nas missas e nas ladainhas, confortando o seu coração sofrido e saudoso da amada que ficou distante, como revelou.

Ele se refugiou naquela comunidade para esconder-se de um marido violento. Sua amada era casada.

Ali trabalha até que se enrabiche de novo por alguma bela, sem querer saber se é comprometida ou não.

Assim é Johan, uma cópia malfeita de dom Juan.

Padre Leopoldo admoesta-o quanto ao risco que corre e quanto ao mandamento de Deus que prescreve não desejar a mulher do próximo, Mas ele, sorrindo, explica-se dizendo que as casadas são geralmente as mais belas, além de complicar menos a relação porque não ficam a atormentá-lo com pedidos de casamento.

Enérgico, padre Leopoldo não perde oportunidade para tentar corrigi-lo, o que parece em vão. Tolerante, conclui que, estando próximo, aos poucos conseguirá modificá-lo.

Johan é inteligente e tagarela. Quando dispõe de tempo auxilia na igreja, restaurando-a. Desta forma vai transformando-a aos poucos numa bela obra de arte.

Padre Leopoldo lhe diz que não tem como pagar-lhe. Ele responde que já está recompensado, ao saber que pelos anos afora a igreja exibirá as suas pinceladas e o seu talento; talento este que reconhece e do qual é cioso.

Desde criança, Johan sentiu inclinação para a pintura. Muito cedo começou a exercitar esta arte que o encanta.

Entusiasmado e expansivo, ele comenta:

— Ora, querido padre de Deus! Existe melhor lugar para expor uma obra de arte que numa igreja? Para ela acorrem muitos fiéis e alguns, diga-se de passagem, são bem entendidos! Assim, colhemos flores e frutos de uma só vez! Enquanto eu trabalho e auxilio a sua igreja, me redimindo em parte dos meus pecados, vou ficando aos poucos famoso na região!

— Demonstra um espírito prático, Johan! Tenho que concordar com você! Todavia, lhe digo mais uma vez: precisa obedecer as leis de Deus e segui-las fielmente! Una a bela arte das suas mãos à luminosidade de seu espírito! E então estaremos de fato, como diz você, colhendo flores e frutos de uma só vez.

– Ah, que o padre é mais inteligente que eu! Difícil será 'bater--me' consigo!

– Aqui não há desafios, caro Johan, e sim a busca de um bom entendimento entre nós, compreende?

– Naturalmente! – responde Johan, sorrindo amável, admirando a perspicácia de padre Leopoldo.

Nestas convivências fraternas e laboriosas, a paróquia do padre Leopoldo cresce e se avoluma de fiéis, seja pelas prédicas do bom padre, que quando fala em Deus converte com facilidade e consola a tantos sofredores, seja pelas próprias necessidades de pedir a Deus aquilo de que precisam, ou ainda pelos belos afrescos que aos poucos vão ficando famosos.

Um período considerável de realizações se sucede, ao que anteriormente era sem brilho e sem cor. Neste comenos, o bom padre segue vivendo, diligente e ardentemente devoto a Deus, seguidor dos Seus mandamentos e dos ensinos de Jesus, num exercício constante de abnegação admirável.

Dom Berardo, junto aos seus pares, vive à larga, feliz e reconfortado, pelos recursos amoedados que possui em grande quantidade. Ainda não desistiu de livrar-se do primo, sendo isto para ele ponto de honra...

No seu luxuoso gabinete, ele recebe a visita do padre Carlos José, homem seco como um graveto, de olhos miúdos e cruéis como os de uma serpente e ágil como um felino.

Esfregando as mãos, sorriso escarninho, ele vai narrando, olhos faiscando de prazer:

– O senhor bispo não imagina como encontrei a paróquia, para a qual foi enviado o seu primo!

Ele faz uma pausa para avaliar o efeito das suas palavras. Vendo que o seu superior aparenta indiferença, esperando que ele prossiga, continua:

– Pois eu lhe digo. Ele repetiu ali ponto por ponto, as mesmas atividades às quais está habituado. Sei o quanto o senhor odeia tudo que ele faz.

Admirando aquela 'cópia malfeita da Divina Providência', como o senhor diz muito bem, não consegui conter o riso.

Padre Carlos José ri sem parar diante de dom Berardo.

– Ai! Só de lembrar eu nem aguento! Ali, tudo brilha como o sol nascente!... Até mesmo são Martinho, imagine, ele entronizou novamente e perde um tempo precioso conversando com o retrato do santo, feito por um reles pintor, pobre e desconhecido. O mesmo está recuperando a igreja e fazendo afrescos, alguns destes, a bem da verdade, atraem muitas pessoas para lá e são dignos de admiração.

Feliz e animado, seu ingênuo primo sequer imagina que tudo isto terminará muito em breve! É pândego! Quase morro de rir!... Imagine, senhor bispo: eu, com cara de santo, misturado à plebe, para observá-lo. Felizmente, seu primo não me conhece. Passei por um dos seus paroquianos, misturei-me a eles e, veja, aqui estou com o relatório.

Não se esqueça, dom Berardo, daquilo que me prometeu e daquilo que me cabe por merecimento, pois fui além das suas expectativas, há de convir!

Voltando-se bruscamente, demonstrando muita impaciência, dom Berardo ordena:

– Atenha-se ao que veio! E quanto ao principal motivo da sua viagem? Fale, homem!

– Ah, sim, sim! Naturalmente. Neste sentido, o senhor bispo ficará deveras satisfeito. Aquela ovelha desgarrada deve estar agora no meio das suas estrelas. Apontei, firme e... *touché*! Bem no alvo! Ele não deu um pio, caiu mortinho! Dom Berardo precisava ver: ele parecia uma pintura, daquelas que representam os mártires, sabe? Achei bonito. Caído no chão, braços abertos, parecia crucificado! Quando nos viu entrar, apanhado de surpresa, ele me reconheceu e fitou-nos com estranheza, a mim e ao meu companheiro. Creio que viu a morte nos meus olhos, porque respirou fundo e nada disse, antes interiorizou-se, provavelmente encomendando a alma. Ele sempre foi muito perspicaz! Nem precisamos dominá-lo porque ele não reagiu. Na única saída da gruta, meu companheiro o impedia de fugir. No seu último instante de vida, com o sangue a jorrar do peito, divisei-lhe um olhar de perdão!... Dá para entender alguém como ele? Sempre foi um tolo, nunca se emendou, na sua eterna mania de santidade!

Enfim, agora deve estar bem feliz, não acha? Como pode constatar, cumpri as suas ordens, ponto por ponto. Seu primo ainda não sabe que as autoridades civis e religiosas estão investigando as suas ligações com ele, nas suas práticas de bruxaria. Trago depoimentos de alguns aldeões, testemunhas das propaladas curas, resultados das poções misteriosas e das práticas abomináveis de Menthor, nas quais somente o demônio atua junto às suas entidades infernais! Pagando aqui e ali, consegui assinaturas de moradores do lugar, declarando a anuência e a participação de seu primo nas ditas atividades. Aqui estão elas.

Assim dizendo, ele põe sobre a mesa um maço de papéis, repleto de assinaturas. Dando algum tempo a dom Berardo, que se mantém silencioso, ele complementa:

– O caro senhor bispo deve estar concluindo sabiamente que precisei pagar regiamente a alguns ateus que não desejavam assinar, nem mesmo sob as ameaças do Purgatório ou do Inferno que para eles não existem, imagine!

Padre Carlos José persigna-se, rápido, olhos voltados para cima, na direção dos céus. Resvalando os olhos para os documentos, dom Berardo aguarda que ele encerre a narrativa que para ele já se faz incômoda.

– Que Deus tenha piedade das almas dos dois! – padre Carlos José declara, ainda na mesma postura santificada.

– Porque... quanto aos seus corpos, nós já decidimos-lhes as sortes, não é, padre?

Dom Berardo explode em sonora gargalhada. Em seguida, fechando a fisionomia, vocifera:

– Não se esqueça, idiota, de que você é uma das testemunhas no processo de condenação do meu primo!

– Certamente, senhor bispo! Conte comigo! Terei o maior prazer em desmascará-lo diante da Igreja!

– Esteja atento, eu o avisarei quando precisar apresentar-se.

De súbito, um sopro gelado o faz estremecer. Olha ao redor, as janelas estão fechadas. Arrepia-se. Um certo remorso o alcança. Lá no fundo de sua alma desorientada, ele deplora as declarações do padre Carlos José. Lamenta as próprias intenções e as culpas...

Abstraindo-se, volta ao passado. Recorda a proteção recebida dos pais de Leopoldo... Quanto a ele, revê a sua solidariedade, sua tolerância com as suas múltiplas deficiências de caráter, seus sábios conselhos, sempre mal recebidos.

O único defeito deste primo é ser exatamente tudo aquilo que dom Berardo jamais conseguiu ser.

"Diabos! Por que eu não sou como ele? Ou, por que ele não é igual a mim?!... O grande tolo não se dá conta do perigo que corre! Sente prazer em viver com a ralé, com os famintos, ignorantes, sujos, doentes, párias! Irra! Que mau gosto!... Por que atravessou o meu caminho, Leopoldo? Por que seguiu a mesma vocação que eu? Por que você se instala na minha vida como uma assombração, a cobrar-me atitudes que não estão na minha natureza? Não! Não podemos trilhar os mesmos caminhos. Nossos ideais são contraditórios, profundamente contraditórios. Preciso livrar-me de você! Por que é tão teimoso? Quantas vezes convidei-o para que trabalhássemos juntos? Mas, qual! Você desdenha o poder da Igreja! Bem, sendo assim, lavo as minhas mãos, caro primo! 'Alea jacta est'!... Que Deus e seu querido são Martinho tenham piedade de você!..."

Padre Carlos José aguarda-lhe a introspecção, para então receber o pagamento e, quem sabe, algo mais? Finalmente, respirando fundo, taciturno e profundamente irritado, ele se pronuncia:

– Procure o meu secretário, padre. Ele lhe pagará o que foi estipulado.

– Ora, senhor bispo! O trabalho foi além das nossas expectativas! As viagens foram extenuantes e me esforcei demais! Há de convir, fiz muito mais que o esperado, portanto devo receber muito mais do que combinamos.

Sem lhe dar muita atenção, ocupando-se já de outros afazeres, dom Berardo esclarece:

– Estamos em tempo de carência, padre. Seja mais cuidadoso e avaro com o seu dinheiro e este renderá mais. Não saia esbanjando por aí!

Fitando-o, como uma ave de rapina, padre Carlos José retruca:

– O senhor bispo sabe que eu também tenho as minhas boas obras! Afinal, adotei vários parentes. O meu salário mal dá para alimentá-los! Aquilo que me paga, por fora, por serviços extras, termina logo. São *piccolos soldos* que mal esquentam o meu bolso. O senhor precisa valorizar mais os meus serviços e ser mais justo comigo! Sabe muito bem que mereço cada centavo que sai da sua bolsa bem provida!

Deixando o que faz, dom Berardo levanta-se, aproxima-se, olha-o bem dentro dos olhos e ameaça:

– Saia daqui e faça o que lhe ordenei! Receba o que foi combinado e que é muito mais do que você merece. E, não esqueça, cuidado com a língua! Será sempre a sua palavra contra a minha! Quanto aos seus parentes, acho-os muito interessantes, creia. Sendo como são, todos eles, belíssimas mulheres! Da mesma idade e de tipos diferentes! Ora, qualquer homem gostaria muito de possuir tais parentes, padre! Que você tem bom gosto para mulheres, isto eu não posso negar. Até consigo entender a sua falta de tempo para o exercício das suas funções. Estes parentes devem-lhe dar um bocado de trabalho e gastos! Não me julgue um idiota! Recolha-se à sua pequenez e fique muito satisfeito por eu não o denunciar junto aos nossos maiores! Que escândalo seria, pois não? Não que outros não tenham o mesmo comportamento, mas o senhor não tem gabarito para manter certas atividades clandestinas, entende? É peixe muito pequeno neste grande aquário!

Vermelho até a raiz dos cabelos, já arrependido das suas requisições e algo amedrontado, padre Carlos José apressa-se em dizer, servil:

– Caso o senhor bispo precise de mim, já sabe onde encontrar-me!

Ele sai em seguida, entre pragas e blasfêmias, desejando intimamente todo o mal do mundo a dom Berardo.

Este, ao vê-lo furioso, gargalha desabridamente, enquanto o padre se atropela para sair esbarrando nos móveis do luxuoso gabinete.

Enfim, dom Berardo acomoda-se confortável na sua rica poltrona estofada. Sua luxuosa veste episcopal espalha-se no chão, enquanto os seus sapatos luxuosos brilham. Nos dedos gordos, anéis valiosos rivalizam com o brilho do sol.

Ele tira do bolso um lenço bordado com a sua heráldica (há alguns anos, dom Berardo comprou um título de nobreza), aspira-lhe o perfume e enxuga com o rico adereço o suor que lhe banha a testa. Recosta-se e fica a sonhar.

Depois de alguns minutos de devaneio, chama os seus intendentes e transmite-lhes algumas ordens, muito sigilosas. À saída destes, explode numa gargalhada rouca, sinistra. Entre uma e outra sacudidela do seu corpanzil, exclama num trevoso solilóquio:

– Ah, querido primo! O bom, o iluminado! Quanto o odeio! Brindarei a sua morte com o meu melhor vinho! Em seguida, esquecerei que um dia tive parente e entre eles você que me incomodou tanto, tanto, que precisou desaparecer deste mundo!

Passando das risadas à cólera, ele esmurra a mesa com tal violência, que muitos papéis voam, fazendo-o clamar pelo criado.

Este, amedrontado, repõe tudo nos lugares e sai, tal qual uma alma penada, no mesmo silêncio que entrou.

Analisando tudo a sua volta, entediado, dom Berardo suspira e decide ir em busca dos braços macios da sua bela Gertrudes. Nunca necessitou tanto deles, como agora...

Ela, perspicaz, notará de pronto o quanto ele está cansado e entristecido pela difícil vida que leva...

"Ah, o cumprimento do dever, o quanto nos custa!" Será, certamente, esta a frase que ele dirá ao chegar, na certeza do consolo e dos carinhos da bela amante. Ele lhe contará entre suspiros as suas vitórias diante da Santa Madre Igreja. Quantos elogios ouvirá daquela boca sedutora! Ah... Não pode esquecer de pedir-lhe sugestões para as novas roupas clericais, mais bonitas, mais vistosas... Pretende, também, trocar a sua corrente de ouro por outra mais grossa. Encomendou a um famoso joalheiro uma primorosa obra de arte: a figura do Salvador pregado na cruz, incrustada de belíssimos e valiosos rubis à guisa de seu sangue!

Só de se imaginar usando o precioso adereço, representando Jesus Cristo no seu sofrimento pelos homens, as lágrimas lhe vêm aos olhos!...

Recomendará aos seus alfaiates, os cuidados com os diversos detalhes da sua roupa de bispo. Fica tão bem o contraste de cores, brilhantes, destacadas...

Dom Berardo, num profundo suspiro, conclui que há tanto por fazer e o tempo é tão curto!...

Enfim, dirá docemente à sua Gertrudes:

— É preciso cumprir os deveres! Deus espera isso de nós, os seus lídimos representantes na Terra!

Nestes e noutros pensares de igual teor, enquanto se balança agradavelmente na sua carruagem brasonada com as suas insígnias de autoridade civil e religiosa, forrada de cetim vermelho, com cortinados de tecido adamascado, ele recosta-se, prelibando as delícias que vai fruir nos braços da amante, enquanto ouve o seu cocheiro gritar, estertórico, para os passantes:

— Saiam da frente, arredem, seus patifes! Abram caminho para o senhor preboste! Fora, escória dos infernos!

Olhando de soslaio para fora, dom Berardo se depara com um antigo inimigo, homem do povo, que já o ameaçou várias vezes. Este lhe faz um sinal nada elegante ao vê-lo passar, e em seguida dispara na direção dos becos malcheirosos, fugindo apressado dos castigos que dom Berardo poderia infligir-lhe, ali mesmo.

Sem a mínima intenção de desperdiçar energias, dom Berardo lamenta consigo mesmo:

– Ah, o que tenho de suportar! Não respeitam mais os ministros de Deus!... Aguarde-me, seu magarefe, você não perde por esperar! Eu o descobrirei em qualquer um dos buracos infernais onde se esconde!... Você ainda me pagará muito caro!...

Dom Berardo, certamente chegará exausto ao seu destino e precisará de um dia inteiro para refazer-se. O que seria dele sem Gertrudes?

Só de pensar nisto, arrepia-se de horror!...

* * *

INEXORÁVEL, O TEMPO passa, exigindo de cada um o esforço continuado na realização dos seus desejos. Zarik, confiante na Divina Providência, segue trabalhando e intensificando os seus estudos, junto a Sérvulo e sob o olhar e os cuidados amorosos de Leocádia.

Loredano, junto à sua Jennifer, sempre que pode com dona Berta. Esta agora, desafia-o frequentemente, revelando a sua decepção. Para ele, a presença da sogra tornou-se insuportável. Pretende livrar-se dela e quando isto acontecer Jennifer terá de conformar-se, afinal quem manda na casa é o marido e ela não há de inverter estes valores!

Dona Berta, pressentindo-lhe alguma intenção, fala à filha:

– Jennifer, sinto-me ameaçada pelo seu marido! Ele me olha de maneira feroz e de algum tempo para cá, sorri, irônico, cada vez que digo algo que o desagrada, o que aliás não é difícil porque ele parece ter nascido de maus bofes!

– Mamãe, não fale assim! Lamento a sua inimizade com ele, mas não se esqueça de que ele é meu marido. A senhora mesmo, praticamente, levou-me a este casamento. Acalme-se e afaste-se dele; a casa é enorme, vocês não precisam esbarrar-se todo tempo!

– Percebo que você está contra mim.

– Ora, mamãe, por favor! Tento compreendê-la e a ele também, mas, e a mim, quem procura entender? Às vezes sinto vontade de desaparecer! Mas, para aonde eu iria, minha mãe? Nosso único parente que antes nos auxiliava já entregou sua alma a Deus. Pobre e querido tio!

– Meu irmão sempre foi bom. Um pouco sem juízo, mas quem é perfeito? Que Deus o tenha na sua santa paz!

– Amém.

– E como ficamos?

– Com respeito a Loredano? A senhora sabe muito bem que contra ele não há defesas.

– Sim, eu sei! Já não posso mais gastar um centavo, que ele me vem com reprimendas, ameaçando-me! Ah, que fiz eu da minha vida?

– Que fizemos nós, mamãe, das nossas vidas?...

Sem solução para os problemas comuns, as duas desistem da conversa que afinal não levará mesmo a nada.

Momentos depois, dona Berta e Jennifer recebem ordem de ir até o gabinete de Loredano.

Ali chegando, encontram-no com feições alteradas.

Diante delas, ele vai dizendo sem nenhum preâmbulo:

– Dona Berta, Jennifer, chamei-as porque tomei algumas decisões. Devo avisá-las que não tolerarei rebeldia, de quem quer que seja.

– Loredano, assim você me assusta. O que houve? – indaga Jennifer.

– Decidi modificar algumas coisas que há muito me incomodam. Já é tempo de colocar ordem na casa, de uma vez por todas!

– Estas modificações têm a ver conosco? – indaga Jennifer, enquanto dona Berta, mostrando desagrado, ouve em silêncio. Conclui, acertadamente, ser o principal alvo de Loredano.

– Sim. Ouçam, as duas, e não tentem argumentar, porque será inútil. Resolvi enviar dona Berta para uma de nossas casas no campo. Lá ela poderá viver a sua vida, enquanto nós viveremos a nossa!

Levantando-se de chofre da cadeira na qual estivera sentada, pálida de morte e mal articulando as palavras, dona Berta explode:

– Eu não lhe disse, Jennifer? Esta cobra, afinal, deu o bote! Quer ver-me longe para maltratar você com mais liberdade! Pois não irei a lugar algum! Devolva-me, senhor Loredano, a nossa casa, que o senhor arrolou, ambicioso, nos seus haveres! Nela, eu poderei viver livre do seu veneno! E lá, minha filha terá um lugar para viver, quando desejar!

– Que casa, dona Berta? Ela já foi vendida antes do casamento.

– Então, entregue-me o dinheiro que apurou na venda!

– Impossível para o momento. Este dinheiro, hoje, é... como direi? Bem, ele representa o pequeno dote de Jennifer. Afinal, ela e a senhora chegaram de mãos vazias. Aos gastos que fiz e tenho feito, somam-se aqueles que a senhora faz despudoradamente todos os dias em nome da sua vaidade! Vaidade esta que diga-se de passagem, é um pouco tardia, se me permite...

Jennifer, incapaz de expressar-se, tal a sua indignação, tenta sair do gabinete, mas não consegue. Rodopia sobre os próprios pés e cai desmaiada sobre o belo piso de mármore.

Loredano acorre e dona Berta faz o mesmo.

Chamam o dr. Maciel que prescreve-lhe calmantes, repouso e uma alimentação cuidadosa. Enfraquecida, pois vem se alimentando muito mal por falta de apetite, Jennifer adoecera, preocupando a todos, inclusive à Leocádia que já se afeiçoou a ela.

Zarik ministrou-lhe os seus chás e os seus tratamentos, auxiliando-a.

Alguns dias depois, Jennifer, ainda adoentada, viu a mãe fazer as malas e deixar a casa, pressionada por Loredano. Mais que nunca se sentiu sozinha.

Na saída, jurando vingar-se, dona Berta agrediu o genro com palavras nada elegantes e praguejou bastante, rogando a todos os poderes visíveis e invisíveis um castigo justo para ele. Todavia pôs o pé na estrada e partiu. Nada mais poderia fazer.

Saiu dali escorraçada, como um cão danado. Logo ela que tinha sido tão sua amiga. Sem a sua ajuda, Jennifer jamais teria se casado com Loredano. Sua vida modificara-se, radicalmente, desde que o conhecera. Se arrependimento matasse, dona Berta estaria morta.

Sozinho no seu gabinete, Loredano conclui que a primeira parte dos seus planos foi concluída com sucesso. O passo seguinte será livrar-se de Zarik, e depois de Leocádia.

Quando Zarik viu Loredano expulsar a sogra, compreendeu que o destino já iniciara as suas ações.

Ele traz o coração apreensivo. Roga aos céus que os poupe de sofrimentos demasiados e a Loredano de enredar-se, cada vez mais, nas malhas do egoísmo e da ambição.

Leocádia, atenta e apreensiva, indaga-lhe:

— Meu filho, estarei enganada ou uma tempestade se forma, aos poucos, sobre as nossas cabeças? Nosso patrão anda muito esquisito e tenho tido pesadelos horríveis.

Sérvulo olha para Zarik, significativamente.

— Sim, Leocádia, como você, tenho-o observado. Ele está muito estranho. Seu olhar parece ameaçar-nos a todos. Desculpe-me a confirmação, em vez de descansá-la, mas devemos estar prevenidos.

— Não temo por mim, meu filho, mas por você que é tão novo, tão ávido de conhecimentos, tão amigo de Deus e das criaturas. Já vivi bastante e nada mais espero da vida, enquanto você...

— Não devemos sintonizar com os maus pensamentos do nosso patrão; façamos em vez disto uma barreira de orações e de perdão antecipado numa prevenção espiritual. Haja o que houver, Deus estará conosco. Tenhamos coragem! O melhor será feito por todos dentro da justiça divina.

— E você, Sérvulo, sente o mesmo? — indaga-lhe Leocádia.

Ele balança a cabeça afirmativamente, demonstrando uma certa apreensão.

— Você tem aprendido muito com Zarik, Sérvulo. Espero que possam continuar juntos. Deus, o que nos alcançará? Parecemos caminhar entre brumas...

— O sol há de nos iluminar, desfazendo estas brumas, Leocádia. Confiemos! — aconselha Sérvulo, tentando sossegá-la.

— Sim, confiemos... Deus nos protegerá, dentro das nossas necessidades e dos nossos merecimentos — ela concorda.

Zarik aduz:

— É assim que nos comportaremos. Nunca estivemos e jamais estaremos sozinhos. Tranquilize o seu coração amoroso, querida Leocádia.

Assim dizendo, ele deposita na testa da boa mulher um beijo carinhoso, acaricia-lhe os cabelos brancos e a passos lentos dirige-se às suas ocupações.

Sérvulo dirige à Leocádia um olhar de carinho e reverência, inclina levemente a cabeça saudando-a e segue o amigo. Ela retorna à cozinha, silenciosa. Teme por eles, e eles temem por ela.

Jennifer recuperou-se. Saiu do leito, mas nada parece interessá-la. A mãe está distante e Loredano vive envolvido nos seus negócios. Numa tímida tentativa de salvar o seu casamento, ela convida Loredano para sair, como faziam antes. Ele nega, peremptório, declarando que não tolera ver outros homens à sua volta; que à aproximação de algum rival mais afoito, perderia facilmente os freios.

Aparentemente esquecido da existência dela, quando vem à sua procura, espera encontrá-la ardente e apaixonada.

Jennifer, sofrida e profundamente decepcionada, aos poucos vai perdendo o interesse pela vida e principalmente pelo marido.

Ainda assim, Loredano se impõe, sedento de prazer e arranca-lhe brutalmente aquilo que deseja, para depois esquecê-la nas suas mais elementares necessidades de mulher jovem, bela, inteligente e sensível.

Aos poucos, ela se abate como um tecido que desbota. É patente a sua infelicidade. Salta aos olhos de qualquer um que naquele belo corpo, a alma está alheia, fugidia...

Loredano, lamentando-lhe o modo de ser, está perplexo diante da própria situação conjugal. Todavia espera que Jennifer se modifique: "Coisas de mulher!" – conclui.

Leocádia, amiga e solícita, tenta socorrê-la com carinho e em parte consegue, porque ao lado dela Jennifer sente-se melhor e mais alegre, o que desespera o marido ciumento, injusto e, acima de tudo, cego.

A vida arrasta-se nesta mansão.

* * *

A FIM DE inventariar as poucas coisas que restaram de Mod, frei Justino é obrigado a mexer nos seus guardados. Se a casa permanecer intocável, os aldeões acabarão por conservá-la como relíquia. Pretende distribuir as melhores coisas entre aqueles que mais a amaram.

Numa caixa, ele descobre um porta-joias de madeira entalhada e forrado de cetim. Dentro dele, antigos documentos. Manuseando-os, respeitoso, surpreende papéis reveladores, ou melhor, comprovadores daquilo que ouviu nos últimos momentos de Mod, no segredo da confissão.

Respira fundo e conclui que se Deus o fez encontrar aquelas provas, precisa saber o que fazer com elas.

Nesta intenção decide consultar um advogado, seu amigo. Vai até o seu escritório. Entrega-lhe os papéis e aguarda, silencioso.

O profissional, depois de analisar o que tem nas mãos, declara:

– Estes papéis provam que Mod viveu e morreu pobre porque quis! Neles estão os nomes da sua família que é riquíssima e conhecida de todos nós, não é frei Justino?

– Para agir assim ela deve ter tido boas razões, não acha, meu amigo? Apesar dos sofrimentos, ela foi uma mulher alegre e disposta a amar a tudo e a todos. Parecia ter encontrado entre nós a sua relativa felicidade. Meu antecessor, frei Felisberto, narrou-me inúmeras vezes as ações admiráveis desta mulher ao longo da sua vida. Eu já a conheci na madureza da vida. Ele dizia que ela fora belíssima, deslumbrante!

– Sim, ela era esplendorosa! E demonstrava, quase sempre, muita alegria. Eu, frei, respeitando-a acima de tudo, não posso entender como pode existir alegria na pobreza, desculpe-me!

– Não há o que desculpar, doutor! Cada um de nós possui cérebro para pensar e coração para sentir! Entre estes dois departamentos sagrados, tiramos as nossas conclusões de vida, com a permissão de Deus.

– Desculpe-me, mais uma vez, peço-lhe. Não posso acreditar num Deus que deixa os bons sofrerem e os maus viverem à larga! Que permanece no empíreo a nos olhar e ainda por cima nos castiga quando não agimos de acordo com as Suas leis que, diga-se de passagem, são difíceis de serem cumpridas neste mundo. Com efeito, frei Justino! Respeito-o pelo homem probo que é, e não por este hábito marrom que usa!

Arrasado com o que ouviu, frei Justino persigna-se e pede a Deus perdão para aquele filho rebelde, ainda ignorante das Suas leis e que crê apenas nas leis feitas pelos homens, às quais ele defende no exercício da sua profissão. "É a sua ótica, meu Senhor, que fazer, não é? Perdoai-o Pai!..."

Notando-lhe a palidez e o constrangimento, o doutor arrepende-se da sua exaltação:

– Ora, ora, frei Justino! Não me leve tão a sério, por favor! Não estou num dos meus melhores dias. Nunca tive motivos para acreditar em algo que não seja em mim mesmo e no meu trabalho.

– Não vou tergiversar consigo, descanse! Noto-o extremamente aborrecido, de fato. Se desejar, voltarei outro dia.

– De modo algum! Já estamos em meio àquilo que nos interessa, vamos em frente!

Frei Justino sabe que este causídico, tão descrente de Deus, amou perdidamente à Mod. Ele teve por ela verdadeira adoração. Ela, todavia, tratou-o sempre como a um grande e querido amigo, apesar das diferenças de ideias.

Hoje, este homem deplora a morte da sua amada, que viveu e morreu entre sofrimentos e dificuldades, numa escolha corajosa, incompreensível para ele. Muitas vezes lhe dissera, contrariado, que ela parecia uma freira sem os votos e sem o hábito religioso.

Sozinha, por opção, Mod viveu toda a vida. Ela era extremamente discreta e não falava de si mesma. Sua origem sempre foi um mistério.

Agora, com aqueles papéis nas mãos, dr. Malthus revolta-se e em silêncio decide que a vingará. A sorte levou até ele tais documentos. Tudo fará para resgatar o que pertenceu à Mod, nem que seja para doar às obras de caridade, fazendo assim e sempre a sua vontade abnegada.

— Doutor Malthus, pressinto-lhe hoje especificamente pesares, que não tive jamais ocasião de surpreender-lhe antes, estou certo? Mesmo sabendo da sua descrença, nunca o vi tão amargo. Há algo que eu possa fazer? Afinal é meu bom amigo!

— Não, frei, agradeço-lhe o interesse. Pode deixar comigo estes documentos? Precisarei avaliá-los melhor!

— Certamente! Faça com eles o que desejar. Quanto à Mod, haja o que houver, já não fará nenhuma diferença, caro amigo.

— Para ela não, mas para outros, vai fazer e muita! Ora, se vai! – balbucia o advogado, quase a falar sozinho.

— O que disse, doutor?

— Nada, meu bom frei, pensei alto! Como já lhe disse, hoje não estou bem.

— Sei que não acredita na eficácia das orações. Mesmo assim vou pedir a Deus que o ajude!

— Agradeço-lhe a boa intenção, mas desista e não perca tempo comigo!

— Jamais desistirei, sou seu amigo e seu irmão! Somos ambos filhos de Deus!

— Se assim o deseja... Admiro-lhe a fé que lhe dá tanta tranquilidade e até o invejo!

— Então busque dentro de si mesmo a centelha divina e ilumine-se!

— Não é fácil para alguém como eu. Precisaria de provas para crer; sou um cético por natureza e, além disto, a minha profissão me exige razão apurada e não utopias!

— Ora, ora, o caro doutor imagina que crer em Deus seja uma utopia! Mas, por hoje não o incomodarei mais. Aguardarei uma melhor oportunidade. Até a vista! Agradeço-lhe por tudo!

— Não há o que agradecer! Tê-lo por perto é sempre um grande prazer, meu amigo!

— Mesmo quando lhe falo de Deus?

— Sim! Em qualquer circunstância.

— Isto me tranquiliza!

— Suas intenções são louváveis e os seus exemplos, admiráveis, frei! Quem sabe um dia conseguirá me convencer, não é?

— Seria muito bom! Até a vista, dr. Malthus!

Saindo apressado por lembrar-se de outras atividades que o esperam, frei Justino não pode perceber as feições alteradas do amigo que, a sós, aperta revoltado nas mãos fortes, os papéis que mexeram tanto com o seu humor.

Enquanto frei Justino segue em paz para os seus afazeres, doutor Malthus planeja formas de vingar a sua inesquecível Mod. Relembra-a na sua incomparável beleza quando a conheceu, jovem e recém-chegada àquela aldeia. Ele, também jovem, apaixonou-se perdidamente, mas não encontrou reciprocidade no coração da bela Modesta. Ela vinha de tristezas insuperáveis, de decepções grandes demais para o seu coração suave e meigo.

Adivinhava-lhe a carga de dor e numa insistência inquebrantável, fez-se presente ao seu lado. Não conseguiu, todavia, conquistá-la. Tornou-se, então, seu maior e melhor amigo. Resignado, passou a contentar-se com isso.

Um dia, viajou para completar os seus estudos de Direito. Instou com ela para que se casassem e partissem juntos. Mais uma vez, ela recusou. Distante, atirou-se aos prazeres do mundo, tentando esquecê-la. Tudo inútil! Anos depois, regressando, descobriu-se amando-a ainda. Concluiu que seu amor por Modesta era definitivo, incondicional, eterno. Instalou-se numa cidade próxima no exercício da sua profissão e vez por outra revia Mod.

Sente ódio por aqueles que a fizeram sofrer, gerando-lhe defesas traumáticas para toda a vida. Jurou a si mesmo que um dia a vingaria. Agora tem nas mãos os instrumentos de que precisa para realizar este propósito. Se frei Justino soubesse das suas intenções, certamente não lhe entregaria documentos tão importantes quanto reveladores.

Após alguns dias, parte para uma localidade específica, dentro da sua jurisdição. Instala-se numa pequena hospedaria e ali se organiza, preparando uma estratégia legal.

Se Mod estivesse viva, não lhe permitiria fazer aquilo que pretende.

Doutor Malthus é um homem alto, extremamente elegante e educado; exibe no rosto, algo envelhecido, traços de antiga beleza.

Antes de viajar, foi ao cemitério. Diante do túmulo de Modesta, pediu-lhe perdão pelas suas intenções e chorou todas as suas mágoas, pranteando por si mesmo, por ela, e pela desgraça de nunca ter realizado o seu grande sonho de amor... Depositou sobre a lápide, flores perfumadas.

Ele, assumidamente ateu, desejou ardentemente que algo maior existisse, fazendo sobreviver o seu amor além da morte...

Aquele lugar nivela o pobre e o rico, o feliz e o infeliz, o feio e o bonito, demonstrando sem rebuços que um dia tudo finda, tudo perde o sentido...

Entre lágrimas e soluços, ele abriu os braços e iniciou um monólogo desesperado:

– Caso exista, de fato, algo ou alguém que nos recompense pela vida difícil que vivemos, que esta força e este poder façam você feliz, onde você estiver, Modesta de minh'alma! Se é verdade que sobrevivemos à esta vida, que nos encontremos de novo um dia, meu único amor! – entre lágrimas abundantes, ele cai de joelhos na terra molhada e fria.

Aos poucos acalma-se, levanta-se e sai determinado a fazer aquilo que julga acertado, mesmo que Mod não aprove.

A justiça existe para ser cumprida a favor daqueles que são injustiçados, e neste sentido ninguém mais injustiçado que a sua Mod...

Chapéu na cabeça, debaixo de uma chuva fria e insistente, que como ele parece chorar a sorte dos desgraçados do mundo, ele dirigiu-se a passos largos rumo à saída do cemitério.

Aos poucos perdeu-se na distância, rumo ao seu destino...

* * *

JURANDO DE MORTE o genro que descartou-se dela, depois de tê-lo ajudado a casar-se com Jennifer, dona Berta vive agora num lugar distante e infeliz, como ela mesma rotula.

Longe daquilo que considera 'civilizado'. Onde exibir os modelos e os adereços da última moda, adquiridos com tanta vaidade? Onde, o brilho dos salões?

Em meio às suas frustrações, ela pragueja revoltada contra tudo e contra todos.

Aos poucos, fez algumas amizades e nestas descarrega o seu verbo destruidor, espalhando aos quatro ventos a ingratidão do genro:

– Ele me atirou aqui, neste lugar inóspito, nos meus últimos anos!

Narrando as suas desgraças, ela chora, descontrolada, desabafando com quem quer que seja. Deprecia o lugar, incomoda as pessoas, e torna-se em pouco tempo uma pessoa desagradável, da qual a maioria se afasta. Alguns, todavia, afinam-se com ela, nas mesmas falações.

Regularmente, escreve para Jennifer e, quando Loredano não intercepta a missiva, a faz chorar por dias seguidos, deixando Loredano com vontade de matá-la, em vez de apenas exilá-la.

Possesso, Loredano usa o seu poder inquestionável para transferi-la, de novo, atirando-a bem mais longe e dificultando-lhe sobremaneira o acesso à filha.

Para desespero de dona Berta, o genro demonstra sem rebuços, o quanto pode, deixando-a cada vez mais insegura.

Aos poucos, Jennifer afasta-se do marido. Não é raro vê-la ocupada, buscando nas artes a fuga para sua grande desilusão. Voltou a pintar, o que faz com alegria sempre renovada. Quanto ao marido, ignora-o desabridamente, todavia cumpre o que ele chama de 'obrigações conjugais' mesmo que o seu coração não participe. Quando saem juntos, fingem uma felicidade que está longe de existir.

Ela preza a amizade de Leocádia e de Zarik. Neles encontra a solicitude e o apoio de que precisa. Sérvulo, por sua vez, demonstra-lhe enorme simpatia.

Loredano, mais que nunca, planeja livrar-se de Zarik. Na sua mesa de trabalho, enquanto separa papéis e analisa documentos, ele pensa, sombrio: "Fosse um outro serviçal e seria mais fácil... Ele, porém, parece ligado à minha vida e ao meu destino!..."

Ele flutua de um pensamento a outro, sem deter-se em nenhum: "Conquistei Jennifer, depois de tantos obstáculos... Hoje, vivemos de forma estranha... Ela me foge, sem disfarces... Como pôde esquecer, ingrata, a sorte que lhe coube ao conhecer-me e casar-se comigo? Sei muito bem a quem devo tantos atropelos... Aquela serpente que expulsei é a responsável pela mudança de Jennifer... Ela envenenou a filha contra mim!... Que morra longe daqui, nunca mais quero vê-la. Caso se atreva a regressar, serei capaz de matá-la com as minhas próprias mãos! Ah, estes parentes que nos chegam com o casamento!"

Desanimado, sem estímulo, ele larga o que fazia, recosta-se na cadeira e reflete, amoroso:

"Ah, minha Jennifer, se você soubesse o quanto eu a amo... Este amor, mais forte que eu, me faz sofrer, muito... Por que se afasta de mim?!... Vou reconquistar você... Me empenharei nisto tanto e tanto, que não terá outro recurso senão adorar-me!..."

Ato contínuo, modifica as feições e fala em alto e bom som:

– Primeiro, me livrarei daqueles que há muito me incomodam!

Leocádia, ocupada nas proximidades, ouviu e entendeu. Seu coração se aperta. Precisa avisar Zarik.

Vai até ele e pede:

– Meu filho, por favor, preciso falar-lhe!

Agasalhando um velho cavalo doente e guardando os medicamentos usados no animal, Zarik atende:

– O que houve, Leocádia?

– Eu ouvi o nosso patrão dizendo que precisa livrar-se daqueles que o incomodam. Deve estar se referindo a nós...

Zarik torna-se pensativo; ela deve ter razão.

– Quando foi isto, Leocádia?

– Há pouco, no seu gabinete. Eu saí de mansinho. Ele não percebeu que eu ouvi.

– Fez bem, Leocádia.

Zarik torna-se absorto. Quanto tempo terão ainda?...

Leocádia se despede:

– Bem, meu filho, vou rezar. Que Deus, Nosso Pai Maior, seja a nossa defesa!...

– Sim, faça isso, minha querida Leocádia... Brevemente, nossas vidas se modificarão, completa e definitivamente... Nosso *maktub* se aproxima...

Beijando-o no rosto, Leocádia se afasta. Nos olhos, algumas lágrimas que ela enxuga no alvo avental. Segue na direção dos seus aposentos, enquanto Zarik permanece ali no mesmo estado de abstração. Mesmo à distância, Sérvulo conclui que algo muito importante está acontecendo, mas não ousa interpelá-los. Roga aos seus deuses proteção e auxílio.

Conta com a sua força física para defendê-los. Dará a vida por eles, caso seja preciso. Fará a sua parte. "Tivesse maus instintos e daria um jeito em Loredano, mas de que lhe adiantaria fazer algo que contrariasse os seus objetivos junto aos ensinamentos de Zarik?" – pensa.

Em tempo, reflete acertadamente que se tivesse maus instintos não seria companheiro de Zarik.

Desde que intuiu a grande modificação pela qual passará a sua vida e a de Leocádia, Zarik roga aos céus a ajuda de que vão precisar. Lamenta, mais que tudo, a decisão insensata de Loredano.

Aquilo que o move, em verdade, é a grande vontade de livrar-se da sua presença. Infelizmente, ele ignora que acima de tudo continuarão ligados e, noutra oportunidade, talvez pior que esta, voltarão a reunir-se por imposição das suas necessidades de reconciliação.

Zarik sabe que o prosseguimento do seu destino o aguarda em outro lugar e sob outras circunstâncias. Mas... e Leocádia? Pobrezinha!... Depois de tantos anos de dedicação a Loredano!...

Profundamente aflito, busca um recanto isolado para orar, em meio à exuberante natureza: "Que o Criador seja louvado nas suas criaturas e que a Sua augusta vontade seja feita, hoje e sempre! Quando erramos aqui ou ali, nesta ou naquela época, arrolamos para nossas vidas complicações, dores e cobranças. Mas, quando estas nos alcançam, nos julgamos injustiçados, pobres de nós, filhos ainda ignorantes do Grande Poder! Se, por rebeldia ou imprudência, levamos a dor ou o desequilíbrio a tantos que nos atravessaram os caminhos, criamos para nós os mesmos tormentos! As leis se executam acima das nossas vontades e caprichos, porque fazem parte do equilíbrio do Universo, sob a Vossa vontade poderosa e perfeita! Senhor, que nós, os vossos filhos exilados neste planeta, conscientes das nossas misérias espirituais, possamos cumprir os nossos destinos com dignidade, coragem, forças, e acima de tudo com fé e amor no coração, divisando desde sempre o infinito da caminhada, rumo ao porvir glorioso a nós destinado, desde o momento da nossa criação! Que o sol que ilumina o dia, as estrelas e a lua que iluminam a noite, possam amorosamente clarear os novos tempos que virão! Que a grande luz que sois Vós, acima das circunstâncias e acima da nossa pequenez, nos abençoe a vontade de crescer e sermos dignos do Vosso incomparável amor! Entrego-me inteiro a Vós! Que seja feita a vossa vontade e não a nossa! Hoje e pela eternidade, amém!..."

Profundamente interiorizado, rosto iluminado, Zarik finaliza a sua oração. Senta-se num tronco de árvore à guisa de banco e de olhos fechados prossegue na sua meditação. Assim se fortalece e se refaz espiritualmente.

Leocádia e Sérvulo conhecem-no o suficiente para saber que ele precisa destes momentos de ligação com as forças de Deus, ligando-se aos seus protetores espirituais.

Depois de algum tempo, Zarik retoma o seu fanal junto aos animais, sentindo saudades antecipadas... Muito breve, os deixará... E a tudo mais que faz parte de um passado-presente, que se fecha inexorável.

Apesar da conscientização da necessidade de reconciliação com Loredano, Zarik se sente aliviado, quando imagina que a vida pode separá-los definitivamente. Entre pressentimentos dolorosos, orações e ansiedades, os três aguardam o que virá.

Alea jacta est... A sorte está lançada e o destino se instalará mais uma vez nos contextos das necessidades destes personagens, tão importantes para nós.

* * *

PERSEGUINDO O SEU intento, dom Berardo articula-se junto aos seus pares para afastar o primo definitivamente da sua vida e da 'Santa Madre Igreja'.

Padre Leopoldo vive muito ocupado, sem tempo para pensar nos próprios problemas. Assim, apesar do perigo em que vive, entrega-se aos céus e ao seu querido são Martinho. Tem consciência do poder que seu primo representa e da sua vontade de expulsá-lo do mundo. Esta a única maneira de livrar-se dele.

Ao concluir isto, padre Leopoldo se arrepia, ama a vida e tudo o que faz. No seu monólogo, junto a são Martinho, ele confidencia, pedindo ajuda:

– Meu querido santo, acho que brevemente morrerei. Tenho medo, confesso... Não deveria ter, afinal sou um sacerdote, amo a Deus e tenho fé na Providência Divina. Proteja-me, peço-lhe! Mas acima de tudo que a vontade de Deus seja feita. É muito provável, queridíssimo amigo, que logo, logo, estejamos juntos, aí do seu lado. Encontro-me sob o jugo cruel daqueles que usam o nome de Deus, mas não fazem a Sua augusta vontade! Que Jesus me perdoe, meu santo, por fazer tal julgamento! Estou analisando a minha própria sorte e a daqueles que já passaram por duras provações causadas pela falsa Igreja! Ah, meu querido santinho, quando os homens usarão a verdade e a justiça como regras de proceder? Principalmente aqueles que se investem de poderes espirituais?!... Acima de tudo, que o Pai seja louvado! Só Ele conhece os nossos destinos e as nossas veras necessidades! Jesus nos disse que somente lobos caem em armadilhas para lobos, identificando-nos as múltiplas imperfeições! Que fazer, não é? Conto com o seu auxílio, junto a Deus. Quando chegar a minha hora, se possível, amenize os meus últimos instantes, sim?... Lembra-se do nosso caro Menthor? Não foi um quadro bonito de se ver! Que Deus o tenha na Sua santa paz!... Bem, meu querido são Martinho, vamos trabalhar! Tudo pertence a Deus, principalmente as nossas vidas! Assim, padre Leopoldo inclina-se diante do santo, com um sorriso de doçura e se vai, ligeiro e bem disposto!

Johan, naquele momento pintando os seus afrescos, pôde vê-lo a conversar com o retrato do santo, mas não pôde ouvi-lo devido à distância. Sorri, admirado e reverente, por esta alma tão boa e amiga de todos. Vem pensando seriamente em atendê-lo nas suas admoestações... Ele deve saber o que diz. Não custa ouvi-lo e viver de maneira mais segura...

Dando início às suas novas intenções, ele vem observando uma belíssima morena de tranças longas que vem à igreja com os pais, e que o encanta com seus belos olhos negros. Ela parece corresponder-lhe. Ultimamente, tem-se surpreendido pensando muito nela. Pretende fazer-lhe o retrato, se os seus pais permitirem, claro! Seguirá a risca os conselhos de padre Leopoldo. Quem sabe se casará e ficará ali mesmo? A ideia não é ruim!... Pensará mais a respeito e com certeza se aconselhará com o bom padre, seu querido amigo.

Os grupos que trabalham nesta nova paróquia se excedem em esforço para auxiliar nas obras de caridade.

Por isso, este lugar antes tão tristonho e carente, vai ganhando vida nova e novas cores, graças à chegada de padre Leopoldo que por onde passa espalha o perfume da caridade.

Foi confirmado: Menthor era um membro da nobreza e sacerdote.

Os seus bens, incalculáveis, foram anexados aos da Igreja, muito antes que ele se transformasse em 'Menthor' para sobreviver. Sua família foi perseguida e desbaratada, enquanto ele esteve preso. Conseguiu fugir, mas nunca reencontrou os seus.

Era esta a razão das suas constantes peregrinações, na tentativa de descobrir-lhes o paradeiro. Muito triste, ele jamais falava de si mesmo. Havia na sua vida um grande vazio, deixado pela ausência dos seus amados.

Padre Leopoldo recorda-o com saudade. Roga aos céus que agora ele saiba dos seus e que Deus o tenha recompensado por sua bela vida.

Johan fez o retrato dele e deu-o de presente ao padre.

Este pendurou-o numa das paredes do seu quarto, junto aos retratos dos seus pais, há muito falecidos.

* * *

INEVITÁVEL A CONTINUIDADE de choques entre Yan e o pai. Um pleiteando a realização dos seus sonhos e o outro defendendo os direitos de Rosalva. Entre arrufos de toda sorte, os dois vão se afastando cada vez mais.

Próspera lamenta-os, muito pesarosa.

Em desespero de causa, Yan decide agir à sua maneira e criar um levante no acampamento. Alegará os princípios do bando nas suas tradições e pintará com cores fortes o quadro de injustiça que sofrem.

Formando pequenos grupos, iniciados por seus fiéis servidores e companheiros, ele vai ampliando e estendendo o seu poder e intenção, até alcançar os mais poderosos, que como ele enfrentam todas as vicissitudes junto ao chefe, numa fidelidade que raia à temeridade, chegando à morte, quando é preciso.

As ideias vão fermentando e aos poucos Theodor vai sendo desafiado e desrespeitado nos seus direitos de líder da comunidade.

Ele sabe de onde partem todas as agressões que passou a sofrer. Desta forma se digladia cada dia mais com o filho e este o enfrenta de peito aberto, sem disfarces.

Yan, sem Rosalva, enlouquece. Sem ela a sua vida não tem sentido.

Como consequência, o bando de ciganos está desarmonizado e aparentemente sem lei. Explodem discussões em todos os setores de atividades, apesar do enorme esforço que Próspera faz para pacificá-los com sua energia e seu amor.

Esta situação vem de encontro ao desejo de Yan. Ele espalha aos quatro ventos que seu pai envelheceu, tornando-se incapaz de comandá-los. Impondo-se, ele demonstra claramente a sua decisão de chefiar o bando.

Caso tome as rédeas, se casará com Rosalva e ela terá de se submeter à sua vontade, queira ou não. Acredita na força do seu amor e na possibilidade de conquistá-la.

Neste clima, pai e filho chegam às raias da insanidade e agridem-se, fisicamente: Yan fora mais uma vez instar com ele para que permitisse o seu casamento com Rosalva.

Theodor, sendo desrespeitado por ele, exasperou-se e investiu, violento, tentando agredi-lo. Yan, mais jovem e mais forte, não apenas se defendeu mas, descontrolado, esmurrou-o em plena face, surpreendendo-o. Pálido de morte e fora de si, ele atirou-se contra o filho, ainda mais violento.

Entre imprecações de toda ordem, numa luta absurda, na qual Yan se defende com vantagem, após alguns minutos de esforço desmedido, Theodor leva as mãos ao peito, solta um gemido rouco, tal qual um animal ferido, arregala os olhos a pedir auxílio e cai ao chão, estrebuchando.

Entra em convulsões diante da estupefação de Yan e em poucos minutos aquieta-se. Paralisado, Yan se dá conta da sua ação parricida. Num estranho estado de espírito, toma o pai nos braços, fixa-o, hebetado, sem saber o que fazer. Sabe que ele está morto, mas intimamente não sabe se deplora o fato ou se agradece ao destino aquela solução inesperada.

De olhos esbugalhados, desfeito, num caos de revolta e estupor, ele acomoda o corpo de Theodor sobre um banco e sai à procura de Próspera. Não houve testemunhas, ninguém interferiu. Todos já se habituaram aos arrufos entre eles. Ninguém precisa saber que ele agrediu seu pai. Dirá que enquanto discutiam ele tivera um mal-súbito, ferindo-se ao cair ao chão.

Como num pesadelo, alcança a tenda de Próspera. Passa as mãos nos cabelos bastos e castanhos, respira fundo e entra. Depara-se com Rosalva a rezar. Indaga-lhe com voz soturna:

– Onde está Próspera?!...

Estranhando-lhe as feições alteradas, ela responde:

– No momento, um pouco distante daqui. Há um bebê nascendo nas redondezas. Ela e Zhara estão na casa da mãe, auxiliando no parto.

O que você tem? Está tão estranho!
– O quê?... Eu... não estou bem... Meu pai teve um ataque de apoplexia e acho que não sobreviverá... Fique ao seu lado, peço-lhe, enquanto vou chamar os outros!...
Assim dizendo, ele dirige-se às várias tendas conclamando o maior número de pessoas e repetindo aquilo que disse à Rosalva. Sabe que seu pai já está morto, mas precisa ganhar tempo... esconder a sua culpa...
Passando pelo tanque cheio d'água, abaixa-se, mergulha a cabeça no líquido gelado e a retira, cabelos escorrendo. Esfrega o rosto, desesperado, envolvido em sentimentos paradoxais. Na acústica de sua alma, um pensamento se sobrepõe a todos os outros: Agora, Rosalva será sua... Mas, tem consciência de que abreviou a vida do pai.
Ele era o seu ídolo, o seu maior exemplo de vida. Com ele aprendeu a ser o que é; com ele viveu todos estes anos, numa convivência amorosa, apesar de, por vezes conflitante... Sempre o amou! Ama-o, ainda! Que fazer para livrar-se do remorso? Seu pai foi responsável pela tragédia! Por que o desafiou? De antemão, deveria saber qual seria a sua reação!
Andando de cá para lá, sem coragem para retornar à tenda do pai que a esta hora encontra-se apinhada de gente, ele vê Próspera que se aproxima, aflita, notando a agitação na comunidade.
– Filho, o que houve? Por que este alarido?!... E seu pai onde está? Oh, Meu Deus! Por que não me responde, Yan?...
Enquanto fala, ela se dirige para a tenda de Theodor, sem aguardar explicações.
Yan sente-se chumbado ao chão, incapaz de articular uma palavra que seja. O que poderia responder?!... Sabe do grande amor de Próspera por Theodor. Sua morte para ela será uma dor imensa, insuperável!... Confuso, aproxima-se lentamente e assiste-lhe ao desespero.
Próspera grita a plenos pulmões, transtornada, e cai sobre o corpo de Theodor. Chora convulsivamente, chamando-o, desesperada:
– Theodor, Theodor! O que houve? Por que você está assim? Não nos deixe!... Deus, socorrei o nosso amado chefe!...
Ao seu lado, abraçando-a, pálida como as pétalas de um lírio, Rosalva balbucia algumas tentativas de consolo.
Ela fixa o olhar em Yan, atravessando-lhe a alma, sem barreiras. Suspeita dele.

Após o primeiro momento de dor, Próspera controla-se, ergue-se e aconchega-se à Rosalva, confortando-a, igualmente. Enxuga as lágrimas e corajosa distribui as ordens para os normais procedimentos, quanto aos cuidados reverentes que devem ser dispensados ao corpo do chefe, nos rituais adequados ao velório e ao consequente sepultamento. Pede à Rosalva que faça um chá calmante para todos, com as ervas que conhece.

Theodor é lavado, banhado em água odorante, massageado com óleos perfumados e envolvido numa grande manta bordada de fios dourados. Sobre um tripé com brasas derramam-se incensos. O ritual se fará entre recomendações intercessórias aos céus, saudações, agradecimentos, louvores e cantos fúnebres, dignos da sua condição de chefe.

Yan, como seu primogênito, terá a função de vesti-lo para a última viagem. Theodor será pranteado de acordo com a tradição. Todos o seguirão até a última morada, desejando-lhe a paz e as recompensas advindas da sua vida laboriosa e abnegada em favor da comunidade cigana.

Agora, Theodor estará junto à sua mulher, Arlette, mãe dos seus filhos, que há muito o precedeu no túmulo.

Rosalva lamenta a perda de Theodor. Aprendeu a amá-lo como um segundo pai. Sabe que sua segurança termina ali. A partir daquele dia, Yan dará as ordens e ela bem sabe qual será a primeira... Sente imensamente por Próspera. Imagina o tamanho da sua dor. Seu pensamento voa para Fabiano e, como num passe de mágica, ele aparece. Veio vê-la e deparou-se com o trágico acontecimento. Ele também deplora, sinceramente, a perda de Theodor.

Diante do fato consumado, ele conclui, assim como Rosalva, que nada mais impedirá Yan de fazer o que deseja.

O tempo é precioso e, em poucas palavras, ele explica a Rosalva a urgência de fugirem, aproveitando a confusão do momento.

De pleno acordo, Rosalva e ele vão procurar Próspera:

– Minha boa amiga, perdoe-me incomodá-la em tal circunstância, porém devo tomar providências relativas à segurança de Rosalva! Vou levá-la daqui o quanto antes. Temo as próximas atitudes de Yan. Sabemos que a partir deste instante, ele assume o comando de tudo. Rosalva corresponde ao meu amor. Sem a tutela poderosa de Theodor, precisamos decidir os nossos destinos, agora. Em verdade, já tenho tudo organizado. Hoje, vim até aqui com esta intenção. Certamente não esperava deparar-me com esta tragédia! Tencionava pedir-lhe a ajuda necessária e sempre competente, para concretizar aquilo que ora faremos com mais urgência, sob as difíceis circunstâncias do momento. Meus queridos pais nos aguardam para as bodas.

— Tem razão, meu filho... Você é o escolhido de Rosalva. Além do mais, hoje tenho razões muito fortes para impedir Yan de casar-se com ela. Não posso, por enquanto, revelá-las. Mas, já que pediu a minha ajuda, peço-lhe que modifique os seus planos relativos à família e saiam daqui sem rumo certo; despistando pelo caminho até se sentirem seguros. Este é um procedimento cigano. Aprendemos, ao longo da existência, a despistar os inimigos.

Próspera volta a chorar, desconsolada. Fabiano a abraça, fraternal, aguardando-lhe o reequilíbrio. Algo refeita, ela exclama, entre copiosas lágrimas:

— Amargarei duas dores daqui em diante: uma pela perda do único homem que amei na vida e outra pela perda de Rosalva, a quem aprendi a amar como se fosse minha filha. Somente os céus e o trabalho poderão consolar-me!... Sejam rápidos, meus filhos. O tempo urge!... Não peguem nada e não olhem para trás! Que Deus os acompanhe e faça-os felizes!

Rosalva e Fabiano estão aturdidos. Fugir assim, é para eles, no mínimo, um comportamento inusitado. Todavia a experiência de Próspera fala mais alto. Seguirão, sem discutir, os seus conselhos.

A carruagem que trouxera Fabiano continua ali. O cocheiro trata dos animais antes de seguir viagem.

Beijando Próspera no rosto, Fabiano lhe diz, emocionado:

— Que Deus a abençoe, nunca a esquecerei!

Em seguida, olha para Rosalva, fazendo-se entender.

Esta enlaça o pescoço da boa mulher que fora sua mãe por tanto tempo e beija-a, forte, incapaz de falar.

Dos seus olhos azuis, as lágrimas rolam abundantes, na apressada despedida. Fabiano aperta-lhe a mão fortemente e arrasta-a consigo, enquanto ela ainda olha para trás, na direção de Próspera. Os dois saem quase a correr. Ágeis, partem na direção do veículo. Fabiano diz ao cocheiro que precisa ir ao hospital mais próximo, porque sua noiva não está passando bem.

Ele demonstra uma certa desconfiança, afinal Rosalva revela muita saúde e vitalidade... Os dois devem estar fugindo; mas, enfim, o que tem a ver com isto? Ganhará o soldo do regresso e isso é o que lhe importa!

Parando o que fazia, concorda com o estranho pedido, sobe no veículo e parte em disparada, levantando a poeira da estrada.

Fabiano pede-lhe rapidez e ele estala o chicote, a fim de que os animais correspondam à sua ordem.

Rosalva chora abraçada a Fabiano e este a cobre de beijos. Por ela, dará a própria vida.

Próspera retorna à vigília, junto ao cadáver de Theodor e roga a todos poderes celestiais para protegerem o casal, por onde quer que vá...

Alguns quartos de hora depois, ela vê Yan, desconfiado, procurar por Rosalva e sair, precipitado. Em alguns minutos que lhe pareceram séculos, ele retorna ao salão fúnebre. Fita-a de forma estranha e acusadora. Próspera sente-se mal e estremece. Seu sangue gela nas veias. Todavia, prossegue velando o seu amado, aparentemente indiferente às expressões ou humores de Yan.

Ele decide e convoca alguns dos seus companheiros mais diretos para auxiliá-lo. Provavelmente, irá bater o acampamento ponto por ponto.

Próspera roga ao próprio Theodor que prossiga protegendo Rosalva, tirando-a do caminho de Yan para sempre. Assim, permanece orando com todas as forças do seu coração amoroso. Algum tempo se passa e ela ouve um tropel de cavalos que se dirige para a estrada. Intensifica as suas orações e entrega Rosalva e Fabiano a Deus.

Yan não se deterá até que encontre Rosalva. E, caso isto aconteça, suas ações serão trágicas. A vida de Rosalva se modificará contra a sua vontade e a vida de Fabiano nada valerá nas mãos deste cigano intempestivo e dominador.

Próspera já não sabe mais por quem chora de fato. Entre lágrimas copiosas, admira reverente as feições do morto e subitamente se surpreende: Theodor parece dizer-lhe que Rosalva estará bem, tranquilizando-a.

Theodor, afinal, prova mais uma vez que mesmo depois de morto, sua vontade é única, indiscutível.

Quando Yan regressar, Próspera terá com ele uma conversa definitiva. Contar-lhe-á os conflitos vivenciados por seu pai, desde a chegada de Rosalva ao acampamento. Conflitos estes que envolvem principalmente o próprio Yan e os seus irmãos. "Tomara dê tempo, meu Senhor! Tende piedade de nós!..."

Yan e os seus companheiros galoparam exaustivamente por horas inteiras, sem sucesso. Eles ignoram que Rosalva está com Fabiano. Percorreram todas as trilhas possíveis e imagináveis, porém a terra parece tê-la tragado.

O dia termina e Yan recorda que o pai será sepultado dentro de poucas horas. Ele, como o novo chefe, deve estar presente para os rituais da transferência que será sacramentada pelos homens mais velhos e mais sábios do bando.

Após estes procedimentos, recomeçará a busca. Rosalva, onde quer que esteja, regressará para casar-se com ele. Quanto a Fabiano, o afastará do caminho dela definitivamente, mesmo que para isso precise enfrentá-lo até à morte.

Ordena o regresso, o que faz quase no mesmo ritmo, obrigando o pobre animal suado e exausto a fazer uma curva radicalmente oposta ao caminho anterior. O cavalo reage relinchando, mas obedece prontamente.

Noutra circunstância, Yan se alegraria com o comportamento da sua montaria, fazendo-lhe carinhos e elogiando-lhe a inteligência, mas para o momento não tem condições para tal. Vive, sem dúvida, a pior situação que jamais viveu antes. Um pensamento se impõe: "Próspera deve tê-la auxiliado a fugir ou escondeu-a de mim... Meu pai se vai e ela herda-lhe a incumbência de proteger Rosalva... Mas, contra mim?!... Caso eu confirme esta suspeita, ela me pagará muito caro!... Aprenderá de uma vez por todas a não ignorar a minha autoridade!..."

Veloz como o vento, ele chega, deixando os companheiros para trás. Apeando, divisa Próspera junto às mulheres do bando e dirige-lhe um olhar significativo, ameaçador. Ela compreende e estremece. Negará até à morte a sua participação na fuga de Rosalva. Já montou um álibi, junto à comunidade.

Assim que Yan saiu, fingindo surpresa e preocupação, ela indagou a todos:

– Por favor, alguém viu Rosalva? Desesperada como está, temo por ela! Amava tanto a Theodor!...Talvez não queira assistir ao seu funeral, pobrezinha!

O bando em alvoroço se reveza entre o velório e a procura por Rosalva. Yan, ao chegar, depara-se com esta situação. No momento, não pode e nem deve questionar Próspera. Todavia, no seu olhar inquiridor, muitas ameaças. Pálido e desfeito, suor abundante a encharcar-lhe a roupa e os cabelos, ele assusta a quem o vê.

Enquanto isso, Fabiano e Rosalva, chegados a um hospital das proximidades, entraram pela porta da frente e saíram pela porta dos fundos. Desta forma despistaram o cocheiro. Este, poderá ser arguido por Yan.

Correndo, velozes, eles alcançaram outra estrada e nela embarcaram num veículo que por lá passava. Oferecendo argumentos indiscutíveis ao cocheiro, imprimiram velocidade ímpar à viagem. Recordando o conselho de Próspera, desviaram algumas vezes os itinerários, entrando por atalhos e veredas inusitadas, para dificultar uma provável perseguição.

Após alguns dias, descansando e se alimentando dentro das possibilidades, eles chegam a um vale verdejante, com casinhas baixas e caiadas de branco. Decidem ficar ali.

Tendo usado variadas formas de locomoção, ao longo dos dias, pagam e despedem o último cocheiro que os serviu.

Como primeira providência, entram numa singela igrejinha para combinar o casamento.

Acordos feitos, exigências atendidas, com alguns trabalhadores da igreja servindo de testemunhas e com o frade que ali é o pároco oficiando a cerimônia, Fabiano e Rosalva uniram-se, venturosos, diante de Deus e diante dos homens.

A zeladora do templo arranjara algumas roupas para Rosalva, adaptando-as, inteligentemente.

Após um reconfortante banho, bela e vaporosa como deve ser uma noiva, com flores naturais enfeitando-lhe a loura cabeça, Rosalva carrega nas mãos outro ramo perfumado e viçoso das mesmas flores.

Fabiano conseguira também outras roupas e estas lhe caíram muito bem!

No altar, fascinados, eles participam do ritual. Nas suas expressões iluminadas, a felicidade.

À Rosalva, parece estar representando no palco a heroína de algum conto fantástico, glorioso, arrebatador. Neste instante solene, une-se para sempre ao seu grande amor!

Ouve cânticos celestiais? Sim! Sobre a sua bela cabeça emoldurada de coloridas e perfumadas flores, deve haver um Olimpo particular!...

Existe maior glória que a realização de um grande amor?!... Certamente, não!

O seu pensamento se volta para a figura do bom e querido Theodor. Ele a protegera, permitindo-lhe a realização do seu sonho de amor. Ah, se o seu amado pai estivesse presente, sua felicidade seria completa! "Meu querido pai, senhor Pietro Monteverdi, quanta saudade!..." Ela reflete, enquanto algumas lágrimas brilham nos seus olhos.

Fabiano beija-a, emocionado, entendendo-lhe as cogitações íntimas. Também lamenta a ausência dos seus neste momento decisivo e grandioso da sua existência.

Passados alguns dias, Fabiano faz uma longa viagem até a casa dos seus pais. Vai sozinho e encapuzado. Chega, escondido, nas sombras da noite. Revelando-se, é abraçado, em prantos. Seus pais o julgavam morto em alguma estrada. Fabiano narra-lhes a aventura que está vivendo. Os pais o abençoam e enviam à Rosalva presentes e muito afeto. Dizem das alegrias dos seus corações e das esperanças de um dia poder privar da companhia deles e, quem sabe, dos futuros netos?

Fabiano sorri à esta esperança dos seus genitores. Regulariza documentos, se mune de recursos financeiros e despede-se, prometendo vir vê-los outras vezes. Por enquanto, precisa esconder-se. Yan tentará encontrá-los.

Rosalva, numa pequena pousada onde estão hospedados por enquanto, aguarda o seu amor, saudosa, em patente adoração. Chegando, Fabiano a arrebata nos braços, saudoso e ardente. Beija-a, vezes sem conta, feliz e realizado.

No acampamento, depois que eles fugiram, Theodor, enterrado com as pompas devidas, deixou saudades em todos os corações, principalmente no de Próspera... Ele fora seu único e grande amor.

Horas depois do funeral, ela decidiu falar a Yan, antes que ele saísse de novo à procura de Rosalva. Na falta de Theodor, cumpre-lhe o dever de esclarecê-lo e protegê-lo.

Chegando à sua tenda, divisa-o entre arrumações de roupas e alguma bagagem que ele amarra cuidadoso.

– Me permite, Yan?

Carrancudo, demonstrando ódio e ressentimento contra ela, ele empalidece.

– Preciso falar-lhe! – ela diz, fingindo não notar-lhe a rejeição.

– Neste momento é-me impossível dar-lhe atenção, estou de saída!

– Antes, precisamos conversar, meu filho; não posso mais esperar. Ouça-me, peço-lhe, em nome de seu pai que ainda não esfriou no túmulo!

– Não me fale dele e não me chame de filho! Vocês dois me traíram! – ele exclama entre dentes, baixo e soturnamente. Certamente, já tinham tudo planejado! Caso ela esteja com aquele finório, mato-o! Ouviu, Próspera? Mato-o, com as minhas próprias mãos! Como ousou desafiar-me?!... Enlouqueceu, por acaso? Sinto que você e meu pai agiram juntos! Concluindo que ele, antes de morrer, tirou-me a chance de ser feliz, alegro-me que esteja morto! E você ainda se atreve a vir à minha presença?

Caminhando em sua direção, descontrolado, ele aperta com suas mãos fortes como tenazes os seus ombros e passa a sacudi-la, violento:

– Diga-me, sua serpente venenosa! Para onde ela foi? Sinto-me tentado a matá-la, sua bruxa! Desconhece o meu poder, infeliz?!... Quando sairmos deste acampamento, a deixarei sozinha e abandonada em algum lugar inóspito! É o que merece por sua traição! Terá, então, tempo para refletir, antes de morrer de fome e de sede!...

Profundamente ofendida, Próspera lhe pede:

– Solte-me e ouça-me, por Deus!

Dando-se conta do seu comportamento e recordando que o mesmo os levou a tragédia que ora vivem, ele a solta e se afasta, num esforço notável para controlar-se.

Corajosa, Próspera inicia o que pretende:

– Sente-se, por favor, preciso lhe falar. Respeite-me em nome do amor que sempre lhe dediquei e deixe de ser tão impulsivo, pois certamente se arrependerá mais tarde!

– O que poderia dizer-me? Me trai, tira-me a oportunidade de ser feliz e diz que me ama?!...

Enquanto ele se senta e aguarda, ela se amedronta diante da dura revelação que pretende fazer.

Senta-se diante dele e pede, cuidadosa:

– Antes de tudo, perdoe-me por trazer-lhe mais tristeza ainda...

Yan estremece. O que ouvirá de Próspera? O que ela sabe?!...

Em silêncio aguarda, enquanto ela prossegue:

— O que tenho para lhe contar modificará radicalmente as suas intenções quanto à Rosalva. Alguns dias antes de morrer, parecendo pressentir o fim, seu pai me fez revelações assustadoras! Lembra-se de quando Rosalva chegou, semi-morta?

— Naturalmente! E daí?...

— Recorda-se de 'como' seu pai ficou? Do estranho nervosismo que se apossou dele? De como levantou acampamento, colocando uma grande distância entre o lugar que Rosalva foi encontrada e a nossa próxima parada? E, no dia que ouviu da própria Rosalva, os nomes dos seus pais, a enorme revolta que demonstrou, sem explicações? De como passou a protegê-la, a despeito de quem quer que fosse? Da patente adoração que passou a demonstrar por ela?

— Sim! Achei tudo muito estranho e cheguei a sentir ciúmes, porque desde o primeiro instante amei Rosalva. Enfim... Nem sempre ele era coerente, não é mesmo?

— Nenhum de nós é sempre coerente, Yan. Controle-se porque farei revelações que o deixarão perplexo. Aquilo que sei, devo contar-lhe com urgência, para evitar maiores sofrimentos e tranquilizar a minha consciência. Ouça: Numa temporada na Romênia, não muito longe do nosso acampamento, instalou-se O Grand Circo Monteverdi. Você ainda era menino, assim como os seus irmãos. Sua mãe já havia morrido. Seu pai, curioso e na intenção de ali empregar alguns homens do bando num trabalho temporário, foi ao circo e lá conheceu o seu proprietário, o senhor Pietro Monteverdi. Conheceu, igualmente, Giselda, a mulher dele, lindíssima, que fascinava a todos os homens que se lhe aproximavam. Ela era trapezista, e fazia como é fácil concluir, bela figura lá no alto, jogando o belo corpo nos trapézios, em volteios que arrancavam suspiros da plateia masculina e despertavam muita inveja e ciúme no público feminino. Pois bem, Theodor fez-se *habitué* nestes espetáculos e em pouco tempo tornou-se arredio e pensativo. Certa ocasião, vi que ele pintava o retrato de belíssima mulher. Concluí, ser o dela, da bela Giselda. Cada vez mais assíduo no circo, Theodor passou a demonstrar uma irascibilidade notável. Vivia insatisfeito, só se alegrando quando saía para os referidos espetáculos. Curiosa e algo ciumenta, eu o segui, sem que ele percebesse. Usando os ardis que nossa raça conhece muito bem, repeti isto outras vezes e finalmente pude surpreendê-lo nos braços de Giselda. Tive a confirmação que buscava: eles eram amantes. Seu pai nunca soube que eu os surpreendera. Certa feita, notei os olhares de ciúme e ameaça do senhor Pietro sobre Theodor. Compreendi então as alternâncias de humor de seu pai. Ele estava apaixonado por uma mulher casada! Sem esperanças, atormentado pelos ciúmes e vigiado de perto. Como seria de esperar, seu pai e o senhor Pietro um dia se atracaram. Theodor voltou para o acampamento, ferido. Esteve no leito durante semanas, devido ao ferimento e à febre. Nem bem curou-se, retornou ao circo, mas não encontrou mais a bela Giselda. Procurando informações, ouviu de alguns membros da troupe que Giselda viajara, em visita a alguns parentes. Quando retornaria? Ninguém saberia dizer... Ela voltaria quando quisesse!...

Algumas semanas depois, de inopino, o circo foi desmontado e saiu da cidade, tomando rumo ignorado. Nunca mais ouvimos falar nele. Surpreendi, várias vezes, seu pai a chorar, imagine! Theodor, forte e destemido, autoritário e poderoso, chorando por uma mulher!...

– Que pena que não era por você, não é minha cara?!...

Yan faz a pergunta com ironia, olhos coruscantes, fino sorriso de mofa nos lábios; todavia a conversa está tomando um rumo perigoso, que o deixa desconfortável e inquieto.

– Concordo com você! Sempre amei Theodor e continuo amando, Yan! Perdoo-lhe a humilhante referência, devido ao seu desequilíbrio nervoso. Todavia, me respeite, peço-lhe! Tenho sido 'sua mãe' desde que a nossa querida Arlette deixou este mundo. E você não pode negar a minha dedicação a todos vocês. Sou ciosa deste amor! Jamais lhes faltei com a minha solicitude!... – Próspera tem os olhos marejados de pranto, de mágoa declarada.

Yan sabe que foi longe demais. Mexer com os brios de uma mulher digna como Próspera é um atrevimento e um grande desrespeito; ela não merece. Mas, o que fazer e como reagir, diante de tudo que está sentindo? Seu coração bate loucamente, gostaria de fugir dali, de não ouvir mais nada. Todavia, continua blefando:

– Bem, e o que mais?!... Prossiga e me poupe dos seus sermões, por favor!

– Percebo, Yan, que sua agressividade já não é mais contra mim... Na verdade, você já entendeu muito bem onde quero chegar. Você é inteligente e já concluiu muito sabiamente o porquê de seu pai ter preferido Fabiano e não você, para casar-se com Rosalva. Ele tinha razões muito fortes. Certamente aguardava um momento adequado para dizer tudo a você, mas ultimamente você se insurgia demais contra ele. Era-lhes difícil conversar como pai e filho... Sinto que estes tormentos o levaram mais cedo...

Yan compreende que Próspera acusa-o, veladamente, da morte do pai. Mas isto para o momento não é nem mais importante e nem mais doloroso do que aquilo que passou a atenazar-lhe o coração, quase sufocando-o... Levanta-se, de chofre, mete os dedos de ambas as mãos nos cabelos bastos e sedosos, olha à volta, passeia os olhos na sua tenda, na qual sonhou ser feliz com Rosalva. Tem um grande nó na garganta... Sente um desejo enorme de morrer ou de desaparecer! Fantasmas ameaçam a sua felicidade! Não, não pode ser! Rosalva... é... Não!... Nunca, antes, amara com tal força e emoção!... Jamais amará assim de novo!...

Próspera sente por ele uma piedade imensa. Gostaria de abraçá-lo, acarinhá-lo como fazia quando ele era pequeno, mas ele a rechaçaria; nunca confessará que está sofrendo...

Num grito abafado, ele explode:

– Vocês armaram isto para afastar-me dela! É mentira!... Eu não acredito!...

– Meu filho, este sentimento que brotou tão intenso no seu coração foi a voz do sangue! Sua alma reconheceu a sua irmã! Reflita! Porque seu pai afastaria Rosalva de você, se gostava tanto dela?!... Por que daria a mão dela a outro homem, em vez de conservá-la ao seu lado como nora?... Ele sabia que Fabiano a levaria daqui, todavia fez empenho para que isto sucedesse! Não há muito que pensar, Yan! Seja sensato!

– O mundo caiu na minha cabeça e você me pede para ser sensato? Você enlouqueceu? Pode imaginar o que sinto aqui dentro do meu peito?!... Não! Ninguém pode sentir este ferro em brasa que me mata! Yan desaba sobre uma cadeira, cabeça baixa, desarvorado... Sua palidez é mortal.

À porta da tenda, surge Miguel, seu irmão caçula. Surpreso, aproxima-se de Próspera e indaga:

– Próspera, vocês estão brigando?

– Não, meu querido, estamos apenas um pouco exaltados!

Dirigindo-se ao irmão, Miguel lhe diz na sua voz de adolescente:

– Yan, todos temos que nos conformar! Ele, por certo, já encontrou a nossa querida mãe!

Descontrolado, Yan agradece-lhe as boas palavras com o ensaio de um sorriso que não se completa. Na sua mente, algo que sucedera na véspera do fatídico acontecimento entre ele e o pai: "Miguel, que o ama com veneração, lhe trouxera uma fieira de peixes prateados, pescados por ele mesmo, na intenção de arrancar-lhe elogios. Notando-lhe, porém, o mau humor, com suavidade lhe dissera corajoso e sensato:

– Yan, de algum tempo para cá você não é mais o mesmo! Observo-lhe as alternâncias de humor e me preocupo com você. Sei que ama e não é correspondido. Este deve ser um fator preponderante para nos modificar e desequilibrar, imagino, pelas coisas que tenho visto e aprendido aqui e ali, mas de você o bando espera mais harmonia interior, já que nosso pai aos poucos se despede de nós, como ele mesmo diz... Eu, mesmo, como seu irmão mais novo, aguardo de você a condução e o bom exemplo. Sua solicitude, diuturnamente, me faz ver em você não apenas o bom e querido irmão, mas um pouco meu pai também. A cada dia, vejo-o modificar-se e atacar nosso pai de maneira desrespeitosa, meu irmão... Desculpe-me dizer-lhe palavras tão duras. Noto-lhe o desespero constante e imagino-lhe os grandes conflitos. Quero, antes de tudo, dizer-lhe que conte sempre comigo. Mas, se eu puder pedir-lhe algo, amenize os seus ímpetos com nosso pai, Yan. Ele está envelhecido e muito amargo; você tem toda a vida pela frente, na oportunidade sempre presente de modificar o seu destino, mas ele... Não veja nas minhas palavras censura e queixas, mas um alerta para um irmão querido que se encontra numa situação limite.

Em seguida, Miguel o abraçara, como nunca antes o havia feito, parecendo adivinhar-lhe os atos criminosos de alguns dias depois. "Este irmão, além de bom, carrega uma grande dose de bom-senso, apesar da sua juventude em flor."

Neste momento, na confirmação de suas palavras proféticas, Yan sente mais que nunca, a sua grande culpa, com relação ao seu pai. O que pensará dele, Miguel, se um dia souber como as coisas aconteceram? Grato, afaga-lhe a mão forte e bonita que ele pousa no seu ombro. Olha-o nos olhos e levantando-se, atira-se nos seus braços.

Assim permanecem por alguns instantes, sob o olhar maternal de

Próspera. De súbito, soltando-se do amoroso abraço, Yan se precipita para fora. Precisa de ar, de luz, de silêncio, de liberdade!... Alcança seu cavalo, monta-o num salto e sai a galopar freneticamente, buscando alívio para as suas dores.

Intensificando cada vez mais a velocidade da montaria, ele cavalga até exaurir-se. Horas depois, diminui a velocidade num trote pequeno e cai inerte sobre o pescoço do animal. Permanece assim, aniquilado, de corpo e alma. Depois se solta, escorrega do lombo da montaria e desaba no chão. Rola sobre si mesmo à margem de um riacho, refrescando-se na areia molhada e solta as comportas de sua alma indômita, mas criminosa... Ali, ele pranteia todas as suas mágoas. Seu corpo convulsiona e as lágrimas copiosas encharcam-lhe o rosto e as vestes.

Num só dia, perdera tudo: o pai que era o seu ídolo, por sua própria culpa (esta, a maior dor) e a única mulher que amou, verdadeiramente.

Exausto, enfim, ele cai numa estranha letargia. Tudo à sua volta parece desaparecer, como num sonho brumoso e distante.

Quando desperta, é noite fechada. Olha ao redor e distingue Miguel, vigilante, ao lado de uma fogueira. Ele o seguira...

Em silêncio, o irmão o auxilia a montar e juntos regressam ao acampamento. Ao longe da sua tenda, Próspera viu Miguel chegar com Yan. Mais tranquila vai dormir, não antes de fazer as suas habituais orações. Precisa agradecer a Deus por ter revelado a verdade a Yan em tempo. Seu coração se aperta de dor e de saudades de Rosalva, de Theodor... A sua vida também mudou muito. Espera um dia contar à Rosalva sobre a sua filiação.

Yan vai superar a desilusão e a tristeza, para assumir a sua vida de chefe daquela comunidade. Curado, ele voltará a amar e a compreender o pai. Aos poucos, também à Próspera, ele devolverá o respeito e o carinho que sempre lhe prodigalizou.

Junto aos irmãos ele seguirá sua jornada útil e corajosa. E, quem sabe, será bem feliz com alguma das ciganas? Por certo que são bastante belas e inteligentes para conquistá-lo. Livre dos sonhos impossíveis, ele pensará em constituir família.

Próspera estará sempre ali, solícita e fiel a eles e às suas tradições. O episódio de Rosalva veio apenas sacudir um pouco as vidas de todos, além de presentear com a filha querida e linda a Theodor nos seus últimos anos de vida.

* * *

Zoraida pranteou o fim do seu romance com Seriguella, mas entendeu que ele nunca abriria mão da sua sagrada liberdade de andarilho, de filósofo... Seguirá amando-o pela vida afora, mas de maneira consciente, sabedora que deve respeitar Genésio e ser-lhe fiel, já que o aceitou para marido.

Seriguella fora um sonho, um belo sonho. E continuará sendo um sonho que se foi para sempre...

Em pouco tempo, ela e Genésio se casam.

A partir de então, ela passa a ficar em casa, cuidando dos seus afazeres e aguardando a chegada dos filhos. Essa a vontade dele, e que vem de encontro à sua.

Seriguella, por sua vez, envolvido com outras pessoas, outros conceitos de vida e muitas novidades, segue o seu caminho, livre como um pássaro. Por onde passa, trabalha e faz amigos; logo depois, dá-se ao luxo de seguir adiante, em busca de novas aventuras. Quando enamorado e pensando em casar-se, desfaz rapidamente o compromisso por mais interessante que seja e segue o seu caminho.

Comprou algumas roupas e mandou consertar os sapatos; afinal, não estavam tão velhos assim!...

Assobiando, calmamente, ele segue vivendo e deixando viver.

Estará o nosso Seriguella à procura do seu vero destino?!...

Qui lo sá?!...

* * *

Zarik, Leocádia e Sérvulo seguem suas rotinas, ansiosos e inquietos. Leocádia reza muito. Já entendeu que nada pode fazer a não ser esperar por Deus na sua misericórdia.

Fortalecidos nas suas mútuas afeições, eles vivem cada dia como se fosse o último das suas existências.

Aproveitando a ocasião, Zarik diz que assim deveria ser sempre. Todos dariam o melhor de si numa despedida constante, amenizando a ambição, o egoísmo, a vaidade e o orgulho.

Leocádia e Sérvulo, mais uma vez, dão razão ao sábio rapaz.

Loredano, determinado a cumprir o que considera essencial para a sua vida, age em silêncio, contando com o fator surpresa.

(Ele não se emenda! Conseguirá, alguma vez, surpreender Zarik?)
Jennifer já não disfarça o seu desinteresse pelo marido.

Amando-a, de fato, ele esperou, acreditando que tudo passaria. Afinal, sem a presença de dona Berta, Jennifer mudaria o seu jeito de ser. Mas enganou-se redondamente! O seu casamento está fadado ao fracasso. Sua revolta e frustração recairão esmagadoras sobre os seus servos e sobre os seus inimigos...

Jennifer percebe-lhe alguma intenção má quanto a Zarik e vai à procura deste, para protegê-lo:

— Zarik, sinto que Loredano tenciona prejudicá-los de algum modo. Algumas vezes, resmunga ameaças contra você e contra Leocádia. Quando pergunto a respeito, ele disfarça. Assim sendo, tome cuidado!

— Agradeço-lhe, senhora Jennifer! Ratifico as suas suspeitas, mas não tendo pontos de referência, só nos resta esperar, confiando em Deus. Seu marido me odeia e mais cedo ou mais tarde se livrará de mim. Temo por Leocádia... Ela é tão frágil!... Já está tão alquebrada!...

— Ouça, Zarik, eu poderia auxiliá-lo, protegendo Leocádia. Tenho amigos que Loredano sequer conhece. Posso escondê-la e ele nunca mais a verá. Que me diz?

— Digo-lhe que esta é a resposta da Divina Providência às minhas rogativas e agradeço-lhe de todo coração! Precisamos, porém, convencê-la, e isto não será fácil!

Ela pretende seguir-me na minha provável desventura, imagine, sem pensar que a saúde não lhe permitirá.

Sendo eu jovem e forte, tudo suportarei, desde que esteja sozinho. Haja o que houver, cumprirei, fielmente, o meu destino.

— Admiro-o, Zarik! Você é um grande exemplo de vida! Boa sorte em tudo! Que a vida, mesmo se modificando, ofereça-lhe a liberdade que almeja e a realização dos seus sonhos!

— Sra. Jennifer, quero dizer-lhe que a sua chegada a esta casa tornou nossas vidas melhores.

— Ao menos para isto serviu o meu casamento com Loredano... Zarik, na sua sabedoria nata, o que pensa a respeito de minha vida com o seu patrão?

— Penso que se não estivesse no seu caminho espiritual casar-se com ele, não se casariam. Ele precisa muito do seu amor para melhorar-se.

– Mas não vejo melhora alguma. Muito pelo contrário, ele me surpreende na sua capacidade de tornar-se pior a cada novo instante!

– Engana-se, senhora, permita-me dizer-lhe. Dentro de pouco tempo, verá a sua influência crescer e evoluir nos pensamentos e ações dele. Aguarde.

– Não sei se poderei, Zarik. Minhas forças chegam ao fim. Estou esgotada e profundamente desiludida. Mas o que nos importa, agora, é proteger Leocádia. Vou conversar com ela e me esforçarei por convencê-la a proteger-se! Conto com a sua ajuda neste sentido, ela sempre ouve os seus conselhos.

– Sim, senhora. Que Deus a guarde e a faça feliz!

– Será que ainda o serei, Zarik?... Duvido!

– Será! Caso saiba esperar e cumprir primeiro o seu *maktub*.

Duvidando daquilo que ouviu, Jennifer se vai, na certeza de que jamais será feliz como sonhou um dia. Faz algum tempo, voltou a pensar em Álvaro.

Encontra Leocádia a lavar roupas, sem descanso.

Pede-lhe um instante de atenção, após cumprimentá-la, afável.

– O que deseja, senhora? – ela quer saber, prestativa.

– Desejo falar-lhe, Leocádia. Ouça-me com atenção e entenda aquilo que vou pedir-lhe. É muito importante para você e para o sossego de Zarik.

– Houve algo, senhora?...

– Não, descanse, tudo está bem. Precisamos pensar, juntas, em você.

– Não entendo...

– Ouça: Desde que aqui cheguei, através do meu casamento, encontrei em você uma amiga sempre disposta a atender-me, ciosa da minha felicidade. Hoje sou eu que numa gratidão imensa desejo oferecer-lhe a segurança e o repouso que a sua idade requisita, após tantos anos de dedicação a Loredano.

– E como será isso, senhora?

– Tenho uma proposta que já foi analisada e aprovada por Zarik. Sabendo-a em segurança e longe daqui, ele poderá enfrentar melhor aquilo que vier.

– Longe de Zarik?!...

Leocádia arregala os olhos, assustada.

– Senhora Jennifer, longe deste meu amado filho do coração, eu nunca serei feliz. Nada que possa dizer ou fazer me convencerá do contrário.

– Acalme-se, Leocádia, a minha intenção é das melhores! Você, mais cedo ou mais tarde, sucumbirá sobre si mesma. Os seus limites já são muito estreitos. Tenho um plano, ouça...

– Sim, senhora... – ela responde, consciente da sua impossibilidade de aceitação.

– Tenho bons amigos que moram distante. Você poderá ficar com eles. Livrar-se-á dos tormentos que Loredano lhe impõe e terá uma velhice tranquila, como merece.

– Deseja que eu me vá?... – A voz de Leocádia soa magoada.

– Sim, para sua segurança! Ficarei sem a sua amorável companhia, mas é preciso que seja assim. Zarik concorda comigo. Ele tem maus presságios e teme principalmente por você. Ele aguarda, por enquanto, as determinações do Alto. Palavras dele, minha amiga. Estando você em segurança, Zarik enfrentará mais facilmente as dificuldades que vierem, entende?

– Sim, senhora Jennifer, mas... como viver sem ele? Como ter uma velhice tranquila, sem saber dele? Certamente, serei muito infeliz. Desde o dia em que este menino aqui chegou, tomei-o nos meus braços e albergui-o no meu coração. Somos unidos, inseparáveis!

– E por amá-la muito, Leocádia, ele abrirá mão de você! Talvez, numa outra ocasião, vocês dois voltem a se reunir! Que me diz? Sejamos rápidas e práticas, sabemos com quem estamos lidando e o tempo urge!

Leocádia abaixa a cabeça, amarfanha o avental branco e molhado, passa as mãos nos cabelos grisalhos... Sente-se arrasada. Ergue os olhos, fixa-os em Jennifer e finalmente desaba num pranto convulso.

Jennifer a abraça, afetuosa. Pressente-lhe a intenção de atender a voz da razão. Sofrerá muito, pobrezinha...

Loredano assoma à porta da lavanderia. Viera devagar para surpreendê-las, mas apenas ouviu o pranto de Leocádia.

– O que faz aqui, Jennifer? Venha comigo!

– Loredano – Jennifer responde, cuidadosa –, Leocádia não está bem! Passava ao largo e ouvi que chorava...

– E por quê?

– Ela não me disse, pobrezinha! Trabalha demais, talvez esteja muito cansada!

– Ora, já não me bastam Zarik e o dr. Maciel? Também você, às voltas com Leocádia? Vamos, ela que se cuide! E que não menospreze os seus deveres!

Jennifer o acompanha e agradece a Deus por ele não ter ouvido a conversa. Loredano jamais imaginaria que sua própria mulher age contra ele.

Zarik é informado da conversa das duas e pede à Leocádia que a atenda para o bem de todos. Mesmo contra a vontade, ela acede.

À guisa de fazer algumas compras, Jennifer insta com Loredano para que ele a deixe ir sozinha às lojas de roupas íntimas, femininas, declarando que se sentirá constrangida ao lado dele diante das vendedoras. Promete não se demorar.

Mesmo contrariado, ele concorda. Quem sabe, fazendo uma concessãozinha aqui, outra ali, reconquistará sua amada Jennifer?

Ela toma um veículo e parte em disparada para a casa de uma de suas amigas. Saudosas, elas se abraçam.

Após os cumprimentos, assuntos cordiais são trocados. Minutos depois, Jennifer expõe a situação de Leocádia, o quanto ela é querida e boa, e roga-lhe guarida para ela na casa de campo da amiga.

– Ora, minha cara Jennifer, seu pedido é uma ordem para mim! Lamento, tanto, não sermos cunhadas... Por que não se casou com meu irmão Thomas? Ele, até hoje, suspira por você! Continua amando você e não faz segredo disto. Nunca se casou. Acho que ainda não perdeu a esperança. Mas você não me parece feliz... Estarei enganada?

– Não, Esmeralda. Você sempre soube ler minha alma. Sou muito infeliz. Mas, agora, é muito tarde; devo seguir os rumos da minha triste vida. Como poderia casar-me com Thomas, se não o amava? Eu o faria infeliz, minha amiga.

– Você jamais faria um homem infeliz, Jennifer. Este Loredano não a merece. Lamento tanto!...

– Bem, tenho pouco tempo. Quanto à Leocádia, vocês não se arrependerão, garanto-lhes. Ela é uma excelente pessoa.

– Leocádia poderá ficar conosco até o fim dos seus dias, se desejar!

– Loredano não pode imaginar, sequer, onde ela se encontra. Inventarei alguma desculpa para o comportamento de Leocádia, desaparecendo, sem mais nem menos. Na idade dela é comum sair sem destino, sem intenção, e esquecer-se de voltar. Contarei com isto e que Deus me ajude!...

— Você conseguirá. Marque um dia e deixaremos um veículo pronto para quando ela chegar aqui. Imediatamente, será levada para nossa propriedade no campo, distante e ignorada pelo seu marido.

— Agradeço-lhe, Esmeralda! Agora, devo ir. Preciso apresentar em casa algumas compras que prometi fazer. Até a vista!

— Até a vista, amiga querida, e que Deus a proteja!

As duas se abraçam, depois de terem determinado dia e hora para Leocádia ir até à casa de Esmeralda. Isso feito, Jennifer vai até uma loja no centro, compra apressada algumas peças de roupas e parte sem demora para casa. Ao chegar, encontra Loredano impaciente e irascível.

Na primeira ocasião, avisará a Zarik e à Leocádia o que ficou decidido. Zarik contou a Sérvulo sobre sua intenção de aceitar a proposta de Jennifer para proteger Leocádia. Sérvulo concorda com ele e se alegra, sabendo-a longe das maldades de Loredano.

Durante a noite, ao deitar-se, olhos fitos no teto, ouvindo ainda as onomatopeias dos animais que se arranjam para dormir, num leve amortecimento dos sentidos, Zarik ouve um diálogo que se processa distante dali. Atento, registra cada palavra e cada intenção:

— O rapaz é esperto como uma raposa! Você não pode distrair-se que ele se livra de você ou de qualquer outro, sem esforço!

— Descanse, senhor, ele só me escaparia se fosse um feiticeiro!

— Mas é o que lhe digo, seu parvo! Ele tem estranhos poderes! Só se submete àquilo que deseja, entendeu?

— E eu vou me envolver com tal criatura? E se ele me enfeitiçar?

— O que lhe pagarei cobrirá os riscos. Na verdade, ele não é tão perigoso assim. Só faz coisas boas e certas.

— Ufa! Ainda bem! Afinal, é a minha segurança que está em jogo!

— Deixe de covardia, seu estúpido! Como é? Vai ou não vai fazer o serviço?

— Sim, mas levarei um ajudante!

Ao ver o desagrado nos olhos do seu interlocutor, ele esclarece:

— O meu ajudante é surdo como uma porta e meio idiota! Preciso da força bruta que ele possui, entende?

— Está bem, veja lá o que faz! No dia, aja antes do amanhecer. Assim não teremos testemunhas.

— Sim, senhor!

— Cuide para que o veículo esteja muito bem fechado. Leve-o a este endereço e depois esqueça tudo que fez, senão irá para lá também, entendeu?

— Que os céus me defendam! Desde já me arrepio! Este lugar é a filial do Inferno! Pode confiar, farei tudo como ordena!

— Bem, esteja lá, no dia e hora combinados!

— Sim, senhor!

Fazendo uma careta de rejeição por aquilo que ainda não viu, mas imagina, o contratado silencia."

Uma hora depois, Zarik ouve ruídos da chegada de Loredano em casa.

Insone e inquieto, sabe que sua vida corre perigo. O seu destino tomará rumos diferentes... Os seus nervos encontram-se sob forte tensão. Procurando tranquilizar-se, ora a Deus. Numa outra letargia, vê Thalmar. Este o abraça enquanto lhe diz:

— Meu companheiro, discípulo do passado e amigo fiel, através da misericórdia divina nós nos reencontramos! Devo, a bem da verdade, instruí-lo quanto aos próximos acontecimentos. *Alea jacta est*, meu caro Zarik! Agora é ir à frente, sem vacilações e sem medo!

— É o que pretendo fazer, mas temo esta mudança radical no meu destino!

— Confie! Trago-lhe alguns pontos de referência para a sua próxima jornada: Ore muito, fortalecendo-se para os embates que virão. Proteja o seu companheiro grandalhão, do contrário o seu inimigo atentará contra a vida dele. Ele não faz parte do destino que o aguarda, mas tentará segui-lo e defendê-lo com o risco da própria vida. Despeça-se dele e tire-o do seu caminho. A intuição lhe dirá qual o momento certo para isso.

— E nunca mais o verei? Aprendi a querer-lhe bem e a admirá-lo. É uma das melhores criaturas que já conheci. Ele não se conformará com a interrupção do seu aprendizado. Sérvulo precisará de apoio, Thalmar! Seu corpo de gigante alberga o coração de uma criança.

— Ele terá de conformar-se, Zarik. Seus caminhos tomam rumos opostos, a cada minuto que passa. O saber que ele já adquiriu será arquivado na sua boa alma. Um dia, numa outra existência, eles virão à tona, sendo bem aproveitados. Sua bondade atraiu este 'presente' na vida atual. Ele deverá seguir o seu caminho. É tudo que posso dizer-lhe. Leocádia será bem protegida. Dentro das suas possibilidades, apesar da distância e da saudade, ela será feliz porque encontrará apoio e amizade na sua velhice. Agora, quanto a você: Quem já chegou até aqui, deve esperar testemunhos mais difíceis. A subida jamais será gratuita! Invejo-lhe os próximos passos, Zarik, e digo-lhe isto de coração aberto. Quando requisitei esta tarefa junto a você e fui atendido em nome da extrema misericórdia divina, sabia que além de auxiliá-lo com enorme prazer, ganharia alguns créditos espirituais, diante das muitas dívidas que carrego. Como pode ver, continuamos unidos e amigos a despeito de qualquer outra circunstância!

– Louvo aos céus, por você e por mim!

– Ouça, companheiro de tantas experiências em épocas transatas: Submeta-se sem revolta às situações difíceis que em breve tempo o alcançarão. Não se assuste, nem perca a esperança, haja o que houver! Você se deparará com contextos e situações completamente estranhas para você. Pensará, por vezes, que aportou no Inferno! Seu coração bom e sensível sofrerá mais do que pode imaginar. Todavia se esforce para suportar e aguarde, confiando Naquele que o conduz, porque novas ocupações materiais e espirituais se esboçarão na sua vida, ensaiando um futuro de realizações gloriosas. Lá, para onde vai, encontrará a solidariedade de alguém que há algum tempo o aguarda. Nada mais posso lhe dizer. Que o Grande Poder o acoberte com a Sua luz e a Sua força! Por ora, adeus!

Thalmar desaparece e as suas últimas palavras deixam um eco no ar. Zarik faz uma ardente prece de gratidão e de louvor aos céus. Em seguida descansa por algumas horas num sono profundo. Ao despertar pela manhã, recorda-se de tudo. Está animado, na expectativa dos próximos acontecimentos.

Alguns dias depois, Loredano, furioso, manda chamá-lo:

– Onde está Leocádia, seu traste? – assim, ele inicia o interrogatório: chicote nas mãos, olhos ameaçadores, impulsos violentos...

– Ignoro, senhor! Também me encontro em perene aflição por ela!

– Espera que eu acredite nisto? Ora, como sempre, a sua ousadia raia pela temeridade! Se você soubesse, se submeteria às minhas ordens, como um cordeirinho!

— Se eu soubesse o quê, senhor? — Zarik indaga, sabendo de antemão que ele jamais lhe dirá.

— Não lhe interessa! Ponha-se no seu lugar e não me faça perguntas! Aquela velha caduca não perde por esperar, eu lhe garanto!

Em verdade, Zarik despedira-se de Leocádia há dois dias, entre abraços intermináveis e muitas lágrimas. Desconsolados, prometeram que à primeira oportunidade voltarão a se reunir. Ele sabe que não, todavia deixa que ela tenha esperança...

Loredano, muito ocupado com os seus planos, fazendo várias saídas, somente agora se deu conta de que ela não está na mansão. Outra criada está em seu lugar.

Jennifer agilizou o seu plano e enviou Leocádia para a casa de Esmeralda. Lá chegando, ela encontrou um veículo puxado por duas parelhas de ágeis e resfolegantes cavalos para levá-la à propriedade rural. Em alguns dias de viagem, ela chegou cansada, mas disposta a fazer o melhor pela própria segurança e pela tranquilidade de Zarik. Ali é bem recebida e confortavelmente instalada. O lugar é aprazível e distante, quase escondido pela natureza exuberante.

À Leocádia, parece ter regressado ao seu lugar de origem, onde fora tão feliz, no seu tempo de menina. Não fosse a saudade de Zarik, e ela seria completamente feliz.

Respirando profundamente, olhos a brilhar, úmidos de lágrimas, Leocádia implora aos céus por Zarik...

* * *

PADRE LEOPOLDO FOI avisado que o seu caso segue em ritmo acelerado, a fim de se concluir que brevemente será informado e provavelmente convocado. Sabe que eles farão tudo que quiserem. Que, sem dúvida, será severamente punido, mesmo inocente. O real objetivo é afastá-lo das suas atribuições de sacerdote e de nada lhe valerá apelar para quem quer que seja.

Muito magoado, não consegue entender o porquê de acusações tão descabidas quanto injustas. Mas, afinal, o que poderia esperar? Não recebera ameaças? Está submetido a um contexto minado, corrupto...

Numa atitude desesperada, foi falar ao primo.

Dom Berardo lhe dissera que ignorara tais acusações, até que o seu superior o chamou ao seu gabinete, para cobrar-lhe duramente as atitudes enlouquecidas de padre Leopoldo, que os envergonhava a todos, preocupando a Igreja.

Desde o primeiro momento, padre Leopoldo soube de que lado ele estava. Insensível quanto ao parentesco de ambos e ao passado de convivência filial, dom Berardo apenas confirmou-lhe as decisões dos seus superiores eclesiásticos. Nem por um instante Berardo duvidou da pretensa culpa de seu primo. Esta, mais uma dor para padre Leopoldo.

Ele não perdera o ensejo de reforçar que, tendo sido removido para outra paróquia como uma advertência, padre Leopoldo deveria demonstrar gratidão pela oportunidade e agir de maneira mais razoável.

Repetiu, num tom de voz altamente crítico aquilo que o seu superior lhe dissera: "Cabeça dura, este seu primo, hein, dom Berardo?!... A quem ele puxou? Afinal o senhor é fiel à Igreja! É inacreditável que possuam o mesmo sangue!... Desta vez, ele foi longe demais! Acumpliciar-se com feiticeiros, ora veja! É de espantar!"

Estes e outros comentários semelhantes, dom Berardo fez, sem olhar o primo nos olhos, enquanto cuidava de papéis 'muito importantes'.

Ao fim da dura e insensível preleção, demonstrando pressa em livrar-se do primo, ele declarou que precisava visitar uma 'doentinha':

– Afinal, este é o meu calvário, não é? Cuidar das ovelhinhas de Jesus!... Fazer por elas todo bem possível!– ele declara, olhos fixos no semblante abatido do primo.

Com isto, dom Berardo contava ser ouvido por uma 'santa senhora' que acabava de entrar: atitude angelical, olhos melosos, reverenciando e envolvendo o rico e respeitado preboste.

Padre Leopoldo sabe muito bem qual é a 'doentinha' que dom Berardo vai visitar... "Sou mesmo muito ingênuo! Berardo quer me ver pelas costas o mais rápido possível! Se depender dele, terei mais problemas do que posso imaginar!..."

Fazendo uma leve inclinação de cabeça, ele sai, põe o seu chapéu surrado e se vai pelas ruas, sabendo que só conta com Deus. Estará pronto para o seu testemunho, assim como Jesus exemplificou.

Rogará sempre pela alma de Berardo... Um dia ele também aprenderá! É este o caminho de todos.

Padre Leopoldo se preocupa com a sorte de todos. Pela distância, demorará algum tempo mais para chegar. Cansado fisicamente e abatido moralmente, ele tira o seu breviário do bolso da sotaina e enquanto o coche balança, mergulha nas suas meditações, dirigindo-se ao Pai...

Alguns dias depois, padre Leopoldo é chamado à Suprema Corte da Igreja para um temível interrogatório. Ele sabe que não sairá incólume. As cartas deste jogo há muito estão marcadas e o perdedor será ele. No mesmo cenário de antes e devidamente preparado para uma derrota fragorosa, ele ouve acusações, às quais sequer consegue responder, tal a intenção rápida de concluir o fatídico processo judicial religioso, sem que ele se defenda.

Regressa para a sua paróquia, consciente de que o seu calvário particular tivera início. Dias depois, dois esbirros violentos chegaram e lhe deram ordem de prisão, arrastando-o apressados e sem respeito com as suas necessidades de se organizar ou se despedir.

Aqueles que estavam presentes tentaram dialogar, defendendo o bom sacerdote, mas foram ameaçados.

Juntam, então, algumas peças de roupas, a fim de que ele as leve e um pequeno farnel, desesperados com a sua aflição.

Pálido, olhos marejados de pranto, desorientado e quase sem ação, padre Leopoldo julga estar vivendo um terrível pesadelo. Agradecido aos que o auxiliaram, ele os abraça afetuoso, numa triste despedida.

Amontoados, ao redor da cena inusitada, os paroquianos e os amigos o rodearam, sem condições de defendê-lo, fazendo-se moldura para um quadro sinistro e pintado por mãos cruéis.

Num último esforço, padre Leopoldo escorregara o olhar para o seu amado são Martinho, despedindo-se. Terá surpreendido no olhar do santo uma grande tristeza?!... Oh, não! Pobre são Martinho... Diante disto, empertigou-se, sorriu entre as lágrimas e mostrou-lhe que seria forte e corajoso, deixando-o mais tranquilo.

"Afinal – pensou – são Martinho não merece ficar triste! É tão bom o meu santinho!... Confortai-o, Jesus!..."

Ele implorou, fixando o azul do céu. Em cárcere privado, ele aguardará as providências finais do seu caso num mosteiro. Ali existe uma clausura especial. Em verdade, ali começa os diversos departamentos de uma temível prisão que se prolonga por tenebrosos subterrâneos e calabouços.

Ao adentrar o 'mosteiro', na ocasião, o prelado que o recepcionou e o aprisionou dirigiu-lhe estas palavras:

– A Santa Madre Igreja tem o poder de decisão sobre a sorte dos seus religiosos, sacrificando em nome de Deus qualquer membro que não venha corresponder às expectativas do poder religioso e temporal.

A disciplina é rígida e ninguém há que esteja acima dela!

Incapaz de responder, padre Leopoldo traz o coração dilacerado. Para a sua paróquia já fora nomeado alguém que retrate os ideais condizentes. Dessa forma, a rotina saudável dos paroquianos e o auxílio material e espiritual que recebiam das suas mãos amoráveis dependerão, dali para a frente, das novas ordens estabelecidas.

Somando-se às acusações anteriores de rebeldia, padre Leopoldo fora acusado também de compactuar com as crendices, as superstições e as feitiçarias de Menthor. Considerado seu cúmplice, teve seus pertences revirados, à procura de alguma prova. O retrato do saudoso amigo, pendurado ao lado dos retratos dos seus queridos pais, serviu para o que desejavam...

De nada adiantou Johan dizer-lhes que o fizera e presenteara o pároco.

Aquela 'santa senhora' seguidora fiel de dom Berardo estivera várias vezes na paróquia de padre Leopoldo e horrorizara-se com a amizade tão estreita entre ele e Menthor! Dissera isto ao bom dom Berardo, revirando os olhos e rogando aos céus pelas almas dos dois traidores da Igreja. Fora mais um acréscimo de informações a respeito do mesmo assunto que já palpitava entre os membros do poder clerical. Muito magoado, entre suspiros cansados, cheio de piedade, dom Berardo lamentou junto aos seus superiores a teimosia do primo:

– Ah, os nossos parentes!... Nós não os escolhemos... Eles nos chegam com a vida e algumas vezes nem são dignos de carregar o nosso sangue nas veias.... Fiz tudo que pude por ele, mas nunca me ouviu! Que posso fazer?

* * *

FABIANO E ROSALVA, ignorando os acontecimentos no acampamento cigano e os conflitos íntimos de Yan, prosseguem escondidos e felizes. Alguns meses se passaram.

Numa belíssima tarde de primavera, Yan toca o seu violino, arrancando-lhe sons, ora selváticos, ora doces. Enquanto executa as músicas, recorda, ponto por ponto, a conversa definitiva que teve com Próspera a respeito de Rosalva:

"– Próspera, responda-me: O que lhe dá tanta certeza de que Rosalva é minha irmã? Não poderia ela ser filha de Pietro?

– Não, Yan, ela não é filha de Pietro! Giselda, na época em que viveu com Theodor uma grande paixão, contou-lhe que Pietro é estéril. Ela foi a quarta mulher da sua vida e ele não conseguira ter filhos. Fazendo as contas, seu pai concluiu, acertadamente, que Rosalva é a filha que nasceu do seu amor com a bela Giselda. Segundo sei, Rosalva saiu à mãe, herdando-lhe a beleza e o fascínio. Alguns meses depois do desaparecimento do circo, Theodor encontrou um velho tratador de animais que ficara na cidade porque se enamorara. Seu amor não quis acompanhá-lo e ele abandonou a vida de saltimbanco. Era amigo e cúmplice de Giselda e de Theodor, facilitando-lhes os encontros. Ele informou a seu pai que Giselda engravidara e que Pietro, envaidecido, imaginou ter realizado, enfim, seu antigo sonho. Todavia, inseguro quanto ao comportamento da mulher, desmontou o circo e se fez no mundo, sem deixar rastros. Ele nunca tivera provas da traição da mulher com Theodor. Deixou as suspeitas de lado e decidiu ser feliz, dedicando-se ao filho que se anunciava... Seu pai tinha certeza que Rosalva era sua filha!... A vida nos prega peças, meu filho! Seu pai viveu para ver a filha que o destino lhe trouxe e jogou em seus braços!

Esta foi uma das alegrias que por certo ele levou para o mundo dos mortos!...

– Próspera, como pode, amando meu pai, falar a respeito da sua vida amorosa com tal isenção de ânimo? Não tem amor-próprio, nem ciúmes?

– Um dia, meu querido, entenderá que os sentimentos e as emoções vividas em desespero deixam a boca amarga e vazio o coração! Eu sempre soube que Theodor era uma alma apaixonada, romântica e ardente, apesar da gravidade das suas atitudes. Amando muito, ele buscava a verdadeira felicidade. Quando o conheci, ele era casado com sua mãe. Me conformei em ser-lhe amiga e, ao seu lado, tornei-me companheira nas lutas pelo bem da nossa comunidade. Respeitei-o como a ninguém mais. Quando viúvo, aceitou o meu amor. Nós fomos relativamente felizes. Vocês foram testemunhas da cumplicidade em nossa relação. Minha conclusão, porém, é que apenas sua mãe, nossa saudosa Arlethe, é que dominou completamente o seu coração.

— E Giselda? Que lugar ocupou na vida de meu pai, Próspera?

— O lugar da paixão, que incendeia o coração e a carne, mas que viraria cinzas, mais cedo ou mais tarde, caso os dois tivessem logrado ficar juntos. Giselda era infiel por natureza. E seu pai jamais perdoaria uma traição.

— Tem razão. E quanto aos seus próprios sentimentos?

— Meus sentimentos?... Com o tempo amadureceram, assim como eu. O ciúme, que eventualmente eu sentia passou a fazer parte de uma grande compreensão. Afinal seu pai nunca foi um cínico! Isto ele passou para os filhos. Homem honesto, corajoso e determinado no bem, eis o que ele foi, Yan...

Olhando para fora, ela divisa a chegada da noite e exclama:

— Veja, Yan, as estrelas já surgem no céu! Vou fazer as minhas orações. Logo mais teremos as nossas danças. Gostaria de vê-lo dançando com as belas mulheres que suspiram por você! Ygor já está muito bem casado. Daqui a pouco, até seu irmão caçula estará se casando! E você, não se decide?

— Dê-me mais tempo, Próspera! Ainda não superei os meus tormentos! Ainda me dói muito, aqui dentro!"

A música vai terminando, num som quase inaudível...

Yan depõe o instrumento sobre uma grande almofada. Sai da tenda e senta-se num tosco banco feito de tronco de árvore, do lado de fora, e interioriza-se. Pensa em seu pai, em Rosalva, na sua vida e no seu futuro...

A noite caiu e o seu frescor o invade; os perfumes das flores embalsamam o ar...

Os ciganos preparam a fogueira que logo mais arderá, como os seus sentimentos. Dançarão à sua volta, alegres e recompensados pelo dia estafante.

Precisa repensar a própria vida. Não deseja envelhecer sozinho, ainda mais sendo o chefe. Foi cego aos olhares das mulheres da sua tribo e desejou ardentemente realizar um amor, para ele, ideal. Rosalva era tudo que sonhara para o seu coração: bela, graciosa, inteligente, culta e digna representante de uma outra realidade. As diferenças o atraíam poderosamente para ela.

Neste instante de profunda reflexão, conclui que fora traído pela sorte, pelo destino e pela própria vida. Não pretende rever Rosalva, mesmo que venha a descobrir o seu paradeiro. Sente ainda uma grande dor.

Nada poderá curar totalmente a sua alma sofrida e ferida nos seus brios de homem. Um dia, talvez, a vida lhe permita esta realização fraterna, da mesma forma que lhe trouxe Rosalva sem pedir licença.

Sua impulsividade e o seu desmedido orgulho quase o levaram, sem saber, ao incesto... Se Rosalva não o queria, por que impor-se daquele jeito? Quanta insanidade! Todavia assim fora criado. Seu pai, em seu desespero, esqueceu-se que Yan é fruto de uma tradição. O que esperar do coração indômito e apaixonado de um cigano?

"Ora, ora, mas, quem vem lá? – reflete rapidamente. – É a belíssima Zhara que requebra como ninguém; canta como os anjos dos céus e dança como se fosse chamas da fogueira! Ela é membro importante na comunidade junto à Próspera! Olha-me com ardor. Seus olhos nunca negaram a atração que sente por mim. Zhara, bela Zhara! Por que não?! Sim! Estou decidido! Vou consolar meu coração nos seus braços, minha bela! E, se você for tudo que aparenta, posso até casar-me com você! Hoje à noite, far-lhe-ei a corte ardentemente!"

Assim, repentinamente, Yan decide dar uma nova direção à sua vida. Próspera, à distância, assistiu à troca de olhares dos dois. Alegrou-se intimamente e enviou um pensamento a Theodor, seu amor eterno. Sente muitas saudades de Rosalva. Espera que ela esteja feliz com Fabiano.

* * *

Como era de se esperar, agravou-se a situação entre Loredano e Zarik, por causa do desaparecimento de Leocádia. Violento e exasperado, na tentativa de arrancar a informação que precisa, Loredano surrou-o impiedosamente.

Na obediência das suas mãos vigorosas e cruéis, o chicote penetrou nas carnes de Zarik, causando-lhe feridas sangrentas como rosas rubras. Nos seus humildes aposentos, enquanto cuida de si mesmo, Zarik não esquece Leocádia. Nestes momentos, a sua presença seria o bálsamo, o apoio, o conforto carinhoso. Nos seus limites, Zarik desaba num copioso pranto... Chora de saudades, de dor física, na ansiedade e na insegurança que caracterizam o seu presente. Por sua vida infeliz, submetido a este patrão que o odeia de morte. Está cansado de tudo...

Durante as agressões, Loredano lhe dissera, entre muitos outros disparates:

— Espero que estas cicatrizes nunca mais saiam da sua pele, marcando-o como um animal, que é o que você é! Assim, jamais me esquecerá!...

Naqueles momentos dramáticos, havia nele o histerismo instalado, no conúbio infeliz das forças trevosas que o conduzem.

Zarick controlou-se estoicamente para não usar, por sua vez, as próprias forças, revoltado na sua dor. A Grande Lei é perfeita. Se sofre, sofre com justiça. Sua fé inabalável o fortaleceu na rejeição daquilo que poderia fazer ou simplesmente desejar àquele homem, por si só tão desgraçado!

Naqueles momentos trágicos, um pensamento socorrista o alcançou: tudo que suceder a Loredano alcançará a sua benfeitora, a boa Jennifer. A ela deve a segurança e a felicidade de Leocádia. Mesmo na sua força física que excede em muito a do patrão, ele poderia confiar, reagindo à altura. Mas, logo depois, deveria sair dali por ínvios caminhos para não ser encontrado e morto. Deve manter-se ali, na mansão de Loredano, à espera dos próximos 'sinais' que decidirão o seu futuro. Para isto tem vivido e sofrido tanto.

Defendeu-se da melhor forma que pôde, protegendo principalmente a cabeça e o rosto. Suas mãos, muito castigadas, estão feridas.

Contendo-se para não gritar de dor, no limite das suas forças e temendo pela própria vida, Zarik dominou-o com o olhar. Ele perdeu as forças e a condição de pensar, soltando-o sem reação.

Zarik fugiu rapidamente, antes que Loredano se recuperasse.

Quando Sérvulo chegou da incumbência que Loredano lhe dera (propositalmente, por temer-lhe a reação na defesa do amigo), encontrou Zarik lanhado de chicote. Revoltado, decide cobrar satisfações ao patrão, enfrentando-o.

Profundamente abatido, física e moralmente, Zarik lhe pede:

— Meu grande amigo, não ponha a perder todos os meus anos de sofrimento, por Deus! Quando tudo isto terminar, terei a consciência tranquila de quem fez a sua parte com fé e submissão. Meu destino e o deste homem, Sérvulo, estão ligados. Um dia nos entenderemos. Isso é fato, creia! Não se agaste e não interfira nas minhas decisões. Dentro em breve, o cenário da minha existência se modificará por completo! Esta fase da minha vida, então, será passado. Além do mais, os criados de Loredano o fariam em tiras, apesar do seu tamanho e coragem, você sabe...

— É verdade. Mas sinto ganas de apertar o cangote deste urso e vê-lo expirar entre as minhas mãos!... Mas, descanse, mesmo que eu pudesse não o faria, pois estaria negando tudo aquilo que você me ensinou e traindo as promessas que lhe fiz!

Em seguida, abaixando a voz, aconselha:

— Zarik, caia no mundo! Para onde você for, eu irei! Como fizemos na floresta, enfrentaremos tudo!

— Não é tão simples assim, Sérvulo. De nada me adiantaria fugir. Se ele me compreendesse, se fosse mais humano, teríamos condições de entendimento. Se em existências passadas ele foi o meu algoz, em outras eu fui o dele...

Zarik vai se calando pensativo. Inconformado, Sérvulo declara com empáfia:

— Pois eu, Zarik, em circunstância alguma me submeteria a quem quer que fosse sem reagir! Eu nunca entregaria o meu pescoço!

— Compreendo e aprovo-lhe a atitude, Sérvulo, dentro do contexto da sua vida. Você vive assim e é fiel a si mesmo. Mas compreenda, estou mais comprometido que você. Carrego graves compromissos espirituais!

— Eu sei e respeito também a sua maneira de pensar e de viver. Tenho consciência de que não basta divisar algumas facetas da verdade. É preciso agir de acordo com elas. Independentemente de estar com você ou não, terei de cumprir as minhas próprias etapas de aprendizado, quando for preciso!

— Bravo, Sérvulo! É exatamente assim. A teoria não eleva sem a vivência. Que Deus o guarde e o ilumine sempre, meu companheiro de estudos e de labores. Se nos separarmos, continuaremos ligados espiritualmente, porque esta afeição atravessará e superará todas as barreiras. Neste mundo ou nos outros, pelos quais passarmos, nos reencontraremos e reataremos esta amizade.

— Ei, ei, Zarik, não fale assim! Onde você for eu irei também.

Zarik fita-o, silencioso.

Diante desta atitude do amigo, Sérvulo indaga incomodado:

— Não deseja que eu o acompanhe?

— Sérvulo, como disse Thalmar, a sorte está lançada. Assim sendo, tudo dependerá das circunstâncias. Naturalmente que eu me sentiria mais seguro com você ao meu lado, mas talvez o meu testemunho seja solitário...

— Você me assusta, Zarik!... Quando fala assim é porque já sabe de antemão o que virá! Com você, eu tenho aprendido muito. E você me traz segurança e paz!

— Engana-se, sua segurança não depende de mim, e muito menos a sua paz. Dependerão sempre do seu coração bom, das suas atitudes sensatas e da história de cada um. Perdoe-me, nada mais posso lhe dizer... Como Joana D'Arc, estou diante da minha fogueira expiatória. Por mais coragem que eu possa ter, Sérvulo, sou humano! Veja o meu corpo, meu amigo: nunca esteve como agora, numa chaga só. O simples respirar me causa dor... O meu sangue jorra das feridas abertas, misturado ao sumo das plantas medicinais e aos remédios que usei. Somando-se a tudo isso, a saudade de Leocádia me azorraga a alma. É a minha mãe do coração, Sérvulo!... Também ela a vida me tirou! E minha verdadeira mãe? Estará viva ou morta? Os meus dias se insurgem contra mim, levantando ondas ameaçadoras, num imenso oceano de dúvidas e de questionamentos existenciais! Eis que me deparo perplexo com meu destino! Sobreviverei a ele, Sérvulo?

Zarik solta as comportas de sua alma e volta a chorar. Sérvulo jamais vira Zarik assim. Abraça-o, apiedado, e consola-o como faria a um filho.

O que fazer? Nada! A não ser esperar os dias e as horas, entregando-se ambos a Deus...

Soltando-se do amigo, grato por sua solidariedade, Zarik se deita, encolhe-se em seu catre, como o feto no ventre da mãe, e em poucos instantes cai num sono profundo. O cansaço físico e a grande dor moral o abatem. Só se desligando, através do desdobramento espiritual, ele poderá se refazer.

Respeitoso e reverente a este menino-grande-homem, Sérvulo realiza uma sentida prece por sua admirável vida, pleno de fé. Em seguida sai silencioso e dirige-se aos seus afazeres.

Dois dias depois, antes de o sol nascer, sob as últimas estrelas, uma carroça fechada, toda marrom e enfeitada com figuras alegóricas pintadas em tons de verde, geme pelas estradas, na direção da propriedade de Loredano.

Este veículo serve tanto para um vendedor de remédios, como para saltimbancos fazerem as suas apresentações e viajarem pelo mundo.

Na sua condução, um homem de face patibular, olhos pequenos, fixos, cruéis, sorri sinistramente, na intenção que o move. Traz na cintura duas pistolas. Preliba o sabor capitoso das bebidas que entornará com o dinheiro que vai ganhar nesta 'sortida', como sempre diz, referindo-se aos seus habituais negócios inescrupulosos. Aproxima-se do seu destino. Num sorriso de satisfação, mostra dentes negros e estragados. Seu bafo é de rum. Sua pele exala a álcool.

Muito antes que ele pegasse a estrada, Zarik, intuitivo, se levanta e antecipa a sua meditação matinal. Entra em orações profundas e fortalecedoras. Ao término, olha tudo à sua volta, antecipando as saudades... Se ali não vivera a vida que sempre almejou, ao menos, viveu a que lhe ofereceram desde criança. Naquele rústico aposento, riu e chorou muitas vezes. De Leocádia muito recebera!

Mustaf'Zarik cai, outra vez, num pranto sentido. Chora toda uma vida que ficará para trás, definitivamente. Dentro de poucas horas, trilhará um caminho totalmente inusitado e sem volta.

Lágrimas a rolar pelo rosto nobre e moreno, ele sai e reverencia as estrelas que ainda faíscam no céu azul-marinho, obedientes às suas destinações no concerto dos mundos. Admira-as, engolfado nos próprios pensamentos e assim permanece por um longo tempo. Depois, sai a caminhar pela imensa propriedade, indo aos lugares nos quais habitualmente trabalhava esforçadamente, despedindo-se. Alguns dos habituais servos já se aproximam, sonolentos, para o novo dia, que deverá encontrá-los ativos nos seus postos.

Eles saúdam Zarik, curiosos por surpreendê-lo ali, numa grande antecipação de horário. Respondendo-lhes aos cumprimentos, Zarik prossegue o seu caminho. Alcançando as acomodações dos animais, acaricia-os. Toma os filhotes nos braços vigorosos e aconchega-os ao coração:

– Sinto que nunca mais os verei, meus amigos, meus irmãos! Que Deus os guarde, como parte importante da Sua criação!

Após um tempo, sai dali com uma branca e macia ovelhinha ao colo. Fita o céu, apertando-a de encontro ao peito, e dirige-se ao Pai:

– Senhor de todos nós, criador e mantenedor de tudo que existe! Proteja-me do mal que está sobre a minha cabeça! Livre-me, se for possível, daqueles que desejam a minha perdição! Do contrário, dai-me forças! Ponho a minha vida e o meu futuro nas vossas mãos providenciais! Proteja minha amada Leocádia e ao meu querido amigo Sérvulo. Tenha piedade de todos nós, envolvidos nestes graves acontecimentos, e for-

talece-nos no bem, sob as Vossas amoráveis bênçãos! Que assim seja!...
Solta a pequena ovelha, senta-se no chão, pernas cruzadas, olhos fechados e assim permanece por alguns minutos. Em seguida, respira profundamente, levanta-se, dirige-se aos aposentos de Sérvulo, chamando-o:
– Meu amigo, acorde!
Esfregando os olhos, o gigante ruivo atende e senta-se no seu rústico leito, indagando:
– O que houve, Zarik?
– Por enquanto, nada!
– Precisa de algo?
– Não, obrigado. Dentro de poucas horas, estarei partindo.
Já mais desperto e com os sentidos apurados, Sérvulo, reage, impositivo:
– Para onde você for, eu irei também!
– Ouça-me, Sérvulo: Temos pouco tempo e quero lhe agradecer por tudo. Que Deus o guarde e o proteja sempre! Siga a sua vida, fazendo o melhor neste mundo de Deus, com sua natural bondade e extraordinária força física, meu amigo *viking*! Que o seu Odin ilumine a sua jornada! Não esqueça de aprimorar os dons do espírito. Quando me for, levarei pouca coisa. Cuide daquilo que ficar, peço-lhe!
– Zarik, eu não o deixarei ir, desista! Vê estes braços? Pois bem, matarei qualquer um que atentar contra você! E que Deus me perdoe, porque a causa é nobre! O mundo precisa de você!
– Não me decepcione. Nenhuma causa é bastante 'nobre' para tirar a vida de quem quer que seja. Fique e cuide-se!
Confio em você e em tudo aquilo que lhe ensinei. Um dia nos reencontraremos!
– Não, Zarik! Não e não! Irei com você!
– Sérvulo, atenda-me, peço-lhe!
– Por Deus, por Odin; pelos meus ancestrais ou pelos seus; por tudo que você queira, gostaria de atendê-lo, mas não posso! Não o deixarei ir sem mim!
– Deixará, sim, Sérvulo! Deus assim o quer!
Zarik fixa seus olhos cinza-metálico no amigo, levanta a destra na direção da sua cabeça, dominando-o, e aguarda. De súbito, Sérvulo se acalma e se cala; sonambúlico, deita-se de novo. Em poucos instantes, encontra-se ressonando.

Zarik o cobre com a sua manta de pele. Emocionado pela despedida, exclama baixinho:

– Fique em paz e que Deus o guarde, meu amigo, meu irmão!... A minha gratidão será eterna. Rogo aos céus, um dia nos reencontrarmos para reatar esta amizade tão preciosa. Bênçãos do Criador para você, doce gigante, amigo de todos!

Em seguida, Zarik lhe impõe as mãos, doando amorosamente saudáveis vibrações. Sérvulo sorri, tal qual uma criança a sonhar coisas boas e alegres. Assim, Mustaf'Zarik o deixa.

Em seguida, passos lentos, dirige-se aos seus aposentos, mas não entra. Permanece em pé, a olhar ao longe, à espera... Seu coração se aperta como em torniquete. Escorrega o olhar sobre tudo que o cerca. Ouve ruídos de passos; Loredano se aproxima. Pressente-lhe a ansiedade das intenções. Sua figura volumosa assoma à porta dos fundos. Vendo Zarik, ele se surpreende:

– O que faz aí tão cedo?

– O mesmo que o senhor! – declara Zarik, sem temor e sem nenhuma entonação de censura.

Loredano demonstra surpresa, mas se refaz e exclama:

– Por poucos instantes, esquecia-me de que é um bruxo!

– Engana-se, não sou um bruxo; não da forma que imagina.

– Cale-se! Poupe-me das suas explicações! Finalmente hoje nos livraremos um do outro!

– Lamento pelo senhor... Não temo por mim, pois estou sempre nas mãos de Deus!

– Então, fique com Ele e arranje-se!

Assim dizendo, ele entra. Parece não temer que Zarik fuja. Desde o dia anterior, existem espias de sua confiança cercando tudo.

"Está agindo contra si mesmo, senhor Loredano!... Que Deus tenha piedade da sua alma e que me acompanhe para onde eu for!..." Este é o último pensamento de Zarik, antes de surgir a sinistra carroça, o carroceiro e o seu ajudante.

Zarik estremece, olha para cima e exclama:

– Que seja feita a Tua vontade! Louvado sejas, meu Senhor!...

Junta as mãos em saudação espiritual e inclina-se numa profunda reverência às forças divinas.

Ao aprumar-se, o seu rosto está iluminado. Dir-se-ia que apenas o seu corpo físico se encontra ali; que sua alma voara para longe...

O brutamontes que acompanha o carroceiro apeia e quer saber 'qual é a sua carga'. Loredano, que chega, indica Zarik, com um movimento de cabeça. Sua palidez é impressionante a revelar um grande conflito, resultante da sua habitual desarmonia íntima. Seus sentimentos de ódio e admiração por Zarik o confundem. É visível que todo seu corpo estremece; ele não consegue evitar.

Questiona temeroso se aquilo que suceder a Zarik, dali para frente, de algum modo o alcançará. Por pouco não desiste de tudo e mantém o rapaz como sempre viveu, debaixo da sua vigilância e do seu poder. Seria mais seguro! São instantes aflitivos, principalmente para Zarik, que lhe entende a insegurança e as dúvidas.

Na mente culpada de Loredano toma forma a figura belíssima da mãe de Zarik, com seu olhar esgazeado de horror e o desespero para livrar o filho de sua fúria. Revê, ponto por ponto, a infância de Zarik na sua mansão. Agora ele já é quase um homem feito. Todavia, ainda é tão jovem, como dissera Leocádia. Mas, por que e para que tais pensamentos?

Aos quatro, parece-lhes estar revivendo um clichê estratificado no espaço e no tempo, no qual os destinos estão sendo determinados, de acordo com a liberdade de cada qual. Mais uma vez, um ângulo do caminho se evidencia, na expectativa dos ajustes junto à Grande Lei.

Como num grande espelho, duas épocas se enfrentam e se retratam. Loredano, saindo do estranho alheamento, conclui possesso que mais uma vez Zarik o domina e o enfeitiça. Acredita que ele está conduzindo tudo a seu bel-prazer.

A este pensamento, revoltadíssimo, explode em voz cavernosa:

– Aviem-se! O que estão esperando? Levem-no daqui, rápido!... Vamos, vamos, sumam de uma vez por todas!...

Fazendo gestos com as mãos, os despacha ansioso.

Os dois homens, assustados, agem estouvadamente:

– Ande homem! – grita o carroceiro para o seu ajudante, fazendo gestos apressados. – Pegue-o!

– Sim, sim, eu o levo, num instante! – diz o outro, tropeçando nas próprias pernas, tal o receio de Loredano.

Zarik, conformado, dirige a Loredano um último olhar, pleno de perdão. Em seguida, submete-se sem reagir à desnecessária rudeza daquele que o prende, como se o fizesse a um animal selvagem. Em poucos instantes, ele é atirado dentro do veículo. Ouve-se em seguida o ruído da fechadura sendo trancada. Sinistra nos seus ruídos, a carroça começa a se distanciar.

Loredano, estático, não consegue desviar o olhar, até o veículo desaparecer na curva da estrada... Ainda alonga o olhar, na tentativa de reter a imagem. Poderia ter agido de maneira diferente? Sim, seu coração responde. Mas, agora é tarde!

Afinal, Mustaf'Zarik lhe atormentava a existência. "Agora, nunca mais o verá!... Melhor assim!" – conclui.

Repentinamente, sente-se mal. Em meio a vertigens e cólicas espasmódicas, dirige-se ao seu quarto, gritando:

– Jennifer, Jennifer, venha aqui! Preciso de socorro, anda mulher!

Ao chegar e ao vê-lo contorcendo-se de dor, Jennifer se dispõe a chamar o doutor Maciel. Zarik sente alívio ao pensar que, se Leocádia tivesse assistido à sua prisão, não teria suportado. Sérvulo dorme a sono solto, ignorando o que se passa.

O corpo de Zarik ainda se ressente das feridas cavadas pelo chicote de Loredano. Mal acomodado no chão da carroça, sente dores a cada movimento, na estrada poeirenta, pedregosa e cheia de buracos. De vez em quando, adormece cansado, sofrido física e moralmente. Divisa ao seu lado alguns alimentos e uma bilha com água. Conclui que deve chegar vivo ao seu destino.

Ouve um dos seus raptores cantar alto, quase aos berros. O outro, indignado e sem paciência, ordena:

– Cale-se, seu surdo! Quer me ensurdecer também? Estafermo dos infernos!

Numa das paradas, Zarik decide indagar:

– O senhor poderia me dizer para onde vamos? Seria uma grande caridade me informar.

– Então, não sabe? Estamos a caminho da Fortaleza dos Revoltosos!

– Deus! Já ouvi falar deste lugar!...

– É pior do que você possa ter ouvido, rapaz! Ali alberga-se toda qualidade de loucos e criminosos! É o inferno em vida! De lá, ninguém nunca escapou!

Zarik está deveras assustado. Abaixa a cabeça, profundamente entristecido. De fato, Loredano soube como agredi-lo.

— Rapaz estranho, você, hein? Aceita tudo, sem revolta! Não tem sangue nas veias?

O ajudante, sem entender o que dizem, ri de forma tola. A conversa para ele é feita de gestos silenciosos.

Dia seguinte, à noitinha, quando as amigas estrelas de Zarik começam a aparecer, divisa-se ao longe as torres dentadas de uma construção sólida e sinistra.

Batendo na porta, o carroceiro exclama:

— Alegre-se, rapaz, estamos nos aproximando do nosso destino, ou seja, do seu destino! — em seguida, gargalha, estrondosamente.

O coração de Zarik bate loucamente. Outras horas se passam e o veículo entra por uma alameda de chão batido e faz curvas e mais curvas. Para e prossegue, ao impulso dos animais e sob as ordens daqueles que ali vigiam. Portões e mais portões são abertos e novamente selados.

Em voz alta, o carroceiro se identifica. Abre a carroça, retira Zarik de lá e o entrega. Retorna à carroça, dá ordem aos cavalos e se vai sem olhar para trás. Em alguns minutos, está de volta à estrada.

A passos lentos, profundamente angustiado, Zarik acompanha o homem que o olha desconfiado, como a temer-lhe uma reação violenta. Sua figura impressiona: emagrecido e desfigurado, parece ainda mais alto. Tem os cabelos desfeitos e os olhos esgazeados. A cabeça lhe roda. Parece que a qualquer momento despertará de um pesadelo sem precedentes.

É conduzido por extensos corredores, alguns sem luz alguma. Por vezes bate de encontro às paredes. Sua respiração torna-se difícil, devido à falta de ar no ambiente. Imagina que o inferno não deve ser pior...

Trôpego, é empurrado várias vezes na direção desejada por aquele que o conduz. Sua testa está ardente, encontra-se febril... Por fim, é violentamente empurrado e desaba no chão frio. O local é apertado. Ouve rangidos de chaves fechando o cubículo.

Encolhe-se e permanece assim por algum tempo. Quase nada enxerga. Sente-se adormentado. Dirige-se a Deus, rogando auxílio e em seguida cai num sono profundo, quase letárgico...

Loredano, como de hábito, ofende e destrata o médico, furioso.

O dia já vai alto, quando enfim as suas dores diminuem com a medicação.

– Senhor Loredano, diga-me, onde está Leocádia? – indaga-lhe o médico, curioso.

– Ignoro! Aquela infeliz desapareceu, sem deixar rastros!

– Espantoso! Ela jamais deixaria Zarik! E ele, também, onde se encontra? Geralmente eles veem ao meu encontro! Estou estranhando não os ver por aqui!

– E quem disse que deve estranhar o que quer que seja, aqui, na minha casa? Não vê como estou, com os nervos em frangalhos? Pois saiba que além da fuga daquela velha imprestável, hoje procurei por Zarik e não o encontrei! Parece que também ele desapareceu! São dois ingratos! Imagine! Tudo que fiz por eles!

– Supõe que os dois estejam juntos e que tenham agido de comum acordo?

– Desconfio que sim! Leocádia sumiu antes, devem ter combinado.

– Não sabe, mesmo, de nada, senhor Loredano? – a indagação do doutor é quase uma acusação.

Fuzilando-o com o olhar, ele pergunta desafiador:

– Duvida da minha palavra, doutor?

– Há de convir que tenho fortes razões para isso!

– Acusa-me de algo?!... – Loredano levanta o corpo do travesseiro, demonstrando muita indignação.

– Ainda não. Preciso antes analisar os fatos...

– Aqui, nas minhas barbas?!... Perdeu o senso do perigo, esquecendo a minha autoridade? Saiba que está aqui por vontade de Jennifer! Ela o chamou sem que eu pudesse evitar! Por minha vontade, o senhor jamais estaria aqui! A sua incompetência me assusta, doutor Maciel! É uma temeridade pôr a minha saúde nas suas mãos!

– Isso é o que diz, mas nenhum outro médico consegue curá-lo das suas doenças esdrúxulas, além de não conseguirem tolerá-lo por muito tempo!

– A sua ousadia raia pela temeridade, caro doutor!

– Não tenho motivos para me submeter a isso! Passe bem! Se precisar, pode chamar-me, como sempre!

– Desde que lhe pague muito bem!

– Naturalmente! É a compensação por suportá-lo!

O médico começa a distanciar-se, quando ouve:

– Cuide-se para que suas suspeitas infundadas não cheguem aos ouvidos de Jennifer. Senão...

Voltando-se, dr. Maciel responde, tranquilo:

– Senão, o quê? Quantas vezes preciso dizer-lhe que não o temo? Quanto à sua vida privada, nunca me envolvi com ela e jamais o farei! Fique em paz!... Se puder!...

Jennifer, que vem chegando, ouviu as últimas frases dos dois. Estanca e fica pensativa. O doutor a vê e ela faz um sinal, chamando-o. Saem juntos e ela lhe explica que Leocádia está longe e bem protegida.

Doutor Maciel respira aliviado e lhe indaga-lhe:

– E quanto a Zarik? Tem alguma informação?

– Não, doutor, por quê? Houve alguma coisa com Zarik?

– Não sei, senhora. Seu marido acaba de me informar que ele também desapareceu!

– Oh, Meu Deus! Este rapaz jamais sairia sem despedir-se de mim!

– Não pode ter ido em busca de Leocádia?

– Não, isto ele não faria. Para protegê-la, decidiu ficar sem ela.

– Então, estamos sem nenhum ponto de referência que possa nos valer.

– Tenho uma ideia, doutor. Venha comigo, por favor!

Enquanto se afasta, ela ouve a voz melíflua de Loredano a chamá-la. Finge não ter ouvido. Ele não se apercebeu da sua proximidade.

Diante da porta dos rústicos aposentos de Sérvulo, ela chama:

– Sérvulo!

– Estranhamente sonolento, o homenzarrão ouve-lhe o chamado. Levanta-se e sai para atendê-la:

– O que deseja, senhora?

– Saber de Mustaf'Zarik!

– Saber de Zarik?!... Por quê?... Ele não está nos estábulos ou nos lugares onde habitualmente trabalha?

– Não, Sérvulo! Parece que ele desapareceu! Esperava que você soubesse onde ele está.

– Não, senhora, não sei. Estive a dormir até agora e o sol já vai alto! Como pude? Sinto-me tão estranho...

– Quando viu Zarik pela última vez, Sérvulo? – dr. Maciel indaga.

– Ontem, hoje, não sei.

O dr. Maciel continua arguindo Sérvulo:

— De que se lembra, enfim? Faça um esforço!
— Deixe ver... Estive hoje conversando com Zarik?!... Não sei, mas ontem, com certeza...
— Rogo-lhe que continue se esforçando, Sérvulo. Afinal, viu Zarik ontem, hoje, ou ontem e hoje?

Coçando a cabeça, Sérvulo sai a caminhar ao redor enquanto fala sozinho:
— Não consigo recordar. Estou sonolento...

Ele se ajoelha no chão e mergulha a cabeça no bebedouro dos animais. Retira, em seguida, a cabeçorra encharcada e a sacode, tal qual um cão para livrar-se dos excessos de água.

Passa as mãos pelo rosto, enxuga-o com as costas das mãos e, de súbito, declara, num sorriso:
— Sim, é isso! Nós conversamos hoje!

Ele, como fez a senhora Jennifer há pouco, chamou-me, enquanto eu dormia. Mas, ontem, também conversamos muito...

Zarik chorou, pobre amigo.
— Por que Zarik chorou, Sérvulo? – Jennifer quis saber.
— Problemas existenciais, além da grande saudade de Leocádia.
— Isto foi ontem, e hoje, de que falaram? – dr. Maciel insiste.
— Hoje, ele chegou até a porta, me chamou e me disse que iria embora...

Diante da surpresa de Jennifer e do médico, ele continua nas suas recordações:
— Confirmei-lhe, então, a minha decisão em acompanhá-lo.

Negando mais uma vez, ele me disse que iria só.

Ante a minha teimosia em segui-lo, ele me olhou nos olhos, estendeu a sua mão e... Não me lembro de mais nada. Onde ele está?
— Também não sabemos, Sérvulo. Segundo Loredano, ele desapareceu, assim como Leocádia.

Abaixando a voz, ele pergunta à Jennifer:
— É o que ele pensa?
— Sim, ele concluiu que os dois estão juntos.
— Que ele continue pensando assim, é melhor – argumenta o dr. Maciel.
— Meu amigo Zarik usou os seus poderes para impedir-me de segui-lo.

– E lhe disse para onde ia?
– Não, senhora, não me disse, mas vou pensar num jeito de encontrá-lo. Há algum tempo me disse que esperava um grave acontecimento que mudaria definitivamente a sua vida.
– Estranho. Previa algo e chorou. Despediu-se e sumiu.
Conhecemos os poderes espirituais de Zarik. Certamente, ele protegeu o amigo, sentindo-se em perigo, portanto deve ter sido levado à força!
– O que disse, doutor? – Jennifer quer saber.
– Nada, nada, senhora. Pensei alto, apenas...
– E a que conclusão chegamos?
– A nenhuma, por enquanto. Se souber de algo, me avise, peço-lhe! Gosto muito de Zarik e tenho-lhe imensa admiração, por seu saber e caráter impoluto! O que puder fazer por ele, farei, senhora!
– Imagina que ele esteja precisando de ajuda? Este querido amigo estará correndo perigo, doutor? Gosto muito dele também. Rogarei aos céus por sua segurança e bem-estar.
– Faça isso, senhora Jennifer! Qualquer novidade, avisem-me.
– Naturalmente – Jennifer responde, pensando em como descobrir o paradeiro de Zarik e auxiliá-lo naquilo que precisar.
– Sim, senhor! – responde Sérvulo, com fortes vincos na testa larga.
Ele vai até os aposentos de Zarik. Vasculha-o, mas não encontra pista alguma. Segue para os estábulos, percorre aflito as plantações e as hortas. Começa a correr como um louco. Procura-o no pomar, nada. Vai até os ferreiros, nada. Indaga aos homens que cuidam dos animais de montaria, nada! Segue perguntando a todos que pode alcançar, na esperança de alguma notícia e nada consegue.
Exausto, suando em bicas, regressa.
Dia seguinte, aguarda a sua volta, mas isto não acontece.
Vai falar ao patrão:
– Senhor Loredano, Zarik desapareceu como por encanto!
– Deve mesmo ter sido por encanto! Afinal ele não é um feiticeiro? Cuide da sua vida, porque das outras coisas, cuido eu! Vá, vá!... Indicando-lhe a porta, Loredano o expulsa impaciente.
O sangue de Sérvulo ferve nas veias. Tem ímpetos de lançar-se contra ele. Mas recorda os pedidos de Zarik e se contém.
Mesmo à distância, Zarik protege este homem.

Sai em silêncio. Toma uma decisão; caso Zarik não apareça, irá embora. Recorda-se que ele lhe pedira para que guardasse os seus pertences. Vai à procura de Jennifer para requisitar-lhe a autorização para isso. Concedida, apanha o que Zarik deixou e leva para os seus aposentos.

Cansado, entristecido, senta-se no leito e desabafa:

– Meu bom amigo! Você me tirou do seu caminho para me proteger! Seus pressentimentos se concretizaram! Agora, provavelmente, enfrenta perigos sozinho! Será que um dia nos veremos de novo?!

Odin!... – ele grita, lágrimas a rolar dos seus olhos muito azuis, punho cerrado na direção do empíreo.

Dia seguinte percebe que está sendo vigiado.

Loredano desconhece até onde ele sabe ou não o que houve com Zarik. Não o vira no dia anterior, todavia ele pode ter assistido a tudo, escondido, quem sabe?...

No outro dia, um intendente de Loredano lhe diz que a sua presença e os seus serviços não são mais necessárias. Sérvulo faz a sua trouxa e se vai.

Em seu cérebro, muitas indagações: "De que maneira Zarik se foi e por onde andará?!... Foi por vontade própria, ou à força? A segunda hipótese é a mais viável. Loredano deve ser o culpado do desaparecimento de Zarik. Mas como provar?..."

Inseguro quanto ao que virá, não se distanciou muito. Ficará atento nas proximidades, caso seu amigo retorne. Jennifer fez algumas perguntas a Loredano, mas não ouviu respostas razoáveis. Ele se arvora de ter sido prejudicado pela ingratidão de Zarik; que, se encontrá-lo, lhe dará uma bela corrigenda.

Ela desiste. No belo oratório do seu quarto luxuoso, reza por Zarik, rogando aos céus que onde ele estiver seja protegido. Sente piedade da sua situação; é quase um menino.

Como estará Leocádia? Deve estar bem, mas saudosa do seu Zarik. Ainda bem que ela não sabe do seu desaparecimento! – pensa, olhos fixos na imagem de Maria com o Menino Jesus nos braços que tem diante de si e faz uma feliz analogia entre a Mãe de Jesus com o seu filho ao colo, e Zarik e Leocádia, no grande amor que os une.

Durante o dia, na prisão, Zarik é forçado a trabalhar sob a tirania daqueles que ali administram, exaurindo-se; e à noite é trancafiado. Come aquilo que lhe oferecem para manter-se vivo.

Ao recordar o pão de Leocádia e o leite com as suas ervas, conclui que estas coisas que ficaram tão distantes eram, em verdade, o manjar dos deuses.

As semanas e os meses se passam.

Obediente, pacífico e sempre disposto a trabalhar, aos poucos ele conquista a amizade, a confiança e a admiração da maioria. Como não poderia deixar de ser, ele passa a ser cuidadosamente observado por aqueles que o cercam.

Algum tempo depois, é convocado pela direção da fortaleza. Apresentando-se, é recepcionado por estranha personalidade que lhe inspira súbita aversão, apesar da sua refinada elegância e notável beleza física.

Manipulando diversos papéis, este administrador recebe Zarik, que por sua vez se mantém em silêncio. Após tê-lo examinado, dando voltas ao seu redor, dirige-se frontalmente a ele e lhe indaga com arrogância:

– Qual o seu nome?
– O meu nome é Mustaf'Zarik.
– E qual é a sua origem?
– Nasci na Índia.
– Como veio parar aqui?
– Meu ex-patrão me trouxe.
– Provavelmente para os seus serviços, pois não?
– Sim, senhor.

Zarik não pretende falar a esta estranha criatura sobre o seu passado e muito menos sobre sua amada mãe.

– Você é atlético! Deve ser resultado dos trabalhos assumidos, ou faz parte da sua própria natureza. Bem, isto não importa. O que me interessa é que faz bem ós seus serviços aqui. Tenho ouvido falar a seu respeito. Conquistou o pessoal. Comenta-se muito sobre as suas esquisitices. Dizem que jamais viram alguém como você! O que o faz tão diferente?

Zarik se mantém em silêncio. Não confia; não se sente bem na sua presença.

– Ouviu o que eu disse? – indaga-lhe, voz desagradável e ameaçadora.
– Sim, senhor, ouvi! – Zarik responde indiferente.
– E?!... Como pode notar, aguardo-lhe uma resposta!
– O que espera que eu responda?

— Você é cuidadoso, hein? — ele o fixa, frontalmente, sorriso irônico nos lábios.

— Sim, senhor, eu sou. Aprendi!

— É, deve ter aprendido mesmo. Mesmo distante do seu povo, carrega os seus atavismos.

— Amo minha origem, sem desprezar o país onde passei a viver mesmo contra a minha vontade.

— Fatalista... como os da sua raça! Mas, já nos estendemos demais para o pouco tempo de que disponho. Por isso, irei direto ao que de fato me interessa: O que o faz tão exótico, e quais as suas intenções, quando emprega o que sabe?

Zarik permanece silencioso. Adivinha-lhe a intenção.

— Bem, com você devo ser direto! Você é um feiticeiro? — ele indaga, olhos nos olhos, impositivo.

— Não, senhor, não sou!

— Age, porém, como se fosse! O que pretende com isso? Chamar a atenção sobre a sua reles pessoa?

— Não, senhor, absolutamente!

— E como ficamos? Explique-se de uma vez por todas, porque para isto estamos aqui, ambos, perdendo um tempo precioso!

— Aquilo que faço e que lhes causa estranheza faz parte da minha existência, da minha natureza.

Tive sempre, sem saber as razões, condições de um entendimento maior e mais amplo. É isso...

— Você cura as pessoas! Disto tenho sido bem informado.

— Algumas, senhor! Outras, posso apenas amenizar as dores, vindas de males muitas vezes incuráveis.

— Tenho ouvido muita coisa a seu respeito, rapaz! Por esta razão, tenho planos para você! Zarik aguarda que ele se pronuncie, em silêncio.

— A fortaleza possui um laboratório de alquimia, onde vive mestre Theobaldo, que sem a sabedoria que caracterizou o seu antigo mestre, se debate entre a sua patente loucura e a sua natural incompetência!...

Ser-me-á gratificante ver este espaço e tudo o que ele comporta melhor aproveitado. Tenho fascínio pela magia, mas jamais me dediquei a ela e nunca terei tempo para isto. Eu e meu irmão gêmeo nascemos, como você, com qualidades *sui generis*, com estranhos poderes. Ele, ao contrário de mim, se dedica à magia, fazendo disso o maior objetivo da sua vida!

– Eu sei, senhor. Seu irmão chama-se Ulimar.

Estupefato, ele quer saber:

– Você sabe? E como? Já o viu aqui? Já se falaram?

– Não, mas vejo-o a caminhar durante a noite pelos corredores da fortaleza. Sei que o seu corpo físico, nestes momentos, dorme em algum lugar. Ele me sustenta e auxilia no socorro aos desgraçados que sofrem nesta masmorra infeliz...

– Cuidado com a língua, não admito censuras! A administração deste lugar não está submetida à avaliação de quem quer que seja!

Zarik se cala prudente.

– Eu sou aqui a maior autoridade entre todas! Meu nome é...

– Utimar!...

–Você é mais perigoso do que eu imaginava! E deve saber que eu e meu irmão somos muito unidos– assinala ele, fixando-o firmemente nos olhos, à espera da resposta.

– Desculpe, senhor, mas os dois em nada se assemelham. São como água e azeite, sem nenhuma afinidade!

Utimar explode numa sonora gargalhada.

– Concluiu, apenas, ou já sabia?

– Acabo de concluir, neste momento.

Utimar endurece as feições. Não gostou da referência negativa à sua pessoa. Depois de alguns intantes de silêncio pesado, confirma:

– Além de muito diferentes, nós dois somos inimigos! Ouviu, rapaz? Inimigos ferrenhos!

– Lamento!... – Zarik é sincero.

– Quem precisa dos seus lamentos? Eu e Ulimar nos digladiamos desde a gestação, como Esaú e Jacó no ventre de Rebeca. Adversários que somos, um dia nos defrontaremos na batalha final e somente um de nós sobreviverá! –ele explode numa gargalhada grotesca. Em seguida, muda rapidamente de humor e ordena:

– Agora, retire-se, indiano! Tenho muito a fazer! Brevemente, receberá ordens que deverá cumprir à risca. Entendeu?

– Sim, senhor!

Antes que Zarik saísse, ele fez uma pergunta, numa entonação debochada:

— Você é sempre assim, tão cordato?

— Não, senhor!

— Muito bem! Viva a sinceridade! Todavia, descobrirá em pouquíssimo tempo o quanto é perigoso desafiar-me, caso prefira caminhos mais complicados, entende? — Diante do silêncio de Zarik, que ele traduz como um desafio, ameaça:

— Cuidado! Seu silêncio denuncia aquilo que pensa! Agora, vá, vá! Meu tempo é precioso! — Fazendo gestos com a mão, indicando-lhe a saída, vira-lhe as costas e retorna ao que fazia antes da entrevista.

Alguns dias depois, Zarik é convocado e acompanha um dos carcereiros, através de caminhos que ali se bifurcam, se cruzam, se escondem ou surgem de inopino.

Portas estratégicas e mais portas vão surgindo como por encanto ou magia, sendo destrancadas e trancadas novamente.

Eles passam por extensos corredores e celas escuras, para seguirem sempre adiante. Sobem, sem parar. A iluminação natural já se faz visível.

Galgando algumas escadas em espirais, eles desembocam num grande salão e entram. Zarik reconhece os diversos apetrechos que ali se encontram. É o laboratório. Intimamente, se alegra.

Deparando-se, ambos, com um homem sentado em patente meditação, o carcereiro exclama:

— Aqui está, senhor Theobaldo, o seu novo auxiliar!

Apresentação feita, o homem que conduziu Zarik até ali se vai sem olhar para trás.

Em silêncio, Theobaldo observa Zarik, esquadrinhando-lhe a figura e as feições.

Em seguida levanta-se, toma uma atitude de pouco interesse e exclama:

— Se você for como todos os outros, de nada me servirá! Qual o seu nome?

— Mustaf'Zarik ou apenas Zarik, se o senhor preferir.

— De onde vem?

— Nasci na Índia. Ainda criança fui trazido a Flandres. Atualmente trabalho aqui.

— Estranho. Ter nascido tão longe e hoje estar aqui. Bem, comece limpando e arrumando tudo e não me incomode, sou muito ocupado! O meu tempo vale ouro!

— Sim, senhor! – Zarik obedece, entusiasmado. Grato aos céus, aprende os reais objetivos da oportunidade e divisa, extasiado, os traços maravilhosos que a Grande Lei está imprimindo na tela da sua existência.

Olhando à sua volta, surpreende uma grande confusão e muita sujeira.

Passa as próximas horas limpando e organizando tudo. O lugar vai ficando limpo, polido e bem arrumado. Nos diversos escrínios: os rolos de pergaminhos, os in-fólios, as caixas com ervas e folhas secas, raízes e animais ressecados. Cada coisa no seu lugar. Os recipientes, de metal e de vidro, agora limpos, refletem as luzes ambientes. Tubos de ensaio estão lavados e dispostos sobre os diversos balcões.

A partir deste dia, Zarik passa a viver ali, trabalhando muito, esforçado.

Theobaldo passa as horas dormitando ou agitando-se em busca disto ou daquilo, sem nada fazer. Por vezes, se desequilibra de tal forma que Zarik usa os seus conhecimentos e poder espiritual para acalmá-lo; defendendo-se, ao mesmo tempo, da sua agressividade. Livrando-o dos maus espíritos, um sem número de vezes, passa a se envolver com as personalidades múltiplas que fazem do pobre infeliz um joguete.

Com passar do tempo, Theobaldo demonstra melhoras, mas vez por outra ainda tem acessos de loucura, atentando contra tudo e contra todos.

No decorrer desta convivência, surpreendemos um homem que se diz sábio ser conduzido como um cordeirinho por um jovem sábio, de fato.

Utimar, algumas vezes, se faz presente no laboratório e ali se surpreende com a grande mudança. Alegra-se com o que vê e silencia. Já percebeu, claramente, que Zarik é o mestre e Theobaldo o aprendiz. A presença de Theobaldo e a sua desarvorada alquimia servem como pano de fundo para a fortaleza.

Um grupo de poderosos mantém aquela prisão para os seus criminosos interesses.

Num plano mais escondido e ignorado pela maioria, funciona a tenebrosa 'produção' das aberrações humanas.

Competente, Zarik adquire a cada novo dia mais conhecimento, que exercita intensamente. Direciona as terapias para socorrer aos infelizes que ali gemem, em meio às doenças e às dores, amenizando-lhes os sofrimentos.

Vezes sem conta, vamos encontrá-lo a braços com os desgraçados, ministrando poções para as febres, para os males dos pulmões e dos intestinos, acalmando-os e ouvindo-os nos seus justos desabafos...

Arguido pela direção, explica que está testando os medicamentos e as terapias. Utimar torce o nariz, enojado, mas deixa-o em paz.

Zarik teme que tudo aquilo que usa no Bem seja aproveitado para o Mal, mas apesar dos receios, entrega-se a Deus e vive esta inusitada fase da sua vida.

Os dias e as horas passam, indiferentes, escorrendo na ampulheta do tempo.

Um dia, chega ao laboratório uma importante visita.

Zarik se depara com a cópia de Utimar, sendo esta, porém, serena, iluminada e sorridente, demonstrando ser a melhor parte dos dois gêmeos.

Reconhece prontamente o homem que à noite caminha pelos corredores da prisão, sustentando-o no socorro aos infelizes.

Num amplexo filial de reconhecimento mútuo, os dois se emocionam.

Depois conversam, fraternos, longamente. Zarik o informa que conheceu Thalmar e que este o avisou da sua existência.

Ulimar lhe diz do respeito e da admiração que votou ao pai de Thalmar. Comenta, penalizado, o grande equívoco de Thalmar, ao escolher o mal como regra de proceder, abortando as esperanças de seu pai. Homem sábio e bom.

Mais uma vez, Zarik conclui que está reencontrando (como foi com Thalmar) no espaço e no tempo, um velho e querido amigo. Ulimar o informa que é um dos seus protetores espirituais reencarnado, em missão. Emocionado, Zarik conclui, quase feliz: "Estou seguindo o rumo do meu destino!".

O quanto eu gostaria de contar tudo isto a Leocádia e a Sérvulo!..."

* * *

LIVRE PARA FAZER o que deseja, Seriguella vai vivendo e aprendendo com as criaturas de Deus. Recentemente, passou a residir num convento de frades dominicanos para ali fazer os reparos necessários. Encantado e profundamente grato ao Criador, ele realizou, enfim, um velho sonho: teve acesso à rica biblioteca da Ordem.

Assim, depois de um dia de trabalho estafante, ele se debruça sobre livros e mais livros, fazendo os frades sorrirem, compreensivos, da sua sede de saber. Determinado a aprender, adquiriu por sua conta, velas para iluminar a leitura noturna.

A paz reinante e as alegrias sãs com as quais passou a conviver e a liberdade que desfruta agradam-lhe sobremaneira. Em pouquíssimo tempo, Seriguella tornou-se presença amiga entre os religiosos, que passaram a admirá-lo na sua boa vontade espontânea, na sua alegria santificada e no seu saber nato.

Frei Domiciano, um competente professor de história, observando-lhe a dedicação e o esforço contínuo nos estudos, permitiu-lhe o acesso a obras raríssimas, guardadas com muito zelo, num rico acervo privativo. Deste novo e caro amigo, Seriguella ouve belas narrativas dos feitos dos grandes heróis de todos os tempos; das vidas dos admiráveis filósofos; dos mártires abnegados; dos pais da igreja; dos conquistadores gloriosos, numa riqueza de detalhes tão impressionantes que o deixam boquiaberto, tal qual uma criança que ouve pela primeira vez as belas histórias de fadas.

O tempo passa e, ao concluir um serviço, aparece outro e mais outro... Mas o próprio Seriguella põe-se a imaginar o quanto sentirá quando tiver de deixá-los.

À esta comunidade religiosa, causa estranheza os modos gentis e nobres de Seriguella.

Dir-se-ia, com justiça, que ele sempre vivera em algum castelo, em meio à nobreza; que é o digno herdeiro de alguma poderosa heráldica, disfarçado na busca de conhecimentos mais amplos. Alguns reis e príncipes fizeram isso; a história registra fatos verídicos.

Frei Domiciano, intrigado, lhe diz, amigável:

– Deveríamos investigar as suas veras origens, meu bom amigo. Eu, particularmente, terei muito prazer em auxiliá-lo nesta intenção. Que me diz?

– Eu, meu bom frei? Nunca me preocupei com isto! Sou feliz, assim!

– Sim, eu sei. Todavia, meu caro filósofo de Deus, a curiosidade que me caracteriza já está a me espicaçar! Diga-me: recorda algo da sua infância?

– Muito pouco!

– Pode me contar? Eu gostaria de ouvi-lo, se isso não o incomoda.

— Absolutamente, não me incomoda.
— Então, se me permite...
Frei Domiciano faz um gesto significativo, indicando-lhe uma confortável poltrona. Em seguida orienta-o:
— Se esforce para relaxar e não estranhe os meus procedimentos.
— Que procedimentos, frei Domiciano?
— Técnicas usadas para estimular as memórias mais profundas.
— É o que pretende fazer comigo?
— Sim, caso permita.
— Naturalmente! Estou curioso para saber como isto funciona!
— Então, feche os olhos e se interiorize profundamente.

Seriguella se acomoda confortavelmente e obedece. Em seguida, frei Domiciano impõe as mãos sobre a sua cabeça e se concentra, mantendo-se assim por longos minutos, em silêncio.

Ato contínuo, levanta os olhos para o alto e recita algumas orações em latim. Ele faz evocações aos poderes celestiais, numa espécie de ladainha que se desdobra por um tempo indeterminado. Depois, vai abaixando a voz e diminuindo o ritmo, até que silencia completamente.

Seriguella, completamente relaxado e respirando levemente, parece adormecido. Frei Domiciano ordena-lhe:
— Seriguella volte à sua infância. Veja e me diga: onde está aquilo que vê e o que sente.
— Ah, que lugar agradável! Eu gosto muito daqui. É a minha casa. Uma linda mulher me beija, sorridente. Ela é minha mãe. Brinca comigo, diz que me ama. Eu sou feliz! Ela me faz cócegas e eu rio, doidamente.
— Onde vocês estão? — frei Domiciano indaga-lhe.
— Estamos num castelo. As janelas são muito altas! Os vitrais são coloridos e bonitos, assim como os de uma igreja. Ao nosso redor, muitas pessoas se movimentam. Elas estão muito ocupadas!

Minha mãe dá ordens e mais ordens, dizendo aquilo que devem fazer...

Seriguella mergulha cada vez mais nas suas lembranças: uma incomparável felicidade. Sua expressão é de devaneio, sonho, alegria. Vez por outra, explode numa gargalhada sonora, infantil e ingênua. Com voz fraterna e enérgica, Frei Domiciano ordena:
— Avance mais algum tempo e prossiga falando.

Poucos instantes depois, Seriguella modifica as feições. Está em pânico:

— Por que está me agarrando? Não! Me solte! Socorro! Ele quer me levar! Ele atacou minha mãe e ela caiu ao chão! Do seu peito jorra muito sangue! Ela geme, eu ouço. Não consegue se levantar! Se arrasta e me olha, triste, muito triste!... Estende os braços para mim, desesperada!...

Seriguella chora e esperneia num patente desespero. Olhos esgazeados, cruza os braços na frente do rosto, tentando se defender.

— Quem está agarrando você? Veja! Olhe de frente para a pessoa que está fazendo tudo isso!

— É um homem... Eu não gosto dele! Ele sabe... Ele me odeia! Ele é muito mau!...

— Você o conhece... Ele é amigo de sua mãe?

— Não! Ela também o odeia! Ele trabalha para o meu pai!

— E onde está o seu pai?

— Ele está viajando, muito longe!

— Que idade você tem?

— Quatro anos... eu acho... Ele grita, dizendo à minha mãe que ela vai morrer e que eu vou desaparecer! Eu bato nele com força, mas ele não me solta! Ai! Ele está me espancando! Ahn...

Seriguella amolece o corpo e se solta, frouxamente, aparentemente sem sentidos. Frei Domiciano lhe toca a fronte e ordena:

— Basta, Seriguella, agora retorne ao presente!

Arrumando-se na poltrona, Seriguella esfrega os olhos e indaga curioso:

— O que eu dizia, frei Domiciano? Estive chorando, não foi? Tive a impressão de estar sonhando...

— E de fato esteve! Através de suas memórias espirituais você trouxe à tona fatos muito importantes do seu passado.

— Algumas vezes, ao lado de Zoraida, recordava-me de coisas antigas; ela, amorosa, aconselhava-me a esquecê-las. Não queria que eu sofresse...

— Quem é Zoraida?

— Zoraida foi o grande amor da minha vida, que ficou distante, meu bom frei. — Seriguella se entristece e frei Domiciano retoma o fio da conversa:

— Diante de tudo que vi e ouvi, concluo que você foi tirado do seu lugar de origem e deixado à margem da vida! Sua boa índole deve ter facilitado a sua sobrevivência. Você cativa as pessoas com muita facilidade.

— Porque gosto muito delas e de tudo que existe neste mundo de Deus!

— Que Ele seja louvado! Bem, Seriguella, noutra ocasião, pensaremos nisto com mais vagar, está bem?

— Sim, frei Domiciano. Eu agradeço!

— Não se faz preciso! Você nos merece muito mais! Até!

— Até! E que Deus o guarde sempre!

— E a você também, Seriguella!

Frei Domiciano sai apressado em busca dos seus afazeres. Do jardim vai à horta, orientando e fiscalizando. Na carpintaria faz o mesmo. Dali segue para a grande cozinha, na qual, em forno de lenha, se faz um pão saboroso, que além de ser consumido pela ordem, também é comercializado.

Assim, ele prossegue, ativo e pleno de boa vontade.

Já à tardinha, suando em bicas, ele encerra as atividades que dependem da sua competência, somando-as às suas concorridas aulas. Volumoso de corpo, faces coradas, frei Domiciano traz no rosto um perene sorriso que faz brilhar os seus bondosos olhos azuis. Acima das dificuldades de cada dia, os moradores do convento são fraternos, na ampla acepção da palavra.

Dali eles saem, aos grupos, em busca dos pobres, auxiliando-os e consolando-os com amor e caridade cristã. Eles sobrevivem daquilo que fazem e daquilo que plantam.

A cada dia mais admirado e reverente, com tudo que vê e do qual participa, Seriguella permanece no convento, um pouco esquecido das suas andanças...

Terá, o nosso personagem tão querido, encontrado enfim a âncora do seu destino?!...

Quando frei Domiciano o interroga a respeito de uma provável vocação religiosa, ele argumenta:

— Não tenho e nunca tive vocação para a vida monástica. Sou um apaixonado pela vida e pelas belas mulheres. Eu jamais viveria na solidão!

— Sem querer convencê-lo ou mesmo influenciá-lo, posso lhe dizer que não vivemos em solidão e você pode comprovar isso.

— Quando falo em solidão me refiro à minha vida amorosa, da qual não abro mão por nada deste mundo.

— Eu compreendo. Imagino que neste particular você faça muitas

conquistas. É bom, inteligente e faz boa figura! – exclama o frade a sorrir, convencido de ele tem razão.
– Sim, isto acontece; o que me alegra muito, porque vivo apaixonado!
– E você, Seriguella, atualmente anda muito elegante! Quando aqui chegou era um amontoado de trapos! Chapéu furado, sapatos rotos...
– Eu me satisfazia com pouco, ou quase nada. Agora, com a boa orientação do frei, me visto melhor! E digo com sinceridade, gosto muito disso. Nunca mais descuidarei da minha aparência.
– Está certo, mas não dê mais importância às coisas materiais do que às da alma, sim?
– Certamente! Sou um filósofo nato, lembra?
– Claro! Devo acrescentar que mesmo mal-vestido você sempre fez boa figura, pelos modos refinados que o caracterizam e pela bondade que transparece nos seus olhos.
– Obrigado! Se eu pudesse viver solteiro, faria os votos, acredite!
– Bem, meu filho, não descarte a possibilidade de viver sempre conosco, como um leigo! Você já se transformou numa pessoa muito querida de todos nós!
– A afeição é mútua! Acho belas as suas vidas. Me lembram o meu caro frei Justino que ficou tão longe! Vocês gostariam muito dele!
– Certamente! Antes de decidir a sua vida, Seriguella, pense na possibilidade de permanecer aqui.
– Agradeço-lhes mais uma vez e prometo pensar muito seriamente a respeito!
Depois de alguns minutos de reflexão, ele fala com os seus botões:
– Quem sabe o que virá? Somente o Criador, não é Seriguella? Então? Para que esquentar os miolos antes do tempo?!...
Faz algumas horas, terminou a confecção de estantes novas e bem montadas para a biblioteca. Admira-as de longe, de um lado, de outro, mais perto... E fica feliz com o bom resultado do seu trabalho.
Vez por outra, ainda se lembra de Zoraida: "Como estará? Será feliz? Espero que sim! E que tenha belos filhos!"

* * *

TRANSITANDO PELOS DIVERSOS departamentos da fortaleza, Zarik se defrontou certo dia, perplexo, com as 'aberrações'. Frente ao quadro que se desdobrou diante da sua visão estarrecida, Zarik cambaleou, duvidando dos próprios olhos.

Compadecido, rogou misericórdia aos céus, enquanto grossas lágrimas caíam, lavando-lhe o rosto jovem e forte, hoje com expressões bem mais maduras e de traços mais viris.

Disfarçando, porém, sua justa indignação para prosseguir indo e vindo sem restrições, decidiu socorrê-los, mesmo sem saber como, tal a desarmonia reinante naquele lugar.

Saiu dali determinado a fazer alguma coisa para melhorar-lhes a condição de suas vidas.

Obstinado, como é da sua natureza, dia seguinte lá estava, na hora das suas refeições. Diligente, passou a servi-los. Interferindo com delicadeza, deu sugestões e colaborou esforçado na elaboração delas. Com o passar dos dias, introduziu melhoras tornando-as mais substanciosas.

Recomendou e foi atendido na feitura de um chá de ervas logo cedo, que eles ingeriam, agradecidos, para em seguida se sentirem mais pacificados.

Mesmo desconfiados e estranhando-lhe o comportamento, os encarregados daquele setor seguem suas orientações e também vão se aprimorando em suas naturais rudezas.

Zarik é um alquimista, um terapeuta, um curandeiro, eles sabem. Já perceberam que ele goza de relativa liberdade na fortaleza.

Eles mesmos têm sido socorridos e curados por Zarik. Reconhecem sua bondade espontânea e sua força moral.

No decorrer da inusitada convivência com as criaturas e analisando-lhes as múltiplas mazelas, Zarik passou a tratá-las mais minuciosamente. Mas, no recesso de sua alma luminosa, os conflitos: "Estarei agindo certo, prolongando-lhes as vidas? Deus, e que vidas são essas?!... Não seria melhor que morressem?!... Perdoa-me, Pai, Criador e Mantenedor de tudo que existe! A piedade me faz esquecer a vossa providência e a vossa justiça perfeita!... Que seja feita a vossa vontade, acima de tudo e acima de todos!... O que terão feito para atraírem tais provações? E, quando, os seus carrascos sofrerão as suas próprias expiações?! Oh, humanidade sem juízo e sem amor!..."

Em cada recanto desta trevosa fortaleza, Zarik espalha o perfume da caridade. Todos gostam dele e anseiam por sua abençoada presença. Dos corações flagelados, Zarik tem ouvido confissões e desabafos. Quantas lágrimas tem enxugado, enquanto o seu próprio pranto se mistura ao deles. Quando lhes fala de Deus, das esperanças e consolações do reino dos céus, os seus olhos brilham, extáticos, como se já divisassem este futuro de paz e de redenção. Nestes momentos, as suas dores e as suas tristezas parecem diminuir.

Por vezes, Zarik duvida que esteja vivo. Terá morrido?... Estará no inferno?!...

Gostaria de dar um fim aos sofrimentos daqueles que ali morrem em vida... Sabe que a destruição da fortaleza é apenas uma questão de tempo e que está ligada à sua chegada. Como e por quê?!...

Nestas circunstâncias, as horas, os dias e os meses se passam...

Zarik sente muita falta de Leocádia, de Sérvulo... Mas conforma-se e durante o sono, livre de qualquer impedimento, em espírito, vai vê-los, amenizando as saudades, enquanto vigia-lhes as vidas...

* * *

Frei Justino, informado de que dr. Malthus regressara, vai procurá-lo:

– Salve, meu amigo, dr. Malthus! Como estão os procedimentos com relação ao passado da nossa querida Mod?

– Melhor do que eu poderia esperar! Não apenas desvendarei o seu passado, como penalizarei judicialmente os responsáveis pela sua miséria material!

– Acredita, meu amigo, que ela aprovaria aquilo que pretende? Quisesse, ela mesma o teria feito! Por que não lhe respeitar a vontade?...

– Frei Justino, nada que diga ou faça me demoverá desta intenção. Já estou a meio do caminho e irei até o fim! Neste empenho, tenho topado com grandes desafios, mas quanto mais difícil a causa, mais me empenho! Gosto das boas contendas em prol da justiça! Vencendo esta nobre causa, me sentirei mais perto dela, entende?

– Não, doutor, não entendo, porque não existe reclamante e, assim sendo, o nobre amigo está agindo em causa própria, esquecido de que Mod era o perdão vestido de mulher – frei Justino lhe responde severo.

Muito incomodado, o doutor extrapola:

– Como entender-me, se jamais amou? Sua vida é feita de retalhos das vidas alheias e nunca deve ter tido tempo para si mesmo! Sim, ela era um verdadeiro anjo e eu a amei tanto, que não me conformo em vê--la injustiçada, mesmo depois de morta!

Muito aborrecido, frei Justino retruca:

– Permita-me, meu caro amigo: Como pode saber se algum dia eu conheci ou não o amor de uma mulher? Não nasci frade e o meu coração é igual a todos os outros! Se conheci ou se amei, isto não justifica esta afirmação deselegante que dirigiu a mim. Caso eu tenha conhecido esta forma de amor, o que somente a mim diz respeito, e se por circunstâncias várias optei pela vida monástica, saiba que nesta me realizo, a cada novo dia, como pessoa e filho de Deus!

A um gesto do doutor, Frei Justino o interrompe para completar, incisivo:

– E saiba que a minha vida não é feita de retalhos, como disse! É uma vida plena de amor e dedicação ao meu próximo!

– Ora, frei Justino, absolva-me deste pecado que acabo de cometer! Dou-lhe razão; não fosse eu um causídico e não teria tanto do que me envergonhar. Temos o mau hábito de prejulgar as pessoas, esquecidos que qualquer um é inocente, até provas em contrário! Perdoe-me! Agindo nas diversas causas e determinados a ganhá-las sempre, nos tornamos, às vezes, artificiais e grandes blefadores!

Mas...caso queira se confessar, tenho ótimos ouvidos, meu caríssimo frei...

O doutor diz isso, meio irônico, meio divertido.

– Ainda bem que conheço de longa data o seu humor cáustico, meu caríssimo doutor. Perdoe-me também, abespinhei-me sem necessidade. Devo estar mais cansado do que posso perceber. Continue a falar, peço-lhe.

– Pois bem, estou empenhado nesta luta, mesmo sabendo que ela não aproveitará. Todavia resgatarei a vera identidade de Mod e castigarei os culpados da sua infelicidade.

– Volto a perguntar: acha que ela deseja isto?

– Ambos sabemos que não. Todavia, prosseguirei!

– E desta forma, tira-lhe a paz! Paz conseguida, dia após dia, num esforço contínuo, numa vida exemplar!

Em silêncio, dr. Malthus olha pela janela da sua sala e divisa alguns pássaros canoros a doar ao mundo os seus trinados... Em seguida, volta-se para o amigo e indaga intrigado:

— Estará ela de fato, frei, em algum lugar? Entenderá as minhas intenções?

— Como pode duvidar, meu caro doutor? Crê que deixando o corpo de carne enterrado naquele túmulo ela deixou de existir?

— É-me difícil ajuizar! – diz, começando a andar inquieto pela sala.

— Ouça o seu coração! Solte a emoção e silencie, mesmo que por alguns instantes, a sua notável lucidez e brilhantismo intelectual!

— Meu coração diz que ela é eterna! Que nunca deixará de existir e de ser a mesma mulher deslumbrante e maravilhosa!

— Bravo! Desta forma de falar se depreende que tem uma crença intuitiva na imortalidade da alma e na existência de um poder maior! – Agora, o frei exagerou!

Enquanto frei Justino sorri levemente, sentindo-lhe a enorme vontade de crer, ele senta-se à sua mesa de carvalho, afasta alguns papéis e sussurra, quase num solilóquio:

— Talvez a perda de Mod esteja interferindo no meu ceticismo, quem sabe?

— Ora, ora! Afinal, a enorme perda abriu-lhe os recessos da alma, exigindo-lhe outros recursos, diferentes daqueles que habitualmente usa, caro amigo! Que Deus seja louvado!

Silencioso, dr. Malthus não lhe ouviu as últimas palavras.

Seu pensamento voa na direção das providências que tem tomado, das viagens que tem feito e das conclusões, às quais tem chegado: "Aquela mulher será peça importante neste jogo! Além de parente, tem sede de vingança!..."

— Doutor Malthus?...

— Sim? Desculpe-me! Eu estava distante, frei Justino.

— Notei-lhe a abstração e desejo despedir-me. Minha paróquia espera por mim. Hoje teremos dois casamentos e alguns batizados.

— Parabéns! Que tudo ocorra bem, alegrando o seu bom coração!

— Duas meninas serão batizadas com o nome de Modesta. Vê? Nossa querida amiga de alguma forma estará conosco, nas nossas lembranças, através destas crianças!

– Ela viverá para sempre no meu coração e no meu pensamento, frei Justino. Sua presença é eterna!
– Que Deus seja louvado por tanto amor! Até a vista! Que os céus o inspire e o proteja!
– Obrigado. Que o senhor seja muito feliz na sua comunidade!

Frei Justino se vai, muito preocupado com as prováveis ações de vingança do dr. Malthus, seu particular amigo de tantos anos...

Enquanto caminha, recorda-se de Seriguella... Por onde ele andará?...

Zoraida casou-se com Genésio. Os dois vivem muito bem e um futuro pimpolho já se anuncia...

"Assim é a vida!" – frei Justino exclama de si para si.

* * *

NUMA PROCURA OBSESSIVA por Rosalva, Pietro envelhece a olhos vistos. Como um quadro de tintas esmaecidas, ele é hoje a sombra daquilo que foi. Mantém ainda, sem entusiasmo algum, o circo, mas já não possui beleza, energia, nem o colorido vibrante que o caracterizava e que tanto público atraía.

Archibald o auxilia para manter as funções, as viagens e os diversos procedimentos e torna-se cada vez mais o seu braço direito.

Faz algum tempo, um outro golpe veio abater mais ainda o ânimo de Pietro. Sentado em seu escritório, ao lado de Archibald, surpreendeu-se com a visita de um antigo empregado, velho tratador de animais, que por estranha coincidência andava à procura de trabalho. Deparando-se com cartazes e propagandas do Grand Circo Monteverdi, sentiu o coração disparar. Procurando-o, presto, em pouco tempo estava ali, diante de Pietro, requisitando ocupação, voltando, assim, a fazer parte da troupe.

Certo dia, vendo a enorme tristeza de Pietro, não se conteve e lhe indagou:

– Senhor Pietro, se eu soubesse de algo que diz respeito à sua vida, gostaria que lhe contasse?

– Com respeito a quê? – indagou, peito oprimido, na intuição de algo ruim...

– Com respeito à sua mulher e à sua filha!

— O que sabe de Rosalva? Conhece o seu paradeiro? Se conhece, por que não me disse antes? – exaltando-se, Pietro o sacode pela gola do casaco.

— Calma, senhor Pietro! Eu não sei onde sua filha está!... Mas...

— Mas, o quê? Fale logo, homem! Quer me enloquecer? – Pietro o suspende do chão pela gola e sacode-o, insano, com punho fechado quase lhe tocando as narinas dilatadas por medo e pela difícil respiração.

— Caso me mate, não poderei falar, senhor Pietro, por favor...

Pietro o solta e ele se desequilibra, quase caindo ao chão. Apruma-se, respira algumas vezes, olha de esguelha para Pietro e fala, amedrontado, com voz quase inaudível:

— Está bem, eu vou dizer... Antes, me corrija se eu estiver errado: Sua mulher, dona Giselda, nunca lhe foi fiel...

— O que pretende, seu desgraçado? Não respeita os outros? Não tem amor à vida?!...

Pietro dá graças por estar só. Archibald fora cuidar de outros assuntos referentes às suas atividades.

O seu interlocutor também recorda este detalhe que o expõe ainda mais.

Cada vez mais exasperado, Pietro se aproxima, voz sibilante, ameaçadora:

— Não aguento mais as suas reticências e os seus volteios! Deseja mesmo me tirar do sério, seu estúpido?

Dando alguns passos para trás, o outro responde, de roldão:

— Pois bem, aí vai: Rosalva não é sua filha! Pronto, falei! – diz ele, procurando colocar-se próximo à saída. Gritará, caso precise de socorro.o

Pietro passa as mãos pelos cabelos, respira com dificuldade e indaga com voz rouca:

— O que disse?! Quer difamar a minha mulher?

— Não, senhor! Mas, afirmo-lhe sem erro que Rosalva é filha daquele cigano.

— De qual deles está falando? – Pietro blefa e ganha tempo. Foi apanhado de surpresa. Seu coração bate loucamente. Nega-se, mas desgraçadamente entendeu...

— Aquele que fez o retrato de dona Giselda, que vivia no circo e a admirava 'muito'! O senhor há de se lembrar!

— Todos os homens admiravam Giselda! Mas, acima disto, ela era a minha mulher!

Percebendo-lhe a perene adoração por Giselda e a patente defesa da sua honra, o criado se arrepende de haver iniciado a conversa. Assim que terminar, porá o pé no mundo. Não se arriscará a ficar por perto e nunca mais vai querer cruzar o caminho de Pietro...

Notando-lhe a indecisão e o medo, Pietro ordena:

— Já que começou, vá adiante e fale tudo de uma vez!

— Bem, senhor Pietro, lamento ser-lhe instrumento de mais sofrimento, mas fui testemunha do amor de Giselda e Theodor! Este era o nome do cigano, o senhor sabe. Depois do tempo preciso, nasceu Rosalva!

Sem citar a esterilidade de Pietro, o que seria temerário demais, o empregado fica à espera do que virá.

Concluindo que o seu pesadelo nunca terá fim, Pietro se volta contra ele:

— Então, eu tive ao meu lado um traidor vil! Você deveria me pagar agora!

— Perdoe-me, eu não tive a intenção, juro-lhe! Dona Giselda me pressionou... Ela me tinha em suas mãos... Eu lhe devia dinheiro!

— O que mais a vida me reservará? — Pietro está desfeito e trêmulo. Olha para longe, através da pequena janela. Tenta recompor-se, mas a sua expressão exibe a ira que o acomete.

Em seguida, com voz cavernosa, ele declara, olhos fixos no seu interlocutor:

— Ouça, muito bem: Rosalva é minha filha! Não acredito no que está dizendo! O sangue nos denuncia como pai e filha! Eu a amo e a amarei sempre! Vá-se embora, antes que o faça pagar com a vida as suas infâmias, infeliz! Para que voltou? Para me atormentar?!... Vigie para nunca mais nos encontrarmos e cuidado com sua língua ferina!

— Sim, senhor! Vou-me embora agora mesmo! Adeus! Pensei que se soubesse a verdade, sofreria menos!

— Que verdade, seu idiota? Vai insistir nestes disparates? Desapareça! Que nunca mais eu ponha os olhos em você! Vá!... Vá!... Serpente peçonhenta e traiçoeira!

A vontade de Pietro é atirar-se sobre ele, fazê-lo em pedaços, mas se recorda daquilo que fez a Deodato. Não se comprometerá diante de Deus novamente... Se pudesse voltar atrás, quanta coisa seria diferente!

Pensa em Rosalva. Se ela é filha do seu sangue ou não, o que importa? Ama-a, em reverente adoração! Sempre a amará! Estará viva? O antigo empregado e pretenso amigo deu velocidade às pernas e conta com a sorte para nunca mais encontrar-se com Pietro.

A relação amorosa que Deodato deixou para trás dera em nada. Fora uma grande ilusão. Agora, amarga a solidão e a perda do emprego."

Pietro continua fazendo o circo rodar de cidade em cidade, de país em país. Quando chega, sai à procura do povo, fazendo perguntas a respeito de uma bela moça loira de olhos azuis. Algumas vezes, parece tê-la encontrado, para depois decepcionar-se mais uma vez. Parece que a terra engolira Rosalva.

Sua amada já teria morrido?

Não! Pietro não sobreviveria, só de imaginar em não poder mais vê-la! Sua única razão de viver será agora reencontrá-la e apertá-la em seus braços...

Rosalva, casada e feliz, às vésperas de ter o primeiro filho, decide por-lhe o nome de Pietro, caso seja menino; e Giselda, caso seja menina. Ainda chora, desconsolada, de saudades do pai querido. Nunca mais soube notícias. Fabiano a consola, dizendo que Deus há de permitir-lhes o reencontro. Momentaneamente reconfortada e convencida de que o futuro lhe devolverá o pai, Rosalva segue sua vida de esposa e de futura mamãe.

Pretendem viajar juntos, para procurar Pietro e o circo. Dependem apenas de algumas informações mais seguras quanto à probabilidade do percurso seguido pelo circo. Fabiano tem gasto verdadeiras fortunas à procura do sogro, sem, contudo, obter êxito. Ele é um exemplo de marido; amoroso, trabalhador, compreensivo e sensível. Se a má sorte tirou de Rosalva a mãe e depois o pai, Deus lhe pôs no caminho seu incomparável amor. Quando se recorda de Yan, roga a Deus que o faça feliz.

Não carrega ressentimentos, antes o admira pela sua força, coragem e determinação. Ele de fato sabe o que quer. Pena que nem sempre respeite aquilo que os outros desejam...

As saudades de Próspera a impulsionam a pedir a Fabiano para retornarem ao acampamento (estarão ainda ali? Difícil saber!) para revê-los e reatar os laços.

Decidiram, porém, aguardar o nascimento do bebê, para depois levarem-no para apresentar a todos.

O coração de Rosalva alegra-se por antecipação, na expectativa de rever Próspera, imaginando-a com o seu filho nos braços, emocionada, a predizer-lhe saúde, sorte e prosperidade.

E Cosette, estará com seu pai? Espera que sim. Desta forma, ele será menos triste. Cosette amenizará a dor da sua ausência.

Ela ignora, porém, que Cosette há muito deixou este mundo. Sofrera demais, envelhecendo a passos rápidos. Um dia, sem mais nem menos, deixou de alimentar-se. Pouco tempo depois, deixava a vida, em meio a uma inestancável infecção pulmonar. Nem Pietro, nem seus pais, souberam da sua morte.

Assim, nossos personagens avançam e vencem mais algumas etapas das suas existências neste planeta de provas e expiações.

Sérvulo voltou às ruas. Exibindo sua força física, disputa prêmios, aqui ou ali, come, bebe, dorme, e diverte as crianças. Ama as bonitas mulheres que o admiram e segue seu destino, sem prender-se a nada, nem a ninguém. Durante as suas orações, pede por Zarik, rogando a Deus e ao seu Odin que ele esteja vivo e bem. Um dia se reencontrarão. Se não nesta existência, numa outra! Zarik lhe dissera isto muitas vezes.

De vez em quando, recorda os ensinamentos que recebeu de Zarik e sente vontade de retomá-los. Quando se cansar da vida incerta que leva e esquecer a tristeza em que ficou, buscará meios para prosseguir o antigo aprendizado. Será novamente o discípulo de algum sábio. "Sábio, porém, como Zarik, ninguém!" – ele conclui, fiel ao amigo.

Jennifer amarga a sua vida ao lado do irascível marido. Sua mãe nunca mais deu notícias.

Ela não sabe que Loredano interceptou-lhe a correspondência, até que sua mãe desistira de escrever. Por não mais receber respostas.

Dona Berta conclui, para sua tristeza, que Jennifer talvez tenha afinal concordado com o marido, esquecendo-se dela. Sofre horrores ao pensar assim.

Através da sua amiga Esmeralda, Jennifer sabe que Leocádia está feliz e muito bem de saúde; revigorada e totalmente reintegrada à vida campestre. De uma vida assim, veio a nossa boa Leocádia.

As saudades de Zarik, porém, azorragam-lhe o coração maternal.

Ela se desfaz em lágrimas quando relembra a vida ao lado do filho querido. Reza todos os dias por ele.

* * *

Algum tempo depois do 'enclausuramento', padre Leopoldo foi julgado e condenado.

As acusações: insubordinação eclesiástica e cumplicidade com as práticas de feitiçaria de Menthor.

Impotente para modificá-lo, a 'Santa Madre Igreja' decidiu penalizá-lo exemplarmente.

Estarrecido, padre Leopoldo ouviu as acusações sem chances de defesa.

Presente, dom Berardo esforçou-se para defendê-lo, em vão.

Até chorou (procurando disfarçar), envergonhado, apiedado!

Algumas vezes punha-se de pé, ensaiava gestos que ficavam no ar e voltava a se sentar, inquieto e indignado, prevendo o triste desfecho.

Na sua figura portentosa, hábito luxuoso e adereços representativos da sua alta posição hierárquica, dom Berardo era um espetáculo à parte, exibindo, sem rebuços, a grandiosidade da 'sua' Igreja.

O seu bom coração de sacerdote de Deus nunca houvera sofrido assim antes – declarou, quase em pranto convulso, enxugando suas copiosas lágrimas num lenço bordado com a sua heráldica.

Mas... oh, Deus!... Cada vez que seu primo abria a boca para defendê-lo, padre Leopoldo estremecia de horror, porque a sua situação, por si só tão ruim, ficava muito pior!

E quantas afirmações descabidas acabaram saindo daquela boca perigosa e traiçoeira!

Por fim, longe dos seus legítimos amigos, distante da sua amada paróquia, ele se viu aprisionado numa cela imunda e escura, muito pior que a anterior 'clausura'.

Padre Leopoldo chorou... muito...

Não apenas pela prisão, mas por tudo que deixaria de fazer...

Ajoelhado no chão frio e áspero da sua cela, tirou do bolso da sotaina o minúsculo retrato de são Martinho e entre as grossas lágrimas que lhe abrasavam o rosto, rogou:

— Jesus, socorrei-me nestas horas de intensa amargura! Dai-me forças, meu Senhor!

Meu querido são Martinho, como eu previa, cá estamos nós, meu santo! Preciso de forças para sofrer sem murmurar, como Jesus. Sustentai-me, meu são Martinho, haja o que houver, em nome de Deus, e não deixe que eu perca a fé e a coragem. Que eu jamais desdenhe a oportunidade que estou recebendo para provar a minha fé! Se aqui estou, é porque aqui deveria estar. Não pensa assim, meu santo?

Fitando, amoroso e reverente, o retrato, ele responde, no seu monólogo:

— Naturalmente que pensa!... E como não pensaria? Nunca me deixe só, peço-lhe! Com a sua ajuda, conseguirei aguentar os sofrimentos. Enfim, meu santo, entrego-me nas mãos de Deus e que Ele seja sempre louvado!...

Assim dizendo, padre Leopoldo beija o santinho.

Após alguns instantes, 'ouvidos atentos', ele indaga:

— O quê, meu querido santinho? Devo ter coragem e fé? Sim, eu terei! Seu exemplo fala alto ao meu coração. Sua vida e seu testemunho não foram fáceis! Espero ser digno sempre da sua proteção!...

Lentamente, rosto lavado de lágrimas, ele guarda de novo no bolso o santinho. Olha à sua volta, medindo e sondando, até onde aquele lugar pode torturá-lo ou recebê-lo sem muita crueza. Ao fundo da cela, uma estreita enxerga. Deita-se nela e em poucos minutos dorme a sono solto. Esta uma forma de refazer-se, física e espiritualmente.

Ao despertar, recorda que sonhou com são Martinho, que o instruía quanto ao seu encarceramento, incentivando-o a ser forte. Confirmara-lhe a amizade mútua e a sua proteção.

Na paróquia de sua responsabilidade, outro padre já assumira o seu lugar, fazendo as modificações 'aconselhadas'. E, caso não obedeça, terá a mesma sorte que o pároco anterior – disseram-lhe. E isto ficou muito bem entendido.

O embelezamento da igreja, feito por Johan, encanta a todos, mas o artista, desiludido e triste pela sorte de padre Leopoldo, concluiu que bem pouca coisa é a vontade de fazer o bem, quando homens que dizem amar a Deus fazem tanto mal!...

Assim, contrata casamento com a bela morena das tranças longas e cai no mundo, levando-a com ele. Aonde chegar, encontrará sempre trabalho e ganhará a vida através da sua arte. Um dia, pretende radicar-se em alguma cidade maior, para ali ter melhores oportunidades como pintor.

Ela deixou o seu retrato fiel, pintado pelo marido, para os pais, que mesmo desolados por vê-la partir, conformaram-se. Janira, a filha muito querida, realizou o seu sonho de amor com Johan.

* * *

A VIDA, ÀS vezes, depende de tão pouco, de pequenos detalhes, de novas cores, de alguma oportunidade, pequenas mudanças, estímulos, para enfim instituir a saúde e uma relativa felicidade.

Quantas intenções para o bem ficam a meio caminho por falta de um estímulo?!...

De quantas responsabilidades são feitas as nossas vidas, diante de tantas coisas que fizemos e de tantas outras que deixamos de fazer?!...

Quando a vera fraternidade abrandar os sentimentos; quando o amor incondicional imperar nos corações, o mundo e as suas criaturas serão mais felizes!...

Praza aos céus, este tempo não se demore *ad infinitum*!...

* * *

— VAMOS DIRETO ao ponto, senhor!
— De que se trata?
— Exijo tratamento igual àquele que recebe o patife do senhor Loredano!
— Qual a sua queixa?
— Haver sido espoliado por ele, desavergonhadamente! Quem ele pensa que é? Ora, ora, que ele se arrisca muito ao desafiar-me! Não sou um dos seus capachos! Sou um cidadão com posses e de respeito, nesta cidade!
— Este senhor arrogante usou dos meus préstimos e depois me despachou, sem mais nem menos!
— Mas em que ele o prejudicou?
— Prestei-lhe alguns serviços, combinando a forma e o montante do pagamento. Mas ele me deixou a ver navios!
— Meu caro senhor, continuamos na mesma; seja mais explícito!
Abaixando a voz, declara, enfim, a sua queixa:
— Nós dois combinamos despejar um proprietário das suas terras. O negócio interessava a nós dois, entende? Pois bem, eu fiz a minha parte;

o homem foi expulso. Mas o senhor Loredano, depois de tudo solucionado, passou a me ignorar, como se não me conhecesse! Cansado das minhas tentativas de receber aquilo que me cabe, atirou-me como esmola uma quantia vergonhosa, dizendo que me desse por satisfeito!

– Se procura a lei é porque não conseguiu receber aquilo que fora combinado, certo?
– Exatamente!
– Aquilo que ele lhe deve pode ser declarado à luz do dia?
– O senhor já entendeu muito bem. Ele conta exatamente com isso. Não são coisas que se fazem às claras, compreende?
– Sim, compreendo. Foram ações ilegais!
– Sim!
– E onde fica a tal propriedade?
– Nos limites com as terras infindáveis dele.
– Como conseguiram expulsar dali o antigo proprietário?
– Com os documentos das dívidas dele; títulos antigos!

O tal proprietário era dono não apenas das terras em questão, mas de muitos imóveis e títulos!

Casquinando uma risada debochada, ele acrescenta, mal se contendo para rir:

– Nós o depenamos!...
– Vocês resgataram tudo aos antigos credores?
– Não... Não foi assim... Ele era um jogador inveterado; eu ganhei os títulos e os outros documentos em várias partidas muito bem conduzidas, entende?
– Como sabe, estes são negócios espúrios. Todos os dias vemos coisas assim. Em geral, estes conchavos e as suas consequências ficam por conta das partes envolvidas. O que espera de mim?
– Que penalize o senhor Loredano naquilo que me deve. Afinal, trabalhei muito!
– O que fez não se pode chamar de trabalho.
– Está bem, mas foi um acordo de cavalheiros! Um pacto de honra.
– De honra?!...
– Não vim aqui para ser moralizado, caro senhor! Espero que use a sua competência para me livrar dos prejuízos!
– Declarou ser um abastado comerciante. Diga-me, de que vive?

— Trabalhei durante muitos anos com madeiras nobres; comprando e vendendo. Foi assim que conheci o senhor Loredano. Atualmente vivo de rendas.

— Se joga e deve ser amante da vida boêmia, me surpreende que ainda não tenha quebrado financeiramente.

— Pois é o que estou a lhe dizer! Não posso me dar ao luxo de perdoar dívidas; pouco me falta para a falência. Estou em desespero! Tudo que herdei dos meus pais e tudo que amealhei, aos poucos, se esboroa...

— E não é de admirar! — comenta o causídico, com olhar de ironia.

O doutor Malthus, numa mesa ao lado, fingindo indiferença, acompanha todo o diálogo. Está na cidade, em função das suas atividades legais e conhece o advogado que ouve a queixa. Faz um sinal ao colega. Os dois saem e, quando retornam, ele se põe à frente da causa, oferecendo os seus préstimos e prometendo vitória. Seu colega despede-se e se vai.

Minutos após, podemos vê-los a conversar, animadamente, diante de uma mesa repleta de garrafas de bom rum (outra fraqueza do 'reclamante').

Algumas horas depois, o doutor, sóbrio e com um ligeiro sorriso de mofa nos lábios, se dirige para o seu hotel, pensando: "Ora, ora! A vida é surpreendente em seus meandros!..."

Ele conta agora com dois inimigos ferrenhos e declarados de Loredano: Dona Berta e o *bon-vivant*. Ambos com línguas bem soltas.

Pelas noites adentro, ele monta o libelo. Em meio a vários documentos, sorri enigmático.

Neste meio tempo, frei Justino espera que as ações do doutor Malthus não venham a interferir na paz de Modesta.

Às vezes, deseja que ele cumpra o que prometeu a si mesmo e em outras, pede perdão a Deus. Se Modesta perdoou aos seus inimigos, todos deveriam perdoar, principalmente ele, um frade.

Na minúscula sacristia, um retrato de Modesta. Nele, ela sorri, pacífica, luminosa. O pintor que trabalha na igreja o fez. Copiou-o de uma antiga pintura feita por um artista itinerante. É agradável vê-la, como se estivesse ali entre eles.

Frei Justino anseia pelo regresso do dr. Malthus e ao mesmo tempo teme pelo que virá.

Recorda o bom Seriguella e almeja-lhe sempre boa sorte.

* * *

Alijando-se cada vez mais daquilo que pertence ao mundo, ainda mais da liberdade de ir e vir, padre Leopoldo pressente que nunca mais sairá da prisão. Conhece os procedimentos. Fazem parte de uma 'Igreja' que não é a sua. Há que separar a verdade da mentira...

Sabe que aqueles que o procurarem, o farão em vão. Eles não conseguirão sequer um ponto de referência sobre o seu paradeiro.

Estas prisões são muito bem planejadas; tiram já em vida o condenado das suas atividades, dos seus, e fazem-no desaparecer, muito antes da sua inevitável morte.

Padre Leopoldo tece intermináveis 'diálogos' com o seu caríssimo são Martinho. A cada dia tornam-se mais íntimos.

Durante o sono, sonha com ele e juntos saem da prisão para irem onde desejam.

Ao despertar, ainda vê o bom santo dirigindo-se à porta da saída e acenando-lhe com mão seráfica. As últimas frases ditas ainda soam no ambiente por alguns segundos...

Este conúbio celestial faz de padre Leopoldo um prisioneiro diferente. Nunca se lamenta, nem se desespera. Agradece a Jesus a oportunidade de provar a sua fé e de entregar-se, inteiro, à sua missão religiosa.

Aqueles que cuidam da carceragem o respeitam e de certa forma o temem, porque muitas vezes o surpreendem envolvido num halo de luz.

Já não causa espanto vê-lo suspenso no ar enquanto ora, contrito. Nestes momentos, parece-lhes que o próprio padre não se dá conta daquilo que lhe ocorre.

Ao narrarem estes fatos aos seus superiores, ouvem destes (enquanto fazem o sinal da cruz) que estes fatos 'assombrosos' confirmam os poderes de bruxaria de padre Leopoldo.

Certa noite, depois de muitos meses de sofrimentos, padre Leopoldo ouve de são Martinho que sua existência está no fim.

A despeito de sua inabalável fé, chora muito. As lágrimas escorrem-lhe pelo rosto pálido e desfigurado. Afinal, lá no fundo, ainda tinha esperanças de voltar a exercer o sacerdócio!...

"Que seja feita a santa vontade do Senhor!..." – conclui submisso.

Na antiga paróquia, aqueles que ficaram choram de saudades e lamentam profundamente a sua ausência. As coisas mudaram demais. O atendimento de antes não mais existe... Os cuidados com a imagem material da igreja e com os bens que ela pode gerar tornaram-se prioridade.

Os fiéis são tratados de acordo com as suas posses. Os lugares de destaque são para aqueles que premiam a igreja, seja em dinheiro, seja em imóveis, adereços, paramentos, pródigas esmolas, imagens valiosas, objetos de ouro, obras de arte, etc.

Os pobres e os infelizes vão à igreja para orar a Deus, sem nada esperar dos sacerdotes... E há que ter muita fé para seguir acreditando!

No meio do caminho, muitos se desvirtuam, desesperados. A estes faltaram os bons exemplos, o apoio e o estímulo.

(– Oh, Deus de misericórdia, tende piedade de nós, teus filhos exilados neste planeta!...)

* * *

Apesar dos contratempos com Theobaldo, Zarik tem aprendido muito.

O seu 'discípulo', mais ameno e mais equilibrado, devido ao tratamento recebido, tornou-se muito útil.

Num exercício de amor cada vez mais intenso, junto aos prisioneiros, Zarik adquire muita experiência.

Fica a imaginar como eles ficarão quando ele se for. Sabe por intuição que brevemente sairá dali.

Pede a Deus por Loredano na sua estranha e perigosa vida. Lamenta-lhe a inexorável expiação quando esta chegar...

Criou o hábito de anotar detalhadamente as diversas e diferenciadas formas terapêuticas num diário.

Utimar sequer suspeita da existência destes registros.

Zarik prossegue vendo Ulimar nos corredores, junto a outras entidades, socorrendo os infelizes e os confortando. Por vezes, os dois conversam e numa destas ocasiões, ele o avisou que futuramente trabalharão juntos.

Zarik não tem hora para dormir, nem para acordar. Em geral, seu sono é leve e rápido. A maior parte do tempo, ele passa trabalhando e estudando. Traz em si uma inusitada vigilância de tudo e de todos.

Para aqueles que têm "olhos de ver", as energias negativas que pairavam sobre a fortaleza aos poucos se esvaneciam. E, curiosamente, a fortaleza foi sendo esquecida. O mundo exterior não lhe enviava 'vítimas'. Situações inusitadas interrompem os interesses nefastos de Utimar, numa maré de insucessos.

Em uma de suas visitas ao laboratório (fato que contraria sobremaneira seu irmão Utimar), Ulimar informa a Zarik que a fortaleza será completamente destruída em prazo de algum tempo.

– E os pobres infelizes que ainda estiverem aqui? – indaga-lhe Zarik.

– Estes, caro Zarik, estão tristemente arrolados nas duras expiações dos seus crimes. O que afinal, de uma forma ou de outra, alcança a todos que aqui aportam.

– E não podemos salvá-los? – indaga ainda, apiedado.

– Não, definitivamente, não. Não podemos transgredir a Lei!

– Compreendo...

– Todavia descanse o seu bom coração. Nos seus últimos instantes a misericórdia divina os atrairá para si, e eles se surpreenderão transformados e livres da canga de carne.

– Que Deus os guarde! Aprendi a amá-los profundamente. Sem eles, voltarei a ser só...

– E assim deverá permanecer. Seu futuro é luminoso, pleno de saber, porém ainda lhe exigirá grande solidão!

– O saber me fascina!

– Porque viemos, ao longo dos séculos investindo nas diversas ciências dos mundos nos quais habitamos. Algumas vezes, usamos estes conhecimentos para o mal, você sabe...

– Sei e lamento...

Sorrindo, benevolente, Ulimar esclarece:

– Lamentar não basta. É preciso transformar o mal em bem!

– Sim, é verdade.

Despedindo-se, Ulimar pede a Zarik que fique atento, na expectativa dos futuros acontecimentos.

Zarik amadureceu. Está bem mais alto, gestos nobres e serenos. Seus olhos, mais profundos, refletem cada vez mais o brilho do amor-abnegação.

Enverga longas túnicas. Na cabeça, uma espécie de touca presa ao pescoço, fecha-se no alto, circundando as orelhas. Seu caminhar é leve e suave, parece levitar.

Recorda frequentemente os pescadores e o seu amigo Jakobo, que parecia lhe conhecer o passado, o presente e o futuro. É mais um grande irmão em humanidade que ficou ao longo do caminho.

* * *

Nasce o filho de Rosalva e Fabiano; é um belíssimo menino, digno herdeiro da beleza e do amor dos seus pais. Venturosos, eles se extasiam com a chegada do filho. Como haviam planejado, deram a ele o nome do avô materno, Pietro.

Pietro Neto já foi apresentado aos pais e parentes de Fabiano.

O casal não teme mais um confronto com Yan. Nunca mais souberam dele e de seu bando de ciganos.

Depois de algum tempo, com Pietro a traquinar aqui e ali, o casal decide voltar ao acampamento para rever Próspera e apresentar-lhe o menino. Nesta intenção, eles fazem o caminho inverso daquele dia desesperador, no qual se protegeram da fúria de Yan. Enfim alcançam os sítios, onde antigamente era o acampamento.

Frustrados, deparam-se com o lugar vazio. Uma vegetação rasteira cobre tudo.

Alguns moradores logo informam que partiram com ideia de se estabelecerem numa cidadezinha próxima. Com o nome dela e as coordenadas, partem para lá, mas de lá eles também já se foram.

Algum tempo depois, viajam à procura de Pietro sem descartar a possibilidade de descobrir o paradeiro dos ciganos também.

Desta vez, decidem fazer como os saltimbancos e os ciganos, residindo aqui e ali, de acordo com as intenções e planos. Pietro Neto já tem condições de acompanhá-los.

Alguns anos depois, finalmente, para gáudio dos seus corações, eles alcançam êxito: alguém lhes dá a direção do Grand Circo Monteverdi.

Rosalva mal pode acreditar! Chora e ri ao mesmo tempo descontrolada. Abraçada a Fabiano, que se esforça para acalmá-la, ela julga estar sonhando e roga aos céus para não despertar.

Malas prontas, viajam para lá.

Revendo as lonas tão suas conhecidas, os cartazes, os mastros embandeirados e as cores vibrantes que fizeram parte da sua infância feliz,

Rosalva desaba em pranto. Suas pernas enfraquecem e Fabiano precisa sustentá-la. Refeita, ela respira fundo, levanta a cabeça e prossegue em direção à 'sua casa'...

Entram, vacilantes. Um empregado estranha a presença e a invasão, mas não os detém.

Rosalva caminha lentamente, admirando tudo e recobrando lembranças, com lágrimas silenciosas a rolar.

Acercam-se da troupe que faz exercícios. Ela observa que são artistas novos, desconhecidos.

Andam um pouco mais, por entre as carroças. A alguma distância, divisam um homem de cabelos brancos, faces encovadas, olhar distante, rugas em profusão na pele ressecada pela magreza, sentado nos degraus de um carroção.

Absorto, alquebrado e triste, ali está Pietro.

Rosalva aconchega-se mais a Fabiano. Teme sucumbir à tanta emoção. O seu coração parece explodir. Ela geme de maneira tão dolorosa que Pietro se vira surpreendido.

Demonstra contrariedade e ensaia uma reprimenda àqueles estranhos. Mas, de súbito, seu rosto ganha uma nova expressão.

Incapaz de falar, ele se levanta com dificuldade e, enfim, exclama:

– Giselda!... Minha Giselda!... Você voltou?...

Fabiano diz baixinho à Rosalva:

– Minha querida, ele julga estar vendo a sua mãe!...

– Sim, eu sei... Pobre papai!...

Adiantando-se, ela lhe diz com imenso carinho, esforçando-se para ser reconhecida:

– Paizinho, veja, sou eu, sua Rosalva!...

Admirando-a, embevecido, ele prossegue:

– O que está dizendo? Você não sabe? Rosalva foi raptada e deve estar morta! Nossa filha, Giselda, já não está entre nós. – E ele principia a chorar baixinho.

Rosalva se aproxima mais, posta-se diante dele e insiste:

– Papai, sou sua filha, Rosalva!... Olhe para mim, me reconheça, por favor!...

Zangado, ele ordena:

– Giselda, não me atormente!... Pare com isso!...

– Está bem. Desculpe-me. – Rosalva desiste, desalentada.

— Ainda bem que você voltou, Giselda!...

Dizendo isso, ele volta a se sentar e olha ao longe, alheio, ignorando-lhes as presenças.

Profundamente condoída, Rosalva vê Archibald aproximar-se e balançar a cabeça negativamente:

— Cara senhorita Rosalva, fico feliz em revê-la e dou graças aos céus por estar viva! Mas lamento lhe dizer-lhe que seu pai vem se desequilibrando paulatinamente.

Admirando-a mais de perto, ele exclama:

— Sua semelhança com Dona Giselda é assustadora!

— Sim... Papai sempre me disse isso... Pobrezinho... Demorei tantos anos para reencontrá-lo e não me reconhece...

Entendendo a curiosidade de Archibald pelo seu olhar, Rosalva explica:

— Estou casada, Archibald. Este é meu marido, Fabiano. Temos um filhinho que por ora ficou em casa com a babá. Futuramente o trarei para cá.

Sem comentar o que ouviu, Archibald explica:

— Seu pai vive alheio, quase não se alimenta, e aos poucos perde o juízo.

— Agora, cuidarei dele.

Archibald não gostou. Rosalva e Fabiano perceberam.

Ignorando-o, Rosalva acerca-se do pai e lhe fala com extrema ternura:

— Meu paizinho querido, quanta saudade! Olhe para mim!...

Ele lhe dirige um olhar amoroso e exclama com voz triste e apagada:

— Você demorou demais, Giselda... A perda de Rosalva me deixou muito infeliz... Encontro-me à beira da morte.

Carinhosa, Rosalva o abraça, enquanto suas lágrimas silenciosas caem como gotas de chuva sobre a sua bonita blusa branca bordada.

Fabiano lamenta-os. O reencontro parece ter sido inútil.

Já esquecido do que dissera, Pietro principia a falar sozinho, levanta-se e se distancia.

Aqueles que permaneceram no circo vibram de contentamento ao rever Rosalva. Abraçam-na e a parabenizam pela nova vida.

Indagando a respeito de Cosette, Rosalva ouviu as trágicas notícias da sua doença. Sente muito... Infeliz Cosette; tão bela, talentosa e boa.

Archibald, que reconhecera Fabiano, indagou-lhe, com um olhar malicioso:

– Senhor Fabiano, como vai a bela e fogosa Dalila, pode me dizer? Nunca mais a vimos!

Desconcertado, Fabiano olha para Rosalva e responde:

– Nunca mais a vi, senhor. Portanto sou a pessoa menos indicada para lhe dar as notícias que pede.

– Sou obrigado a contrariar esta afirmação. Afinal, levou-a do circo e viveram juntos. Isto é sabido de todos!

Rosalva estremece. Ignorava completamente esta fase da vida do marido.

– Está mal informado, caro senhor. Eu não a levei do circo. Tivemos uma relação que nada tinha a ver com a sua profissão. Hoje, este assunto me aborrece, pois faz parte de um passado que abomino.

Archibald irrompe em sonora gargalhada, cínico, e sem mais delongas, acrescenta desrespeitoso:

– Ah! Ah! Ah!... O senhor também não aguentou! Aquela mulher tira qualquer um do sério! Mas... que belo espécime, hein?!...

Fabiano enrubesce ao notar que Rosalva, silenciosa, fuzila-o com um olhar que nada tem de amistoso.

Antes que Archibald diga mais, sai precipitado, ouvindo ainda as suas gargalhadas debochadas.

Pressentindo-lhe a intenção vitoriosa de desarmonizá-la com Fabiano, Rosalva deixa Archibald e sai à procura do marido.

Após alguns minutos, divisa-o ao lado de Pietro, tentando dialogar.

Senta-se perto e indaga, contundente:

– Quer falar a respeito?

Sem pestanejar, Fabiano responde:

– Não.

– Mas eu gostaria de ouvir a respeito!

– Aquilo que Archibald disse nada tem a ver com você.

– Depende da ótica de quem vê!

– Não, minha querida, depende de bom senso!

Magoada, Rosalva silencia. As lágrimas já se anunciam.

Fabiano toma-lhe as mãos e pede:

– Rosalva, seja razoável! Quando vivi com Dalila, sequer sabia da sua existência!

– Não é verdade. Já nos conhecíamos!
– Conhecemos muitas pessoas e não pedimos a elas satisfações das suas vidas privadas!
– Não falo de 'pessoas', e sim de você, que é meu marido!
– Fala de um passado que já está enterrado!
– Pois ele acaba de ser exumado...
– Por maldade do seu antigo empregado.
– Que afinal serviu para que eu soubesse de você e de Dalila!
– Rosalva, você está agindo como criança! Quando decidi viver com Dalila, eu era livre! Tinha direito de fazer da minha vida aquilo que bem entendesse! Me apaixonei por ela, conquistei-a e passamos a morar juntos. Foi um desastre!
– Não tivesse sido um desastre, ainda estaria com ela?
– Como saber, minha querida? O que posso dizer é que, o que nos ligou foi um fogo, que se transformou em cinzas rapidamente! Depois, reencontrei você no acampamento dos ciganos e meu coração bateu forte. Reconheci você e passei a amá-la, não seja injusta. Amo você e somente a você, não faça o jogo de Archibald!

Rosalva sabe que ele está certo, mas conheceu muito bem a fogosa Dalila.

Fabiano a abraça fortemente, confirmando-lhe em palavras amorosas, o seu amor e a sua fidelidade.

Ela tenta se dominar, mas sente ciúmes. Afinal, ama Fabiano com veras d'alma...

Archibald fizera de propósito. Conhece-lhe o caráter, que não é dos melhores. Observou-lhe o orgulho e a satisfação com relação à direção do circo. Por certo, ele se julga o herdeiro de tudo, depois de Pietro.

Seu pai, fragilizado, está incapaz de assumir as responsabilidades como antes.

"Ah, Archibald, eu voltei! Tire as suas garras do circo de meu pai!" – reflete Rosalva.

Está decidida: defenderá Pietro, o circo e o seu patrimônio.

De regresso ao lar, com o filho ao colo, torna-se pensativa.

Estando o menino a dormir, ela se aconchega ao marido e exclama ameaçadora:

– Ele não perde por esperar!

— Ele quem, minha querida?
— Archibald, naturalmente! Ele pensa que é dono do circo! Nem está preocupado com a doença de papai! Muito pelo contrário!
— Você tem razão!
— O circo me pertence e ele sabe disso! Que não se faça de tolo comigo!
— Cuidado, Rosalva, ele parece não ter muitos escrúpulos!
— Terei cuidado, não se preocupe. Agora que reencontrei o meu amado pai, vou defendê-lo e dar-lhe muito amor!
— Conte comigo!
— Eu conto, sempre!

Fabiano a envolve mais, olha dentro dos seus olhos, aperta-a de encontro ao coração e a beija ardentemente, apaixonado, submisso a este amor que os faz venturosos...

Rosalva se entrega a ele, inteira e feliz.

* * *

O INTENDENTE DE Loredano, esbaforido, corre até o gabinete do seu patrão.

Encarregado de tudo, inclusive da vigilância, confere uma das gavetas e confirma a sua suspeita: ela está aberta! Seu coração bate loucamente. Se as cartas e os documentos não estiverem ali, estará perdido!...

Tateia os dedos entre os papéis, tira um por um, lê os destinatários e respira aliviado; ali está toda a correspondência.

Desce e se dirige às suas outras tarefas. Vive assoberbado por causa da ausência de Loredano. Vê fantasmas e riscos em tudo.

Jennifer, nos seus aposentos, lê uma carta de sua mãe. Esta resolvera escrever mais uma vez, na esperança de ter a sua missiva respondida pela filha.

Há algum tempo, Jennifer desconfia de Loredano quanto à sua correspondência.

Numa vigilância constante, esperou o intendente sair. Foi ao gabinete do marido e teve a sorte de encontrar a gaveta aberta. Descobriu a missiva e saiu rapidamente com ela dentro das roupas.

Na carta, dona Berta expressa o seu ódio pelo genro e a intenção de se vingar. Informa à filha das suas suspeitas; Loredano deve estar implicado na falência de seu irmão.

Jennifer sabe que Loredano é capaz de atos condenáveis.

Seu coração dispara, ao imaginar que também com respeito a Álvaro, ele pode estar envolvido...

Profundamente entristecida, sente-se uma tola, prisioneira das armações cruéis de Loredano.

Recorda os fatos da sua vida, até lhe aceitar a corte e o pedido de casamento. As coisas se encaixam...

Como pôde acreditar nele?!...

Ora, diante da uma mente tão diabólica, como ter defesas?

"Deus!– pensa. – Coloquei o meu destino nas mãos de um crápula! Cortejada por tantos homens, fui casar-me logo com ele? Eis o fatalismo de Zarik! Onde andará o pobre rapaz? O que Loredano lhe terá feito?"

Estes e outros pensamentos tomam conta da mente torturada de Jennifer, consciente agora de tudo ou de quase tudo... Atira-se ao leito e chora muito. O pranto convulso sacode-lhe o belo e frágil corpo.

Nos dias seguintes, não consegue superar a terrível descoberta e se abate a olhos vistos. "Pobre Álvaro! Como deve ter sofrido! Que ideia fará de mim?! Como um grande amor como o nosso poderia se diluir assim, como a névoa diante do sol claro da manhã?!"

Anda pela casa, inquieta e desesperada. Sente falta da compreensão e do carinho de Leocádia e de Zarik...

Zarik estará vivo?!... Diante desta suspeita, se arrepia.

Quando Loredano chega de viagem, surpreende-se com a mudança física e no comportamento da sua mulher.

Indaga-lhe o porquê e ela lhe responde que não tem se sentido bem. Vaidoso e cheio de esperança, indaga, entre sorrisos:

– Será que você está grávida, Jennifer?

A resposta vem fria, desanimadora:

– Não, não estou, graças aos céus!

– Por que dá graças aos céus? Ficaríamos muito felizes com a chegada de um filho!

– Fale por si mesmo, Loredano, não por mim!

– Pensa assim? – ele demonstra uma grande decepção. – Por acaso sente-se infeliz?

– Sim, e não é por acaso!

— Ora, minha Jennifer! Bem sabe o quanto a amo! Como pode me dizer tais coisas?

— Porque é assim que me sinto, Loredano!

Olhos nos olhos, ela o enfrenta como nunca antes ousara.

Ele está estupefato. Não consegue entender. De fato a ama; à sua maneira, mas ama. Seu corpo estremece. Sente que vai ter uma daquelas crises terríveis. Sobe para os seus aposentos, clamando pelos criados. Ali se banha e repousa por algum tempo. A viagem fora fatigante.

Horas depois, pede contas aos seus servidores, entre gritos e blasfêmias.

Foi-lhe difícil repousar, sabendo que Jennifer, por alguma razão, está revoltada com ele.

Quando finalmente busca os seus aposentos, Jennifer não está ali; ela dorme em outro quarto. Loredano percebe que uma tempestade ameaça a sua vida conjugal. Sem Jennifer, perderá a razão de viver. Já tentou de tudo para reconquistá-la. Por mais que se esforce, não consegue entender suas palavras tão amargas...

Num acréscimo de sofrimentos para ele, nos dias seguintes, ela o evita, sistemática e abertamente. Loredano então se volta intensamente para o trabalho. Quando regressa, mais uma vez, Jennifer já está dormindo longe dele.

Neste convívio difícil e sofrido, ele parece ter perdido o rumo da sua vida. Já não é mais o mesmo. Abatido física e moralmente, faz-se mais irascível, vivendo entre blasfêmias, atritos com todos, atos impensados e muita injustiça.

O tempo passa, inexorável e indiferente àquilo que somos, fazemos ou pensamos.

O casal quase não se fala e, se o fazem, sentem-se constrangidos.

Numa madrugada, dores abdominais e suores abundantes o fazem despertar gemendo. Em pânico e profundamente desarmonizado consigo mesmo, clama por Jennifer. Atendendo-o, ela supõe que o marido está criando alguma cena para impressioná-la. Socorre-o com os habituais remédios, sem muito interesse, e vai para os seus aposentos.

Ao amanhecer, porém, Jennifer dá-se conta de que ele está sofrendo muito. Apresta-se, solícita e preocupada, e manda chamar dr. Maciel.

Num raro momento de pequena melhora, Loredano adormece e ela se dirige ao belíssimo jardim da mansão. Senta-se num dos bancos, absorvida pela beleza das flores e os cantos dos pássaros. Nos últimos tempos tem se refugiado ali, em meio à natureza. Hoje, mais que nunca, precisa disso...

Despertando, Loredano indaga pela mulher. A criada informa que ela se encontra no jardim. Revoltado, ele desabafa, a plenos pulmões:

— Assim não sobreviverei!

Revirando-se entre os lençóis, ele geme desesperado. Em delírio, ele mescla as queixas com palavras nada elegantes, envolvendo tudo e todos, sem esquecer a 'cobra traiçoeira', como chama a sogra.

Chegando, apressado, dr. Maciel constata-lhe a piora, o que vem acontecendo nos últimos meses. A doença de Loredano agrava-se a olhos vistos.

Impaciente, Loredano pergunta agressivo:

— E então, doutor, onde a sua propalada eficiência? Estou me estorcendo de dores e o senhor apenas me examina como a uma cobaia de laboratório? Não se sensibiliza com os meus sofrimentos? Bem, se não é na sua pele, não é mesmo?

— Senhor Loredano, desta forma é impossível fazer o meu trabalho! — ajuíza pacientemente o doutor, compreendendo, acima de tudo, que ele de fato está sofrendo.

— Trabalho deficiente, diga-se de passagem, ou melhor, incompetente!

— Pare de falar como uma gralha; ajude-se!

— Ah! Devo contar comigo mesmo! É assim? Em suas mãos, estou mais desamparado que qualquer miserável neste mundo infeliz e que não dispõe da fortuna que ponho nos seus bolsos!...

— Senhor Loredano, por favor, economize as suas forças. Este destempero de nada lhe valerá! Sei que suas dores são muito fortes. Preciso fazer um exame mais apurado e decidir como tirá-lo desta crise. Faça um esforço e acalme-se.

Jennifer entra e observa, silenciosa.

Ao doutor não passaram despercebidos a sua palidez e o seu olhar de censura ao marido. Amável, faz um ligeiro comentário:

— Senhora Jennifer, estarei enganado ou a senhora também precisa dos meus préstimos?

— Sim, dr. Maciel, o senhor está certo! Agradeceria se me receitasse um bom calmante. Estou muito nervosa.

— É muito natural. Preocupada como está!

— Doutor! — grita Loredano entre espasmos de dor. Atenha-se ao seu trabalho! Da minha mulher cuido eu!

— Neste particular, precisaria ser médico e não apenas marido. Gostaria de examiná-la para ser mais eficiente no diagnóstico.

— Eficiente é coisa que o senhor nunca será! — comenta Loredano. — Atenda-me, mais depressa!

— Em princípio, vou lhe ministrar uma dose de narcótico! Seus sintomas são muito contraditórios!

— Oh, azar! O senhor é mesmo muito incompetente! Digam-me, se puderem, o que será de mim?!... Demônios dos infernos! Loredano esbraveja sem parar, deixando Jennifer mais nervosa.

Em silêncio, ela se vai.

Após alguns quartos de hora, e deixando Loredano mais aliviado, dr. Maciel vai à sua procura e indaga-lhe:

— Em que posso ajudá-la? Por que está tão nervosa?

— Ah, meu bom amigo, doutor!... Encontro-me saturada de tudo! A minha vida tornou-se um caos! — ela cai num pranto desconsolado.

Observando-a, profundamente penalizado, ele aguarda que ela se acalme, enquanto lhe diz palavras de consolo e estímulo, diante de tudo que ela possa estar vivenciando e que não lhe é difícil ajuizar.

Um pouco mais calma, Jennifer enxuga os olhos e lhe aguarda o diagnóstico e as providências.

Doutor Maciel tira da sua valise um remédio que dilui em água e lhe dá para beber. Aconselha-a deitar-se para aproveitar a ação do calmante ingerido. Retorna ao quarto de Loredano e este dorme, aliviado das suas dores. Fica a observá-lo; algumas rugas aparecem-lhe na testa ampla e nobre. Sabe que o mal de Loredano está se agravando. Dentro de algum tempo, os habituais medicamentos não surtirão mais efeito.

Este homem tão poderoso, tirano, e acostumado a decidir a própria vida e as dos outros, ficará preso ao leito de dor, a depender de remédios cada vez mais fortes, para ter pequenos intervalos de repouso entre uma crise e outra, que se irão encurtando, cada dia mais, até levá-lo de vez.

Nos dias seguintes, o doutor o socorre com o tratamento adequado, juntando a este a sua natural intuição.

Enquanto Loredano geme de dor, blasfema e se desespera, Jennifer, mesmo lamentando-o, continua pensando em abandoná-lo.

Nos seus delírios, entre uma medicação e outra, Loredano, por vezes, fala em Zarik.

O doutor, curioso e desconfiado, quer saber onde está o rapaz. Recorda de como ele era eficiente para ajudá-lo com a sua terapêutica, que os próprios médicos admiram e fazem uso, quando faltam outros recursos tradicionais no tratamento de doenças que desafiam a ciência.

Pedindo ao doutor que o poupe da 'lenga-lenga' e sabedor de que Jennifer tem quase certeza da sua participação no desaparecimento de Zarik, ele nega peremptório.

Enfim, depois de muitos tratamentos, a doença arrefece um pouco, deixando-o sair do leito e retornar à sua vida normal. Mas, o doutor sabe: é apenas uma melhora. São fases diferentes de uma doença implacável que o corrói por dentro.

Doutor Maciel diminui as visitas. Foram longos dias de tratamento intensivo, difíceis e exaustivos para ambos...

Mais disposto, Loredano volta a comer, desvairado. Muitas vezes põe tudo para fora, de maneira sofrida e nada elegante.

Mais algum tempo se arrasta...

Jennifer espera uma boa oportunidade para sair dali, definitivamente. Escreveu à mãe, contando-lhe essa intenção.

Dona Berta, em febres, entra em pânico. Teme que Jennifer venha perder o direito à herança de Loredano. Não pode, porém, escrever aconselhando a filha. A missiva, provavelmente, cairá nas mãos de Loredano.

No seu cérebro ambicioso, surge uma ideia. Com Loredano doente, tentará regressar e ser-lhe útil na fase dolorosa que ele está vivendo, e o seu retorno impedirá que a filha saia de casa.

Estará, mais uma vez, interferindo na liberdade de agir da filha, mas um dia, certamente, Jennifer agradecerá aos seus cuidados e à sua abnegação.

* * *

ZARIK AGUARDA OS graves acontecimentos que virão. Ainda não sabe quando ou como. Previdente, organiza-se.

Utimar exige-lhe, impositivo, a exploração comercial da sua alquimia. Este sinistro administrador da Fortaleza dos Revoltosos ganha somas consideráveis, difíceis de ajuizar, mas quer sempre mais.

Pressionando Zarik, ignora que pode sair da fortaleza quando desejar, sem que ele possa impedir.

Durante algum tempo, Zarik planejou sair dali para denunciar os atos criminosos.

Sabedor da sua intenção, Ulimar acorreu:

– Caro Zarik, onde encontrar ouvidos e intenções judiciosas? Você estaria caminhando, sem defesas, para a boca da serpente! Acredita que os diversos segmentos da sociedade desconheçam tais procedimentos? Não, meu amigo! Muitos fazem parte deste mal! A questão é: quem é quem?! Neste mundo ainda tão infeliz, o homem é o lobo do próprio homem! Por enquanto você nada pode fazer, acredite! Nós e outros como nós, socorremos, aqui e ali, aos mais infelizes, aparentemente abandonados. Fazemos o que nos cabe, esperando acima de tudo pela Divina Providência! Sabemos, ambos, que a Grande Lei se cumpre, acima de tudo e acima de todos.

Zarik compreendeu que Ulimar, mais experiente, sabe que não se modifica à solapa um contexto tão enraizado e cruel.

Nas suas recentes visões, Zarik divisa a fortaleza ardendo em chamas. As labaredas sobem, engolindo tudo. Densos e negros, os rolos de fumaça podem ser vistos à distância! E após o sinistro, nada resta, nada, sequer um ser vivo!

Ora, fervoroso, por aqueles que ali vivem os seus infernos em vida. Ama-os como filhos do coração. Sofre por eles. Pede a Deus que os proteja e os liberte das dores presentes e que os tire dos tormentos do grande incêndio, quando este se instalar.

Alguns meses se arrastam.

Numa noite, inquieto, pressente que o momento ansiosamente aguardado se aproxima. Cuidadoso, apronta as poucas bagagens.

Na véspera, fora ameaçado, mais uma vez, por Utimar que deseja apressar o comércio dos medicamentos:

– Você está naquele laboratório graças a mim! Inteligente como é, deve saber quais as razões que me moveram ao permitir-lhe tempo, espaço e instrumentação adequada! Agora, faça a sua parte, senão... – Olhando-o, furibundo, o administrador não deixa dúvidas quanto ao risco que Zarik corre, caso não obedeça.

Ciente dos próximos acontecimentos, Zarik finge concordar.

Utimar, confiante, preliba os futuros lucros. Os seus cofres estão abarrotados de dinheiro e objetos valiosos. Lá encontram-se também testamentos, hipotecas, confissões assinadas, atestados de nascimento e de óbito, registros de terras, 'doações', diplomas, etc.

São algemas tão potentes quanto as de ferro... correntes que muitos arrastam, como assombrações vivas, a temerem a queda da espada de Dâmocles sobre as suas cabeças!

Este, o maior poder desta fortaleza e deste administrador!

* * *

Rosalva, Fabiano e Pietro Neto instalaram-se definitivamente no circo.

A intenção primeira é cuidar de Pietro, sem tirá-lo da sua vida habitual. Provavelmente, tal procedimento seria desastroso. A segunda, tão importante quanto, é assumir os destinos do Grand Circo Monteverdi.

Apesar dos carinhos que dispensa ao neto, ninguém sabe o que vai no coração de Pietro.

O menino afeiçoou-se a ele e, não raro, vamos encontrá-lo no colo de Pietro a fazer-lhe afagos e a rir gostosamente.

Mergulhado no seu mundo sem sentido, Pietro por vezes indaga intrigado:

– Onde está Cosette?... Por que nunca mais veio trabalhar?

– Ela adoeceu e foi internada num hospital, papai – esclarece Rosalva, mais uma vez.

Pietro ouve, mas subitamente desinteressado parece não ter entendido. Quase não fala. Atualmente, sua única alegria é o neto.

Neste momento, Pietro Neto chega correndo. Ele o põe sobre os joelhos e o sacode, fazendo-o 'galopar'. Riem os dois, até perderem o fôlego.

Cansado, parando para respirar um pouco, ele fita o menino intrigado e exclama:

– Ora, meu pequeno, como você se parece com a minha Rosalva! Pobre filha, nunca mais a vi!

O menino sorri e incita-o a prosseguir na brincadeira de antes.

Pietro, divertido, abaixa o tom de voz e diz ao neto:

– Vou lhe contar um segredo: Giselda voltou para o circo, mas esqueceu que é minha mulher e me chama de pai. Eu acho que ela está 'variando'...

Sem entender o que ouviu, o menino balança a cabeça concordando, e os dois explodem em francas e sonoras gargalhadas.

Próxima aos dois, Rosalva ouve tudo e se entristece. Gostaria tanto de ser reconhecida...

Fabiano, compreensivo, dirige-lhe um olhar carinhoso. Atualmente, ele faz luminosa ponte entre pai e filha, porque para Pietro, Fabiano é um novo e bom amigo, como diz, alegre e vaidoso desta nova amizade.

Assim, tudo que Fabiano aconselha ou pede, ele atende. Por isso, tornou-se menos rebelde.

Algumas vezes se perde nas vizinhanças e alguém vem trazê-lo. Felizmente, suas poucas energias lhe impedem de ir mais longe.

Rosalva e Fabiano assumiram definitivamente a direção do circo.

Archibald, muitíssimo contrariado, viu por terra sua ambiciosa intenção de ser o novo proprietário do Grand Circo Monteverdi. Rosalva agradeceu-lhe as ótimas providências, a sua dedicação ao circo e à troupe durante a doença de Pietro e informou-lhe que resgatava para si, muito justamente, a direção, diante da impossibilidade de seu pai, passando a demonstrar isto com mão firme e muita determinação.

Archibald teve de se contentar com um bom soldo mensal e uma porcentagem nos lucros.

Somando aos seus negócios as atividades circenses junto à Rosalva, Fabiano está encantado ao ver sua mulher retomar as antigas funções de atriz itinerante, bailarina e cantora.

A cada novo dia, admira-a e a ama mais e mais. E, a bem da verdade, ela faz jus a tanto amor.

Fabiano aventura-se e faz algumas incursões nos trapézios, fazendo o filho aplaudir, em meio a gritinhos entusiásticos, e Rosalva temer por sua segurança.

É provável que o pequenino Pietro venha a ser um artista circense, como seus pais, seus avós maternos e seu bisavô.

O casal não desistiu de procurar Próspera, e espera um dia rever a boa amiga.

Para surpresa de muitos e até do marido, Rosalva agora é produtora e diretora de espetáculos.

O Grand Circo Monteverdi exibe há algumas semanas uma nova e emocionante peça teatral: *Theodor, o cigano*. Nela, Rosalva narra de forma colorida e muito atraente a vida num acampamento de ciganos, representando-se a si mesma, quando da sua permanência entre eles.

Fabiano não se faz de rogado e representa-se também, muito animado, apoiando a mulher. Desta forma, ele enriquece o espetáculo, enquanto investe em si mesmo como ator.

O público aplaude, delirante, as falas e as atuações dos personagens apaixonados e apaixonantes, em meio às suas tradições, amores, tristezas, músicas e danças.

Foi assim que Rosalva surpreendeu-se autora: homenageando os queridos ciganos que ficaram distantes, na pessoa mais forte e representativa do bando, o bom e digno Theodor.

Yan é representado por um belo jovem que toca muito bem o violino, e Próspera, por uma experiente artista que assumiu de forma magnífica a personalidade forte e dinâmica da matriarca dos ciganos.

Seu grande amor por Theodor é demonstrado através de diálogos ricos e emocionantes. O público vibra, chegando às lágrimas na cena da morte de Theodor.

Assim, numa fase rica e laboriosa, o circo de Pietro ganha nova vida, viajando pelos mais distantes lugares, levando alegria, emoção, surpresa, arte, mas jamais expondo 'aberrações humanas'!

Rosalva tem disto tristes recordações.

Como seu pai tão amado pôde, um dia, exibi-los, sem piedade? – inquiriu Archibald a respeito.

Este declarou que as aberrações foram vendidas a outro circo por uma boa quantia, que não tiveram prejuízo financeiro:

– Com as constantes viagens, era-nos difícil cuidar de todas elas, levando-as daqui para ali, devido aos seus aleijões e bestialidades. Fiz o que achei melhor. Precisávamos de dinheiro! Seu pai quase nos levou à falência, nos gastos que fez à sua procura!

– Você quis dizer que 'meu pai' quase foi à falência, não é, Archibald? – Rosalva perguntou, olhando-o, de forma significativa.

– Sim! Foi o que eu quis dizer! – respondeu ele, profundamente contrariado com a admoestação.

Somando-se a estas lembranças, Deodato. Pobre infeliz!

Archibald lhe contou, numa mórbida alegria, a sua morte entre torturas.

Rosalva arrepiou-se e pediu a Deus pelas almas dos dois!...

＊＊

Seriguella adia indefinidamente sua saída do convento. Sensibilizado até o âmago de sua boa alma, parece-lhe reviver situações muito antigas, em meio às diversas culturas: religiosa, filosófica e científica. Sempre foram estes os seus maiores anseios. Consequentemente, suas expressões verbais que já eram fluentes tornaram-se mais ricas. Possui agora um poder de síntese muito maior. Quanto à sua elegância, hoje ela é notável.

Recentemente, junto a frei Domiciano, viveu uma inusitada experiência. Andando pelas ruas, depararam-se com uma mulher que vagava a falar de forma desconexa que se dirigiu aos dois rogando-lhes auxílio.

Profundamente tocados pela figura da pobre mulher, eles pensaram em como ajudá-la. Era patente a sua necessidade de sair das ruas, todavia, para onde levá-la? Impossível hospedá-la no convento.

Seriguella, presto, decidiu levá-la a uma pensão e assim o fez. Pagando adiantado, ele a acomodou da melhor forma possível. Solidário com o triste destino daquela pobre mulher, zelou por ela, diuturnamente, fazendo-se presente e amigo.

Após algum tempo de bons tratos, boa alimentação e segurança, ela demonstrou melhoras sensíveis.

Seriguella desenvolveu aos poucos um grande carinho pela desconhecida, da qual nem o nome sabia.

Paulatinamente, as tentativas de diálogo foram se concretizando e ele surpreendeu nela uma boa cultura e muita inteligência.

Grata pelo auxílio recebido um dia, ela desabafou:

– Meu filho, apesar da minha situação, eu já vivi no castelo de um poderoso senhor.

– Ah, sim? – ele indaga gentil, mas duvidando.

– Chamo-me Margot. Lá eu fui ama de dois meninos lindos que a vida os separou.

– Gostaria de me contar?

– Agora não, meu bom rapaz. Depois, quem sabe...

Aos poucos, numa convivência mais estreita, ela contou algumas histórias que lhe pareceram fantasiosas.

Meses depois, para sua tristeza, ela expira nos seus braços.

Alguns dias antes, lhe dissera:

– Meu bom e sábio filho, procure o castelo do barão Hildebrando, por favor, e diga-lhe do meu amor e da minha saudade! Conte-lhes que parto para Deus, levando todos no meu coração! Peço-lhes perdão pela minha fraqueza, gerada pelo desespero... Leve este lencinho com a heráldica do castelo e o meu monograma. A Providência Divina nos reuniu, Seriguella! Um dia você entenderá tudo que eu estou lhe dizendo. Que Deus o abençoe e o faça feliz!...

Enterrando-a com muito respeito, Seriguella chorou; já se lhe afeiçoara. Fervoroso, orou, recomendando-a a Deus.

Semanas depois, decidiu procurar o tal barão, atendendo-lhe a última vontade. "Vale a pena tentar; caso seja verdade, dará paz à sua alma"– pensara.

Procurando o castelo e obtendo informações, ele e frei Domiciano partem para lá. Em alguns dias de viagem, encontraram sólida e ampla construção de torres dentadas, seteiras, pontes levadiças e muito mais!

Identificaram-se e fizeram-se anunciar. Na recepção do castelo, Seriguella entregou o lenço e declinou o nome de Margot. Aquele que os recepcionou olhou-os de forma muito estranha.

Um quarto de hora depois, eles são introduzidos num principesco salão e ali aguardam.

Passados alguns instantes, ouvem passos fortes e ruidosos. É o barão, paramentado nos seus ricos trajes, que adentra o salão, agitado e seguido de perto por seu séquito.

Saudando-os, ele demonstra espanto e curiosidade. Indaga, presto, onde e como eles encontraram o adereço. A princípio, dirigiu-se a frei Domiciano.

Este, respondendo respeitoso à saudação do barão, declara que o seu amigo tem as informações que ele deseja. Ansioso, o barão se volta para Seriguella e os dois ficam frente a frente. Subitamente, algo muito estranho acontece. Perplexo, sem poder controlar-se, tal a sua emoção, o barão empalidece mortalmente, enquanto fita Seriguella.

Incapaz de articular qualquer som, ele treme em patente desequilíbrio. Perde as condições de se manter de pé, sendo prontamente socorrido por sua comitiva que igualmente demonstra muita curiosidade quanto a Seriguella.

Sentando-se numa cadeira confortável, ele respira com dificuldade e exibe na intensa palidez o seu estupor.

Frei Domiciano está boquiaberto. Seriguella também, acha tudo muito estranho. Começa a temer pela segurança de ambos, caso o tal barão seja um desequilibrado mental. Ele sabe que estas anomalias são muito comuns entre a nobreza.

Depois de beber num cálice de prata lavrada alguns goles de água, na qual foram adicionadas gotas calmantes, o barão indaga, voz emocionada:

– Por favor, diga-me: Qual é o seu nome, meu rapaz?
– Seriguella, senhor, às suas ordens!
– Seriguella... De que família?
– Não sei dizer...

Intrigado com a resposta, o barão prossegue:
– E de onde vem?
– Do mundo! Sou um andarilho! Ou melhor, era. Hoje, para minha alegria, moro num convento.
– Poderia dizer-me onde nasceu e o seu sobrenome?
– Não, senhor, não posso lhe dizer nem uma coisa nem outra! Simplesmente, porque eu nunca soube!

O barão demonstra os sentimentos que o alcançam, sem que eles possam entendê-lo.

O barão olha para o alto e balbucia:
– Meu Deus!...

Ato contínuo, acerca-se de Seriguella, estudando-lhe as feições. Ansioso, quer saber:
– Diga-me, tem alguma recordação da sua infância?

Seriguella, calmamente, sem compreender e sob o olhar de aprovação de frei Domiciano, resume em poucas palavras suas parcas recordações.

A cada novo quadro pintado por Seriguella, o barão estremece. Em dado momento, visivelmente perturbado, ele leva a mão ao peito e parece sufocar. Sua palidez é mortal.

Seus serviçais o socorrem de novo, enxugando-lhe a testa úmida de suor e aconselhando-o a recolher-se aos seus aposentos para repousar.

Entendidos, frei Domiciano e Seriguella fazem menção de sair, mas com um gesto autoritário, o barão os impede.

Sua respiração torna-se pesada, entrecortada por soluços que explodem do seu peito.

Sem condição de controlar-se, ele desaba num pranto convulso:

– Perdoem-me e aguardem alguns minutos, por favor!

As grossas lágrimas escorrem do seu rosto, marcado de muitas rugas.

Emocionado, frei Domiciano julga entender aquilo que de fato se passa naquele castelo e no coração do barão Hildebrando.

Roga aos céus o auxílio de que precisam.

Refazendo-se em parte, o barão pede a Seriguella:

– Por favor, siga-me e entenderá a minha emoção. Deus hoje houve de premiar-me com a sua misericórdia.

– Posso acompanhá-los, caro senhor barão? – o frei indaga interessado.

– Se o seu acompanhante permitir, naturalmente.

A um sinal de aprovação de Seriguella, saem os três, acompanhados pelos servos do barão, que à distância cuidam do seu senhor, sem, contudo, interferir.

Eles caminham por imensos corredores e sobem vários patamares. Seriguella fica deslumbrado diante de tudo que vê.

Por fim, sobem uma escadaria em espiral e chegam a um amplo e luxuoso dormitório.

Sobre um leito macio, coberto de sedas e rendas, sob alto e rico docel, respirando com dificuldade, encontra-se um homem ainda jovem.

O barão pede que se aproximem, misterioso, enquanto observa as reações de Seriguella.

Este atende, respeitoso e penalizado. Aquele homem demonstra muito sofrimento.

Acerca-se mais do leito e fita o enfermo.

Estremece e queda-se espantado, sob fortíssima emoção. Aquele ser que ali sofre e geme, debilmente, é o seu retrato vivo!

Voltando-se para frei Domiciano, Seriguella sussurra sob forte impacto:

– Meu bom frei, está vendo o mesmo que eu?

– Sim, meu filho, E é incrível! Vocês são iguais! Deus de misericórdia!...

— Que me diz disto, meu rapaz? — indaga o barão.

— Eu, senhor? Julgo estar sonhando! Quem é este rapaz que se assemelha tanto comigo?

— Este que você vê neste leito de dor é meu filho; e deve ser, segundo imagino, seu irmão gêmeo!

Seriguella está embrutecido. Passa as mãos pelos cabelos bastos e bonitos, agora bem tratados, e exclama, duvidando do que ouviu:

— Meu... irmão... gêmeo? Se jamais tive irmão! E o que ele tem, senhor?

— Ele padece de um estranho mal, meu rapaz. Está assim desde os vinte anos. Nunca mais se levantou desta cama. Sofre muito, o meu pobre Hilderico.

— Lamento-o... Se o senhor diz que ele pode ser o meu irmão gêmeo, então...

— Então, diante de tudo que ouvi de você e desta semelhança indiscutível, você é meu filho, raptado ainda pequeno!

— Perdoe-me, mas não sei o que dizer, e muito menos o que fazer.

Seriguella fita frei Domiciano, rogando-lhe auxílio. Este, por sua vez, tem os olhos rasos d'água. Incapaz de pronunciar-se, dirige-lhe um olhar de coragem e apoio.

Esforçando-se para manter-se equilibrado, o barão, compreensivo, declara:

— Não se agaste. Eu mesmo estou espantado. Busquei-o anos a fio... Agora, vejo-me diante de você, por um aparente acaso.

— O senhor barão poderia narrar os fatos que culminaram com a perda de um dos seus filhos? — atreve-se a indagar frei Domiciano.

— Não perdi apenas um dos meus filhos, naquele dia infeliz.

Ele torna-se alheio, por alguns instantes, como a rever o passado doloroso. Respira fundo e esclarece:

— O gêmeo de Hilderico foi levado de nós por um dos meus auxiliares; pessoa muito próxima e útil em todos os cometimentos do castelo; o meu braço direito. Numa vingança inominável contra a minha mulher, que ele amava doidamente, sem que eu soubesse; e sendo rechaçado por ela, arrancou-lhe o filho dos braços, numa noite trevosa, na qual eu me encontrava distante. Ele dera incumbências aos nossos mais fiéis criados, afastando-os e ficando a sós com a minha bela e amada Helga. Meus filhos herdaram-lhe a beleza física. Naquela noite, invadindo os seus aposentos, surpreendeu-a no amplo e confortável leito, a brincar com nosso filho, divertida e feliz. Insano, declarou-lhe mais uma vez o seu louco amor, ameaçando-a. Sem dúvida, ela gritou pelos criados, mas eles não podiam ouvi-la, porque não estavam ali.

Diante de tudo que vimos, concluímos que ele tentou consumar a sua paixão, atirando-se sobre ela, mas corajosa como uma leoa, ela reagiu e agarrou-se ao filho, temendo por ele. Tomando um castiçal de prata, ela avançou sobre ele, ferindo-lhe na cabeça. Encontramo-lo no chão do quarto. Enlouquecido, mais uma vez, e sempre rejeitado, depois de lhes rasgar as roupas, sem conseguir dominá-la, enterrou-lhe no peito o seu afiado punhal. Apanhando a criança, na qual dissera entre gargalhadas ter batido, entregou-a ao seu cúmplice, ordenando que ele a matasse longe dali. Mas quando fugia, fora surpreendido por meu fiel criado, Sigismundo, que desconfiou das suas feições alteradas e, agarrando-o, levou de volta para dentro.

Arrastando-o com sua força hercúlea, fê-lo andar pelos diversos ambientes, até concluir sobre suas intenções espúrias. Nos aposentos de minha Helga, Sigismundo concluiu sobre o crime, deparando-se com ela caída ao chão, gemendo, a esvair-se em sangue. Socorrendo-a, ordenou que o assassino fosse atado a um poste. Enviou-me mensageiros para que eu regressasse urgentemente. Voltei o mais depressa que pude e encontrei a desgraça instalada. Possesso, pela falta de meu filho e pela situação trágica de minha amada Helga, eu agi como louco. De maneira cruel, extraí dele a confissão do seu ato selvagem.

Frei Domiciano se benze, persignando-se, enquanto sussurra uma breve oração.

– Minha Helga nunca mais se restabeleceu, vindo a falecer meses depois nos meus braços, deixando-me em desespero!

– E quanto ao seu filho sequestrado? – indaga-lhe frei Domiciano, notando a incapacidade de Seriguella pronunciar-se, tal o seu envolvimento.

– O desgraçado nunca me disse o nome de quem o levou! Morreu, mas não me revelou o paradeiro do meu filho! Que esteja bem no fundo do inferno, o infeliz!

Frei Domiciano se benze de novo, balançando a cabeça negativamente.

– Como tem sido a sua vida? – o barão indaga, interessado, a Seriguella.

– Sempre vivi nas ruas. Frei Domiciano conclui que, por ter boa índole, foi-me possível sobreviver; conquistando a ajuda deste ou daquele, durante a minha infância e adolescência. Na minha mocidade, aprendi toda sorte de ofícios. Apesar de tudo, sempre vivi bem; nunca me faltou o pão de cada dia. Defendia-me com a inteligência que Deus me deu e com a força dos meus braços. Fiz muitos amigos. Hoje, vivo melhor e mais tranquilo no convento. Ali, estudo muito, como sempre desejei. Tenho bons amigos frades, entre eles o bom frei Domiciano, aqui presente.

– Compreendo. Imagine, você rico e poderoso, vivendo nas ruas! Que desastre! O destino nos impõe, vez por outra, a sua grande força, não acha?

– Sim, senhor, eu acho! Por favor, diga-me: quem é a mulher chamada Margot, à qual me afeiçoei e por que ela estava nas ruas?

– Margot foi a ama dos gêmeos. Muito querida por nós, sofreu demais ao perder você e ficar sem a sua senhora. Esta boa mulher foi de uma dedicação notável à minha mulher, até o momento da sua morte. Há alguns anos, numa fase extremamente dolorosa da doença de Hilderico, sem esperança de vê-lo curar-se, desequilibrou-se totalmente. Cuidamos dela com desvelo e delicadeza, mas um dia notamos-lhe a ausência. Fizemos buscas infindáveis, mas nunca mais a vimos, para nossa tristeza. O mundo parecia tê-la tragado. Agora, você nos traz a notícia de sua morte. Que Deus a receba em seu seio, boa e querida Margot! Nos últimos instantes da sua preciosa vida, ela nos devolveu você! Que Deus seja louvado!

– *Ad aeternum!* – responde o frei, olhando para o alto.

– Agora entendo. Na minha memória, pude esquecer-lhe as feições, mas não o seu amor e a sua dedicação – conclui Seriguella.

– Margot sofreu demais quando você desapareceu. Seu irmão, naquela hora estava no banho, numa outra ala do castelo e por isso foi preservado. Melhor do seu desequilíbrio nervoso, Margot certamente reconheceu você.

– Qual era, então, o nome do seu filho desaparecido?

– Somos homônimos.

– Hildebrando... – Seriguella articula as sílabas, enquanto toma consciência da situação na qual se encontra. Será este, de fato, o seu verdadeiro nome? Jamais imaginou-se em tal situação.

– Seu nome, meu filho, é Hildebrando. Meu único herdeiro capaz de prosseguir com a minha heráldica e os meus ideais! Seriguella estremece ao ouvir tal afirmação. Apesar do susto, da emoção e da inusitada situação, não pretende de modo algum perder a sua sagrada liberdade.

– Apesar da doença de Hilderico, que o torna incapaz, você por direito é o herdeiro legal, afinal nasceu alguns minutos antes. Agora, tem quase trinta anos, não é?

– Sim, senhor!

Precipitando-se, sem mais poder conter-se, o barão Hildebrando abraça-o:

– Já posso morrer em paz! Você ficará à frente e a cavaleiro de tudo, já que seu irmão dependerá de nós, até o dia que os céus desejarem!

Frei Domiciano os observa com os olhos bondosos e azuis, cheios de lágrimas. Tira do bolso do seu hábito um lenço e com ele enxuga o pranto emocionado.

Desligando-se do abraço paterno, Seriguella se dirige amavelmente ao bom frei, o abraça e lhe diz, agradecido:

– Meu bom amigo, as suas intuições corretas somente de Deus poderiam vir! Que Ele o abençoe! E agora, o que devo fazer? Sinceramente, não sei!

Colocando ambas as mãos sobre os seus ombros, frei Domiciano aconselha:

– Ouça o seu pai, Seriguella. Ele, por certo, já tem planos para a sua vida.

É exatamente isso que apavora Seriguella. Este momento, se bem que auspicioso, acena-lhe com a famosa gaiola dourada (com heráldica e todas as consequências advindas do poder!)

Fita o pai reencontrado... Entre eles existe um grande abismo no espaço e no tempo... Está profundamente perturbado.

Em silêncio, desce precipitado em direção ao andar térreo, sendo seguido de perto pelo barão, sua comitiva e o frei.

Estes o deixam à vontade e sentam-se a conversar no grande salão.

Seriguella prossegue e alcança um exuberante jardim. Respira a haustos, senta-se num banco de pedra e reflete. Quase duvida daquilo que está vivendo. Fita o céu azul, sem nuvens... O infinito. Olha para o chão. Cabeça baixa, a meditar. E se nunca tivesse encontrado Margot? Sua vida ficaria como estava, de acordo com a sua vontade e as suas escolhas! Que fazer?! Impossível decidir tão depressa um assunto tão grave! Eis que a vida lhe apronta uma armadilha! Sim! E das grandes!

Nestes conflitos, impaciente, queda-se atônito, sem saber que caminho tomar. Seu pai está envelhecido, sofrido. Pobre homem! Seu irmão é doente, incapaz de qualquer ação... Por que não veio encontrá-los bem e à frente de tudo? Precisa fazer algo. Não pode deixá-los esperando, indefinidamente.

Retorna e pede ao barão para rever Hilderico.

Atendido, sobem novamente.

Ele toma-lhe a mão, tenta fazer-se entendido, dizendo-lhe palavras de conforto. Toca-lhe, amável, a testa pálida e suada. O doente, olhos distantes, não parece vê-lo, nem ouvi-lo. Seriguella, apiedado, fica a mirá-lo; lamenta-lhe a triste existência.

– Meu filho – lhe diz o barão, abraçando-o pelos ombros, – não se sinta pressionado. Pense a respeito de tudo o que está acontecendo e depois falaremos. Não o encontrei para mudar sua vida contra a sua vontade! Todavia, se Deus nos permitiu este reencontro, deve ter planos para todos nós.

Este baronato, que aparentemente terminaria comigo, agora se estenderá, se você quiser, noutras extensões de trabalho, empreendimentos e enfim, prosseguirá honrando nossa heráldica, herança moral e material dos nossos antepassados. Adivinho em você um digno herdeiro das nossas tradições e esperanças!

Voltando-se para frei Domiciano, ele pede:– Conto com a sua ajuda e a sua ascendência espiritual sobre meu filho para orientá-lo da maneira mais equilibrada e justa; digno representante de Deus na Terra. – Agradeço-lhe a confiança. Tudo farei para que Seriguella decida o que for melhor para todos, e num direito inalienável para ele mesmo!

– Desde já o admiro e agradeço-lhe a boa intenção.

– Não há o que agradecer. Seriguella é muito querido de todos nós no convento.

Abraçando o pai e despedindo-se, Seriguella sai.

Na rua, respira profundamente e olha o céu.

Ouvindo o cantar de alguns pássaros nos arvoredos próximos, dirige-se a eles:

— Meus sábios amiguinhos, vocês não plantam, nem ceifam, mas o Pai os alimenta! Os seus cânticos enchem a alma de encantamento e esperança! Ao vê-los librando os ares, sinto ânsias de voar! De ser cada vez mais livre! Será que o meu sonho de liberdade chegou ao fim? Quais encargos a vida que se descortina exigirá de mim?

Frei Domiciano, que chega após ter se despedido do barão, respeitoso e amigo, observa-o e ouve ainda as últimas palavras.

Seriguella senta-se num dos bancos da pracinha, sorumbático.

Frei Domiciano chega ao seu lado e lhe fala, amável:

—Deus há de fazê-lo muito feliz! Tenha coragem e acredite que, apesar de tudo que se prenuncia, você saberá sempre como cuidar daquilo que o cerca e ao mesmo tempo preservar a sua liberdade de filósofo e poeta!

— Ora, então o frei sabe das minhas poesias?

— Ah, sim! Você esqueceu algumas sobre a mesa e devo lhe dizer que estou espantado com sua veia poética! Você expande cada vez mais o saber que o caracteriza! Parabéns, Seriguella!

— Obrigado! Devo muito ao senhor e ao convento pelas oportunidades recebidas!

Abraçado ao frei, Seriguella regressa ao convento, sem mais nada dizer. Precisa digerir tudo que viveu há tão poucas horas...

Algumas semanas se passam enquanto ele medita, confuso e indeciso. O risco de abdicar da liberdade tão bem assumida ao longo de tantos anos o atira de encontro a um muro de incertezas. Todavia, se descobriu que possui uma família, como ignorá-la? E, pior que isso, omitir-se diante das suas responsabilidades filiais?!

Enfim, num dia luminoso de beleza ímpar, ele informa a frei Domiciano que decidiu assumir a nova-antiga-vida, junto ao seu pai e ao seu irmão.

Neste momento, sustentando a pena no ar, num descanso das suas escritas, ele analisa o próprio comportamento. Tomou a decisão, mas adia, indefinidamente, a atitude final de sair dali e ir morar no castelo do barão Hildebrando, seu pai.

* * *

Chegou, enfim, o grande dia da libertação de Mustaf'Zarik. Altas

horas da madrugada, numa estranha letargia, ele ouve Ulimar:
— Levante-se! É chegado o momento!

Despertando completamente e com todos os sentidos apurados, Zarik se levanta e sai a caminhar pela sinistra fortaleza, despedindo-se de todos e entregando-os a Deus.

Daqueles que ali viviam, restaram poucos. A maioria, para desespero de Utimar, pereceu numa incontrolável epidemia que quase dizimou a todos.

O próprio Utimar, amedrontado, desapareceu dali por tempo indeterminado, só retornando quando a estranha doença pareceu superada.

Agora, Zarik passa pelos aposentos dele e roga a Deus por sua alma tão carente de luz e de amor. Sem que ele possa ouvi-lo, exclama, apiedado:
— Utimar, um dia você também será bom! Que sua transformação espiritual não se demore indefinidamente!

Um dia nos reencontraremos. Neste tempo espero que você esteja mais responsável, diante de si mesmo e dos reais valores da vida! Por enquanto, adeus!

Regressando aos seus aposentos, ordena num gesto silencioso a Theobaldo que o acompanhe.

Sonambúlico, este se levanta e obedece.

Zarik apanha a bagagem e os volumes, devidamente acondicionados e escondidos. Theobaldo, silencioso e semi-adormecido, recebe incumbências quanto a carregar alguns pacotes e obedece, sem saber o que faz.

Zarik ultrapassa todos os obstáculos, imprimindo velocidade à sua intenção de sair da fortaleza. Parecendo levitar, carrega mestre Theobaldo pela mão. Os dois saem sem empecilhos, porque Zarik levanta a destra e pronuncia determinadas palavras cabalísticas que vão abrindo as portas de par em par, até os últimos portões, nos quais os vigias dormem um sono pesado.

Do lado de fora, Zarik fita tristemente o trevoso frontispício. Ato contínuo, ajoelha-se e roga aos céus por aqueles que ali vivenciaram tristes experiências, e por aqueles que ali encerrarão as suas existências dentro de poucas horas...

De feições transfiguradas, ele se levanta. Uma tempestade se aproxima; o céu se torna ameaçador. Entregando-se ao Criador, inicia a sua caminhada, levando nas mãos o roteiro recebido há algum tempo de Ulimar, em uma de suas visitas. Este, à distância, num castelo de torres longas e finas, pintadas em nuances de azul, verde e branco, e de tão altas mais parecem adentrar o céu, aguarda, vestido numa túnica branca de brilho refulgente.

Reverente e grato ao Criador, ele dirige o olhar na direção da fortaleza. Esta etapa de trabalho está concluída.

Trilhando uma estrada sinuosa, da qual ainda se divisa claramente a fortaleza, Zarik ouve sons horríveis.

Para, apura os ouvidos e intensifica a visão espiritual:

Surpreende nas nuvens negras que se movimentam fantasmagóricas: rostos disformes, corpos se alongando pelas rajadas do vento, mãos em garras. Sinistras gargalhadas fazem eco com os outros sons, enquanto o cinza-chumbo do céu se irisa de vermelho sanguíneo. Relâmpagos cortam o ar, iluminando-o tetricamente. E, finalmente, num grande estrépito, uma tempestade desaba.

Theobaldo desperta de vez, olha à sua volta sem nada entender e se benze, aterrado. Num gesto significativo, Zarik lhe pede calma. Ele atende.

Trovões ensurdecedores rugem furiosos, em resposta às descargas elétricas.

Uma densa cortina líquida se desdobra, caindo sobre tudo.

Do peito de Zarik estrugem soluços e ele chora, profundamente apiedado. Suas lágrimas se misturam com a chuva que banha o seu rosto. Mais alguns minutos e, como por encanto, a tempestade estanca! Mas, de dentro da fortaleza, surgem (oh, Deus!) como línguas de fogo, enormes labaredas, devorando tudo!...

Sua visão premonitória se materializa. A destruição completa da fortaleza é questão de poucas horas...

O seu pranto aumenta, convulsionando o seu corpo alto e flexível.

Lamenta a morte daqueles que ama. Com voz profundamente emocionada, exclama:

– Meus pequeninos! Filhos de minh'alma! Que a Providência Divina os receba! Que suas almas se iluminem após esta dolorosa expiação! Oh, Deus, melhorai-nos a todos, a fim de que lugares como este deixem de existir na Terra! Dai-nos amor e paz! Tende piedade de nós e deste mundo abençoado que nos concedestes para o sublime aprendizado!

Zarik cai de joelhos. Theobaldo, muito emocionado, a tudo assiste.

Zarik escorrega para o chão, estende o corpo sobre a terra, braços abertos em forma de cruz, pés juntos, rosto colado ao solo e se mantém assim.

Para ele o tempo parou.

Neste instante, nada mais importa, a não ser sua total submissão à Grande Lei. Neste momento solene, o seu presente se modifica radicalmente. Seu futuro se instalará, enfim, porque estes acontecimentos fecham uma fase muito importante da sua vida, assumida com coragem e fé.

A partir deste momento, Mustaf'Zarik não será mais o mesmo. Mais preparado, vai assumir uma vida de sabedoria e trabalho, voltada para a humanidade.

Quando Zarik se levanta, sua figura impressiona: parece uma estátua viva moldada em barro. Erecto, nobre, ele exibe nos olhos brilhantes uma serenidade ímpar.

Alguns minutos mais e prossegue viagem junto a Theobaldo, patinando ambos na lama que se fez.

Suas vestes estão coladas ao corpo e os seus cabelos encharcados. Vez por outra, os dois olham para trás e divisam grandes rolos de fumaça negra subindo. Theobaldo sabe que se tivesse ficado, teria perecido.

Os seus vultos diminuem enquanto se distanciam e em poucas horas são dois pequenos pontos no horizonte, que depois desaparecem, rumo aos seus destinos...

VOX POPOLI, VOX DEI

Muito tempo depois, um peregrino de estranho olhar narra a lenda da Fortaleza dos Revoltosos:

"Há muito tempo, não muito distante daqui, existiu uma sinistra fortaleza, que era uma prisão horrível! Ali, entre as suas sólidas paredes, encarcerava-se gente inocente, torturavam-se os infelizes e matava-se no silêncio das noites trevosas. Sua fama corria de boca em boca, de ouvido a ouvido, mas ninguém conseguia provar os crimes que eram praticados ali. Dizia-se que algumas vezes ela desaparecia, como uma miragem no deserto, para logo depois ressurgir..."

Enquanto ele faz, brilhantemente, o seu relato, a assembleia se arrepia e olha ao redor, temerosa.

Com um fino e enigmático sorriso, ele prossegue:

"– Um dia, ali chegou, preso e infeliz, um mago, jovem e poderoso. Ao ver tanta iniquidade, ameaçou-os com os castigos dos céus. Tudo inútil, os chefes dali não lhe deram ouvidos e prosseguiram nas suas maldades. Este mago, cansado de tanta rebeldia contra o Criador, evocou os Espíritos e estes precipitaram uma chuva de fogo sobre a fortaleza, destruindo-a por completo. O povo que à distância viu as labaredas, havia acorrido, mas era muito tarde! Sequer puderam aproximar-se, tal o inferno das chamas! Dizem que ainda hoje quem passa por ali à noite, ouve gritos lancinantes e gemidos. A maioria das pessoas, evita passar por aqueles sítios. Com muita coragem, eu fui até lá. Ali, nosso coração palpita querendo sair pela boca e as nossas carnes estremecem, como se um vento maligno perpassasse por nossas entranhas... Atentos, ouvimos sons muito estranhos, como ecos que sobreviveram ao tempo, a clamar por misericórdia, em meio a imprecações e blasfêmias. Parece-nos estar diante das trágicas mitologias gregas ou do inferno de Dante... Nestes momentos, de alma suspensa, somos levados a analisar os nossos comportamentos diante da divindade. Hoje ou amanhã, aqui ou alhures, ninguém escapa à vera justiça! Estes fatos impressionantes, com o tempo, transformaram-se numa lenda muito conhecida do povo e dos trovadores..."

Ah, a sabedoria popular! *Vox popoli, vox Dei!*...

* * *

MAIS UMA PEÇA de Rosalva é levada ao público do Grand Circo Monteverdi, em grande estilo. Uma corte faraônica do antigo Egito desfila, diante da estupefação de todos que ali acorrera, em função da propaganda. Os atos se sucedem, maravilhando até as crianças e instruindo àqueles que jamais tiveram acesso a esta faceta cultural do mundo antigo.

Fabiano, Rosalva e o pequeno Pietro fazem parte da luxuosa encenação.

Os panos de fundo, que vão sendo trocados a cada ato, resultado do trabalho de hábil pintor itinerante, revelam as pirâmides de Kéops, Kefrén e Mikerinos; a grande esfinge de Gizé; camelos ajaezados, tranquilos e malemolentes e que parecem se mover (pela impulsão e retração de técnicos atrás do palco) sob o sol ardente de Rá, no deserto da terra de Kemi. E mais: templos, ruínas, afrescos, túmulos, sarcófagos, obeliscos e estelas com os famosos hieróglifos, dando a todos a forte impressão de estarem no antigo Egito, envolvidos nos seus mistérios e belezas.

Até o rio Nilo parece convidar-nos a um passeio sob a luz argêntea da lua...

* * *

As peças que compõem o cenário do palácio do faraó fazem os olhos do público brilharem de espanto e curiosidade. Rosalva investira grande parte daquilo que possui para ver a realização deste sonho.

Retornando ao circo, ampliou os seus talentos de cantora, bailarina e atriz; somando a tudo isso a produção de peças e monólogos, fazendo jus aos talentos artísticos da família.

— Fabiano — ela confessa, enquanto supervisiona tudo que diz respeito ao espetáculo — minha alma se delicia nestas histórias. Principalmente no Egito. Parece-me ter laços muito fortes de passado. Você crê nisto, meu amor, ou me debato em meio a fantasias?

— Não, minha querida, o que sentimos vai muito além das fantasias. Neste faz-de-conta, revemos passados remotos, nem tão esquecidos assim... Como acontece a você, o Egito também fala alto ao meu coração. Essa terra de beleza e mistério me fascina, Rosalva!

— Já teríamos vivido lá?

— Isto é muito possível! É fácil concluir que vivemos também em muitos outros lugares. E qual a melhor parte destas conclusões que são baseadas numa sabedoria tão antiga?

— A certeza de que a vida continua, sempre e sempre!

— Exatamente! Exercitando diversas caminhadas, nascendo em tantos países, falando tantas línguas e vivenciando tantos hábitos e costumes diferentes, qual o vero objetivo destas múltiplas oportunidades?

— Ora, é tão fácil concluir! Nossa premissa é a evolução intelectual e moral!

— Bravo, minha querida! Me curvo diante de tanta sabedoria e tiro-lhe o chapéu! — Fabiano, divertido, se inclina reverente, chapéu numa das mãos e a outra sobre o coração.

Ambos sorriem e ele prossegue, entusiasmado:

— Os orientais acreditam piamente na transmigração das almas por diversos corpos, numa depuração constante, ao longo da eternidade!

— Eu rogo a Deus, meu amor, que sempre estejamos juntos!

— Faço coro com as suas palavras. Em qualquer parte do mundo, em qualquer época e sob qualquer circunstância, quero estar com você! — responde Fabiano, arrebatando-a para si, de encontro ao peito e beijando-a, apaixonado.

Fazendo um muxoxo, Rosalva indaga, olhos nos olhos, cobradora e ciumenta:
— E quanto à Dalila?
Intensificando os carinhos, Fabiano pede:
— Esqueça isto, por favor...
— E como poderia? Você me viu primeiro, mas preferiu-a, esquecendo-me!
— Eu não esqueci você. Provei isto no acampamento de Theodor!
— Pois deveria ter-me reconhecido antes, Fabiano!
— Não tenho a sua acuidade espiritual, Rosalva!
— Pois então desenvolva, Fabiano. Não sei se da próxima vez estarei tão atenta! Não posso imaginar a minha vida sem você, em qualquer tempo ou lugar!

Desistindo de argumentar com ela, Fabiano a beija mais e mais, calando-a...

Pietro observa os espetáculos e os progressos do circo, sem entusiasmo. Ele e o neto são inseparáveis.

Às vezes, a criança parece bem mais amadurecida, demonstrando a patente intenção de tirá-lo da sua habitual abstração e de protegê-lo. Salta aos olhos que estas duas almas se conhecem, há muito...

De forma cada vez mais rica, o circo segue a sua rotina de viagens e de apresentações. O sucesso é quase sempre garantido.

O Grand Circo Monteverdi fica mais famoso pela variedade e riqueza dos seus espetáculos, ganhando grande notoriedade no mundo de então, viajando constantemente daqui para ali, em função dos convites, apresentando-se até mesmo em castelos e para autoridades civis e religiosas.

Rosalva, feliz e realizada, alcança o seu objetivo de deslumbrar os olhos, emocionar os corações e instruir as mentes de quantos têm acesso ao seu circo.

Para o pequeno Pietro, a oportunidade de aprendizado se ampliou. Poucas crianças têm acesso a tantos povos, culturas, e às mais variadas línguas.

Seus estudos são conduzidos de forma muito responsável pelos pais, que se revezam na tarefa de instruí-lo, como Pietro fizera com a amada filha, cuidando da sua educação, apesar da vida itinerante.

Mais calmo por causa do afeto do neto, Pietro continua sem reconhecer a filha que julga morta.

Mesmo em Giselda, ele não fala mais. Apesar de tudo, é acessível ao afeto e às doces admoestações da filha, quanto à sua saúde e segurança.

E os anos se passam, movimentados e laboriosos... Bravo!...

* * *

ENTRE CÂNTICOS DE louvores celestiais, padre Leopoldo entregou sua alma luminosa a Deus. Em consequência dos maus-tratos e da vida insalubre, em pouco tempo acamou-se com problemas respiratórios. Seu pobre e amoroso coração enfraqueceu e suas forças o abandonaram.

– Médico? Para quê?!... A morte, muito justa, vem cobrar-lhe o tributo de sua audácia por ter desafiado a Igreja!...

Para que protelar aquilo que chega pelas vias naturais? Deus é misericórdia!... Ora, ora, mais vale um mau sacerdote morto que vivo!... Agora, ele servirá de exemplo!

O poder da Igreja e a sua justiça são amplamente conhecidos! E assim será para sempre! *Gloria in excelsis Deum!...*

Isto foi o que o bispo, encarregado da prisão e da manutenção do 'bem-estar' de padre Leopoldo, respondera a um dos padres que se afligira, quando da piora do padre Leopoldo, requisitando o concurso de um médico.

Este superior lhe concedera esta 'piedosa' explicação, suspirando, enquanto acariciava o cordão de ouro com um medalhão cravejado de pedrarias, pendurado no seu pescoço taurino.

Neste dia, antes de amanhecer, padre Leopoldo se despediu daquela prisão, que para ele nunca existiu e seguiu seu caminho, junto ao seu querido são Martinho.

Deixando o corpo físico, ele lamentou profundamente aqueles que mantêm instituições moldadas no egoísmo, na ambição desmedida, na vaidade, no orgulho e no fanatismo; com a consequente exacerbação da crueldade que ainda faz parte da imperfeição humana.

Nos últimos tempos, padre Leopoldo sentia-se longe de tudo que o cercava, enquanto junto a são Martinho jornadeava por lugares belíssimos, nos quais sua boa alma se banhava de beleza e de êxtases espirituais.

Liberto, enfim, e grato aos céus pela chance do testemunho, inclinou-se reverente diante daquele templo de carne que lhe concedeu a oportunidade de aprendizado, deixando-o entregue ao arbítrio dos homens e às leis naturais que regem a sua destruição e transformação.

Ato contínuo, foi levado suavemente por seu santo amigo, enquanto rogava ainda por aqueles que ficavam.

Pretende pedir permissão a Deus e a são Martinho para regressar e prosseguir socorrendo àqueles que fizeram parte da sua existência como sacerdote.

Estes, sem saberem, terão de novo a sua presença, incentivando-os a serem cada vez melhores, e a caminharem nos caminhos retos.

Aqueles que acabaram por tirar-lhe a vida já não podem impedi-lo de fazer o que quiser, de ir aonde desejar. A partir de então, padre Leopoldo passou a viver sua nova vida, indo e vindo para socorrer os infelizes.

Para gáudio do seu coração, algumas vezes ele ouve alguém dizer, entre lágrimas de emoção, que pressente-lhe a amorável presença!

* * *

Loredano volta a adoecer. Seu estado se agravou. Somando à doença o grande fracasso do seu casamento, ele se abate a olhos vistos, profundamente infeliz.

Atirado ao leito, sem poder se levantar, ele sofre dores lancinantes, que o alcançam cada vez mais, com curtos intervalos de repouso.

Jennifer, mesmo condoída, pretende deixá-lo. Imagina que sua presença em nada altera o seu estado de saúde.

Ciente da sua intenção, dr. Maciel adianta-lhe que esta atitude será um golpe mortal para Loredano.

Mesmo assim, Jennifer já se decidiu e aguarda apenas um momento propício para sair dali.

"Que grande castigo minha mãe recebeu! – reflete. – Ah, se ela soubesse o que viria! Por certo não teria me pressionado e muito menos auxiliado Loredano. Pobre mãe! Eu também sou culpada! A grande desilusão com Álvaro me levou a aceitar este casamento tão desastroso."

Numa noite, na qual ela se aflige demais, incapaz de conciliar o sono, vai para o jardim e ali, sob os suaves eflúvios da lua, pranteia a sua infelicidade, considerando os seus conflitos insuperáveis.

Loredano emagrece a olhos vistos... Sua irascibilidade já não tem mais razão de ser, porque suas energias não lhe permitem excessos. Ele passa o tempo entre os remédios que o deixam narcotizado para o alívio das dores e uma ou outra vigília menos dolorosa. Não está mais à frente dos seus negócios, tendo investido neste mister o seu mais fiel intendente.

Vez por outra, pede-lhe algumas satisfações, impaciente e terminando por dizer que todos o estão roubando desavergonhadamente. Nestes momentos, ele clama por Jennifer, exigindo-lhe que fique atenta aos diversos empreendimentos financeiros.

Ela promete fazê-lo sem, contudo, interessar-se. Atualmente, dr. Maciel vive mais na mansão de Loredano que em sua própria casa. Este o requisita de forma quase completa durante todo o tempo.

No jardim, rosto lavado de pranto, Jennifer divisa, entre a luxuriante vegetação e a policromia das flores, um vulto muito alto, vestido em túnica de branco refulgente, que lhe parece ter vindo dos antigos aposentos de Leocádia e Zarik.

Enxuga as lágrimas para enxergar melhor.

O vulto movimenta-se, como se deslizasse suavemente pelo chão, sem tocá-lo... Como num sonho, ela observa e aguarda. O recém-chegado se aproxima e a saúda; sua voz é familiar:

– Que Deus a abençoe, senhora Jennifer! – Assim dizendo, ele se inclina profundamente, mãos postas, pontas dos dedos encostados na testa, numa reverente saudação.

Na sua expressão carinhosa, a alegria de revê-la.

De súbito, ela o reconhece:

– Zarik, meu bom amigo! Como pode estar aqui e quando chegou?

– Há pouco, senhora! Vim porque preciso lhe falar!

– Você está bem?

– Sim, senhora, muito bem! Sou livre e faço tudo que sempre desejei! Em verdade, o que vê é apenas uma parte de mim.

Jennifer recorda os poderes espirituais que Zarik sempre demonstrou, mas fica indecisa:

– Você está... vivo?

— Sim, tanto quanto a senhora!

— Ainda bem! Lamentaria acrescentar mais uma culpa a tantas outras de Loredano.

— Ele, sem saber, concorreu para a realização do meu destino.

Afetuosa, Jennifer comenta:

— Zarik, você está diferente, mais alto e mais amadurecido!

— Naturalmente, senhora. Os anos passam para todos.

— Que bom vê-lo, Zarik! Não me importa onde você esteja! Na sua bondade e solicitude, deve ter ouvido os meus pensamentos... Desejei tanto falar-lhe ou à nossa amorável Leocádia!...

Jennifer recomeça a chorar e desabafa:

— Não suporto mais esta vida! Estou no limite das minhas forças e vou deixar esta casa que só me trouxe infelicidade!

— Por isso vim, senhora, para aconselhá-la, se me permite...

— Naturalmente, meu amigo! Agradeço do fundo do meu coração esta rara oportunidade que Deus me concede. Fique à vontade!

— Senhora Jennifer, não estranhe o conselho: Mas a senhora não deve deixar o seu marido, apesar de tudo.

— Zarik, hoje compreendo tantas coisas! Fui cega e tola! Como pude casar-me com Loredano?!... Busquei a minha própria desventura! Faz algum tempo, minha mãe abriu-me os olhos. Este, que por ora é meu marido, foi o grande vilão na história da minha vida. Enganando e roubando como um ladrão vulgar, ele tirou-me tudo, até mesmo as posses de minha família! Nossa própria casa ele nos tirou!... E concluo que a minha desilusão com Álvaro teve a 'competente' atuação dele e dos seus sequazes.

— Tudo que ele lhe tirou está hoje anexado ao patrimônio comum de ambos.

— Você o defende, Zarik?!... Você que sofreu sob a sua tirania toda forma de tormentos físicos e morais?... Está sendo injusto com você e comigo!

— Senhora, procure ver os fatos por um ângulo diferente. Neste momento crucial, ele não deve ser abandonado! Apesar de tudo que vivemos, nós estamos bem, de uma forma ou de outra. Não tememos as Leis Maiores, porque vivemos de acordo com elas. E quanto a ele? Ele é um infeliz que dentro de pouco tempo terá como único interesse um pouco de alívio para as suas dores... Como sabe, sua doença é fatal, e nestes sofrimentos sua solidão é trágica! Mesmo que ele próprio tenha atraído a dor, por viver em desacordo com as leis que nos regem, não temos o direito de julgá-lo e condená-lo. Muito menos abandoná-lo numa situação destas, senhora! Que espécie de cristãos seríamos?! O seu amor, ouça bem, é o único que ele conheceu em toda vida! Tirar-lhe, neste momento de dor e de desespero, esta afeição que para ele é a tábua de salvação, será dar-lhe o golpe de misericórdia!

– Todavia, Zarik, eu o deixarei! Estou decidida!... Entendo as suas boas intenções, mas não suporto mais viver com Loredano, esteja ele como estiver. Deus, por certo, entenderá os meus motivos!

– Senhora, Deus sempre nos entende em profundidade. Porém, Ele nos aguarda o exercício do perdão. Queira ou não, sua consciência a acusará de tê-lo abandonado às vésperas da morte, apertando sem piedade o laço que o fará sucumbir de vez! Quanto às suas culpas, brevemente ele dará contas ao Criador.

Por isso, faça a sua parte e futuramente será feliz!

– Zarik, sabendo hoje de tudo que ele fez contra mim, tornou-se mais difícil, senão impossível, vê-lo e dirigir-lhe a palavra! Tanto ele adivinha a minha nova realidade que nem se revolta contra mim!

– Ainda assim, senhora, precisa socorrê-lo nestes dias decisivos para a sua alma tão imperfeita! Senhora Jennifer, apelo para o seu bom coração! Afianço-lhe que se arrependerá, caso concretize esta decisão tão desesperada quanto insensata, perdoe-me dizê-lo.

– Nada há a perdoar, Zarik, somente a agradecer, meu amigo... Apesar da minha teimosia, eu sei que você está certo. Todavia, compreenda que preciso fugir desta gaiola infernal, na qual entrei sem pensar direito!

– A senhora tinha esta incumbência junto ao senhor Loredano. Analisemos desta forma: você está encerrando esta fase de sua vida com chave de ouro, a fim de que outra fase se inicie trazendo-lhe, enfim, a realização plena dos seus anseios.

– A felicidade... ah, Zarik, ela está tão distante de mim, quanto a lua que ora nos banha com os seus raios argênteos... Loredano é cruel e desalmado... Traiçoeiro, insensível...

— Ainda assim, ele a ama de fato! Não há que duvidar dos seus sentimentos, senhora Jennifer! Não o julgue com tanta impiedade, como cristã que é, boa e fervorosa. Veja nele um irmão necessitado de piedade, de misericórdia e de amparo...

— Oh, Zarik, meu querido amigo! Que Deus me dê forças, caso eu decida ficar!...

Jennifer chora livremente, lavando a alma sofrida e atormentada. Enquanto ela desabafa, Zarik prossegue, amável e conciliador:

— Por todo mal que fez durante os anos que tem vivido, pense senhora, de quantos sofrimentos ele precisará para se depurar? Só Deus pode saber! Ajude-o a despedir-se desta vida, um pouco melhor, porque amparado pela mulher amada. Aquele coração, através da dor e do seu amor, amenizará em muito o seu gênio irascível, preparando-se para enfrentar o tribunal da sua própria consciência. Reafirmo que daquilo que fizer por ele dependerá o seu futuro, que poderá ser muito feliz ainda, trazendo-lhe muitas surpresas!

— Zarik, sinto-me destruída, profundamente desiludida de tudo e de todos... — Ela enxuga as lágrimas, olha para o alto e respira fundo, olhos vermelhos, trêmula pela emoção.

Zarik, docemente, lhe responde:

— Tudo passa, senhora. Somos inconstantes para sobreviver e aproveitar as diversas fases que a vida nos oferece. A senhora é jovem ainda; tem muitos anos pela frente.

— E quanto a você, Zarik?!... Quantos sofrimentos ele lhe causou, sempre tentando lhe destruir!

— Mas, além de não conseguir o seu intento, permitiu-me, mesmo sem intenção, a grande oportunidade da minha vida; aquela para a qual eu nasci. O que determinou a nossa dolorosa convivência, senhora, não foi apenas a vontade dele, mas as minhas necessidades espirituais. Ele ainda não aprendeu a perdoar.

Depois de tantos sofrimentos físicos, ele se abaterá e se dobrará às circunstâncias. Aguarde e verá muitas modificações no seu caráter! O seu bom coração se alegrará a cada pequena mudança deste homem, que precisa de muito amor para aprender a amar de verdade!

Suspirando, profundamente abatida e cansada, Jennifer agradece intimamente a Deus, a ocasião tão inusitada quanto misteriosa, que a faz refletir e buscar no seu íntimo os próprios valores espirituais e a razão esclarecida. Finalmente convencida, ela declara, com imenso carinho e gratidão:

– Mil vezes obrigada por abrir-me os olhos, meu querido amigo de sempre! Você conseguiu, enfim! Será muito difícil, mas buscarei forças em Deus e ficarei ao lado de Loredano até o seu último suspiro! Gostaria de abraçá-lo, meu amigo, mas não me atrevo, você me parece etéreo!

– Aguarde alguns momentos, senhora Jennifer. – Dizendo isso, Zarik se torna extático, profundamente concentrado. Aos poucos, sua figura se condensa, materializando-se.

Em seguida, sorri e informa:

– Podemos nos abraçar agora, e isto me dará imenso prazer!

Zarik inclina-se e a abraça, como um pai faria a uma querida filha. No seu abraço pleno de energias vivificantes e harmoniosas, Jennifer se retempera.

Soltando-se do suave amplexo, ela lhe diz:

– Zarik, Leocádia está muito bem!

– Sim, eu sei... – ele responde, olhar distante, comovido.

– Você pode ir até ela, como fez comigo?

– Sim, senhora Jennifer. Ela entregou sua alma a Deus, há dois dias, nos meus braços!... De onde está agora, prossegue nos amando e nos protegendo. Nos seus últimos momentos ela me viu e disse a todos que a rodeavam que o seu amado filho, Mustaf'Zarik, estava a aconchegá-la nos seus braços.

– Que Deus seja louvado, Zarik!

– *Ad aeternum*, senhora!

– Agradeço-lhe por tudo, do fundo do meu coração! Desejo-lhe paz e muitas realizações!

– Obrigado! Construa a sua felicidade em segurança, de consciência tranquila. Ponha na conta das suas dívidas antigas as horas sofridas e vividas ao lado do seu marido. Que ele morra abençoando-a!

Numa imagem já se empalidecendo e com voz distanciada, ele adita:

– Apesar de todos os sofrimentos, senhora Jennifer, sinto saudade da minha vida aqui nesta mansão, em meio à natureza e aos animais! Principalmente, junto à minha boa e abnegada Leocádia, a mãe adotiva que Deus me concedeu! Fique em paz!

Ele se desfaz sob a luz da lua, como uma nuvem azulada que se esgarça. Extasiada, Jennifer permanece ali, imersa nos seus pensamentos.

No seu peito, uma grande paz se instalou e não tem mais dúvidas quanto ao que deve fazer.

Recorda Leocádia e envia-lhe pensamentos de muito amor e saudade. No dia seguinte, recebe a visita de Thomas. Este, esfuziante, lhe toma ambas as mãos, apertando-as com carinho:

– Cara Jennifer, que bom revê-la! Mas, você me parece entristecida!

– E tenho razões para isso, Thomas! Meu marido está muito doente.

– Lamento. Espero que ele se recupere!

– Não tenho ilusões a este respeito, meu amigo. O seu mal é fatal; questão de tempo, apenas. Mas, não quero contagiá-lo com a minha tristeza, diga-me como estão Esmeralda e Leocádia?

– Bem, Jennifer, Esmeralda está bem, mas... muito triste!

– E por quê?

– Porque nossa caríssima Leocádia, que em tão poucos anos conquistou a todos, entregou sua bela alma a Deus!

– E quando foi isso?

– Há três dias! Desculpe-me a demora da notícia, mas estava viajando. Esmeralda não pôde deixar a propriedade e envia-lhe os seus pêsames. A saudosa Leocádia está enterrada entre as flores que amava! Ela mesma escolheu o lugar antes de morrer. Deixou para você esta bela poesia, que me ditou, sentada ao lado de perfumada roseira. Já não enxergava muito bem; fruto de tantos sacrifícios nos seus anos de labor!

– Sim, eu sei! Que Deus a recompense por tanto amor! Permita-me, Thomas!

Enquanto Jennifer se afasta, o rapaz sorve um delicioso refresco, servido pela criada.

Emocionada, Jennifer lê a singela poesia de Leocádia e exclama:

– Doce e querida Leocádia! Quanta inspiração e beleza!

– Tem razão, Jennifer. Todos nós que convivíamos com ela nos surpreendíamos, cada vez mais, com os seus dotes espirituais.

Enquanto ela declamava esta poesia e eu a anotava, surpreendi à sua volta um halo de luz. Transfigurada, ela me parecia um anjo. Num amplo e belo sorriso, ela me agradeceu o favor e naquele instante que transcendia a realidade, ela me disse, tranquila:

— Brevemente, Thomas, deixarei estes sítios por outros mais bonitos ainda. Já conheço o caminho que me levará até lá, pois durante o sono, vou e volto... Levarei todos vocês no meu coração e prosseguirei amando-os pela eternidade.

Compreendendo-a, abracei-a com carinho, enquanto beijava-lhe a testa e os cabelos nevados.

Jennifer não se contém e declara, em transportes de muita afeição:

— Querida amiga, de onde estiver, saiba que o seu filho do coração aqui esteve, socorrendo-me e livrando-me da minha insanidade e desespero! Vocês foram dois anjos de bondade que o Pai me trouxe, na minha grande necessidade de amparo fraterno!...

Espantado, Thomas quer saber:

— Zarik apareceu, Jennifer? E onde ele esteve todo este tempo?

Sorrindo docemente, Jennifer narra em detalhes a aparição de Zarik à luz do luar, enquanto Thomas duvida daquilo que ouve...

Preferindo não comentar o que julga um sonho de Jennifer, ele decide mudar de assunto. Criando coragem, lhe fala:

— Sabemos que não tem sido feliz no casamento, Jennifer. Por essa razão, ouso perguntar-lhe: Depois do passamento do seu marido, o que parece inevitável, o que pretende fazer?

— Ainda não sei e nem quero pensar nisso, Thomas.

— Entendo. Não se esqueça de que pode contar comigo e com Esmeralda!

— Eu sei. Agradeço de todo coração.

— Posso ver o seu marido, fazer-lhe uma visita?

— Não, perdoe-me! Ele odeia visitas!

— É um direito que lhe assiste, principalmente na situação em que se encontra. Deve ser péssimo, minha amiga, sentir dor e ter de ouvir murmúrios à sua volta, votos de cura, lamentos, comentários inconvenientes. Transmita-lhe, por favor, os meus cumprimentos!

— Farei isso! Abrace Esmeralda por mim.

— Naturalmente! Viremos visitá-la, brevemente.

— Esperá-los-ei com ansiedade!

— Então, até a vista!

Abraçando-a, amigável, ele se vai, pensando que pode ter alguma esperança, quando ela estiver viúva. O seu amor por Jennifer continua inalterado. Ama-a desde os tempos de rapaz. Todavia, ela jamais o aceitou como pretendente, vendo nele simplesmente um bom e querido amigo... Enfim, as coisas podem mudar... Ele conta com isso.

Poucos meses depois, Loredano expira em meio a cruéis sofrimentos físicos. As dores lancinantes o atormentaram, até que o seu coração não suportou mais.

Nos braços de Jennifer, ele despediu-se da vida. Seu último olhar fora para ela, o único amor que conheceu. E neste olhar ele expressou o amor imenso que levava na alma, enquanto demonstrava de maneira insofismável, uma enorme frustração.

Alguns dias antes, sofrendo, exclamara com olhos arregalados:

— Estou vendo Zarik! Por certo já morri e ele vem me condenar diante de Deus! — espalmava as mãos na direção de algo que somente ele podia ver, na tentativa de alcançar.

Jennifer, que já tivera a mesma experiência, lhe disse:

— Acalme-se Loredano, se Zarik estiver aqui não será para condená-lo, como diz, e sim para socorrê-lo como sempre fez!

— Você não pode vê-lo? Ele está muito bem! Veste-se de branco e parece um sacerdote! Acho que sempre foi um deles! Sim, eu estou partindo, Zarik! A vida me condenou a esta dolorosa morte!... Infeliz de mim! Por que nunca ouvi você ou Leocádia?... Onde estará ela? O quê? Ela já morreu? Deve estar no céu! Que ela me perdoe, Zarik, e você também!... Jennifer, ele me diz que nunca precisou me perdoar, porque sempre entendeu-me as fraquezas! Triste maneira de ouvir verdades nestes momentos dolorosos, Zarik!... Enfim, é o que mereço... Como?... Você me pede perdão?!... Por quê? Pelas vidas passadas? Não me lembro delas, Zarik... Esta já me faz muito infeliz! Que seja! Se quer assim, eu o perdoo! Responda-me, se puder: Minha irmã Loretha, onde está? Você sabe o que eu lhe fiz, não sabe? Naturalmente, você sabe tudo! Tudo, não? Mas sabe muito! E então, onde está ela? Já morreu? Pobre irmã, eu a fiz muito infeliz!...

Entre espasmos de dor, Loredano para de falar. Zarik, ali presente, em espírito, balsamiza-lhe as dores.

Loredano respira fundo e demonstra alívio. Pega as mãos de Jennifer e lhe diz:

— Minha cara, tenho tantas culpas que não sei como redimi-las!... Se é que terei este direito!

— Acalme-se, Loredano, Deus é misericordioso! Quando você me confessou o que fez para casar-se comigo, eu entendi o quanto você necessita de perdão e de compreensão!

— Espere! Zarik está falando de Loretha...Ah... Entendi... Ela já entregou a sua alma a Deus! Eu já sabia? Ah... é verdade! Aquele sonho de um enterro, no qual a alma iluminada de alguém subia aos céus, entre cânticos de louvor, em meio a perfumes incomparáveis!... Certamente, eu jamais esqueceria tal sonho! Permita-me ser um pouco 'feiticeiro', como você, e me diga se estou certo: Naquele sonho, ela me enviava a sua mensagem de perdão? Ah!... que bênção! Morrerei menos aflito!... Diga-me, Zarik, o seu *maktub* existe? Existe... Por isso é que sofremos juntos e precisávamos nos acertar!... Da próxima vez, tentarei ser melhor!... Você não afirma que nascemos muitas vezes? Eu gostaria de receber outra oportunidade! O que mais me incomodava em você era a sua coragem! Tinha razão em não me temer. Olhe para mim, sou um fracasso, um pobre desgraçado!... Diga-me, de onde você me fala, deste ou do outro mundo? Então está vivo? Antes assim, sinto-me menos culpado... Jennifer, ele me abraça, imagine! Como pode?! E confesso que este abraço me faz muito bem! Quem diria?! Ele se despede, está de saída... Sim... eu acredito que você fará isto... Adeus! Ele desapareceu! Parece nunca ter estado aqui. Prometeu-me auxílio na hora suprema. Sinto-me menos desamparado agora...

Dr. Maciel chega para ministrar-lhe os medicamentos e fica surpreso com sua visível melhora:

— Alegro-me, Loredano! Você me parece melhor!

— E estou. Zarik socorreu-me, doutor! Como sempre fazia, enquanto viveu aqui.

Olhando significativamente para Jennifer, o doutor demonstra a sua incredulidade. Supõe que Loredano delira.

Loredano sorri, enigmático e fecha os olhos para aproveitar os momentos de alívio.

Jennifer balança afirmativamente a cabeça, confirmando a declaração do marido. Confuso, doutor Maciel aguardará futuros esclarecimentos. Sua ciência nunca lhe explicara tudo. Vive aberto às coisas de Deus e às suas misericordiosas providências. Na sua longa vida de médico tem visto tanta coisa!...

Há algum tempo, Loredano abriu seu coração à Jennifer, confessando:

– Jennifer, sou o resultado de uma vida muito desajustada. Os sofrimentos que vivi acabaram por endurecer meu coração tão imperfeito. Sou o mais novo de dois irmãos, únicos herdeiros de meus pais, pessoas abastadas e respeitadas nesta região, porém duros e cruéis conosco e com os seus subordinados. Minha irmã, Loretha, bela e meiga como uma fada, vivia em perene contemplação da natureza. Eu lhe dedicava um estranho sentimento, misto de afeição filial e ódio... Só você, Jennifer, abriu as comportas do meu coração, devolvendo-me a capacidade de amar! Loretha era muito amada e protegida por todos. Despeitado, eu a invejava. Para ela todos os elogios; para mim, as rejeições e os maiores castigos.

Hoje, compreendo que ela fazia por merecer tanto amor. Eu, imprudente e irresponsável, criava toda sorte de atropelos para os meus pais, que como eu já lhe disse, eram perversos. Frequentemente eu era surrado impiedosamente. A princípio eu chorava e me lamentava, devido às dores. Com o tempo, aprendi a me controlar, cevando o ódio no meu coração, para me vingar mais tarde.

Loretha chorava desesperada ao ver-me sofrer e gritava aos quatro ventos que deviam ter pena de mim. Ao defender-me, ela sofria os mesmos castigos... Quantas vezes, ela burlava a vigilância dos criados para dar-me água, alimentos, enxugar-me o suor e o sangue que escorria das minhas costas, porque eu ficava, pasme, como qualquer servo, atado ao poste de suplício e ali recebia quantas chicotadas meu pai ordenasse... Enquanto o cruel feitor obedecia, esmerando-se no cumprimento do seu 'dever', eu identificava nos olhos de meu pai uma sinistra alegria por ver-me sofrer... Minha mãe ignorava-me, abertamente, e nunca se sensibilizou com os meus tormentos.

– Oh!... Loredano! Quanta dor!... Eu jamais poderia imaginar!

– Leocádia sabia de tudo, mas eu a proibia de falar a respeito. Quantas vezes ela tentou me socorrer com o seu amor e a sua bondade... E eu sempre a rechacei... Por vezes, meus pais trancavam Loretha no quarto. Assim ela não poderia me ajudar. Indomável por natureza, tornei-me mais ainda; me submetia aos castigos e desafiava-os, cada vez mais. Duvidei, muitas vezes, que eles fossem de fato meus pais. Para mim, eles se tornaram dois estranhos, dois carrascos que passei a detestar com todas as minhas forças. Quando meu pai caiu doente, fiquei muito feliz e roguei aos céus ou aos infernos que o levassem de vez.

Enfim, ele morreu. Minha mãe, sozinha, não tinha a força de antes e eu me aproveitei disso, maltratando-a, sobremaneira, vingando-me de tantas maldades sofridas. Meu corpo estava coberto de cicatrizes. Ah, como eu a amaldiçoava, Jennifer! Os dois fizeram de mim o que sou!... Sei que isto não justifica muita coisa que fiz. Mas, o que quer?!... Não sou de bom estofo! Herdei-lhes a crueldade, desgraçado que sou.

Explodindo em pranto, Loredano é aconchegado, tal qual criança, nos braços da mulher.

Cansado emocionalmente, ele volta a falar:

– Como Loretha podia ser tão boa?!... Nunca pude entender! Pois bem; respirei aliviado quando minha mãe também morreu. Exercendo, então, a autoridade que me é devida, me vinguei daqueles que, obedecendo ordens, me maltratavam, fazendo-lhes o mesmo. Muitos pereceram em meio aos castigos físicos que eu lhes infligi. Agora, só restávamos eu e Loretha; passei a desejar, obsessivamente, ser o único herdeiro. Pagara este direito com o meu próprio sangue. Decidi, então, livrar-me dela, que não me seria empecilho; ninguém seria!... Tramei a sua perda e programei-lhe uma viagem de estudos fora do país. Despedindo-se de mim, ela embarcou feliz e esperançosa. Era muito inteligente, ávida de saber, mas não conhecia o mundo e nem os homens... Como a pobre Loretha iria duvidar do próprio irmão?! Semanas antes, numa transação comercial de vital importância para mim, na qual havia uma cláusula específica que eu deveria honrar, eu 'negociei' a sorte e o destino dela...

Jennifer estremeceu de horror, mas prosseguiu ouvindo.

– Ingênua e boa – ele prossegue –, ela foi uma presa fácil. Eu que deveria ser o seu protetor, fui o seu algoz. O navio no qual ela embarcou pertencia ao salafrário que negociou comigo. Ele a levou para longe e nunca mais eu soube deles...

Jennifer gostaria de descobrir o paradeiro de Loretha e recompensá-la pelos sofrimentos. Estaria viva? Cuidou de Loredano, sem reservas e sem cobranças, passando a compreendê-lo e a lamentá-lo, diante de Deus e diante dos homens... Após a sua morte, passou a rezar por sua alma. Acredita que Zarik, de algum modo o auxiliou nos momentos cruciais; no epílogo de uma vida tão complicada, porque vivenciada no egoísmo, no orgulho, na ambição e na vaidade...

* * *

POR ONDE PASSA com o bando de ciganos, Próspera procura avidamente por Rosalva e Fabiano. Após tantos anos, gostaria de revê-los, abraçá-los, privar das suas amoráveis presenças.

Yan, feliz com sua mulher Zhara, já é pai de dois belos gêmeos.

Miguel tornou-se um belo homem, disputado pelas mulheres. Namorador por natureza, conquista muitas, mas não se casa com nenhuma. É amigo dos irmãos e tio carinhoso.

O bando aonde chega espalha música, alegria, danças, artesanatos e as concorridas *buenas dichas*.

Exibem os seus talentos e vendem os seus trabalhos, oferecendo-os nas vilas e cidades próximas, aqui e ali, para depois de algum tempo partirem em busca de outras plagas. Esta, a natural inclinação e tradição ciganas.

Mais uma vez Próspera decidiu sair pela cidade à procura dos amigos. Estendendo um pouco mais a sua caminhada, alcançou alguns arredores mais distantes. Sentindo muito cansaço, decide regressar. Lamenta mais uma vez ver abortada a sua intenção de reencontrá-los. Contorna uma bonita pracinha para tomar o caminho de volta, quando divisa alguns cartazes presos nas árvores. Mal acreditando naquelas palavras mágicas, sente o coração disparar, enquanto lê:

"Venham todos ao Grand Circo Monteverdi!", "Compareçam ao Grand Circo Monteverdi!", "As atrações do Grand Circo Monteverdi são imperdíveis!", "Assistam às peças teatrais do Grand Circo Monteverdi!"...

Ansiosa, encontra num dos cartazes, em letras menores, o endereço do circo. Voltou feliz ao acampamento e, como um arauto, apregoou aos quatro ventos a notícia auspiciosa:

— Yan, Ygor, Miguel, Zhara, amigos, descobri o paradeiro do Grand Circo Monteverdi! Não sei se ali encontraremos Rosalva e Fabiano, mas talvez saibamos algo a respeito!

Yan sai da sua barraca e ouve-lhe a preleção a respeito da localização do circo. Fita Próspera de maneira singular desconcertando-a.

Sob o impacto da notícia, declara visivelmente contrariado:

— Fale por você, Próspera! A mim não interessa desenterrar este passado! O que passou, passou! Deixemos para lá a vida deles e cuidemos da nossa! Será melhor para todos nós!

Muito decepcionada, Próspera reage:

— Fazendo uso das suas palavras, repito: Fale por si mesmo! Nós decidiremos aquilo que desejamos para as nossas vidas, mesmo que não esteja de acordo com a sua vontade, Yan!

Mal terminara de falar e Próspera já estava arrependida.

O olhar de Yan demonstra que o seu coração ainda não está curado... Em verdade, o que ele teme é rever Rosalva.

Diminuindo o seu entusiasmo, ela se aproxima, cuidadosa, toca-lhe o ombro, fita-o de frente e lhe diz baixinho, com muita ternura:

— Meu querido Yan, eu não podia imaginar que a minha alegria por tentar encontrar Rosalva pudesse mexer tanto com este coração de cigano apaixonado. Nunca mais falamos a respeito e pensei que já estivesse curado, filho.

— E estou, sou bem casado e estou feliz com Zhara.

— Não é o que vejo, Yan...

— Sempre tivemos óticas diferentes, Próspera.

— Todavia, sei ler como ninguém neste coração que conheço tão bem...

Yan torna-se silencioso. Olha ao redor para disfarçar e demonstra a intenção de terminar aquela conversa que o incomoda demais.

Próspera, decidida a ir até o fim da sua intenção, continua:

— Diga o que quiser, meu filho, sei aquilo que sente de fato quando reage como fez há pouco. Conheço-lhe as reações, Yan. Esta me surpreendeu, mas abriu-me os olhos. Ouça um conselho de quem o ama e já conhece de sobejo a vida. Está na hora de exorcizar de uma vez por todas os fantasmas da sua vida. Supere com lucidez os acontecimentos que o fizeram sofrer e veja Rosalva como sua irmã, pois isso é o que ela é! Ela certamente se sentirá muito orgulhosa deste parentesco e ambos terão a oportunidade do entendimento fraternal.

Impaciente, Yan explode:

— Pare com isso, Próspera! Não se meta na minha vida! Não pretendo ver Rosalva e ponha nesta sua cabeça teimosa a certeza de que não aceito Rosalva como minha irmã! Não tive provas suficientes para tal! Faça o que quiser, vá onde bem desejar, mas deixe-me em paz.

Com rudeza, ele dá por terminada a questão e se dirige para a saída, quando colide com sua mulher.

Zhara, que chegava, ouviu e entendeu. Mordida de ciúmes, decide enfrentá-lo de uma vez por todas:

— Que significa isto, Yan? Você ignora deliberadamente o seu parentesco com Rosalva? Quer dizer que não se curou da sua paixão? Deus, o que esperar de um homem tão insensato?! Você perdeu o juízo? Tem ideia de como me sinto? Sou sua mulher e você me deve uma explicação lógica para aquilo que acabei de ouvir!

Zhara exalta-se, na sua justa indignação. Yan volta-se para Próspera e exclama, cobrador e agressivo:

— Veja o que fez, Próspera? A sua imprudência nos tirou a paz!

— Isto não é verdade, Yan! — ela se defende. — Zhara está coberta de razão, afinal, é sua mulher! Ela jamais imaginou que você pudesse albergar ainda no coração a imagem daquela que é sua irmã! Suas reações demonstram uma falta de discernimento e uma teimosia inconcebíveis! Contra fatos, meu filho, não existem argumentos! A sua vaidade de homem fala mais alto que a sua razão. Mesmo sabendo que Rosalva é sua irmã, você não consegue superar que um dia a amou e foi rejeitado! Você fala em enterrar o passado, todavia é preciso saber o que deve ser enterrado.

Zhara, profundamente ofendida nos seus brios de mulher apaixonada, aproxima-se dele e enfrenta-o: mãos nos quadris, pernas afastadas, numa postura guerreira, rosto avermelhado, fuzilando-o com os seus belíssimos olhos negros. Depois de um silêncio desafiador, ela explode:

— Muito bem! 'Eu' faço questão que você reveja Rosalva, para se libertar de uma vez por todas de lembranças e mágoas inúteis. Afinal, ela sempre foi fraterna! Para mim, este reencontro de vocês será fundamental! Preciso saber que lugar eu ocupo, de fato, na sua vida, Yan!

Espantado e revoltado com a atitude de Zhara, Yan ameaça reagir agressivo.

Próspera acode, em tempo, e contemporiza:

— Estamos nos precipitando! Nem sei se encontraremos Rosalva! Ela pode ter tomado caminhos diferentes, ou o circo ter mudado de mãos! Acalme-se, Zhara! Yan pensará melhor e lhe dará uma explicação convincente, confie! Não ponha a perder a sua felicidade por coisas que nunca aconteceram!

Intimamente, Yan agradece a interferência de Próspera. De fato, está reagindo sem pensar, se expondo e despertando suspeitas infundadas. Hoje, ama Zhara. Mas, no fundo da sua alma, há uma grande mágoa contra Rosalva...

Elas têm razão, precisa livrar-se disto. Senta-se no belo tapete, no qual brincam os seus filhos e declara:

— Curvo-me diante da sabedoria das duas. Caso a sorte nos reaproxime, a mim e à Rosalva, submeto-me a assumir de uma vez por todas este parentesco que sinceramente nunca me convenceu.

— Pela distância, filho, você não teve tempo de viver este lado de irmão. E deve, caso tenha oportunidade, enfrentar o fato sem receios! — Próspera completa, fazendo-o balançar a cabeça afirmativamente.

Zhara se afasta em silêncio. O melhor a fazer é esperar, como diz Próspera. Ama loucamente Yan e não se arriscará a perdê-lo.

Alguns dias depois, Próspera, acompanhada de Miguel, chega ao circo. Indagando por Rosalva e Fabiano, os vê surgir, surpresos e mal acreditando nos próprios olhos:

— Minha boa Próspera, minha querida! — Rosalva exclama em alto e bom som, enquanto se precipita para ela, abraçando-a efusiva e beijando-a em ambas as faces.

Igualmente feliz, Próspera retribui-lhe os carinhos e lhe diz:

— Querida menina, quanta saudade! Pensei que nunca mais a veria! E você, Fabiano, como vai, meu filho?

— Eu estou muito bem, Próspera! Que felicidade poder revê-la, minha boa amiga!

Abraçada aos dois, Próspera não pode impedir as lágrimas.

Miguel se distancia e caminha pelo circo, depois de cumprimentar Rosalva e o marido. Depara-se com os artistas nos seus ensaios. Suspira fundo, sorri e fica ali a admirá-los. Seus olhos brilham; está fascinado. Como hipnotizado, tem o queixo caído, a boca aberta, enquanto acompanha as atividades.

Alguns quartos de hora e Próspera o procura. Ao vê-lo tão interessado, indaga divertida:

— Nunca viu um circo, antes, meu querido?

Voltando ao chão que pisa, ele responde, presto:

— Vi sim Próspera, e sempre gostei muito! Agora, aqui, próximo aos artistas, assistindo aos ensaios, me entusiasmei muito mais! Penso que eu seria feliz nesta vida de saltimbancos, o que acha?

— Acho que você faria uma bela figura, filho! Não acha, Rosalva? — ela indaga à Rosalva, que veio ao encontro.

— Naturalmente, e o circo se enriqueceria com isso. Você é um belíssimo rapaz, Miguel! Os talentos se revelariam com o tempo, no esforço contínuo da superação dos próprios limites! Fabiano, hoje, faz parte da troupe e nos surpreende cada vez mais, exibindo talentos que eu ignorava!

— Eu também! — responde Fabiano, que chega a tempo de ouvir os elogios, rindo muito, divertido.

Próspera fita Miguel e quer saber:

— Meu filho, você está falando sério? Deseja mesmo ser um artista circense?

Empolgado pelo ambiente e pela aprovação de Rosalva, ele afirma:

— Sim, acho que sempre quis isso! Posso ao menos tentar, caso me aceitem!

— Fique à vontade, Miguel. Organize-se e venha para cá. Para saber se tem talento, precisará fazer muitos exercícios! — declara Rosalva, amável.

— Virei, pode esperar! Aqui, poderei contar com a orientação competente de vocês!

— O que mais lhe agrada no circo, Miguel? — Próspera quer saber.

— A princípio, o trapézio.
— Hum... Veremos o que Yan pensa a este respeito. Ele o quer muito bem e por certo não lhe criará obstáculos, mas você está escolhendo uma vida muito arriscada!
— Esta forma de perigo me fascina, Próspera. Eu o convencerei, você verá!
— Está bem, filho, faça como quiser. Desde já lhe auguro boa sorte e muita proteção divina!
— Obrigado, Próspera! — ele lhe agradece com um beijo.
Rosalva convida-os:
— Venham comigo, quero apresentar-lhes meu pai e meu filho!
Notando o grande interesse de Miguel em permanecer onde está, Fabiano faz entender que irão depois.
As duas mulheres saem juntas, enquanto ele apresenta Miguel aos demais artistas e lhe concede a oportunidade de misturar-se a eles.
Próspera se espanta com a decadência física de Pietro. Relembra-o forte e altivo. Comenta isto com Rosalva e ela fala da sua doença física e fragilidade mental.
Emocionada, Próspera toma nos seus braços o filho de Rosalva e entre carinhos e brincadeiras alegres, lhe prediz um futuro venturoso. Beija-o, muito, amorosa, e devolve-o ao avô, que não se interessa absolutamente por suas presenças.
Pedindo a Rosalva para falar-lhe a sós, revela o envolvimento de Giselda com Theodor.
— Você quer dizer, Próspera, que meu pai foi traído?
— Isto agora não é mais importante, Rosalva. Os anos passaram e estes fatos caíram no esquecimento.
— Me parece que minha amiga tem uma intenção maior... Estou certa?
Rosalva indaga algo incomodada. O que mais saberá? Seu coração se aperta...
— De fato, trago-lhe uma grave revelação sobre a sua vida.
— Pode falar sem susto, minha amiga, estou ouvindo. Pressinto algo muito importante... Em verdade, temo aquilo que virá...
— Caso deseje detalhes e provas, depois eu lhe darei.
— Confio em você, não será preciso.
Em voz pausada e muito respeitosa, Próspera revela:

– Minha filha, você e Yan são irmãos, por que filhos do mesmo pai!
– Meu Deus! Você tem certeza, Próspera?
– Absoluta!
– Então, meu pai não é aquele que venero como tal?
– Não, não é.
– Custo a acreditar!... Amo tanto meu pai, Próspera... Como aceitar isto?
– Entendendo, filha. A vida nos prepara surpresas! É assim com quase todo mundo!
– Meu pai tem sofrido tanto...
– Acredito! É provável que ele não saiba que você é filha de Theodor!
– Não me considero filha dele!
– Todavia, você é filha daquele homem corajoso e bom, que a protegeu e a amou com verdadeira adoração nos últimos tempos da sua vida!

Apertando o coração com ambas as mãos, Rosalva respira fundo e exclama quase num sussurro:

– Meu Deus, por que não continuar ignorando esta filiação? Meu legítimo pai é aquele que me criou e me concedeu tudo que tenho e sou!...

Desolada, Rosalva silencia e fita o chão.

Sentindo-se culpada, apesar de não poder eximir-se do sagrado dever de lhe revelar a verdade, Próspera a abraça, compreensiva e afetuosa.

Por sobre os ombros da boa mulher, Rosalva divisa a figura alquebrada e sofrida de Pietro e exclama:

– Meu legítimo pai está ali! Sofrido e necessitado de todo meu amor!
– Sim, filha, dou-lhe razão. Descanse o seu coração; não precisa modificar a sua vida.
– Então, por quê? Melhor seria continuar ignorando!
– Não, Rosalva! Falo por causa de Yan! Vocês precisam assumir de uma vez por todas esta filiação!

Concordando com o objetivo de Próspera, Rosalva anui:

– Sim, esqueci este detalhe, perdoe-me... As intenções de Yan ficaram tão distantes... O que ele pensa a respeito disso?
– Ele diz que não se convenceu. É preciso, enfim, sacramentar este fato.

— Tem razão.

— Ele casou-se com Zhara e são felizes. Nasceram-lhe belíssimos gêmeos!

— E então, Próspera? Não consigo entender! Por que não dar tempo ao tempo?

— O tempo cicatriza algumas feridas, filha, mas as de Yan, somente com o exercício da razão! Ele deve se convencer e assumir que vocês são irmãos! Zhara magoou-se ao perceber que ele não esqueceu você! Ela é a mais interessada neste encontro de vocês dois!

— Está certo! Farei o que estiver ao meu alcance para vê-los bem e felizes!

Enfim, algo conformada, Rosalva pede:

— Conte-me, por favor, os detalhes desta descoberta que mexe tanto com as nossas vidas. Antes devo dizer-lhe que acima de tudo que possa ouvir e apesar daquilo que acabo de saber, continuarei reverenciando o bom Theodor apenas como um grande e bom amigo.

Meu verdadeiro pai, para mim, será sempre aquele que me criou e amou com vera abnegação! Este homem sofrido e acabado, que você quase não reconheceu e que morreu no dia em que me tiraram da sua vida! Pai que eu admiro! Jamais terei outro pai! Desculpe, caso isto a entristeça.

— De modo algum, Rosalva, compreendo e respeito-lhe a decisão, aliás muito sábia!

— Meu pai não tem mais as condições normais de entendimento! Os sofrimentos tiraram-lhe a razão. Ele sequer me reconhece... Pensa que sou a minha mãe, imagine! Chora a filha que foi raptada, sem se dar conta de que estou ao seu lado! Sua única alegria é o neto. Os dois são muito unidos!

— Afinal, Deus encontrou um meio para recompensá-lo.

— Meu pequenino parece conhecê-lo bem.

— Talvez de uma outra vida, filha!

— Sim, é possível. Mas, diga-me tudo que sabe.

Próspera narra-lhe tudo que suspeitou, analisou e finalmente, a confissão de Theodor pouco antes de morrer.

Convencida, mas decidida a não mais falar sobre o assunto, Rosalva descreve com detalhes tudo que viveu, desde que separou-se dela, naquele dia da fuga... Explica a retomada da direção do circo e lhe conta, olhos brilhando de entusiasmo:

— Imagine que atualmente escrevo peças e as monto em grandes espetáculos...

As duas conversam muito, trocando confidências e planejando desta vez nunca mais se afastarem.

Decidem reunir brevemente todo o grupo para uma verdadeira reconciliação e congraçamento...

À distância, Yan, predisposto a fazer a vontade de Próspera, fica a imaginar como Rosalva estará agora depois de tantos anos... O que sentirá ao vê-la?... O seu lado racional há de se impor... Ama Zhara!

Tem conduzido os filhos da mesma forma com que seu pai fez consigo.

Da sua retina, nunca mais saiu a imagem da sua intemperança, lançando-o ao chão, com rebeldia, violento. Jamais se perdoará...

Muitas vezes, sob as estrelas, sem sono e sem tranquilidade, ele pede perdão ao pai. Atualmente, entende-lhe as razões...

Hoje, especialmente, ao pensar na situação que enfrentará diante de Rosalva, dirige-lhe um pensamento de amor e saudade; de admiração e respeito. De sua alma consciente sai um gemido, desabafando as emoções desencontradas que carrega no peito, e declara:

— Cigano Theodor, gigante e bom! Perdoe este seu filho! Auxilie-me sempre a conduzir nosso povo e a criar de maneira adequada os meus filhos, os seus netos! Que os céus o abençoem, onde quer que esteja!... Zhara vem até ele e sob o céu estrelado eles se abraçam amorosos, em silêncio.

Ele nunca contou à mulher o que houve no dia da morte de Theodor. Ela, porém, o conhece suficientemente para perceber-lhe os conflitos, adivinhando-lhe os sofrimentos. Todavia, nada indaga. Ama-o apaixonadamente e fará tudo por ele. Sabe que com o tempo as dores ficarão no passado.

Beija-lhe os belos cabelos encaracolados e se aconchega em seu coração. Teme a visita ao circo, mas ele precisa reconciliar-se com Rosalva e Fabiano. Confia no marido, Yan tem caráter... E, sobretudo, sabe-se muito amada por ele...

* * *

Após infrutíferas tentativas de penalizar o usurpador dos bens de Mod, doutor Malthus teve de desistir, porque foram em vão os seus esforços na intenção da desejada vingança.

Papéis, documentos, libelos, testemunhas de acusação, competência profissional, etc... Tudo às mil maravilhas. Com um sorriso de vitória nos lábios, o doutor Malthus imaginava Loredano no banco dos réus, quando a morte o arrebatou.

Inconformado, foi à 'toca do leão' (que morto já não oferece perigo) e falou à Jennifer, na esperança de algo fazer. Expondo as causas que representava, ouviu a história triste de uma mulher sofrida, mas determinada a proteger o pouco de dignidade que restou do marido.

Censurando duramente a própria mãe e desprezando as intenções do tal cliente do doutor que investia, em verdade, no pagamento das suas dívidas de jogo, Jennifer se solidarizou com o doutor Malthus na sua tristeza pela morte de Modesta.

Confessou-lhe sua antiga intenção de descobrir-lhe o paradeiro e ressarci-la prodigamente dos prejuízos financeiros, porque os morais, somente Deus poderia fazê-lo.

Numa conversa franca, Jennifer requisitou ao doutor as providências legais para depositar em obras filantrópicas, realizadas em nome da querida morta, toda a fortuna que lhe caberia.

Fazendo os cálculos justos, ela ainda acresceu, em muito, o pecúlio. Acredita que assim Loredano terá afinal alguma paz.

Jennifer e o doutor providenciaram, com cuidado e eficiência, os documentos que devolveram *post mortem* à Loretha Pavan de Belmont aquilo que lhe pertencia, e do qual fora espoliada traiçoeiramente pelo irmão.

Regressando, depois de todas estas providências, com seu elegante chapéu nas mãos, curvado sobre si mesmo e profundamente desiludido, doutor Malthus fala a frei Justino:

— Minha querida Modesta impôs, acima de tudo, a sua própria vontade e de certa forma protegeu o irmão mesmo depois de morta.

— É verdade. Ela, mais que ninguém, podia ler na alma deste irmão as suas dificuldades espirituais e os traumas antigos somados à ambição e ao orgulho desmedidos! Se Modesta jamais julgou ou condenou a quem quer que seja, como o faria ao próprio irmão?!...

E o caro doutor, frustrado nos seus sonhos de homem apaixonado, pensou homenageá-la num presente póstumo como esse!

Meu caríssimo amigo, ela decidiu pelo perdão incondicional!

– Após tantos esforços inúteis, sinto-me derrotado!

– Não, doutor Malthus, seus esforços serviram para que ela soubesse da sua adoração póstuma.

– Tem razão. Gostaria de entender e aceitar a continuidade da vida após a morte do corpo. Imaginar que a perdi para sempre me desespera...

– Bravo! Enfim, serão felizes em qualquer plano de vida!...

– Frei, este anseio foi apenas meu!... Ah, se ela tivesse me amado!... Arrancaria do meu coração este azorrague!...

– Então pode arrancá-lo, meu caro doutor!

– O que está tentado me dizer? Que meu amor era correspondido?

– Plenamente!

O doutor levanta-se, o seu coração bate loucamente. Sente ímpetos de atirar-se nos braços de frei Justino, como um filho.

Mas ainda duvida. Não, deve ter entendido mal:

– Como crer nisso, se ela jamais retribuiu-me os anseios de homem apaixonado? Confessei-lhe os meus sentimentos tantas vezes!

Frei Justino levanta-se também, aproxima-se dele e esclarece:

– O que a impediu sempre de aceitá-lo foram os seus escrúpulos de mulher ultrajada pela vida. Modesta era uma alma exigente, delicada e extremamente sensível.

– Modesta não se achava digna de mim? E por quê?

– Porque foi espoliada, não apenas da sua fortuna, mas daquilo que a mulher possui de mais sagrado!

Dr. Malthus abaixa a cabeça e fita os próprios sapatos. Sente-se incapaz de falar. Enfim, entendeu! Pobre amada!...

O mundo parece ter desabado sobre a sua cabeça.

Frei Justino sente uma grande piedade por este homem que, dizendo-se ateu, consegue amar tanto e com tal fidelidade...

O doutor finalmente se pronuncia, emocionado até as últimas fibras do coração:

– Por que nunca me contaram?!... Nós teríamos sido felizes, enfim...

– Perdoe-me, todavia ela me proibiu que o fizesse. Na hora extrema da sua morte, confessou-me tudo aquilo que viveu, enquanto me rogava equilíbrio e perdão para os seus algozes. Por Deus que precisei de muita fé e responsabilidade diante do hábito religioso que uso, doutor Malthus, pois que uma justa indignação tomou conta de mim!

— Fala do seu irmão?!

— Não apenas dele que a exilou, mas também daquele que a adquiriu a preço de ouro, como uma peça de leilão!

— E espera que eu acredite em Deus? Se ele existisse como poderia permitir tais abominações?

Benzendo-se e balbuciando antes palavras de desagravo a Deus, frei Justino retruca:

— Ele não permite, meu caro doutor! Ele nos dá a liberdade! E nós, fazendo uso dela, quantos erros cometemos!

Possesso, doutor Malthus sofre por aquilo que já entendeu e por aquilo que ainda ignora.

Desarmonizado, torna-se desrespeitoso e indelicado:

— E não está, neste momento, usando mal a sua liberdade e transgredindo as leis do seu apregoado sigilo sacerdotal?

Frei Justino compreende-lhe a revolta e a agressividade. Respirando fundo, responde paciente:

— Não, caro doutor. Antes de morrer, Modesta autorizou-me a contar-lhe tudo em circunstâncias especiais e julgo ser o caso.

Arrependido, o doutor exclama:

— Perdoe-me os rompantes, por favor.

E revirando o chapéu nas mãos bem tratadas, a ponto de amassá-lo, o doutor teme aquilo que ainda ouvirá:

— Tudo isso me agride demais e supera a minha capacidade de suportar.

— Deseja que eu pare? Podemos ficar por aqui, afinal sua imaginação já completou, sem dúvida, tudo que ainda não sabe.

Respirando profundamente, ele pede:

— Por favor, continue, preciso saber...

— Pois bem, no dia em que ela alegremente partiu para outro país, numa suposta viagem de estudos (presente de seu irmão), subiu ao navio, grata por ele lhe permitir a realização de um sonho há muito acalentado. Completara dezoito anos no mês anterior.

Com ela viajou uma mulher que lhe faria companhia, de inteira confiança do seu irmão.

Lindamente ataviada e feliz como uma cotovia, admirou, dia após dia, a imensidão do mar, o céu e as aves marinhas. Tudo lhe parecia sorrir.

Conheceu a tripulação e recebeu cuidados paternais do amigo de seu irmão, que era o proprietário da embarcação e um grande comerciante.

Num determinado porto, após alegrar-se em terra e regressando para o navio, deu pela falta da sua acompanhante.

Foi ao comandante e ele lhe disse que ela desembarcara definitivamente, porque aquele era o seu destino.

Muito assustada, sentiu-se insegura, mas àquela altura não havia o que fazer. Desejou, aflita, chegar logo à escola. Uma vez ali, se sentiria mais protegida. Seu irmão lhe dissera que todas as providências para a sua estadia e para o seu curso estavam programadas e devidamente pagas.

Estranhou a mudança de comportamento do comandante, dito amigo de seu irmão, que passou a persegui-la com uma solicitude que a constrangia.

Determinada, afastou-se, trancando-se no seu camarote. Evitava sair, o que fazia somente quando era muito necessário.

Nestas ocasiões, ele a observava com rancor.

Depois, ele modificou o seu humor e voltou a ser amigável como antes. Todavia, agora ela já sabia quais eram as suas verdadeiras intenções. O seu olhar não deixava dúvidas. Ele tentou, a todo custo, conquistá-la. Amedrontada, ela passava as noites chorando, sem saber o que fazer.

Certo dia, ela foi convocada à cabine de comando, para resolver assuntos referentes à viagem e aos seus gastos pessoais.

Ao chamá-la, o grumete entregou-lhe um maço de contas a pagar, dizendo-lhe que levasse aqueles papéis ao comandante e que este a aguardava. Muito inquieta, pois sabia que o irmão havia quitado todas as dívidas antecipadamente, ela atendeu e compareceu diante dele.

Temerosa, entrou e se manteve perto da única saída.

Tomando-lhe os papéis da mão com brutalidade, ele se impôs e trancou a porta da cabine, guardando a chave no bolso.

Completamente aterrada, ela gritou por ajuda, inutilmente.

Ameaçador, ele aproximou-se, feições alteradas, e declarou:

— Cara senhorita, é preciso tirar-lhe o véu dos olhos e mostrar-lhe a sua vera situação nesta embarcação, na qual eu sou dono e senhor!

Sem entender muito bem aquilo que ele dizia; pensando antes em como escapar dali, ela ouviu como num pesadelo:

— Desde o seu embarque, você me pertence! Agora estou cobrando a entrega da mercadoria!

Já em lágrimas, Modesta respondeu-lhe:

— O senhor deve estar enganado! Pertenço a uma boa família! O que diz não faz sentido algum! Meu irmão, que é seu amigo, jamais permitiria tal baixeza!

Explodindo numa estúpida gargalhada, ele apanhou alguns papéis sobre a mesa e quase esfregou-lhe no rosto, enquanto berrava:

— Vê estes documentos, sua tola? Eles são a prova de que o seu 'boníssimo' irmão negociou você!

— O senhor mente! — ela retruca, profundamente aflita.

— Eu minto? Quem mentiu para você foi o seu irmão! Já ouviu falar em escrava branca? Pois é, você é uma delas!

Abaixando a voz e falando bem próximo à Modesta, ele sussurra:

— Se for boazinha comigo, nossa viagem será uma beleza! O que me diz?

Um pensamento acorre a Modesta e ela balbucia:

— E os meus estudos?

Debochado, ele explode:

— Que estudos? Não percebe que isso foi apenas um estratagema? Há muito eu estava de olho em você! Vi você de longe e me tomei de amores! Conhecendo o caráter do seu irmão, lhe propus a ideia de comprá-la a peso de ouro! Agora, vou descobrir se você vale tanto!... Venha cá, sua tolinha, venha, não resista!

Em choque, Modesta principiou a chorar em altos brados, o que o incomodou a ponto de desesperá-lo.

A quem recorrer? Olhando em todas as direções e clamando por socorro, ela entendeu que estava completamente só e desamparada.

Aplicando-lhe algumas bofetadas, ele a fez calar, por medo e dor...

Ato contínuo, investiu contra Modesta e submeteu-a, cruel, aos seus instintos selvagens, ultrajando-a de todas as formas.

Modesta confessou que desmaiou várias vezes.

Sentia-se rodopiar naquele ambiente, sem entender claramente aquilo que vivia. A embarcação em mar alto sacudia violenta, parecendo solidarizar-se com sua tragédia...

Depois de um desmaio que durou mais que os outros, Modesta despertou trancada num dos camarotes.

Assim, sem recursos e sem defesas, ela foi vítima da selvageria dele por meses seguidos.

A esse tempo, traumatizada e emocionalmente desequilibrada, desfeita e abatida fisicamente, por pouco não morreu, se bem que o desejasse...

Chegando aos portos, ele a trancafiava e ao retornar prosseguia com a sua crueldade.

Nossa querida amiga declarou que houve tempo em que não tinha noção de dia ou de noite, das horas ou do que quer que fosse. Tudo girava à sua volta, sem nexo, como um negro sorvedouro que a puxava para baixo, sempre, sempre...

Não raras vezes, ela não se reconhecia ou imaginava-se distante dali, ausente.

Uma mulher corpulenta a obrigava a alimentar-se e a cuidar da sua higiene. Assim, ele a impediria de morrer. Durante os cuidados que obrigatoriamente lhe dispensava, a virago se comprazia em magoá-la. Numa ocasião, revoltada, confessara o seu amor desvairado pelo comandante.

Modesta convivia, então, à sua revelia, com dois inimigos ferrenhos.

Percebendo que as feições do doutor Malthus mudam de cor a cada instante e que ele está a ponto de ter um mal súbito, frei Justino para e respira fundo.

Com lágrimas a brilhar nos seus olhos bondosos, ele olha para a imagem de Jesus e em silêncio implora auxílio.

Mas mesmo desfigurado, amarfanhando o chapéu com violência, dentes cerrados e olhos injetados de sangue, ele ordena que frei Justino prossiga:

— O nome do crápula, vamos, me diga! Preciso saber!...

— Mesmo que eu soubesse, não lhe diria. Caso ela desejasse a vingança, teria lhe dito. Afinal, teve tempo hábil e sempre encontrou o seu apoio!

— Frei, frei! Como pode? Está compactuando com o mal!

— Eu jamais compactuaria com o mal! Não me confunda, doutor! A vontade de Modesta será respeitada acima de qualquer outra!

Ela perdoou os seus algozes e não temos o direito de modificar-lhe agora as decisões! Decisões que correspondem à sua evolução espiritual!

— Pois quando eu puser as minhas mãos neste monstro, ele sentirá o peso da minha pouca ou nenhuma evolução espiritual!... Eu lhe garanto, frei Justino!

— E ela lamentaria, certamente, esta nossa conversa, caro amigo...

— Modesta entenderia o que me move, frei! Saberia compreender!

— Não conte com isto. Ela possuía conceitos diferentes dos seus! A vingança jamais fez parte da sua vida iluminada!

Dr. Malthus senta-se, arrasado, corpo curvado em direção ao chão. Ele é o retrato da dor.

— Deseja que eu prossiga, meu amigo? — frei Justino indaga. À esta altura já não sabe o que fazer.

— Sim, por favor, vamos até o fim...

— Após um período de tempo que para ela pareceram séculos, o seu algoz, cansado das suas debilidades físicas, 'revendeu-a' com lucros, a outro homem tão bruto quanto ele e fez-se ao largo nas águas do oceano. Modesta tornara-se uma escrava das circunstâncias. De nada lhe adiantava dizer quem era e de onde viera; não lhe davam crédito. Desta maneira, foi passando de mão em mão e em todas elas era ofendida, usada, massacrada...

Naquele dia, no qual ouvi sua confissão *in extremis*, notando-me o grande constrangimento e a justa indignação que se revelava na minha face, fitou-me, luminosa, já quase adentrando o mundo espiritual e com doçura admoestou-me:

— Queridíssimo frei Justino, cuidado com sentimentos contrários à lei de Deus! Que eu, na minha confissão, não seja motivo de perda para tão bela alma! — isto dissera entre espasmos respiratórios. Beijando-lhe as mãos, pedi perdão e me reequilibrei; mas ainda hoje me envergonho da revolta justa que tomou conta de mim, diante daquela alma angelical! Prosseguindo, caro doutor: Em seguida à muita dor e à muita miséria, num tempo indeterminado, ela foi 'adquirida' por um homem de idade avançada e de feições bondosas. Este, em vez de levá-la para casa, deixou-a num hospital e depois numa pensão. Era esta a sua intenção desde o princípio. Ali, em paz, enfim, aos poucos, ela se refez.

O seu salvador a visitava frequentemente e passava horas inteiras a ouvi-la, fraternal, compreendendo-lhe a tragédia.

Entre outras coisas, difíceis de ouvir, ela confessou-lhe envergonhada:

– Caro senhor, quando no navio, num descuido daqueles que me vigiavam, lancei-me ao mar para morrer. Fui resgatada e depois cruelmente espancada. O meu algoz amarrou-me a um mastro, desnudou-me as costas e assistiu, solenemente, enquanto o seu feitor me vergastava, até sangrar-me em lanhos, que demoraram a cicatrizar. Enquanto me curava, pedi perdão a Deus pela tentativa. Eu não suportava mais viver daquela forma. E, sempre foi assim, onde quer que eu estivesse, era impedida de sair, mas tentei, muitas vezes, inutilmente. No dia em que o senhor apareceu, eu me encontrava numa situação-limite. Febril e adoentada, eu sequer sabia se o senhor era real ou imaginário. Eu já não sabia se estava viva ou morta... Onde o meu lar? Onde o irmão que deveria ter sido o meu protetor? Onde ficaram os meus sonhos? Quando embarquei, o meu futuro se desenhava à minha frente, pleno de realizações!

Na ocasião, indagando-lhe se desejava regressar ao seu lar, ele a ouviu dizer, num fio de voz e olhar perdido:

– Jamais!... Loredano nunca mais me verá... Ele deve pensar que eu morri... E, de fato, caro senhor, eu morri... Assim que melhorar fisicamente, trabalharei, caso o senhor me permita...

– Faça da sua vida aquilo que desejar. A partir deste instante, você é livre como um pássaro!

Abrindo-lhe o coração, Modesta lhe narrou a sua jornada sofrida, desabafando como faria a um pai.

Antinore regressou para casa desprezando profundamente aqueles que a fizeram tão infeliz.

Pensando em como auxiliá-la, decidiu tomá-la por filha do coração. Assim, ofereceu-lhe a sua casa e a sua proteção, concedendo-lhe uma nova vida, numa oportunidade ímpar.

Atendendo-a, permitiu-lhe uma nova identidade legal.

Profundamente grata, ela pediu:

— Meu caro benfeitor, me batize de acordo com a sua vontade, devo-lhe mais que isto. Daqui em diante usarei o nome que me der, e o farei por toda a vida, em homenagem ao senhor!

— Existe um único nome na Terra venerado pelo meu coração. Nome inesquecível, como a sua dona, que a morte me arrebatou, antes que eu realizasse o maior sonho da minha vida, que era casar-me com ela!

— Diga-me que nome é este, e se eu poderia usá-lo daqui em diante...

— Você não apenas poderá usá-lo, filha, se desejar, como o dignificará!...

— E, qual é, senhor Antinore?

— Modesta! – ao pronunciá-lo, o senhor Antinore suspirou, enlevado, olhos brilhando.

— Eu gosto! A partir deste momento não sou mais Loretha. Chamo-me Modesta.

— Sim, e deve herdar também o seu apelido, Mod!

— Melhor ainda! Nesta vida que se inicia, ressurgindo das cinzas como a Phenix, eu serei Modesta, ou Mod!

Esforçada, Modesta completou a sua educação, sob a proteção de Antinore. Gratíssima, afeiçoou-se a ele. Era o pai que os céus lhe enviavam, muito diferente daquele que tivera pelas circunstâncias filiais.

Ele, por sua vez, apegou-se àquela moça tão sofrida e doce, que chegara à sua existência para colorir e aquecer os dias da sua velhice. Fora sempre muito só e um solteirão incorrigível.

Muito culto e rico, ele sempre frequentara as altas rodas da sociedade, participando ativamente dos acontecimentos da cidade. Exercendo a filantropia por inclinação, era chamado muitas vezes de Mecenas, o que o fazia sorrir, sem, contudo, envaidecer-se.

Requestado pelas mulheres e perseguido como um ótimo partido, muito cedo decepcionou-se com a vida citadina e com a ambição desmedida das pessoas. Decidiu mudar-se para um recanto bucólico e foi ficando, como se algo o prendesse ali...

Viajava muito e nestas viagens buscava esquecer um pouco a sua solidão. Um dia, numa reunião, um homem muito cínico, que Antinore nunca havia visto antes, espalhava aos quatro ventos, vaidoso, que possuía uma belíssima e estranha mulher. Ela, segundo ele, apesar dos maus tratos da vida, tinha qualidades *sui generis*, difíceis de se ver.

Antinore refletiu que se tivesse uma filha, esta poderia encontrar-se numa situação parecida, por força de alguma circunstância adversa. Que mulher seria esta, tão elogiada por um homem habituado aos vícios e às torpezas humanas?

Um dia, encontrando-o na rua, abordou-o, cuidadoso, na intenção de indagar-lhe sobre a mulher de que falara.

Surpreso pelo meu interesse, ele respondeu:

– Ora, senhor Antinore! Apesar das suas qualidades, ela não seria mulher para o senhor, que é uma pessoa tão fina! Ela já passou por diversas situações como esta que agora vive, me entende?... – e piscou o olho, malicioso, o que fez Antinore sentir desejos de esmurrá-lo. Todavia, disfarçando a sua indignação, prosseguiu:

– Diga-me, pretende ficar com ela?

– Não. Tenho a intenção de 'negociá-la', mas com bons lucros! Dinheiro não cai do céu, senhor Antinore! O senhor sabe muito bem disto!

– E quanto quer por ela? – dentro da alma, Antinore se arrepia com o que acabou de dizer. Todavia, deve falar a mesma língua.

– Vejamos... Já que o senhor insiste... Tenho gasto rios de dinheiro com a saúde dela e o senhor terá de me ressarcir, naturalmente! Somando-se a isso, a moradia, alimentação, roupas etc... Não será pouco, está disposto a pagar?

– Sim, faça o preço!

– Só vou vendê-la, porque ela me incomoda com as suas qualidades morais! Seu comportamento apaga o meu fogo, entende? Ela está mais para um convento do que para um bordel, onde deve ter sido o seu lugar de origem! Caso o senhor deseje pagar-me com lucros, poderemos fechar o negócio...

Enojado, Antinore conclui:

– Sim, estou vivamente interessado e pagarei aquilo que for justo.

Acertos feitos para cá e para lá, e Antinore 'comprou' Modesta.

A esta altura da narrativa, frei Justino começa a chorar, não tem mais condições de prosseguir. Triste, o bom frei anda pela sala, aguardando o próprio reequilíbrio. Respira a plenos pulmões e olha para doutor Malthus, que tenta disfarçar inutilmente as lágrimas que lhe descem pelo rosto de linhas clássicas e harmoniosas, apesar da idade.

A dor destes dois corações é parecida, respeitando a diferença de sentimentos que cada qual dedica à Modesta. Após alguns minutos de silêncio comum, frei Justino volta a falar, desta vez encostado à janela de onde a brisa o alcança e ele pode ouvir o cântico dos pássaros:

– Dali, saíram juntos. A 'mercadoria' seria entregue, no ato do pagamento.

Chegando à luxuosa moradia e destrancando algumas portas, ele o precede até um amplo e rico salão, no qual Antinore se depara com belíssima mulher, apesar da magreza e palidez, deitada num divã.

Os móveis são pesados e escuros. As cortinas de igual aparência tornam o ambiente sombrio. Quinquilharias ostentosas, daquelas que enchem os olhos do rico sem cultura e sem refinamento, se destacam em profusão.

Antinore cuida para não gerar naquele coração sofrido mais temor e faz o acerto final, disfarçadamente, com aquele que se desvencilha dela como de objeto qualquer. Negócio fechado, ele ordena, enquanto confere a quantia:

– Arrume as suas coisas, Loretha! Agora, você vai morar com este senhor!

Esforçando-se, ela se levanta meio zonza e se interna na casa. Minutos depois regressa, muito pálida, com uma pequena trouxa de roupas. Cabeça baixa, silenciosa, ela aguarda.

Profundamente condoído, Antinore lhe diz:

– Nada tema filha e venha comigo.

Automaticamente, ela obedece.

Num veículo de aluguel, os dois embarcam.

Em poucas palavras, ele a tranquiliza, dizendo-lhe que a levará primeiro ao médico e depois a uma boa pensão.

– Enfim, frei Justino, alguém apareceu para livrar nossa caríssima de tantos sofrimentos!...

– Sim, graças a Deus!... Retomando a nossa narrativa, após alguns anos, nos quais Loretha foi muito feliz ao lado deste homem de bem, num dia muito triste ele caiu doente, vindo a falecer em poucos meses.

Com aquilo que lhe restou, porque a doença do seu benfeitor exigiu tratamentos muito caros, Modesta, adulta e decidida, regressou à sua terra natal, onde vivera, mas num lugar afastado e de forma anônima.

Assim fez, chegando aqui bela e rosada como uma flor.

Nunca mais procurou pelo irmão, apesar de saber onde ele vivia, pois que estas terras e tudo que existe a nossa volta lhe pertencem, o caro doutor sabe.

— Pertenceram, frei! A herança agora é bem menor e por vontade própria!

— Enfim, que ele descanse em paz!

— Se existe mesmo a justiça de que fala, frei Justino, que ele não descanse em paz! Muito pelo contrário, que arda no fogo do Inferno! — explode, colérico, o doutor.

— Oh, meu amigo, não fale assim!... Bem, aqui chegando, ela se instalou entre nós para nossa felicidade e alegria. Conviver com ela, sempre foi uma bênção de Deus!... Mas, apesar da sua saudável alegria, existia nela e o meu amigo sabe, uma grande melancolia.

As tristes recordações, vez por outra a visitavam, tirando-lhe o sono e enchendo-lhe as noites de pesadelos.

Ela decidiu dedicar-se ao seu próximo, fazendo disto a sua razão maior de viver. Modesta tirou da dor e dos sofrimentos a força de que precisava! Que Deus a guarde e a faça muito feliz!

Dr. Malthus levanta-se, anda pela pequena sala, respira fundo. Está pálido de morte; são visíveis a sua revolta e o seu sofrimento.

Em orações, o bom frei aguarda-lhe o refazimento.

Dr. Malthus sai, vai a um pequeno jardim, que é a extensão da sacristia, e permanece ali...

Depois retorna, senta-se de novo e começa a falar pausadamente, num grande esforço para conter as emoções:

— Ao conhecê-la, fiquei prontamente fascinado! Amei-a, desde o primeiro instante e para sempre!...

Eu nunca poderia imaginar tudo aquilo que ela viveu, nem entender os motivos que a trouxeram a este fim de mundo! Ela nunca me disse. Se eu soubesse, teria encontrado o seu irmão vivo e feito justiça! Mas o desgraçado safou-se, morrendo e malogrando o meu esforço!...

Dr. Malthus levanta-se novamente, dirige-se à janela, olha ao longe, aperta as mãos contra as têmporas e buscando uma poltrona que lhe está ao alcance, desaba sentado, explodindo num pranto convulso.

Frei Justino pede aos céus que conforte esta alma. Seu pensamento se dirige até Modesta:

"Querida Modesta! Filha do coração! Olhe por este homem que neste momento, abate-se pela grande dor que sente! Sei que você o amou tanto quanto foi amada!

Estrela rutilante, momentaneamente caída entre os homens que não souberam honrar-lhe as qualidades natas, na sua luminosidade junto ao Pai, rogue por nós!..."

O doutor enxuga os olhos no seu fino lenço, guarda-o e levanta-se, combalido. Aproxima-se de frei Justino e abre-lhe os braços. É prontamente acolhido e assim abraçados eles choram juntos.

Do alto, envolvida num belíssimo halo de luz, Modesta os envolve em eflúvios amorosos. Da sua alma, partem palavras que alcançarão, intuitivamente, os seus corações:

"Sejam bons e vivam sob as leis do Senhor! Eu prosseguirei amando-os, acima de qualquer distância!

Malthus, seja feliz! Tranquilize o seu coração, porque o maior penhor da minha vida foi o seu devotado amor! Amor feito de renúncia! Fiel, apesar da impossibilidade de realização! Banhe-se neste amor e siga a jornada que ainda lhe falta! Submeta-se à vontade de Deus que é a Divina Providência, sábia e poderosa!

Meu amor por você é tão forte quanto o seu por mim! Depois das dores, seremos felizes! Estarei esperando-o, além da vida!"

– Frei Justino, eu estou enlouquecendo ou ouvi melodias incomparáveis e a voz de Modesta dizendo-me que me ama e que me aguarda depois desta vida?!

– Sim, caríssimo amigo, eu também ouvi! Então estamos ambos loucos! Que Deus seja louvado por essa loucura!

– Sim, que Deus seja louvado!

Frei Justino pode captar-lhe a justa reverência ao Criador e conclui que Modesta conseguiu tocar mais uma alma. Desta vez, a sua mais amada alma terrena...

* * *

Ainda na fortaleza, Zarik recordou vivamente uma vida passada na Índia, junto a Loredano. Este, naquele tempo recuado, era um poderoso marajá. Muito bem acomodado sobre um elefante ricamente ajaezado, a sacudir-se leve e agradavelmente, Loredano olha, arrogante, à sua frente, em meio à pompa e seguidores numerosos.

Neste cortejo, ele passa por pessoas que se expressam de maneiras muito diferentes: olhares de ódio, desprezo, indiferença. Ou gritos de vivas, somando-se às flores atiradas às patas do animal, em sinal de reverência e extremado servilismo.

Atento, ele registra as diversas situações para usá-las quando lhe convier ou desejar. Nada lhe escapa à observação meticulosa.

Com muita empáfia, ele faz gestos de bênçãos àqueles que pedem, enquanto avalia quantos outros desejam a sua desgraça.

No balanço característico da sua montaria, ele passeia, enquanto se dirige a algum lugar de seu interesse.

Suas roupas são luxuosas. Adereços de ouro e pedrarias completam o seu rico traje indiano. Na cabeça, um turbante volumoso exibe uma pluma azul rematada por uma gema de brilho incandescente.

Um rapaz alto, de cor acobreada e muito magro, vestindo uma rústica tanga, puxa o elefante pelas ruas estreitas, conduzindo o animal.

De súbito, o paquiderme se agita de um lado para o outro, confundindo as patas nos inúmeros buracos do chão de terra batida, sacudindo e entortando o baldaquino, incomodando demais ao marajá.

Este, possesso, reage rápido e violento como é do seu feitio; grita desaforos contra o infeliz servo e, ato contínuo, estala o chicote nas suas costas, com muita força, sem piedade.

Encolhendo-se de dor, o pobre rapaz emite gritos roucos. Nas suas costas, o sangue poreja em gotas vermelhas que escorrem e pingam no chão misturando-se ao pó.

Nos olhos do marajá, a diabólica satisfação do castigo infligido àquele que não soube cuidar da sua segurança e conforto, indiscutíveis, sagrados...

Nos olhos esgazeados do servo (oh!... Zarik se reconhece!...), o ódio e o desejo do revide.

O cortejo segue pelas ruas, ora aqui, ora ali, numa demonstração ostensiva de poder absoluto, das diferenças das diversas castas...

Enquanto puxa o animal, em meio a dores lancinantes, o servo rumina o seu ódio...

Agora, a cena se modifica... É quase madrugada, tudo está deserto.

O mesmo servo do marajá recostado a um muro espera.

Seus olhos sombrios refletem os seus conflitos: da decisão tomada e do medo das consequências...

Tem consciência de que não deve seguir os próprios instintos; que não deve vingar-se...

À sua volta, um silêncio sepulcral.

Algum tempo se passa e de um edifício próximo, espécie de sobrado antigo, sai o marajá, cambaleando.

Seu bafio é de álcool e seus olhos revelam um grande desequilíbrio, consequência da embriaguez e do transbordamento das suas paixões, há pouco vivenciadas nos braços da amante.

Na tentativa de recompor-se, ele alisa as roupas, os cabelos, e apruma-se.

Olha ao redor, procurando a comitiva e os seus guardas. Onde estarão?

Encosta-se na parede, pernas bambas, e espera, mas ninguém aparece!

Teme estar ali exposto. Na tentativa de regressar para dentro do edifício, divisa a figura do servo que se aproxima, rápido.

Nos seus olhos o ódio refletido. Pressente algo...

Vira-se na direção das escadarias próximas, mas o outro, tal qual um felino, intercepta-lhe os passos.

Os dois se defrontam por segundos, como num terrível pesadelo.

O servo, sorriso irônico, fixa-lhe o olhar de medo, gozando o poder que ali representa. Nesta trágica oportunidade (planejada, naturalmente), pode decidir-lhe a sorte.

O marajá, apavorado, tira da cintura uma adaga e investe contra o seu servo.

Mas, volumoso de corpo e lento nos movimentos, habituado ao conforto e à preguiça, além do seu cérebro estar envolvido pelos vapores do álcool, não é adversário para o servo, homem forte, jovem e ágil, que rapidamente o desarma.

A arma voa, soa tetricamente no chão da rua e desaparece.

Imobilizando-o, o criado retira, por sua vez, da corda amarrada à cintura, um punhal que brilha à luz da lua.

Ato contínuo, levanta o braço e desce-o com violência, enterrando a lâmina de aço no peito do marajá, num golpe fatal...

Este grita com voz quase inaudível...

Nos seus olhos esgazeados, a compreensão tardia da armadilha na qual caíra...

Suas pernas tornam-se pesadas demais, incapazes de mantê-lo em pé e ele cai de joelhos, tentando, desesperado, segurar-se na parede.

Entre espasmos de dor, olhos revirando, ele grita, rouco, ameaçando:

– Você se arrependerá, eu juro! Meu ódio... acompanhará você!... Dos... infernos... eu sairei à... sua procura!

Finalmente, ele desaba de vez sobre o piso encardido, diante das escadas que levam ao segundo andar.

Ali, caído numa poça de sangue, o poderoso marajá estertora.

O assassino olha-o por instantes, hebetado. Em seguida, dando-se conta da gravidade do seu ato, dispara pelas ruas.

Foge. Se for capturado, será executado, sem apelação.

Após um tempo que não conseguiria precisar, de corrida desesperada, atira a arma na corrente de um rio próximo.

Entra embaixo de uma ponte, encolhe-se num vão escuro e segurando as pernas contra o peito, explode num pranto convulso, acompanhado de vômitos espasmódicos, enquanto recorda o drama que tem vivido e que o levou ao ato extremo perpetrado há poucos minutos atrás:

Sua mulher, revoltada, enquanto curava-lhe as recentes feridas, produzidas pelo chicote do marajá, incitou-o a fazer o que fez, chamando-o de inútil e cuspindo de lado.

Dissera-lhe que mesmo sendo mulher jamais suportaria tantas afrontas e que um homem não pode, com o risco da própria dignidade, suportar tantas humilhações, mesmo de alguém tão poderoso como o marajá.

Tanto fez e tanto falou, que ele saíra decidido a livrar o mundo daquela serpente inchada e colorida.

– Sim! Livrei o mundo da sua peçonha, Kalyia!... Como um novo Krishna, eu a abati!... – isto dizia, desvairado, entre lágrimas, no sofrimento de saber-se culpado e em meio às próprias reações físicas; consequências do seu gesto criminoso.

* * *

Caros leitores,

Neste passado longínquo, esquecia-me que Krishna viera trazer uma mensagem de paz e elevação espiritual e que a serpente Kalyia estava, antes de tudo, dentro de mim mesmo. Fanatizado e impulsionado pelas minhas patentes imperfeições, bastou-me um incentivo infeliz para realizar aquilo que de fato desejava... Vingara-me, afinal... Esta a grande verdade...

O marajá, no seu cruel jeito de ser, cobrava-me através da Lei de Talião um outro passado, nem tão distante assim.

Estas situações, muitas vezes, se transformam num círculo vicioso, aparentemente interminável.

* * *

Alguns anos depois, Ulimar revelou a Zarik o desdobramento da tragédia do servo do marajá: Duplamente pária; por condição de nascimento e pela situação de criminoso, ele nunca mais voltou à sua cidade. Sozinho, sofrendo a saudade da mulher e dos filhos pequeninos, dos quais passou a ignorar a sorte, andou de léu em léu, sofrendo as injunções do seu erro, na desgraça de quem nada tem e nada espera. Passou a viver de esmolas, porque raramente conseguia trabalho. Durante o sono, em cruéis pesadelos, defrontava-se com o marajá. Este o perseguia, violento, para vingar-se. Para fugir disto, evitava dormir, a não ser quando o sono o dominava.

Após anos de aflições, esquelético, atormentado pela culpa que se lhe gravou fortemente na retina, deixou-se ficar às margens do rio sagrado, o Ganges. Com a pele ressequida pelo sol inclemente, numa palidez doentia, cabelos desgrenhados e fraqueza notável, ele foi ficando por ali, sem muito interesse nem objetivos.

Em troca de algumas moedas que lhe permitiam alimentar-se frugalmente, ele auxiliava os parentes dos mortos nas cerimônias fúnebres, ali levadas a efeito.

Nestas atividades, viveu mais algum tempo. Já fazia parte do lugar. Um dia, no qual chorava em desconsolo, incapaz de suportar o peso da consciência culpada e lamentando a própria existência, ele divisou um homem que se aproximava.

Já havia visto muitos outros, mas aquele era diferente.

Por quê? Jamais saberia. Fitou-o, reverente.

Considerando-se indigno da sua atenção, pretendia apenas vê-lo passar.

Ele, todavia, alcançando-lhe a grande desarmonia íntima, aproximou-se, tomou-lhe as mãos, olhou-o dentro dos olhos.

O ex-servo do marajá soltou as comportas da sua alma desorientada e libertou o pranto com mais força, sem pejo algum. Encontrava-se no limite das suas forças.

Numa voz inconfundível, incomparável em doçura e saber, o homem lhe falou:

– Filho, os seus sofrimentos, somados ao arrependimento sincero, há tanto vivenciados, já o redimiram, em parte! Levante a cabeça e pare de lamentar-se! Em vez disso, modifique a sua vida e conceda a si mesmo outra oportunidade!...

Entregue aos céus os seus conflitos e abandone este desespero!

Aproveitando ainda, faça algo por si mesmo e pelo mundo que o rodeia!

Veja! Olhe à sua volta! Quanta tristeza, principalmente aqui, onde os infelizes vêm despedir-se dos seus mortos!

Estes corpos, por este ou por aquele motivo, deixaram de viver! O sopro da vida separou-se da carne que em pouco tempo torna-se putrefata depois de morta, e que lhes permitia comunicar-se e agir, cumprindo a sagrada missão de mais uma jornada.

Mas, filho querido, e além daquilo que podemos divisar? De quanta dor vive o Espírito quando se depara com as inumeráveis dívidas que acumulou?

Quando alcançaremos a ansiada paz? Dependerá do nosso maior ou menor esforço no Bem e no Amor!

Aproveitando esta matéria que ainda veste e domina, levante a cabeça, erga o seu corpo e permita-se a oportunidade de redimir-se nos anos que lhe restam!

Venha, meu filho! – assim dizendo, ele o leva pela mão, paternal. Entram ambos nas águas do rio.

O santo homem banha-lhe a cabeça, os ombros, o peito e todo o corpo, enquanto pronuncia palavras numa língua desconhecida.

Findo o ritual, lhe diz, enfático:

— A partir deste momento, esqueça o seu passado! Pense na grande necessidade de ser bom, de fazer o bem! Esqueça as suas dores e pense nas dores do seu próximo! Diante do grande arrependimento que banha o seu coração, seja um homem novo! Siga seu caminho, sem medo e sem vacilações!

Quando precisar de mim, retrate na sua mente a minha imagem e eu me farei presente, mesmo que não me possa ver. Comprometo-me a acompanhá-lo e a protegê-lo; não apenas neste presente, mas também nas suas futuras existências!

Aviso-o: não será fácil o caminho que percorrerá, daqui em diante. Nem pense que este ritual possa livrá-lo das consequências dos seus atos!

O santo homem silencia, olha ao longe e profetiza:

— Um dia, renascido, você se defrontará com este tempo de agora, que então, será passado. Este passado, como todos os outros nos quais se acumpliciou no mal, o seguirá como um corvo a crocitar sobre a sua cabeça, até a redenção final de todos eles...

Em todas as épocas, nos defrontamos conosco mesmos, naquilo que já alcançamos de progresso e naquilo que ainda nos falta alcançar... A misericórdia dos céus nos aguarda a boa vontade e a coragem para a iluminação das nossas almas, que nascem simples e ignorantes para se alçarem à condição de anjos, através dos tempos!

Submeta-se à vontade divina, caminhe e cresça, meu filho!

O antigo servo do marajá ajoelha-se à beira do rio, beija-lhe os pés molhados, e de mãos postas, cabeça inclinada, agradece, humilde, num gesto de profunda reverência:

— Graças vos dou! Que o Pai o ilumine cada vez mais, pai querido! Nunca me deixe, peço-lhe! Prometo-lhe seguir os seus conselhos!

— Eu sei, filho! Posso ver, desde agora, a sua transformação e o seu esforço! Muitas vezes, porém, esquecido e invigilante, você errará, insurgindo-se contra as Sagradas Leis, para sofrer depois as consequências dos seus atos.

Profundamente grato, o vê dirigir-se a outros, igualmente necessitados. Ouvindo na acústica de sua alma consolada, o zumbido festivo das abelhas e as melodias alegres do seu povo, ainda ajoelhado, dentro das águas do rio sagrado, colheu algumas flores que boiavam ali perto e teceu um colar, colocando-o no pescoço.

Com um brilho inusitado no olhar, aprumou seu corpo magro e ressecado e ergueu firmemente a cabeça, altivo.

A partir daquele momento, ele renascia, profundamente diferente.

Saindo dali, a passos lentos, mas decididos, caminhou sem destino, perdendo-se na multidão. Seu caminhar, então modificado, dizia daquilo que queria para si e para todos.

Fixando os olhos nos passantes e observando-lhes as enormes necessidades e tristezas, acercava-se deles, falava de Brahma, do bem, do amor, da esperança e da felicidade que um dia alcançará todos os corações.

Incansável, passou a distribuir bênçãos em forma de consolo e socorro fraterno, riquezas que nada custavam e que ignorava possuir.

A partir deste dia, tratava doenças, curava feridas, confortava, alimentava, matava a sede, agasalhava, visitava, ouvia, compreendia, fraternal.

Neste exercício de amor incondicional, o ex- servo do marajá aprendeu várias práticas de cura, buscando-as, incansável, com os terapeutas de então.

Exercitou as práticas de lancetar e curar feridas, aplicar cataplasmas, ataduras, fazer massagens, partos, estancar hemorragias.

Instruiu-se também no uso das ervas medicinais e dos banhos terapêuticos.

Ensinaram-lhe a respeito da energia que permite e mantém a vida, de como transmiti-la aos que precisam.

Mas, acima de tudo, exercitou a prática da oração com a fé que amplia o poder de cura.

Por este tempo, passou a viver à beira de um rio, morando num humilde casebre.

Diuturnamente, ele atendia com a mesma abnegação, não apenas àqueles que não podiam pagar, mas também a qualquer outro que estivesse em busca da cura física ou espiritual.

Estes, curados e agradecidos, maravilhados com a sua obra de benemerência, pagavam-lhe regiamente.

Todos os recursos advindos lhe serviam para socorrer mais e melhor aos infelizes.

Desta forma, ele viveu até uma idade muito avançada, sendo amado e reverenciado.

Autoridades proeminentes do seu e de outros países o procuravam, às vezes enfrentando longas peregrinações, para curar-se ou simplesmente aprender com ele.

Um dia, muito cansado e sentindo a proximidade da morte, regressou às margens do rio Ganges.

Era, então, um venerável ancião de barbas e cabelos brancos e muito longos.

Ali, junto às águas, ele recordou muita coisa. Como num filme, sua vida ressurgiu, da infância aos dias presentes.. Sua meninice, prenhe de sonhos, que se tornaram impossíveis, por conta da miséria da família... O viver infeliz entre as pessoas que usavam dos seus préstimos como carregador, pagando-lhe pouco, mas pagamento que levava para casa... Cansado, faminto, chegava em casa e ouvia a mãe lamentar-se. Muito triste e revoltado, foi odiando a própria existência...

Para que, afinal, havia nascido?!...

Seu pai desaparecera ele ainda era muito pequeno. Cresceu trabalhando duro, ganhando pouco, e sendo desprezado por sua miséria e posição social inferior.

Na sua intimidade, porém, quanta vaidade, ambição e orgulho!

Odiava a pobreza na qual vivia e passava horas imaginando como poderia fugir de um destino tão obscuro...

Apesar da miséria, casou-se com uma moça muito bonita que admirava-lhe a inteligência e a beleza (sim, ele fora belo, sem dúvida, sabia disso...).

Entre muitas aflições para ganhar a vida enfrentando trabalhos braçais desgastantes, viu a família crescer; tiveram três lindos filhos que adoçaram a sua vida e que passaram a ser a sua maior riqueza. Quando se casou já era órfão; sua mãe havia falecido alguns anos antes do seu casamento.

Houve tempo que se julgou feliz, apesar das grandes dificuldades.

Um dia, uma parenta da sua mulher chegou com a notícia de que o marajá precisava de mais um servo.

Apesar da ausência de méritos, apresentou-se e foi aceito por causa da sua boa aparência.

Trabalhou na copa do palácio por um bom tempo, até que foi vítima de uma calúnia. Tentou se explicar, mas não foi ouvido. Dias depois, foi rebaixado a tratar dos animais nos estábulos e a fazer serviços de baixa categoria.

Neste novo trabalho, além de ganhar muito menos, esgotava-se demais e vivia contrariado.

Sua mulher passou a olhar para ele com um certo desprezo e chegou a ponto de afastar dele os filhos, dizendo que sua pele cheirava a curral.

Muito magoado, naquele dia teve ímpetos de lhe bater, mas ao ver o olhar de medo dos filhos, controlou-se.

Com o passar do tempo, desculpou-a e seguiu o seu destino...

Sua mulher, porém, já não era a mesma, tornou-se distante e indiferente.

Neste momento, recorda quando a procurou, alguns anos depois do assassinato. Disfarçou-se, apesar das grandes modificações físicas pelas quais tinha passado.

"Ela o recebera muito agitada, quase em pânico. Não esperava revê-lo!

Morava, agora, com outro homem. Disse-lhe que não queria que os filhos o vissem; pois estavam esquecidos dele...

Escondido, pôde vê-los de longe. Estavam crescidos, fortes... Ah, quanta saudade! O quanto desejava abraçá-los!... Dizer-lhes que se redimira à custa de muito trabalho e de muitas lágrimas!

Gostaria tanto de contar-lhes as suas diversas experiências ao longo daqueles anos...

Mas, sua ex-mulher lhe disse para não os atormentar. Que eles reconheciam como pai o seu atual marido. Que seria inútil falar-lhes do passado. Pediu-lhe que lhes preservasse a paz, se os amava de fato.

Arrasado, ele ia saindo de cabeça baixa, quando ouviu:

— Foi uma grande tolice se insurgir contra o marajá! Só poderia dar no que deu, homem! Mesmo depois de mortos, os poderosos ainda dominam, sabia? E você era um reles criado, um verdadeiro escravo!

Quanto a mim, o que esperava? Que eu ficasse a vida toda sozinha? Vá embora e esqueça que um dia nos conheceu!

Adiantaria dizer-lhe que não apenas 'os conhecera', mas que fora seu marido e que era o pai dos seus filhos?

Ela se esquecera que o incentivara a levantar o braço e derramar o sangue do marajá?

Mas, oh!... Neste momento trágico, ele compreendeu tudo!

Fizera exatamente aquilo que ela queria! Ela planejara tudo, livrando-se dele, da forma mais abjeta possível!

Não esperava que ele pudesse sobreviver e um dia voltar!

Sua palidez mortal, ao revê-lo, não fora causada pela emoção, mas pelo medo! Pelo sentimento de culpa!

Escondeu-se nas imediações e viu de longe o atual marido da sua ex-mulher. Reconheceu nele seu particular amigo; antigo frequentador da sua casa.

Quantas vezes, surpreendera-o e a sua mulher em atitudes que lhe pareceram suspeitas? Todavia, ela sempre se defendia e 'provava' a sua fidelidade, apregoando-a, em altos brados, ofendida pelas suas indagações.

Vezes sem conta gritava-lhe em pleno rosto as suas 'patentes' virtudes e o grande sacrifício que fazia num casamento com um reles servo, que não podia dar-lhe aquilo que ela merecia.

O ex-amigo, hoje padrasto dos seus filhos, é um rico comerciante.

Antes de ir-se para sempre, procurou-a novamente.

Em respeito aos filhos e à nova vida assumida com coragem e fé, lhe dissera algumas palavras:

– Não se esqueça, mulher: o seu braço foi tão criminoso quanto o meu!

Hoje, vivo numa outra proposta de vida e me redimo diante da Força Superior, a cada novo dia, a cada nascer do sol...

Quanto a você, cuide para não ter que enfrentar a consciência culpada.

Hoje entendo tudo, mais do que você pode imaginar! Lamento a minha ingenuidade e tolice quanto à nossa vida em comum.

O seu atual marido a merece! Que sejam felizes, se puderem!

Apesar das minhas duras palavras, eu os perdoo, pode acreditar...

Cuide bem dos nossos filhos. Um dia cobrar-lhe-ei isto!... Adeus!

Confusa, ela quedou-se à porta da nova residência (mais rica e mais confortável), enquanto ele saía, sem mais nada dizer...

Nunca mais a viu e nem os filhos queridos.

Enquanto amargava esta e outras recordações, sentou-se na postura yogui e permaneceu ali, às margens do rio sagrado, em silêncio. Esta, uma forma de aguardar o seu momento final, em paz...

Na mesma posição e intenção, ele viu outro dia surgir, belamente, iluminando e dourando as águas do Ganges.

Ali estava ele, sem alimentar-se, silencioso, sem nada esperar, a não ser o desligamento da matéria.

Em dois dias, já não ouvia e nem enxergava...

Flutuava? Sim, flutuava! Somente a alma ou o corpo também? Difícil ajuizar, diante da fraqueza física. Os seus sentidos foram-se apagando...

Algumas vezes sentia-se ali, e noutras via o rio e as pessoas do alto, de cima. Nestes instantes, tudo lhe parecia tão distante, tão sem importância...

Sentindo-se, enfim, esvaziar, como um pote d'água virado de boca para baixo, soltou-se e foi escorregando de mansinho.

Seu corpo estendeu-se sobre a areia molhada e os seus pés tocaram, agradavelmente, as águas...

O manso marulhar tornou-se música.

Num esforço que já se fazia quase impossível, ele abriu os braços e fitou o céu.

As nuvens passavam mansamente a formarem figuras estranhas, brilhantes, esgarçando-se lentamente nos seus passeios.

Fechou os olhos e permaneceu assim.

O seu silêncio interior calava tudo mais.

Era a solidão plena e integrada com a natureza, com o cosmo, com Brahma.

Ainda uma vez pediu perdão à sua vítima, onde ela pudesse estar... Rogou aos céus pelos filhos amados... Perdoou a sua ex-mulher.

Foi perdendo a noção de tudo e num último instante de relativa lucidez, ele reviu aquele homem.

Ele se dirigiu a ele, sorrindo, iluminado por estranha luz.

E aquele que um dia fora o infeliz servo do marajá, ergueu-se em espírito e seguiu-o, algo redimido e profundamente grato.

Seu corpo foi cremado ali mesmo e as suas cinzas repousaram no fundo do Ganges."

Ao fim da narrativa de Ulimar, olhos fixos no horizonte de uma belíssima tarde, Zarik chorou, soltando as comportas de sua alma boa, a caminho da transformação ansiada.

Entendera, mais que nunca, a sua difícil relação com o ex-patrão, desta e de outra vida.

Renascido na Índia, carregando nos seus atavismos e na sua poderosa intuição a certeza de que precisava perdoar e compreender Loredano, e assim o fez. Na sua memória, em espírito, convivera com esta necessidade, dando continuidade à sua transformação, iniciada ainda naquela existência transata e com vistas ao futuro que se desdobrará pelo longo dos tempos.

Fazendo uso de seus recursos, como um físico forte e resistente, uma inteligência poderosa e, acima de tudo, a incomparável afeição de Leocádia, ele assumiu as suas necessidades espirituais e foi muito mais além, aperfeiçoando-se na lapidação constante de sua alma, a caminho da Grande Luz.

* * *

SELECIONANDO PEÇAS PARA entreter o público, deslumbrá-lo e informá-lo das coisas do mundo, Rosalva, com a ajuda competente de Fabiano, monta os espetáculos que são cada vez mais interessantes e concorridos.

Quando cria, os faz sob uma inspiração quase compulsiva.

Sentada no antigo escritório de Pietro, ela passa horas escrevendo, algo distanciada da realidade que a cerca.

Nestas ocasiões, sua mão parece obedecer a um comando invisível.

Este fato inusitado a assusta e comentara com o marido. Fabiano acha muito interessante esta forma de trabalho intelectual.

Surpreende-se, porém, com os conhecimentos que ela demonstra nestes trabalhos, que superam o âmbito da sua própria cultura. Contudo, os resultados são excelentes, e ele espera que as inspirações de Rosalva prossigam.

Pietro Neto já é um bonito rapazinho, em tudo parecido com o avô.

Rosalva relembra, triste e saudosa, o dia em que seu pai os deixou:

"Normalmente desinteressado dos espetáculos, naquele dia fez-se presente e diante do picadeiro entusiasmava-se (como nos velhos tempos) a cada nova apresentação, vibrando com o trabalho dos artistas. Assim permaneceu até o final.

Quando as cortinas se cerraram, ele quedou-se pensativo, absorto.

Rosalva respeitou-lhe a abstração e ficou por perto, vigiando.

Subitamente, ele arregalou os olhos e soltou um rouco gemido.

Levou a mão ao peito, enquanto fixava o palco, naquele momento vazio.

Rosalva acorreu, abraçou-o, tentando auxiliá-lo, sem entender o que se passava.

Acariciou-lhe os ralos cabelos brancos, dizendo-lhe palavras amorosas, que ele parecia não ouvir.

Entre espasmos de desespero e medo, rechaçando a ajuda da filha, ele tentou levantar-se para cair de novo, com todo o peso sobre o assento.

Levou as mãos ao rosto e tapou os olhos.

Rosalva tomou sua cabeça e premiu-a de encontro ao seu peito, a fim de que ele se furtasse daquilo que provavelmente assistia.

Tal qual uma criança nos braços da mãe, Pietro levantou os olhos para ela e a reconheceu! Numa lucidez estranha e inesperada, exclamou muito surpreso:

– Minha filha! Minha adorada Rosalva! Você está bem? Onde você esteve? Quem encontrou você?

– Isto já não importa, paizinho! Agora estou aqui e nunca mais nos separaremos!

– Graças a Deus! Ele me perdoou e me devolveu a filha querida!

– Sim, papai, descanse o seu coração, eu voltei. O Pai Maior é misericordioso!

– Deus me perdoou, Rosalva, mas ele, não! – exclama, apontando para o palco, numa expressão de horror.

– Ele quem, papai?

– Deodato, não vê? Ele está ali, rindo na sua mudez, olhos muito cruéis! Voltou para vingar-se, minha filha! Quando ele levou você, e eu sabia que tinha sido ele, eu enlouqueci e o espanquei, duramente! Por minha culpa, ele morreu entre torturas na prisão!

– Meu pai, em nome de Deus, acalme-se! Seu coração não suportará tanta emoção!

– Ele está no palco, veja!... Carrega no corpo as marcas das torturas e arrasta com ele aquelas criaturas deformadas que exibíamos nos espetáculos... Ele está me chamando, Rosalva!... Me faz entender que o meu lugar é ali, com eles!... Deus, tende misericórdia de mim! Tende misericórdia deles!...

Abaixando a cabeça, ele chora.

Levanta o rosto, olha a filha em patente adoração e lhe diz:

— Meu anjo, agora que a tenho de novo, não quero perdê-la!... Esperei tanto tempo... Deus, quanta saudade eu vivi! Quantos tormentos sem saber onde e como você estava! Rosalva, eu morri mil vezes em vida!... Por que atravessei o caminho de Deodato? Não... não apenas ele foi a minha desgraça... Em verdade, eu fui a minha própria desgraça e ruína...

Rosalva lhe pede, amorosa:

— Meu pai amado, por favor esqueça os tormentos passados. Como disse, Deus o abençoou com a minha volta! Agradeça e asserene o seu coração!

— Abençoando-me, filha, Ele rasgou o véu que encobria a minha razão e me mostra, justo que é, o quanto devo ressarcir!

— Acima de tudo, meu pai, confie na infinita misericórdia!

— Eu confio, eu confio...

Olhando de esguelha para o palco, ele sussurra, dando um grande suspiro:

— Ele desapareceu... O palco está vazio... Obrigado, Meu Deus...

Rosalva beija-lhe o rosto e os cabelos, enquanto admira-o, reverente.

— Eu o amo, senhor Pietro Monteverdi! — ela exclama, teatral, na inútil tentativa de brincar com ele como antigamente.

Sabe que estão se despedindo...

Enternecido com os carinhos da filha, ele se acalma e se aconchega mais a ela. Em poucos instantes, parece dormir. Está muito pálido e respira com dificuldade.

Seu corpo tomba, cairia ao chão, não fosse a sustentação de Rosalva e o auxílio competente de Miguel, que percebendo algo, aproximara-se preocupado.

Levam-no aos seus aposentos e o acomodam no leito.

Após algumas horas de um estranho letargo, ele desperta, entra em agonia e expira nos braços da filha e envolvido nos carinhos do neto.

Fabiano, profundamente triste, roga aos céus pela alma do sogro, seu mais recente amigo.

A troupe reverenciou-o por toda a noite.

Na manhã seguinte, no cemitério mais próximo, Pietro foi sepultado, sob os protestos desesperados do neto, o pranto doloroso de Rosalva e a consternação de Fabiano.

Miguel, que ora é o mais famoso trapezista do circo, lamentou o seu passamento, e foi até o acampamento dos ciganos levar a notícia.

Archibald sentiu deveras a partida daquele que, apesar de tudo, fora um grande companheiro de trabalho.

Insatisfeito com a sua posição no circo, decidiu ir embora.

Despediu-se e partiu em busca de outras plagas e talvez em busca de outros circos. Apesar da idade, ainda tem força suficiente para trabalhar.

Rosalva rogou-lhe que ficasse, alertando-o para a insegurança que o caracterizaria dali para frente, ainda mais entre desconhecidos.

Ela sempre valorizou o seu trabalho e pagou-lhe regiamente, diante da gratidão que banha seu coração. Archibald, de uma forma ou de outra, acima dos interesses que o moveram, protegeu e auxiliou Pietro, até que ela voltou.

Foi inútil, porém, qualquer tentativa de demovê-lo da sua decisão.

Ele partiu e nunca mais souberam dele."

Há alguns anos, Yan e Rosalva se reencontraram:

"Ao lado de Próspera e de Miguel, abraçado à sua amada Zhara, ele pode finalmente exorcizar o seu desvairado amor por Rosalva:

– Yan, que prazer revê-lo, meu irmão! – exclama Rosalva, quebrando o gelo.

– Obrigado, Rosalva, me alegro igualmente!

– Nosso saudoso Theodor, sem dúvida, hoje está muito feliz! – diz Próspera emocionada. Ainda sente muitas saudades; jamais o esquecerá...

– Sim, também penso assim – comenta Fabiano, ao lado da sua amada e livre da antiga ameaça que Yan representava. Apesar de tudo, sempre lhe tivera afeição. A música os aproximara, apesar de tudo.

– Rosalva, fico muito feliz com as suas realizações; o seu casamento, o nascimento do seu filho, o reencontro com seu pai e o retorno ao circo – declara Zhara, enquanto abraça longamente a antiga companheira de acampamento. Quase sempre estavam juntas por força das circunstâncias.

Zhara sempre fora o braço direito de Próspera, nos cometimentos externos do bando.

Rosalva, enquanto esteve entre eles, trabalhava muito, a fim de que quando Próspera chegasse das suas atividades, encontrasse tudo em ordem.

– Obrigada, Zhara! Parabéns por ter conquistado Yan!

Eu, por minha vez, mesmo sem saber que era irmã dele, já tinha empenhado o meu coração, entregando-o a Fabiano!

Isso ela diz aconchegando-se fortemente ao marido, que lhe retribui os carinhos, fazendo todos aplaudirem, entusiasmados e bulhentos".

Superadas as dúvidas e os receios, a partir de então, Yan é visto ali muitas vezes. Ele incentiva Miguel, admirando-se da sua coragem e talento para o trapézio, enquanto convive com aquela vida que em verdade fascina, não apenas a ele, mas a muitos outros.

Em determinada ocasião, necessitando-se de dois violinistas para o espetáculo que representa o acampamento cigano (na peça que enfoca a experiência vivida por Rosalva), ele aceitou a incumbência e tocou, apresentando-se com Fabiano.

Foi o suficiente para que fosse requisitado muitas outras vezes para os espetáculos. Hoje é habitual vê-lo no palco ou simplesmente a tocar para o público em outros eventos.

É digno de nota que Próspera não resistiu, e assim como Yan passou a fazer parte da troupe. Representando nas diversas peças, ela exibe o seu talento que arranca calorosos aplausos do público e mesmo dos artistas.

Paulatinamente, os demais integrantes do bando de ciganos, fascinados pelos espetáculos, passaram a fazer parte deles, indo e vindo do acampamento para o circo.

Desta maneira, Ygor fica a cavaleiro de tudo, quando da ausência dos outros dois irmãos.

Quando o bando precisa reunir-se para os grandes cometimentos, o circo em peso se faz presente e participa das decisões e organizações que dizem respeito aos destinos deles, como comunidade.

Quando o Grand Circo Monteverdi precisa viajar, o bando de ciganos faz o mesmo e se instala nas redondezas, na continuidade da amizade e do trabalho, numa união cada vez maior.

Eles formam hoje um único grupo de saltimbancos.

São, em verdade, meus caros leitores, uma grande família espiritual, com compromissos antigos e implicações várias.

* * *

Feliz e realizado, Zarik assumiu sua vida de sábio.

Junto a Ulimar ou sozinho, trabalha com ardor no socorro aos doentes de todo jaez, mesmo nos lugares mais distantes.

Quando saem em missão, eles incentivam o bem e o amor por onde passam, sejam vistos ou não pelos encarnados.

Foi assim que Ulimar monitorou as diversas situações da fortaleza, até o fim do trabalho, junto àqueles infelizes e junto ao próprio irmão, ao qual jamais desistiu de chamar à razão.

Para a conclusão daquele labor, contou com a chegada de Zarik.

Ambos fortalecem e secundam as boas ações de muitos, quando encontram os desejáveis pontos de referência e muitas vezes são vistos aqui e ali, enquanto os seus corpos materiais encontram-se adormecidos, distantes.

E mestre Theobaldo? Este, melhorado em todos os sentidos, incorporou-se às atividades do castelo de Ulimar e segue Zarik como um cão de guarda, fiel e reverente.

Sua dedicação faz Zarik recordar muitas vezes do bom amigo Sérvulo, com saudades...

* * *

Rosalva prepara-se para dormir.

Sobre a mesa de trabalho, papéis, penas e tinta.

Em meio orações e pedidos de luz e paz para os seus que já partiram, sente-se estranhamente comovida. Fabiano dorme a sono solto.

Sem entender o porquê de tanta emoção, ela principia a chorar. As grossas lágrimas caindo, molham a sua rica camisola. Apesar do pranto, sente-se envolvida numa grande paz.

Subitamente, sente a presença de alguém... Intensifica as orações. Após alguns instantes, surpreende uma neblina esbranquiçada que se condensa e se transforma numa figura humana: masculina, alta, magra e de feições luminosas, que lhe sorri.

"Será um anjo?!..." – pensa.

– Salve, alma muito amada! – ela ouve, sem entender. Gosta muito da voz que ouve. De onde a conhece?... Não sabe.

Intimidada e algo confusa, responde, sem verbalizar as palavras:

— Salve!... Nós nos conhecemos?...

— Sim, há muito tempo! Mas, nesta existência, você nunca me viu. Todavia, de muito longe viemos... Estamos comprometidos nos mesmos contextos existenciais, com as mesmas responsabilidades diante do Criador; movidos sempre pelas mesmas aspirações.

— Você me parece familiar... Desperta-me afeição e confiança!

— Agradeço-lhe! Apesar da distância, nossas almas se tocam, sintonizando-se no prosseguimento das nossas múltiplas atividades, em busca da perfeição espiritual.

— Está me dizendo que temos atividades em comum?!... E como pode ser isso?

— Quando elabora os grandes espetáculos que leva a efeito, eu estou com você.

— Ah!... Agora, entendo! Por isso me surpreendo com a rapidez da escrita e com a minha notável inspiração?

— Exatamente!

— Então, na verdade, os louros não me pertencem!

— Não se desmereça, alma querida! Somos dois lados de uma mesma ação. Eu faço a minha parte e você a sua. Sem qualquer uma delas, o trabalho não se realizaria.

Hoje, decidi revelar-me a você. É bom que saiba a verdade, a respeito daquilo que faz tão bem.

— Sendo justa, fazemos!

— Sim, fazemos.

— E... prosseguiremos?

— Naturalmente! No mesmo diapasão! Para confirmar o que lhe digo, hoje eu lhe trouxe mais uma peça teatral. Desta vez, escreverá sobre seres mágicos, em cenários específicos, com textos muito bem elaborados que deslumbrará com informações e as representações, tidos como lendários mas que são tão verdadeiros quanto qualquer um de nós, respeitando-lhes a evolução ainda incipiente.

Refiro-me aos elementais. Inteligências voltadas para a preservação e desenvolvimento da natureza em todos os seus níveis de expressão.

— Está me falando em fadas, gnomos, elfos, duendes, silfos, ondinas?

— E muitos outros que sequer imagina, cara escritora!

Encantando os olhos e os corações, você tocará nos arquivos

mentais de todos e de cada qual, nas lembranças atávicas que todos nós carregamos.

– Ora! Eu sou fascinada por estes seres!

– Use nos espetáculos as músicas dos antigos bardos. Estas criarão o clima adequado para este mundo de magia.

Agora, sente-se e escreva! – ele diz, indicando-lhe a cadeira, junto à mesa. Trabalhemos! – complementa, com um olhar profundamente amoroso.

Ela obedece e apanha da pena, molha-a na tinta, reúne folhas de papéis e aguarda.

Ele principia a ditar e ela escreve, a princípio devagar, para aos poucos intensificar a escrita que se faz veloz.

Após algumas horas de trabalho intenso, nos quais a beleza dos textos vai sendo materializada no papel, ele a abraça suavemente, despedindo-se.

Sentindo-lhe o suave amplexo, ela lhe diz, emocionada:

– Agradeço-lhe, do fundo do coração, tudo que me concede na sua bondade! Agora sei que aquilo que faço e que agrada a tantos, não é apenas fruto da minha inteligência; e nem poderia ser, porque transcende em muito os meus normais conhecimentos!

– Que Deus nos abençoe sempre, alma muito querida!

Mantenha-se nos seus reais objetivos e nunca se desvie do caminho do bem! Seja feliz!

Eu estarei, sempre, protegendo-a, dentro das minhas possibilidades e sob a permissão dos céus!

Quando, porventura, as dores chegarem, seja forte e tenha a certeza de que nunca está sozinha!

– Adeus, meu amigo e benfeitor! – ela chora, sem poder controlar-se.

– Adeus, meu arauto!...

A imagem se desfaz e Rosalva intensifica o pranto que desperta Fabiano.

Solícito e preocupado, ele levanta-se e a abraça, enquanto indaga:

– Meu amor, o que houve? Teve, por acaso, algum pesadelo?

– Não, Fabiano, pelo contrário! Recebi a visita de alguém que me é muito caro!

– Quando?

– Agora mesmo, aqui no quarto!

– Como pode ser isso, Rosalva? Acaso, virou sonâmbula?
– Não, meu amor! Tive uma amorável visão!
– E, onde está ela? Ou, eu não posso vê-la? – ele indaga, carinhoso, mas duvidando daquilo que ouve. Rosalva, para ele, sonhou e ainda está sob os efeitos do sonho.
– Ela se esfumaçou no ar como uma nuvem que se desfaz, Fabiano!
– Pode ser mais clara, naquilo que está tentando dizer-me?
– Sim, ouça... – ela narra-lhe em detalhes tudo que viveu há poucos instantes.
Ao findar a narrativa, sugere:
– Veja, leia estes papéis e entenderá melhor.
Fabiano atende e passa a organizar as diversas folhas.
Enquanto lê, vai demonstrando uma grande surpresa. O entusiasmo estampa-se no seu rosto:
– Isto é fantástico, Rosalva! Quanta beleza! Este espetáculo surpreenderá e fascinará a muitos! Tiro-lhe o chapéu! Bravo!...
– Bravo para nós dois, não é, Fabiano?
– Sim, tem razão. Seja quem for nesta sua visão, é assaz talentosa!
– Não é ela, é ele! É um homem. Apresentou-se como tal!
– Veja, Rosalva! Há aqui, na última página, um nome: Mustaf'Zarik! É este o nome do seu amigo!
– É mesmo?! Não me lembro de haver escrito este nome...
Enquanto escrevia, perguntei-lhe se ele era apenas um espectro. Respondeu-me que não e declarou que naquele momento, dormia muito distante, num castelo onde mora.
– Que experiência!
Fabiano torna-se silencioso, introspectivo.
– O que há, meu querido?
– Nada que valha a pena, não se agaste.
– Todavia, quero saber, por favor.
– Sinto-me incomodado com aquilo que acaba de me contar.
– Você está com ciúmes, Fabiano?! – exclama ela, mãos na cintura, não querendo acreditar.
– Não posso negar... Subitamente, me vejo a braços com algo que foge-me à compreensão. Estes fatos, ou melhor dizendo, estes fenômenos, estão fora do meu alcance e fazem parte apenas da sua vida.

— Ora, Fabiano! É inacreditável que possa incomodar-se com coisas tão sutis e que não fazem parte da nossa realidade material!

— O meu raciocínio é diferente, Rosalva. Esta 'ligação' entre vocês me incomoda. Sinto-me relegado e temo perdê-la... Quando se volta para o mundo espiritual desta forma, impossível alcançá-la, tê-la, inteira, como o meu coração almeja e exige!

— Ora, Fabiano, não se perca em sofismas!... Em qualquer nível de pensamento, neste ou no outro mundo, vivos ou mortos, eu e você estaremos sempre unidos, porque nos amamos! O verdadeiro amor transcende qualquer circunstância, você sabe. Existem grandes afeições, mas somente um amor maior, inconfundível! Acima dos outros amores que esporadicamente atravessem os nossos caminhos, "nos saberemos e nos amaremos", intuitivamente, à espera do reencontro, que se fará para a nossa ventura!

Abraçando-a, arrebatado, reverente à sua fluência verbal e emoção, ele aduz:

— Ainda bem! Grato por me conceder esta segurança emocional, esta certeza de ser plenamente correspondido!

Após beijá-la ardentemente, ele lhe diz:

— Conte comigo para montar esse belíssimo espetáculo!

— E não tem sido sempre assim?

Rindo muito, eles se abraçam e intensificam os carinhos mútuos, embriagando-se nas emoções do verdadeiro amor...

Alguns meses depois, Rosalva e Fabiano montam a peça "Os Elementais, sua magia e os seus mistérios".

O grande público acorre e se delicia com a apresentação de personagens fascinantes, somente conhecidos através dos contos de fadas. No encerramento daquela e de outras noites tão boas quanto, o público se vai, informado de que os elementais são, em verdade, os seres que trabalham nos fenômenos da natureza, representando um nível diferenciado de evolução.

A plateia se encanta, sempre (muitos voltam para rever) com os artistas talentosos, os cenários, os textos e as músicas celtas, escolhidas e pesquisadas por Rosalva e Fabiano com o apoio competente de Yan que também as aprecia.

Em verdade, Zarik ditara à Rosalva as suas experiências junto a Sérvulo, na floresta, quando da temerária viagem que empreenderam por ordem de Loredano. Aproveitando o fundo, ele criou uma belíssima peça teatral. Até o feiticeiro Thalmar, como personagem importante que é, ali se faz presente...

* * *

HÁ ALGUM TEMPO, para gáudio do seu coração, Jennifer recebeu a visita de Álvaro.
Sabendo-a viúva e não suportando mais a saudade, ele foi vê-la.
Fazendo bom uso da feliz oportunidade, ela lhe contou tudo que viveu antes e depois de casada.
Álvaro, enfim, confirma as suas suspeitas quanto a Loredano tê-lo afastado da vida de Jennifer e ser o responsável pela falência do infeliz irmão de dona Berta.
Olhos nos olhos, na certeza insofismável de que continuam se amando, atraem-se poderosamente e se abraçam comovidos.
Entre carícias e beijos ardentes, eles decidem recuperar o tempo perdido. Ainda aconchegada nos braços do seu único amor, Jennifer recorda:
– Álvaro, Zarik profetizou nosso reencontro e felicidade!
– Quem é Zarik, Jennifer?
Ela lhe fala de Zarik em poucas palavras.
– Que interessante! Apesar de tudo que vivemos, prossegui amando você! Até parece que ele sabia!
– Sim, ele sabia...
– Todavia, sequer nos conhecemos!
– Ele é assim, Álvaro. Possui estranhos poderes. Quando nos olha parece-nos atravessar a alma. Para ele não existem barreiras. Ao chegar aqui, aprendi a querer bem e a admirar esse rapaz. Tenho por ele e por Leocádia, sua mãe de criação, um grande respeito e uma amizade eterna.
– Sofri muito, mas nunca consegui esquecê-la. Se nos amávamos tanto, Jennifer, por que caímos na armadilha de Loredano?
– Por alguns momentos de descuido e invigilância, às vezes, perdemos a chance de ser felizes! Sem esquecer que o ciúme é um péssimo conselheiro!
– Tem razão! Mergulhei no ciúme, com o orgulho ferido, ao saber que

você ia se casar com ele! Diga-me, Jennifer, perdoou-lhe os desmandos? Este parece ser o caminho certo, não acha?

— Sim, nos últimos tempos, senti por ele uma grande e particular afeição, somando-se a uma imensa piedade por vê-lo sofrer tanto. Sua alma desorientada era fruto do seu passado desajustado.

Se bem que nada justifica o mal... Muitos sofrem e até por isso se tornam melhores! Concluo que ele jamais se curou das feridas que o pai, homem cruel e desalmado, lhe fizera.

— Lamento-o... Sempre tive uma vida boa e farta. Contei sempre com o extremado amor dos meus pais. Como entendê-lo em profundidade?

Bem, o que nos importa agora é que estamos de novo juntos! Deus nos permitiu esta ventura!

— É verdade, Álvaro... Isto me faz recordar, mais uma vez, Zarik. Com palavras cuidadosas, ele me fez entender que se eu fugisse de Loredano, naquela ocasião, deixando-o sozinho e doente, perderia a chance de ser feliz com você. Que Deus guarde e abençoe esse querido amigo, onde ele estiver! Não fosse ele, eu teria agido impensadamente. Depois da morte de Loredano, fiquei sozinha.

— A vida nos cobra sempre o preço justo pelos nossos atos. Quanto a ficar sozinha, sei que foi por opção.

Dentre os seus admiradores mais persistentes, está aquele seu amigo de infância que parece decidido a esperá-la pela eternidade. Já tive ciúmes dele.

Jennifer sorri e responde, conciliadora:

— Thomas sabe que eu amo você. Ele há de encontrar um grande amor e ser muito feliz!

Profundamente realizado, Álvaro envolve Jennifer nos seus braços e beija-a, inúmeras vezes, com paixão. Entre um beijo e outro, indaga-lhe, ansioso:

— Quer se casar comigo e me fazer feliz?

— É tudo o que sempre desejei, Álvaro! Enfim, os meus sonhos se realizarão!

Assim enlaçados, não viram dona Berta que chega e sorri satisfeita.

Há algum tempo, voltou para perto da filha.

Loredano, antes de morrer, pediu a Jennifer que mandasse buscá-la; desejava pedir-lhe perdão. Assim foi feito.

Nos últimos tempos da doença do genro, dona Berta apiedou-se dele e o perdoou, lamentando o triste fim.

Algum tempo depois, contrariando a mania de grandeza de sua mãe, Jennifer decide:

— Mamãe, nós vamos morar numa casa mais simples e menor.

Mal acreditando naquilo que ouve, ela se lamenta, quase chorando:

— Ora, Jennifer, minha filha! Herdou do seu marido a vontade de ver-me pobre e infeliz?

— Acalme-se mamãe, e não se esqueça de que hoje ele lhe merece melhores pensamentos!

— Está bem, mas o que pretende de fato, filha?

— Não se desespere! Tenho ainda boas condições para protegê-la e premiá-la com uma vida sossegada e farta! Só que... não aqui!

— Mas é aqui que eu quero viver! – dona Berta exige, olhando a filha para ver o efeito da sua teimosia.

Paciente, Jennifer se explica:

— Ouça, mamãe: Em alguns meses eu e Álvaro nos casaremos. A senhora não há de querer que fiquemos morando aqui! Seria uma tristeza sentir a forte presença de Loredano em cada canto da casa! Afinal, sofri bastante e ele também! Me sentiria muito mal permanecendo aqui.

— Então, vamos para outra mansão, tão bela e tão luxuosa quanto esta!

— Não, mamãe, quero e devo viver de maneira mais simples, de acordo com as posses de Álvaro, que perdeu muitos bens e tenta se reerguer aos poucos com muito esforço.

Possuo o suficiente para viver sem preocupações, mas não pretendo viver ostentando poder! Loredano fez isso a vida toda, arrependendo-se depois... Abra os seus olhos, enquanto é tempo. Aprenda com a vida. Infeliz de quem se ilude com aparências!

— Ora, Jennifer, isso é inútil, para quem como eu gosta de viver bem! Não somos parecidas! Nunca fomos! Vai vender esta mansão? – ela indaga, suspirando, olhando tudo à sua volta. Ah, se tudo lhe pertencesse! Como saberia aproveitar! Belas festas, salões feéricos, bailes, convescotes! Demonstrando um grande desalento, desabafa:

— Deus dá asas a quem não sabe voar!

Sorrindo, Jennifer lhe pede:

— Pare com isso, mamãe! Pare de sonhar e pense na sua alma!

— Ora, e o que tem isso a ver com a minha alma?! Ela ficaria muito contente com tudo que nós poderíamos fazer aqui neste conforto!

Enfim, você conseguirá uma boa quantia pela mansão!

Sabendo que deve lhe dizer tudo, Jennifer informa:

— Não vou vender essa mansão. Vou doá-la!

Dona Berta, possessa, exalta-se:

— O quê?!... Você enlouqueceu, Jennifer? Ah, que Loredano não está aqui para impedi-la desta loucura!

— Não o 'use', mamãe. Se nunca lhe quis bem, respeite-o!

— Gostava dele, Jennifer? Ai, que me surpreendo a cada novo instante!

— Sim, mamãe, aprendi a gostar muito dele! A respeitá-lo nas suas imperfeições e grandes traumas que a vida lhe causou! Mas isto não é assunto para agora! Vou doar a mansão ao doutor Maciel.

—Como?...

— Sei que não me entende, mas ouça assim mesmo: Enquanto viveu, Loredano foi muito injusto com todos. Os seus servos eram, na sua concepção, escravos, sem direitos e sem valor. A muitos agrediu até fisicamente. Sufocou-os e explorou-lhes as energias o quanto pôde. Muito do que possuía e agora nos pertence é fruto de muita injustiça, muita crueldade. Não tenho o direito de usufruir disto. Eu estaria compactuando com o mal que ele fez. Sinto que ele, de onde estiver, vai compreender e aprovar as minhas atitudes. Nesta mansão e no seu grande complexo de propriedades, o doutor Maciel poderá montar um nosocômio, onde pessoas desvalidas encontrarão o socorro de que necessitam.

O coração deste médico é feito de amor. Ele saberá dar a direção administrativa que essa obra precisa.

Com tantos bens materiais e mais o pecúlio que lhe estará reservado para os diversos empreendimentos, ele fará pelo povo tudo aquilo que Loredano deveria ter feito! Sua alma, assim, sentirá menos remorsos, mamãe! A herança de Loretha Pavan de Belmont, minha cunhada, também encontrou direção adequada nas mãos de frei Justino e do doutor Malthus! Hoje, os dois têm em mãos um patrimônio invejável para melhor atender as necessidades e a miséria de muitos!

Dona Berta sopra com força e se senta, esbaforida:

— E, assim, minha filha, acabaremos por ficar sem um níquel!... Por que não aproveita tanta inspiração e entra para um convento de franciscanos? Lá poderá usufruir de muita pobreza; se é disso que gosta!... Mas... não me arraste com você!

– Pare com isso, mamãe! Vou me casar e ser muito feliz! Loredano era o homem mais rico dessa região! Ainda nos sobrará muito para vivermos em paz e segurança!

– O que uma pobre mulher como eu pode fazer, não é?

Dona Berta sai da sala, balançando a cabeça e censurando a filha. Nos olhos, as lágrimas se anunciam.

Ignorando-lhe as manhas e as queixas, Jennifer vai para o jardim e admira a lua prateada. Senta-se num dos bancos e rememora a noite em que viu Zarik. Envia-lhe pensamentos de carinho e gratidão:

– Obrigada, meu amigo, por ter me aberto os olhos da alma! Seja muito feliz e bendito em tudo que fizer!

* * *

ATUALMENTE, SERIGUELLA VIVE com o pai e o irmão doente no castelo.

Parecendo jamais ter se afastado dali, assumiu a nova (antiga) vida, com galhardia.

O saber adquirido no mosteiro vai se enriquecendo de novas e notáveis experiências. A sua natural bondade integrou-se, definitivamente, àquela comunidade, (onde é querido e reverenciado) que para viver e ser relativamente feliz depende dele e de seu pai, o barão Hildebrando, que igualmente anseia pelo bem. Nisto e em muitas outras coisas, eles se assemelham, confirmando, mais que nunca, o vínculo consanguíneo.

Apesar das suas inquestionáveis qualidades, seu pai carrega ainda uma grande dose de violência, a qual externa nas empreitadas guerreiras ou na defesa ostensiva dos seus interesses afetivos e materiais.

Seriguella pensa que se tivesse ficado ali, correria o risco de ser tão impositivo quanto seu pai, na defesa dos seus direitos; direitos que hoje ele defende através da sua pena, na elaboração de providências e regimentos que orientam os direitos e os deveres de todos.

De sua saudosa mãe, Seriguella herdou a beleza física e a sensibilidade.

* * *

E NÓS, CAROS leitores, admiradores deste personagem, diante daquilo que ora assistimos, indagaremos, sem embargo:

– Onde a sagrada liberdade de Seriguella?

Invadindo-lhe os recessos da alma, entendemos que ele, o amigo de Deus e da natureza, concluiu que a liberdade que o caracterizou desde cedo fez parte de um grande aprendizado, providencial e necessário, para este presente que o surpreendeu e se instalou à sua revelia.

* * *

SEU PAI INSTA para que ele se case; deseja herdeiros.

Seriguella, todavia, aguarda uma outra Zoraida, que lhe conquiste definitivamente o coração romântico e sedento de amor.

Nesse instante, enquanto repousa o olhar, admirando através da ampla janela as árvores frondosas que cercam o castelo, algumas carregadas de frutos, do jeito que ele gostava, recorda algo que viveu há algum tempo:

"Um homem de estatura tão elevada que o obrigava a se inclinar ao falar com as pessoas, tez indiana, cabelos lisos, brilhantes e muito negros, olhos faiscantes e devassadores, voz metálica e agradável, vestido numa túnica de branco refulgente, surgira como por encanto no castelo.

Admirado, Seriguella sequer podia imaginar de onde ele viera, nem como ali chegara, concluindo sabiamente que testemunhava algo inusitado, misterioso.

Este homem singular disse que viera por causa de Hilderico e pediu para vê-lo.

Atendido, examinou-o, tocou-lhe a fronte, o peito e os membros inertes, recitando estranhas fórmulas, numa língua incompreensível, totalmente desconhecida.

Em seguida, impôs-lhe as mãos, como se delas jorrasse algo invisível e que era manipulado de maneira competente por ele.

Em alguns quartos de hora, nos quais ele demonstrou algum esforço físico e mental, Hilderico adormeceu tranquilo, sem dores.

Completando aquele inusitado tratamento, prescreveu-lhe determinadas terapias que são seguidas até hoje.

Em alguns meses, seu irmão voltou a caminhar e a falar.

A mudança mais notável, porém, foi no seu comportamento. Ele é hoje bem mais afável.

O terapeuta desconhecido e providencial esclareceu que, os seus sofrimentos físicos cessaram, com a permissão de Deus.

Na ocasião, analisando, cuidadoso, a situação daquele homem tão sofrido e desgastado pela dor, e parecendo conhecê-lo muito bem, dissera-lhe:

– Mais uma vez nos reencontramos, meu irmão!

Carregando na alma tantas culpas, você assumiu a punição justa e necessária à própria redenção! Meu coração, mesmo distante, pela injunção da vida presente, sempre adivinhou os seus sofrimentos. Hoje, avaliando-lhe o progresso espiritual, posso dizer que se tornou digno da misericórdia divina!

Após uma década de suor e de lágrimas, você poderá enfim respirar mais aliviado. No futuro, seremos desafiados novamente.

A propósito, recordemos as palavras de Jesus:

"Muito será pedido àquele que muito se deu!..."

Como sabe, elas nos servem como uma luva!

Enquanto assim falava, o estranho homem olhou para o alto, respirando a haustos e silencioso, certamente entrava em harmonia com os planos mais altos.

Mirando, atento, as feições de Hilderico, que pareciam adquirir novas cores e seu olhar, grande compreensão, ele prosseguiu lhe falando de coisas que certamente suas almas já conheciam, porque nos olhos de Hilderico, habitualmente indiferentes ou insanos, as lágrimas surgiram abundantes.

O misterioso terapeuta prosseguia:

– Nós nos conhecemos há tanto tempo... Nesta, como em outras raras e luminosas vezes, eu optei pela dor e pelo perdão. No esforço de cada dia pelo pão da sobrevivência com dignidade e em busca da verdadeira sabedoria, fiz a rotina da minha vida e dela tirei as forças de que tenho precisado para crescer um pouco diante de mim mesmo e diante do mundo, do qual sou um grande devedor.

Nesta jornada abençoada, tenho sido vigilante, mas como serão as futuras?

Quanto mais saber, mais responsabilidade!

Não perderemos, somos cientes disso, a evolução já realizada, neste ou naquele setor, mas podemos ainda nos complicar, dada a nossa imperfeição.

E, é o que habitualmente fazemos.

Você e eu somos exemplos vivos disso. Quantas vezes nos acumpliciamos no mal?!...

Remorsos? Certamente, não! Transformação espiritual? Sim!

Não, eu jamais o depreciaria, meu amigo! Mesmo não sendo conivente com os seus erros!

Que os céus lhe permitam, a partir de hoje, viver mais tranquilo, aproveitando esta misericórdia divina que se derrama sobre a sua vida. Aproveite os anos que lhe restam!...

No momento de sua partida, estarei a postos para recebê-lo, como tenho feito em diversas ocasiões! Conte com a minha afeição. Somos companheiros, somos irmãos, somos espíritos em jornada evolutiva! Descanse e confie!...

Hilderico fechou os olhos e suspirou longamente, enquanto as lágrimas lavavam seu rosto desfigurado pelas dores sofridas.

(Depois deste dia memorável, Hilderico aproveita cada minuto de convivência com os seus, enquanto o pai e o irmão indagam-se, consternados, quando ele partirá em definitivo.)

Descendo do quarto do doente e sorrindo com bonomia, o sábio dirigiu-se a Seriguella:

– Enfim, você alcançou o seu destino! Seja feliz e prossiga fazendo o bem! – isso ele disse com ambas as mãos sobre os seus ombros, olhando-o dentro dos olhos.

Uma estranha emoção se apossou de Seriguella e o seu coração parecia reconhecê-lo. Mas, de onde?...

Superando esta curiosidade, Seriguella quis saber como ele chegara ali.

Ainda sorrindo, ele esclareceu:

– Bem, amigo, venho de muito longe e, para ser fiel à verdade, não estou aqui.

– Como os deuses da mitologia grega, você aparece e desaparece, onde e quando quer?

– A realização desta vontade dependerá de certas circunstâncias.

Posso dizer-lhe, porém, não é tão fácil quanto pode imaginar e nem tão amplo o poder de que disponho.

— Compreendo... Todavia, se não está aqui, onde se encontra de fato?

— Muito distante e adormecido num castelo distante. De lá me desloco para onde preciso, enquanto o meu corpo físico dorme, entende?

— Sim. Mas eu posso vê-lo e todos os outros também! Sinto suas mãos sobre os meus ombros. Como me explica isso?

— Pela materialização do meu duplo-etéreo! Do meu 'Ka', como dizem os egípcios. É este que você vê e toca e não o meu corpo material.

— É surpreendente e maravilhoso! Já ouvi falar de oráculos que se materializam, sendo eles apenas espíritos! Mas, de alguém que vive e age assim, normalmente, nunca vi!

— Este fenômeno não é tão raro quanto pensa. Estas coisas são possíveis, dentro das leis que nos regem, sob a permissão do Grande Poder. Naturalmente que não são acessíveis a qualquer um.

Há um preço a ser pago e nem sempre temos os valores para tal, ou a coragem e a renúncia que nos são exigidas.

— Agradeço-lhe as explicações! Sou muitíssimo grato pelo que fez ao meu infeliz irmão! Caso meu pai aqui estivesse, também demonstraria a sua imensa gratidão!

— Seu irmão ainda queima o seu 'carma'. Aos poucos, porém, voltará a ser 'normal', fazendo uso novamente da sua sagrada liberdade, mas saiba, restam-lhe poucos anos na complementação desta jornada terrena. Todo grupo familiar está inserido no mesmo contexto, como devedores, em maior ou menor responsabilidade de uns para com os outros. Ninguém foge às leis de Deus. O caminho é árduo e será assim, enquanto necessitarmos do freio e da espora.

Os desafios são grandes, mormente quando já existe um nível maior de consciência!

— Imagino o alcance da sua sabedoria! Admiro-o! Que os céus abençoem sua vida e as suas atividades!

— Desejo-lhe o mesmo e a admiração é mútua!

Persevere no caminho que escolheu, iluminando-se sempre a caminho da perfeição! Adeus!

— Adeus! Antes de ir, diga-me; qual o seu nome?

— Que importa o nome que ora usamos? Você mesmo não mudou o seu duas vezes?

— Sim, é verdade!... Que Deus o guarde e recompense pelo bem que espalha!

As últimas palavras de Seriguella soaram no vazio.

O mago desapareceu da mesma forma que surgira.

Em visita a frei Domiciano, Seriguella narrou-lhe a estranha experiência que pôde ser comprovada nos tratamentos de seu irmão e em sua consequente melhora.

Este persignou-se várias vezes muito aflito:

— Meu filho, cuidado! Estas coisas são armadilhas do demônio!

— Demônio singular este, não acha, meu querido frei? Trabalhando contra os da sua casta! Fazendo o bem! — explode Seriguella numa sonora gargalhada, divertindo-se com o receio do seu bom amigo.

— Para enganar, Seriguella! Para enganar! — O frei prossegue no mesmo diapasão, deveras mal impressionado.

— Enganar, frei Domiciano? Se ele curou meu irmão e nada pediu em troca. Chegou de surpresa, nos oferecendo o benefício em nome de Deus, e se foi em paz!... Em que pode ter-nos enganado?...

O senhor que é testemunha ocular dos sofrimentos e das limitações do meu infeliz irmão, precisa ver a felicidade de meu pai, e o quanto ele agradece àquele mago!

Hoje, ele se relaciona normalmente com o filho que esteve desenganado por tantos anos!

Me apraz vê-los unidos, a trocar ideias! E, o mais notável, frei Domiciano, eu ainda não lhe contei!

— Oh, Senhor dos céus, ainda tem mais? — frei Domiciano exclama, demonstrando que não se convenceu. Duvida de tudo que não saia do âmbito da Igreja e dos seus representantes. Sua sabedoria esbarra nos preconceitos e nos dogmas da sua religião.

— A maior modificação operou-se no caráter do meu irmão. Antes, apesar de não conseguir expressar-se, ele demonstrava ódio e revolta, sendo agora mais dócil, mais amigo e grato à nossa solicitude.

Meu queridíssimo amigo, se tudo ficou melhor; se agradecemos aos céus todos os dias; como supor que tanto benefício tenha origem numa ação malfazeja?

Não é pelo fruto que se conhece a árvore? Jesus nos disse!

O mago, exarando a sua grande fé em Deus, demonstrou conhecimentos que estamos longe de possuir e, acima de tudo, agiu com amor e vera abnegação!

Definitivamente, o que ele fez, fez com conhecimento de causa, competência, amor e com o consentimento de Deus! É assim que eu penso, meu caro frei Domiciano.

E vou mais além, dizendo-lhe que gostei muito do mago. Ele me pareceu familiar e muito querido.

Sua presença faz bem e nos emociona. Ele é digno e merecedor de admiração e respeito.

– Meu filho, cuide-se para não ser iludido por inteligências perigosas! Temo por você e até pela sua segurança! Sabe muito bem o que pensam os nossos superiores a respeito destes assuntos!

– Seus superiores, meu querido frei, não meus!

Vê, por que eu jamais me submeteria a ser um religioso, a pronunciar votos que me impediriam de pensar por mim mesmo? Deus nos criou livres! Como me encaixar nas bitolas de um grupo específico se sou uma individualidade?

Por que sufocar a grande ansiedade que possuo, assim como muitos, de saber cada vez mais?

Quero entender Deus e as suas criaturas! Desejo ardentemente aproximar-me Dele; não apenas pela fé, mas também pela razão esclarecida no conhecimento, nas experiências da vida e no exercício constante do "amai-vos uns aos outros"!

Jamais admitirei, meu grande e admirável amigo que outros me digam aquilo que devo ser ou fazer.

Eu escolherei o meu caminho porque somente eu irei trilhá-lo, com todos os percalços advindos, que fazem parte das experiências necessárias ao meu aprendizado, como espírito imortal rumo à felicidade e à perfeição.

– Acaso tornou-se um sofista, como tantos outros?

– Ora, meu frei, é através das dúvidas, da pesquisa e das experiências que a luz se faz vibrante e poderosa! Neste sentido, recordo mais um dos ensinamentos de Jesus, o mestre dos mestres, que está em Lucas (8:16-17): "Ninguém, pois, acende uma luzerna e a cobre com alguma vasilha, ou a põe debaixo da cama; põe-na, sim, sobre um candeeiro, para que vejam a luz os que entram. Porque não há coisa encoberta que não haja de ser manifestada; nem escondida, que não haja de saber-se e fazer-se pública."

– Oh, meu sábio Seriguella, que bom religioso você daria!

– A vida religiosa, meu frei, está inserida no meu dia a dia, quando me interiorizo para falar com Deus e na obediência diuturna às suas Sagradas Leis, sem a necessidade de votos e de vestes talares!

Deixo estas coisas para aqueles que as preferem, como o senhor, meu querido pai espiritual.

– Mesmo discordando de algumas das suas ideias, admiro-o na defesa dos seus direitos!

– A admiração é recíproca, creia!

Hoje, querido amigo, minha liberdade, que antes era física e mental, resumiu-se na segunda e desta jamais abrirei mão!

Penso, frei Domiciano, que apesar das nossas diferenças, nós nos amamos e nos respeitamos.

Minha vida modificou-se radicalmente. Já não sou o mesmo que veio parar aqui em busca de trabalho para sobreviver.

Nesta necessidade, deparei-me com sua amorosa comunidade, o que muito me encantou.

Além disto, deslumbrei-me com a oportunidade, sempre desejada e nunca conseguida, de estudar! Como sabe, me esmerei, ilustrando-me cada dia mais, fazendo uma ponte luminosa, entre aquilo que intuitivamente sabia e aquilo que vim a saber.

Que os céus os abençoem e os recompensem por tudo que me concederam!

Ser-lhes-ei eternamente grato!

Em silêncio, frei Domiciano abraçou-o, e diante de tal oratória, interiorizou-se. Vai pensar a respeito de tudo que ouviu. Conhece Seriguella, sua boa índole, seu bom senso...

Seu bom coração foi tocado pelas palavras do seu grande amigo e discípulo Seriguella, hoje, barão Hildebrando...

* * *

Sérvulo, habituado à vida de querelas e disputas, na exibição da sua força peculiar, certa feita, defrontou-se com um inimigo assaz perigoso:

Humilhado pela força bruta do escandinavo e envergonhado diante dos seus pares; acostumado a vencer (lealmente ou não), ele espreitou Sérvulo como uma fera faminta e, ao surpreendê-lo distraído a caminhar por uma rua deserta, caiu-lhe em cima, aplicando-lhe um golpe certeiro, que o prostrou ensanguentado.

Guardando o seu punhal afiado, enquanto olhava ao redor, rapidamente ele fugiu, com um sorriso de vitória nos lábios, gozando a sua vingança abjeta.

Mortalmente ferido, Sérvulo tentou sustentar-se nas pernas vigorosas, mas desabou, fragorosamente, como uma árvore cortada pela base.

Ali permaneceu caído e sem sentidos.

Despertando entre dores lancinantes, arrastou-se até uma taberna próxima, na qual é conhecido e apreciado pelo proprietário, pois este tem ganho certo nas apostas quando das suas exibições.

De rastros e deixando um caminho sangrento atrás de si, ele se depara com Beatriz, irmã do proprietário e sua grande admiradora, que o auxilia, muito assustada, a deitar-se sobre uma dura enxerga, enquanto vai buscar auxílio.

Traz consigo alguém versado em socorrer pessoas feridas.

Este lhe faz um curativo e anuncia que Sérvulo não tem salvação, pois o ferimento é fatal.

À sua saída, Beatriz chora apiedada, enquanto põe compressas frias na ampla testa do querido amigo, na esperança de amenizar a febre que se instala, e reza, reza muito...

Sérvulo, incapaz de se levantar e buscar auxílio mais competente, fica ali, a mercê da sorte e da boa disposição de Beatriz.

O ferimento profundo no flanco esquerdo, quase à altura do coração, atormenta-o na dor que causa.

Em meio a espasmos dolorosos, Sérvulo clama por Zarik em altos brados, desabafando a sua grande desilusão:

– Oh, Zarik, meu inesquecível amigo! Desta vez o seu discípulo vai adentrar o Walhalla!

Por que não ouvi os seus conselhos? Mais cedo ou mais tarde, algo de pior viria a acontecer! Por que vivo desafiando a morte? Esta, um dia, se cansa e me carrega!...

Oh, Zarik! Só você poderia pôr juízo nesta minha cabeça dura!

Mas... você se foi e não me levou! Isto, eu jamais perdoarei, meu querido amigo! Quantos perigos terá enfrentado sem a minha defesa? Terá você sobrevivido? E quanto aos céus, em qual deles nos reencontraremos? Recorde, peço-lhe, a minha disposição de optar pela sua companhia, em qualquer uma das sortes que me couber, depois de entregar à terra esta carcaça!

Em meio a suores abundantes e dores insuportáveis, Sérvulo passa horas inteiras delirando. Beatriz auxilia como pode. Seu irmão proibiu gastos maiores com o ferido. Na impossibilidade de auxiliar o querido amigo, ela passa horas inteiras rogando aos céus por ele. Após as suas horas de trabalho na taberna, ela se concentra para fazer as suas orações, geralmente bem tarde da noite, ao lado de Sérvulo.

Numa destas vezes, já de madrugada, ela vê surgir à porta do humilde aposento um homem muito alto, elegante, vestido numa longa túnica, cabeça coberta por estranha touca que deixa as orelhas de fora, com alguns volumes nas mãos grandes de dedos afilados.

Muito surpresa, ela tenta erguer-se, mas não consegue; algo a domina e os seus olhos pesam.

Sérvulo, em desespero, esbraveja:

– Por que não morro logo? Chega de sofrimento! Procrastinar este momento fatal, para quê?!

– O que disse, Sérvulo? Onde, a coragem do meu amigo grandalhão?!

Tomado de surpresa e emoção, Sérvulo exclama:

– Quem está aí?!... Ah, já devo ter morrido! É isso! E esta voz?

– Não, Sérvulo, você ainda não morreu! Eu vim impedir que nos deixe antes do tempo!

– Zarik, meu amigo! – Sérvulo arregala os olhos ao divisar ao seu lado aquele a quem rogava auxílio. Muito ansioso, quer saber:

– Quando chegou, meu amigo? E de onde vem? Como você mudou! Está adulto, mais alto, mais forte; está muito bem!

– Não posso dizer o mesmo de você, não é?

– Sim, é verdade! – Entre gemidos e um grande esforço para conter-se, Sérvulo prossegue:

— Como pode ver, eu estou morrendo! Veio encomendar a minha alma?
— Não, vim ajudá-lo a curar-se e a prosseguir vivendo. Espero que tenha mais juízo, de hoje em diante! Por que não aproveitou a chance que a vida lhe deu?
— Ora, você se foi, sem mais nem menos! Fiquei sozinho, sem razões maiores para viver, Zarik!
— Naquela trágica circunstância, nada mais podia ser feito, meu amigo. Assim é a vida. Avisei-o, várias vezes de que seria assim, recorda?
— Sem a sua companhia e sem os seus ensinos, me perdi por aí, feito uma criança... E este é o resultado... Sequer posso abraçá-lo...

Emocionado, Zarik inclina-se sobre ele e o abraça, cuidadoso, enquanto com voz amável aconselha:

— Não me use para desculpar a sua vida irresponsável...

Tal qual um menino apanhado em falta, Sérvulo pede:

— Perdoe-me... a verdade é que fui um fraco...
— Sim, mas ainda terá tempo para modificar-se.
— Zarik, estou morrendo, não vê?
— Não. Você não vai morrer, ao menos por enquanto. Confie e ore fervorosamente.

Grato, Sérvulo se dispõe a obedecer e comenta:

— Desde que aqui chegou, as dores diminuíram.
— Eu sei, agora vire-se devagar, preciso ver este ferimento.

Ele atende e fica de bruços, exibindo a ferida coberta de curativos.

Cuidadoso, Zarik descobre o ferimento.

Dos apetrechos que trouxe, retira ataduras e um frasco com um líquido viscoso e esverdeado. Derrama parte do seu conteúdo sobre a ferida, cobrindo-a com uma atadura dobrada. Durante alguns minutos faz uma suave pressão sobre ela, com os seus dedos longos.

Em seguida retira o curativo e sopra, forte e ruidoso, a intervalos regulares, sobre a ferida descoberta.

Interrompendo este procedimento, descansa uma das mãos sobre a cabeça de Sérvulo, enquanto recita, cantando, um mantra.

O gigante adormece, profundamente.

Zarik troca o curativo, várias vezes, limpando a ferida, vertendo sobre ela o medicamento e soprando antes de cobri-la.

Isto feito, retira de um dos bolsos da túnica um potinho de pomada esbranquiçada, de forte odor, e a aplica, vagaroso, sobre a ferida, cobrindo-a em seguida.

Completa o curativo, envolvendo o tórax de Sérvulo em ataduras mais longas e adequadas.

Terminado este processo, Zarik eleva o olhar para o alto e em oração transfigura-se, iluminado.

Sérvulo, adormecido, ignorou todo esse processo.

Zarik faz um gesto imperioso sobre a sua cabeça e ele desperta, confuso. Olha para o amigo e declara, sonolento:

– Então não foi um sonho, você está mesmo aqui? Graças aos céus!

– Sim, Sérvulo, eu estou aqui. O seu estado deve melhorar dentro de poucas horas. A ferida, aos poucos, cicatrizará e não deixará sequelas. Cuide para não acontecer de novo. Isto depende somente de você.

– Acredite, Zarik, depois desta, nunca mais desafiarei a sorte. Sei que estou nascendo de novo, graças a você!

– Não, Sérvulo, sou apenas um instrumento imperfeito de Deus. A Ele você deve agradecer e fazer jus àquilo que acaba de receber.

– Sim, sim! Eu agradeço e se pudesse me levantar rezaria de joelhos!

– É a alma que deve estar de joelhos, Sérvulo.

– E ela está, ela está! Graças, graças!

– Veja, vou deixar esta pomada aqui, ao lado da sua cabeceira. Quando sua amiga despertar, mostre-lhe e diga-lhe para aplicá-la duas vezes ao dia sobre o ferimento, até que ele feche por completo, tornando-se quase invisível.

Agora, beba isto, vamos! – Zarik derrama nos lábios de Sérvulo, um líquido vermelho como sangue.

Sérvulo sorve tudo e exclama, intrigado:

– O que me deu, Zarik? Fogo líquido? Jamais bebi algo semelhante, nem nas melhores tabernas do mundo! Meu sangue se aquece e me devolve o vigor! Algo muito quente e agradável corre pelas minhas veias!

– Acalme-se, grandalhão! O que acaba de beber é uma fórmula revitalizadora, por causa do sangue que perdeu e das forças que estão debilitadas. É um notável medicamento, antigo e trabalhado nos laboratórios dos grandes sábios de todos os tempos. O efeito é instantâneo e muito eficaz. Nenhum prejuízo lhe trará, porque os ingredientes são todos naturais.

– Você não poderia, Zarik, dar-me esta fórmula para que eu a vendesse por aí, em vez de viver às turras aqui e ali, arriscando a minha vida? – Sérvulo parece um menino a implorar algo, olhos compridos, caviloso.

Zarik sorri e esclarece, paciente:

– Impossível aquilo que me pede. Este tônico depende de como processá-lo de maneira competente e exige um alto conhecimento de alquimia. Não é um simples medicamento, Sérvulo. Se deseja sair por aí vendendo, procure mercadorias mais viáveis, das quais entenda para vendê-las com sucesso.

Algo envergonhado, Sérvulo indaga:

– Você voltou, depois de tantos anos? Por que não veio me ver antes? Julguei-o morto, após tanto tempo!

– Não, eu não voltei.

– Como assim?...

– Encontro-me distante daqui.

– Quer me dizer que é apenas uma alma, Zarik? Você está morto e voltou para me socorrer?... – Sérvulo emociona-se, tocado até as mais profundas fibras do seu bom coração.

– Não, Sérvulo, descanse, eu estou bem vivo! O meu corpo físico, porém, encontra-se distante daqui. Muitas vezes, eu o esclareci a respeito de fatos semelhantes, lembra-se? Pressentindo as suas necessidades, vim socorrê-lo, apenas isso!

– Ainda bem, Zarik! Como é bom revê-lo, meu querido amigo! Senti tantas saudades!

– Eu, também, pode acreditar. Foi-me difícil e sofrido deixar tudo para trás, apesar dos sofrimentos que me alcançavam. O que viria, Sérvulo, era uma grande incógnita... Só a minha fé me sustentou, naquela trágica mudança de vida.

– Conte-me, por favor. Quero saber tudo! Já não sinto dores e quero aproveitar a sua presença, que suponho tem tempo determinado.

– Assim. Resumirei os fatos, desde aquele dia no qual supostamente desapareci.

Zarik narra tudo ao amigo, deixando-o boquiaberto.

– Ele morreu, você já sabe?

– Sim e o auxiliei até os seus últimos momentos.

– Assim, como faz comigo, agora?

— De forma parecida, Sérvulo.

— E Leocádia, Zarik?

— Entregou sua bela alma a Deus, faz muitos anos. Estive com ela também no momento do seu passamento.

— Ah, que o seu modo de viver lhe concede plena liberdade!

— Nem tanto, Sérvulo. Tenho limitações, as quais devo respeitar. Tudo na vida nos cobra um preço, dependendo da importância daquilo que vivemos ou fazemos.

— Entendo... Você deve estar me censurando, não é?

— Sim, com os direitos que a nossa amizade nos concede. Não devia ter-se metido com a pessoa que quase o matou. Conhecendo-lhe a fama, deveria ter sido mais cuidadoso! Você está se transformando num suicida em potencial, meu caro amigo. E dará contas disso, creia. Procure outra forma de viver.

— Se eu já pensava nisto antes, agora devo me decidir de uma vez por todas...

— Enquanto é tempo! A próxima vez pode ser a última, pense nisto!

— Pensarei, prometo! Perdoe-me insistir nisso, mas voltei às ruas pela grande decepção de ter ficado sozinho! Me acostumara à sua presença. Sua amizade e companhia eram-me essenciais! Por que não me levou com você?! Eu implorei que o fizesse, tantas vezes!... Vivi anos a fio próximo à mansão de Loredano, na esperança de que você voltasse! Tudo inútil! Finalmente, coloquei o pé no mundo e voltei a ser o que era antes de conhecê-lo!...

Respirando profundamente, demonstrando piedade e compreensão, mas também sentindo a grande necessidade de orientar o querido amigo, Zarik lhe diz:

— Caro companheiro Sérvulo, independentemente de qualquer circunstância, somos individualidades com experiências diferentes! Expliquei-lhe isto tantas vezes! Por que não seguiu o seu caminho, de maneira mais pacífica? Organize-se, você tem cérebro! É muito inteligente!

— Era, Zarik, quando estávamos juntos. Embruteci de novo...

Este viking, enorme e vigoroso, começa a chorar tal qual uma criança, desabafando, enfim, tudo que viveu desde o desaparecimento de Zarik.

Penalizado, Zarik responde:

— Dedicado irmão, esquece que nos reencontraremos outras vezes?

— Não, recordo os seus ensinos a respeito das múltiplas existências, mas duvido que você me queira por perto novamente; eu o decepcionei demais!

— Engana-se, Sérvulo! Não estou e jamais estarei decepcionado com você! Me será prazeroso reencontrá-lo nas próximas vezes! Todavia, comece desde já a preparar este futuro. Você é uma criança grande, boa e dócil, apesar da força física! Está só porque quer...

— O que quer dizer?

— Já se perguntou por que Beatriz lhe é tão dedicada?

— Não...

— Pois faça isso! Olhe nos olhos dela e descobrirá que conquistou plenamente o seu coração de mulher sensível e boa, seu grandalhão!

— Eu gosto muito dela, Zarik. Ela me lembra aquela mulher que me fez companhia na casa de Thalmar! Jamais a esqueci! Mas como pode ela me querer bem se me censura quanto ao meu modo de vida?

— Exatamente por amá-lo, teme por sua vida, Sérvulo.

— Amar-me?... Terei sido tão cego assim?

— Sim, tem sido uma toupeira! Beatriz só espera que você se decida, para cair nos seus braços! Seja feliz, meu caro amigo e discípulo de sempre! Adeus, preciso ir! Fique em paz! Cuide-se bem, por favor!

— Adeus, meu amigo Zarik! Obrigado! Que Deus o guarde! Você é feliz?

— Sim, nos conhecimentos adquiridos e no bem que posso fazer.

— E quanto a Thalmar?

— Ele, algumas vezes me aparece e conversa comigo. Ainda sofre as injunções dos seus erros, mas está determinado a modificar-se! Naquilo que posso, eu o tenho auxiliado, e vice-versa! Assim é a vida, uma troca constante de amparo e fraternidade! Bem, o tempo urge e já me demoro demais, meu querido amigo, adeus!...

Zarik levanta os braços aos céus em prece e Sérvulo o secunda, silencioso. Em seguida, acenando, amigável, ele desaparece.

Sérvulo queda-se hebetado, coração feliz. Duvida de tudo que se passou ali. Todavia, a maior prova de que não delirou são os seus curativos, a sua melhora e o potinho de pomada ao lado da sua cama...

Beatriz desperta, assustada:

— Oh, Sérvulo, perdoe-me ter dormido tanto! O que houve comigo? Sonhei que um ser celestial cuidava de você! Como está? Sua aparência é ótima, para quem estava há pouco morrendo! Oh, o quanto temi perdê-lo!... Obrigado, meu Deus! – ela exclama, olhando para o alto.

Profundamente tocado, Sérvulo compreende literalmente o alerta de Zarik.

Amoroso, a admira, na sua dedicação constante e sem cobranças. Aquecido e com o coração em festa, liberta os próprios sentimentos, envolvendo-a num olhar incendiado, não deixando dúvidas quanto às suas reais intenções...

Beatriz enrubesce. Julga estar sonhando ainda. Esperou tanto por isso...

Tímida, indaga:

– Sérvulo, diga-me, eu estou sonhando ainda?

– Se você estiver sonhando, eu estou também!

– Quem cuidou de você, enquanto eu estive adormecida? Você está envolvido em ataduras!

– Esta é uma bela história para depois! Agora, me responda, quer ser minha mulher?

– Por que está me perguntando isso, Sérvulo? Ainda delira?

– Não, eu estou muito lúcido! Pergunto-lhe se quer casar-se comigo, porque amo você!

– Você me ama? E quando descobriu isso?

– Agora há pouco, Beatriz! Então, quer ou não se casar comigo?

– Se quero? É tudo que sempre desejei, meu amado Sérvulo! Como agradecer aos céus esta dádiva? Finalmente diviso a luz do amor nos seus olhos!...

– Depois de casados, Beatriz, quero ir para bem longe, onde não me conheçam. Ali, trabalharemos para sobreviver, enquanto busco aprender ou relembrar os conhecimentos que adquiri com Zarik, de quem já lhe falei. Desejo ser um outro homem. Usarei a minha força para o trabalho e a cabeça para me iluminar.

– Que belos propósitos, Sérvulo!

– Você aprenderá também as coisas maravilhosas do céu e da Terra. Se desejamos, Deus nos dará os meios.

– Seremos muito felizes, Sérvulo, eu sinto!

— Sim, agora ouça: devo instruí-la a respeito do meu tratamento, vê esta pomada?

— Estou vendo. De onde ela veio?

— Para explicar-lhe, devo lhe contar aquilo que se passou comigo, enquanto você dormia.

— Estou ansiosa para ouvi-lo, mas não deseja beijar-me antes?

— Sim! Selemos o nosso amor, minha querida, que estúpido que sou, não é?

— Não... Eu o amo assim mesmo, simples e desastrado como é, Sérvulo.

Ela se debruça sobre ele e o beija nos lábios, apaixonada e cuidadosa com o seu estado físico.

Ele retribui, caloroso, a carícia que chega como um sol que se abre depois de um longo e tenebroso inverno...

* * *

MUITOS DE NÓS, aqui na Terra ou em outros mundos semelhantes, nos sentimos duplamente exilados, pelas diferentes situações enfrentadas ao longo da vida, no cumprimento das nossas provas e expiações...

Exilados aqui ou ali, hoje, ontem... Por esse ou aquele motivo, numa carência sem par, de amor e de compreensão...

Amor e compreensão que negamos, um dia, ao nosso próximo mais próximo, companheiro das nossas múltiplas jornadas redentoras...

FIM

HOMENAGEM AOS SALTIMBANCOS

Epílogo

Aproximem-se, meus respeitáveis leitores!

Estamos aqui diante da fachada pintada e ilustrada, na forma característica de um grande circo, admirando os cartazes que exibem alguns animais e muitos retratos de artistas.

Balançando ao vento, bem alto, ou abraçando a grande cobertura de lona, bandeirolas multicores e uma profusão de flâmulas.

Junto a nós, a tradicional charanga, ruidosa, se esforça para atrair o público.

Fazendo um sinal para o maestro e pedindo-lhe licença, um arauto, após saudar reverente as pessoas que interessadas se aproximam, convida:

– Entrem, senhoras, senhores e crianças! Os nossos espetáculos são imperdíveis! Depois deles, estarão mais felizes e mais bem informados a respeito do mundo gigantesco e curioso que nos cerca, porque nas nossas andanças, incorporamos as mais incríveis atrações!

As bailarinas, belas entre as belas!

Os palhaços, divertidos e irreverentes! Ficareis em cólicas de tanto rir! Os malabaristas desafiam as leis da gravidade e os mágicos vos iludirão como se fossem feiticeiros!

E os trapezistas? São de tirar o fôlego! Fechareis os olhos, reiteradas vezes, para não vê-los cair, enquanto os vossos pensamentos, febricitantes, indagarão:

"Trabalharão com redes... ou não?!"

Como saber? Venham vê-los!

O arauto respira fundo, na tentativa de refazimento, após as emoções anunciadas e passeando os olhos pintados pela plateia, observador, medindo o efeito dos anúncios, prossegue, enfático e esfuziante:

– Ah, e as crianças? Verão tudo aquilo que apreciam, eu lhes garanto!

Os engolidores de fogo criarão um grande impacto com as suas audácias!

E muito mais teremos! Equilibristas, modernas peças teatrais, levantadores de peso, cavaleiros impávidos e belíssimas mulheres montando, altivos e audaciosos, em elefantes, cavalos e pôneis!

Naturalmente, tudo aqui exposto é apenas parte daquilo que iremos oferecer! Surpresas não faltarão. Entrem e vejam!

Assim, ele prossegue a cada nova frase, colorindo, despertando a curiosidade e convencendo a todos que este será o mais importante evento das suas vidas...

Num determinado momento, teatral, ele silencia, abaixa a cabeça, coça a peruca vermelha e exclama, lamentoso:

– Ah, respeitável público! A vida às vezes é tão cansativa, tão sem atrativos! Que seria de nós sem a fantasia para nos encher de sonhos?!

Voltando ao estado anterior de alegria, dá uns pulinhos engraçados e indica a direção da entrada do circo, reafirmando o convite:

– Pois aí está, à espera de todos vocês, a libertação das mazelas, das dores e dos sofrimentos de cada dia! É hora de prazer e de felicidade!...

Em meio a estes e usando de trejeitos mirabolantes, olhares significativos e algumas piscadelas marotas para esta ou aquela mulher mais bonita, ele prega e convence, incansável na sua algaravia.

Antes de sair, ele tira de todos os bolsos, em movimentos aparentemente desajeitados e divertidos, muitos folhetos para distribuí-los.

Barulhentos, os presentes disputam os pequenos pedaços de papel; nestes figuras bem feitas dos artistas nas suas exibições; trabalho de hábil pintor.

À sua saída, debaixo de aplausos, logo adentra aquele que, saltando como pipoca em panela quente, surge para dar continuidade às propagandas. Fingindo cair e levantando aos tropeções, arrancando gargalhadas dos que permanecem à espera de algo mais, ele para e sobe ao pódium:

– Ainda temos tempo, senhoras e senhores! Crianças, não deixem os seus pais perderem o grandioso espetáculo! Peçam-lhes para entrar e trazê-los consigo! Em poucos instantes os ingressos estarão esgotados! Rápido! Dentro de alguns minutos o espetáculo irá c-o--m-e-ç-a-r!...

* * *

Nós, SEM SERMOS vistos (prerrogativa nossa), adentramos o ambiente, respeitosos, numa curiosidade natural e por que não dizer, com alguma expectativa.

Nos acomodamos, alegres como pássaros nos seus ninhos, pois estamos nas arquibancadas em meio aos jovens e às crianças barulhentas; junto ao povo que não pode pagar uma melhor acomodação.

É muito divertido estarmos aqui, descontraídos, feito crianças. Interiorizando-me, eu, que dei início a esta obra com *Memórias e reflexões*, retorno a elas:

No prévio conhecimento da vida dos saltimbancos, por ter sido um deles (e não apenas uma vez), ao longo da velha jornada neste planeta, tenho a condição *sine qua non* de entender-lhes as estrepolias e os sofrimentos profundamente, na busca do pão e na perseguição delirante do sucesso e da fama... Uma vida, por vezes gloriosa, às vezes de horror!...

Trazendo no sangue o amor às artes e acreditando sempre na mudança para melhor, os saltimbancos fazem do coração a mola mestra para seguir adiante. Velas enfunadas, a todo pano, hoje aqui, amanhã ali, como navegadores em busca de grandes descobertas!...

A curtos intervalos de alegria, amargando o dia a dia, numa carência imensa de tudo que se possa imaginar, ele se pinta, dança, sorri, gargalha, salta, declama, se oferecendo todo, em carne viva, para aqueles que, apesar de admirá-los, pouco se importam com as suas vidas, enquanto aqueles que os conduzem, não raras vezes, sufocam, massacram, e desrespeitam...

Assim têm sido as suas vidas. As mudanças são tímidas, ainda; algumas melhoras, aqui e ali...

O reino do faz-de-conta vai fazendo de conta que os seus súditos não são humanos; assim como os bonecos de madeira ou modelados em papel, que após servirem ao ventríloquo, fingindo ser gente, fazendo graça ou emocionando, são guardados nas suas caixas até o próximo espetáculo.

E, apesar de tudo, os saltimbancos prosseguem as suas caminhadas difíceis, apostando sempre na próxima temporada.

Numa fieira de esperanças, eles caminham determinados e sofridos, mas sempre com a alegria esfuziante de exibirem as suas artes, na expectativa dos aplausos.

Esta ação, sempre renovada e gloriosa, parece ser a única gratificação verdadeira.

Oh, saltimbancos, o quanto os admiro! O quanto compreendo os seus corações!

O meu, tão antigo e às vezes tão cansado, aplaude de pé, com a alma enlevada, o bálsamo para as nossas dores e os sorrisos prazenteiros que vocês nos oferecem com tanta bonomia; e louvando-lhes a enorme coragem e o brilho de cada dia, grito a plenos pulmões:

– Bravo! Bravo! Bravíssimo!...

* * *

EIS QUE, INTERROMPENDO os meus pensamentos e o meu entusiasmo declarado, tem início o grandioso espetáculo com a apresentação da troupe, funcionários de todo porte e de alguns animais, ladeando o seu proprietário.

Este, por si só, é um espetáculo à parte; cartola na mão esquerda, ele saúda o público, curvando-se, elegante, enquanto leva a mão direita ao coração, expressando gratidão.

Os aplausos se fazem delirantes.

Ele saúda uma, duas, três vezes, arrancando mais palmas e alguns gritos da plateia, até que finalmente, satisfeito, sai acompanhado de todos os outros, deixando o público ansioso e mais motivado para aceitar aquilo que virá.

Será que estes que falam através de modernos microfones e poderosos alto-falantes, recordar-se-ão, mesmo que por um *flash* de memória, dos antigos megafones usados nos circos do passado?

Apesar de o circo, assim como os ciganos, manterem as suas tradições, e aí talvez o seu grande encanto, há que comparar os espetáculos de ontem com os de hoje.

Nos dias atuais, há outra forma de comunicação e algumas novidades já são incorporadas ao circo, na tentativa de fazê-lo atualizar-se, em rivalidade com outros espetáculos; sejam as feiras populares muito concorridas, que incorporam toda forma de atrações, sejam os teatros modernos, itinerantes ou não.

Na louvável intenção de progresso, alguns circos têm se tornado notáveis (como este), sem esquecerem as suas raízes e os seus passados de bons e admiráveis saltimbancos.

A plateia cheia registra bilheteria farta, garantindo a continuidade do trabalho.

Quando se esgotam os recursos habituais, o circo vai mais além, levando a outros territórios os seus espetáculos, na repetição constante de tudo que fazem, diuturnamente.

Na convivência com lugares e povos diferentes, a necessidade de adaptar os espetáculos, exige-lhes: o reconhecimento do lugar e do idioma, a rápida informação do linguajar do povo, seus hábitos e costumes, assim como o prévio conhecimento dos tabus, daquilo que ali não será permitido dizer ou fazer.

Nesta intenção, os saltimbancos saem em campo, feito camaleões, tomando as cores que os favorecem no corpo a corpo, fazendo amizades e criando pontos de referência, os quais lhes serão úteis, ao longo da estadia.

Mas, antes que cheguem a algum lugar, enfrentam os mais variados problemas, como: a perda de espetáculos pela desistência, morte ou doença daqueles que os representavam; a quebra constante dos veículos;

doenças e morte dos animais, que se ressentindo com as constantes mudanças e movimentações tornam-se tristes, demonstram cansaço e perdem a condição de trabalhar. Estes, geralmente, dão muito prejuízo, mas garantem uma boa parte da bilheteria por onde passam, atraindo muita gente para vê-los, principalmente crianças.

Podemos citar, também, entre outras coisas, a falta de recursos para sustentar-se durante as viagens e as intempéries que enfrentam ao longo dos itinerários; entre elas as constantes borrascas que desafiam-lhes a coragem, as forças físicas e o medo, na demonstração patente da fragilidade humana diante da força da natureza.

O circo é uma forma maravilhosa de esquecer os 'azares da sorte'.

No faz de conta a mente sonha, fantasiando o mundo dos próprios anseios e acreditando que tudo é possível; porque o homem vive sem pão, mas não vive sem ilusão.

No espetáculo de susto e medo, o coração bate mais forte e depois asserena, num exercício disciplinado.

Nas peças teatrais, suspira-se com os amores e toma-se partido nas disputas entre os vilões e os heróis (quantas vezes, os nomes dos personagens tornam-se homônimos de cidadãos que ali nasceram após os seus pais terem assistido as peças que lhes ficaram na memória para o resto das suas vidas!).

O circo é e sempre foi um teatro mambembe.

Esta forma de arte e cultura caminha, deixando a marca dos seus passos aqui e ali, conhecendo as pessoas e mexendo com os seus pensamentos.

No brilhantismo de alguns circos, a razão para o seu sucesso, que aumenta a cada novo espetáculo, angariando seguidores e propagandistas espontâneos.

Nas suas carroças, mais ou menos confortáveis, de acordo com as suas posses; nas suas montarias; nas plantas dos pés; no suor vertido; no esforço continuado e cheio de fé, estes saltimbancos de todos os tempos cumprem os seus destinos, às vezes maravilhados consigo mesmos e com o seu trabalho, às vezes, debaixo de grandes tormentos, incertezas, ou envolvidos nas suas tragédias íntimas porque onde quer que estejam, a nossa admirada, competente e sempre temida Nêmesis, os alcança.

Quando uma geração circense vai-se findando, aquela que a substituirá já está em pleno gozo das suas funções. Esta anuncia nas suas faces louçãs, no sorriso de dentes perfeitos, nos olhos plenos de brilho futurista e nas vozes argentinas, que chegaram para ficar, para perpetuarem as fantasias e as belezas que envolvem as suas vidas de saltimbancos, herdeiros que são de uma arte primorosa que deve ser preservada, para gáudio de muitos corações e do próprio planeta Terra.

Os *clowns* nos encantam e emocionam, junto aos seus *partners*, sempre ridículos e gozadores:

Às vezes patéticos, outras altivos, parecendo figuras de baralho, serão imortalizados naquilo que possuem de mais engraçado, refletindo a falta de jeito destes ou daqueles, a esperteza maliciosa que recebe em troca uma lição inesperada; na grande boca sorridente ou nos olhos encaixados dentro de amplas pinturas; nos seus enormes sapatos que escondem recursos inusitados e até sons; no chapéu ou na careca artificial; nas flores da lapela que não raras vezes esguicha água ou perfume naqueles que se aproximam a um convite intencional (as crianças adoram isto!); montados nas suas bicicletas diferentes ou nos seus veículos estilizados que espalham fumaça, pós coloridos, flores, e fazem surgir dos seus compartimentos as coisas mais inesperadas.

As suas buzinas irreverentes ou as cornetas que assustam ou 'falam', aquilo que devem e aquilo que não devem, no momento exato da deixa... etc.

*   *   *

Eu, meus caros leitores, neste emocionante epílogo, louvo e homenageio o circo e os saltimbancos de todos os tempos

Aplaudo de pé: o passado, o presente e o futuro destes poderosos eventos populares, confessando e confirmando a grande esperança que banha o meu coração de autor, de que o circo jamais desapareça!

Na admiração por tantos autores de todos os tempos, e entre eles, um dos meus preferidos, o famoso bardo inglês William Sheakspeare, evoco-os, a todos, para o esforço que devemos despender em prol dos circos, na louvável intenção de preservar esta forma de arte.

*   *   *

Enquanto as atrações se sucedem, criando e mantendo no ambiente aquele clima de magia que nossa alma milenar tanto aprecia, nos recordamos, caríssimos leitores, que não estamos aqui apenas para o nosso deleite, porque este circo nos diz respeito, mais que qualquer outro.

Por quê?... Boa pergunta! Eu lhes respondo, com redobrado prazer:

O quê?! Como? Que circo é este e onde se encontra?

Bem, esta é uma outra história, que por ora não posso contar, perdoem-me!

Vale acrescentar que quase todos os artistas e os diversos empregados, além do proprietário, são os mesmos, de regresso à carne.

Reaproximando-os, o passado lhes cobra, nos seus diversos níveis de responsabilidades, as corrigendas dos seus erros, enquanto premia-os com a fama e o sucesso que perseguem.

Se levaram a efeito grandes espetáculos, se divertiram e instruíram, espalharam também nas mentes e nos corações, cenas deprimentes, violentas, debochadas e irresponsáveis, em exemplos deploráveis.

Testemunhamos, ao longo da leitura, também, o desrespeito à criação máxima de Deus que é a Sua criatura, na exibição das chamadas aberrações humanas, mercadejando a centelha divina que aqui aporta para crescer física e espiritualmente.

Alegrem-se, podemos dar-lhes algumas informações a respeito destes ou daqueles que mais prenderam a nossa atenção no Grand Circo Monteverdi:

Deodato, hoje falante e descontraído, é um lavador de animais, bem-disposto e esforçado.

Ao longo dos séculos, sofreu muito, pela sua rebeldia e crueldade.

No amontoar de brasas sobre a própria cabeça, ele está, como todos nós, sujeito à lei de ação e reação, de causa e efeito. Assim, às duras penas, aprendeu a ser uma pessoa melhor.

Cosette, a bela e charmosa Cosette, nesta vida é uma bem-sucedida trapezista. Seus números arrancam aplausos delirantes do público e Deodato é seu grande e devotado amigo.

Ela está casada com Pietro, a quem conquistou, chegando de improviso ao circo e pedindo-lhe um lugar para trabalhar; vinha do teatro (de novo!).

Pietro, sem saber como ou porquê, não regateou elogios à bela visitante e empregou-a, sem pestanejar.

Alguns dias depois, se surpreendia perdidamente apaixonado por ela.

Hoje, os dois têm uma filha, a qual amam com verdadeira adoração e conduzem com muito amor e responsabilidade. A bela Giselda de antes.

E muitos outros estão aqui, nas mesmas intenções.

Aplaudam com vero entusiasmo! Eles merecem!

Bravo! Bravíssimo!

* * *

A VERDADEIRA FUNÇÃO das artes, em todas as suas formas e variações, através das imagens, da palavra bem-posta, dos cenários e dos diversos conteúdos escolhidos e levados ao público, é – educar!

E, neste contexto, caros amigos e leitores de ontem e de hoje, estou inserido de forma muito significativa, porque este que lhes fala também carrega dívidas muito grandes neste particular.

Como já sabem, o vero objetivo desta e das outras obras, nesta nova fase e nesta época, é me redimir dos erros cometidos em muitas outras escritas no passado, sem o critério do respeito devido às diversas etnias, nas suas particularidades.

(Vide "Caros leitores" em A força do amor e "Retratação" em O condado de Lancaster.)

Sofrido, mas consciente e grato; com o coração iluminado no êxtase da felicidade sem mescla e sem preço, exclamo reverente e submisso ao Sublime Arquiteto do Universo:

– Hosanas ao Senhor!...

Enquanto reflito, ouço-lhes a justa indagação a respeito de Rosalva.

Esquecê-la, eu? E como poderia?...

Ela, como sempre, faz a parte que lhe toca:

Através da sua mediunidade, sensibiliza corações e mentes, renovando o constante alerta da necessidade do bem e levando muito longe a mensagem do Meigo Rabi da Galileia, musicada nas belezas e nas emoções do verdadeiro amor, porque hoje como ontem e como será no futuro, prosseguimos ambos trabalhando 'enquanto é dia', no cumprimento da nossa sagrada proposta de grafarmos páginas e mais páginas, para deleitar os vossos corações, enquanto nos redimimos, também.

Fabiano está sempre por perto ou surge inesperadamente na vida da nossa caríssima médium, confirmando a busca perene de um pelo outro.

Às vezes, respeitando o destino que lhes cabe, na grande necessidade de ambos se acertarem com este ou com aquele que deixaram pelo caminho, distanciam-se, temporariamente, para logo depois planejarem o reencontro, sempre desejado por seus corações amantes, sob as bênçãos de Deus.

De tempos em tempos, os integrantes deste grupo reencarnatório (sob os meus cuidados e grande zelo), se reencontram e reatam as afeições deixadas no espaço e no tempo, em novas experiências evolutivas.

E, mesmo quando distantes, ocupados diuturnamente com as suas rotinas, encontram-se durante os seus desdobramentos pelo sono e alegram-se com os progressos comuns alcançados, além de tomarem conhecimento dos planos para os próximos futuros de todos.

Nestas ocasiões, quantas promessas são feitas e quantos planos são traçados; mas alguns, esquecidos das suas promessas de necessidades de corrigenda, agem de forma nada cristã, complicando em muito as suas vidas e as daqueles que lhes estão ao redor, sujeitos às circunstâncias decorrentes (Quantas vezes, torcemos o roteiro saudável que trazíamos, por rebeldia ou invigilância!).

Ah, que não tenhamos esta culpa nas nossas consciências, senão as mesmas serão lavadas nas lágrimas do arrependimento e nos sofrimentos advindos, sob o sagrado cumprimento da Grande Lei!...

Oh, Deus, dai-nos coragem e bom senso, e principalmente, Senhor, dai-nos mais compreensão e mais amor, neste progresso contínuo, sagrado e fatal!

Dai-nos a conscientização de que o mal acarreta atrasos e sofrimentos!

Que os céus nos abençoem no esforço de cada dia, com vistas ao futuro glorioso que nos está reservado!

E que o Anjo do Senhor que vela por nós, continue nos amparando, hoje e sempre!

Shallon!

Esta edição foi impressa nas gráficas da Assahi Gráfica e Editora, de São Bernardo do Campo, SP, sendo tiradas quatro mil cópias, todas em formato fechado 160x230mm e com mancha de 115x180mm. Os papéis utilizados foram o Holmen Book Cream (Holmen Paper) 60g/m² para o miolo e o cartão Poplar C1S (Chenming International) 300g/m² para a capa. O texto foi composto em Goudy Old Style 11,5/14 e o título em Trajan Pro 24/28,8. Eliana Haddad e Izabel Vitusso realizaram a preparação do texto. André Stenico elaborou a programação visual da capa e o projeto gráfico do miolo.

Outubro de 2017